SELECTED MARITIME CASES
OF SHANGHAI MARITIME COURT CHINA

上海海事法院精品案例选

(2019-2024)

汪彤　主编

CHIEF EDITOR　WANG TONG

法律出版社
LAW PRESS · CHINA

北京

图书在版编目(CIP)数据

上海海事法院精品案例选. 2019－2024 / 汪彤主编
. -- 北京：法律出版社，2024
ISBN 978－7－5197－9023－3

Ⅰ. ①上… Ⅱ. ①汪… Ⅲ. ①海事法院－案例－上海
－2019－2024 Ⅳ. ①D926.235

中国国家版本馆 CIP 数据核字(2024)第 075801 号

上海海事法院精品案例选(2019—2024)
SHANGHAI HAISHI FAYUAN JINGPIN ANLIXUAN (2019－2024)

汪 彤 主编

策划编辑 蒋 橙
责任编辑 蒋 橙
装帧设计 李 瞻

出版发行 法律出版社
编辑统筹 法律应用出版分社
责任校对 朱海波
责任印制 刘晓伟
经　　销 新华书店

开本 710 毫米×1000 毫米 1/16
印张 35.5 **字数** 608 千
版本 2024 年 5 月第 1 版
印次 2024 年 5 月第 1 次印刷
印刷 天津嘉恒印务有限公司

地址：北京市丰台区莲花池西里 7 号(100073)
网址：www.lawpress.com.cn
投稿邮箱：info@lawpress.com.cn
举报盗版邮箱：jbwq@lawpress.com.cn
销售电话：010－83938349
客服电话：010－83938350
咨询电话：010－63939796

书号：ISBN 978－7－5197－9023－3
定价：116.00 元
凡购买本社图书，如有印装错误，我社负责退换。电话：010－83938349

Editorial Committee

前　言

海洋是支撑我国未来发展的资源宝库和战略空间。党的二十大报告指出，“发展海洋经济，保护海洋生态环境，加快建设海洋强国”。坚持海陆统筹，加快建设海洋强国，是实现中华民族伟大复兴的重大战略任务。上海作为重要的国际航运枢纽，无论是硬件设施还是制度环境，都取得了重大成就，上海国际航运中心正处在从“基本建成”向“全面建成”迈进的新阶段，也面临着新的挑战。

法治具有固根本、稳预期、利长远的保障作用。海事司法在维护国家海洋权益、促进高水平对外开放、推动经济高质量发展等方面肩负重任。自1984年海事法院设立以来，历经四十年砥砺发展，我国已成为世界上海事审判机构最齐全、受理海事案件数量最多的国家，中国海事海商法律制度也在实践助推之下得到发展完善，并在世界范围内形成更加广泛、深刻的影响力。

作为全国首批设立的六家海事法院之一，上海海事法院始终牢记使命担当，胸怀国之大者，近年来紧紧围绕“一带一路”建设、海洋强国建设等党和国家工作大局，立足上海国际航运中心建设和长三角一体化发展需求，充分发挥海事审判职能作用，不断完善海事裁判规则、创新海事审判机制、提升海事审判能力，海事司法的公信力和影响力进一步增强。

时值建院四十周年之际，为对海事审判精品战略成果进行阶段性总结，充分发挥典型案例规范引领作用，上海海事法院承袭编译出版中英文精品案例集的有益做法，从2019年以来形成的案例成果中精选三十篇编译成书，通过个案裁判着力反映新时期我院在加强海洋自然资源与环境保护、优化航运法治营商环境、顺应航运新发展趋势等方面的裁判规则与司法理念。

此次编译出版的精品案例，包含近五年上海海事法院入选最高人民法院指导案例、公报案例、中国海事审判十大典型案例，以及在全国各级评选中获奖的精品案例,基本涵盖了海事案件的主要纠纷类型,是对近年来海事审判新情况、新问题的集中体现,也是上海海事司法智慧成果的最新展示。

囿于编者的学识和水平,本书在编辑过程中可能存在疏漏与不足,敬请广大读者批评指正。由于部分案例的纠纷和裁判发生于《民法典》实施之前,故该部分案例的裁判和案例评析适用《民法通则》《合同法》《侵权责任法》等法律及司法解释,在此一并说明。

二〇二四年三月

Preface

The Ocean is a treasure trove of resources and a strategic space for China's future development. The Report to the 20th National Congress of the Communist Party of China states that our priorities include "developing the marine economy, protecting marine ecological environment, and setting up efforts to build China into a strong maritime country". Maintaining the integrated development of land-sea and accelerating the building of China into a strong maritime country are major strategic tasks for realizing the great rejuvenation of the Chinese nation. As an important international shipping hub, Shanghai has made significant achievements in terms of both hardware facilities and institutional environment. By far this year, Shanghai International Shipping Center has entered a new stage of transition from "basically completion" to "completion in all respects" and also facing new challenges.

The rule of law plays a protective role in consolidating the foundations, ensuring stable expectations and delivering long-term benefits. Maritime judicature shoulders a heavy responsibility in safeguarding national maritime rights and interests, promoting high-standard opening up, and fostering high-quality economic development. Since the establishment of maritime courts in 1984, four decades of hard work and growth makes China a jurisdiction with a most comprehensive maritime adjudicatory mechanism together with the biggest number of maritime cases accepted in the world. China's maritime legal system has been developed and improved by trial practice, and has created a wider and profounder impact around the world.

As one of the first six maritime courts established in China, Shanghai Maritime

Court has always bear in mind its founding mission and be fully conscious of the matters of national significance. In recent years, it has closely followed the overall situation of the Party and State, such as pursuing the "Belt and Road" initiative and building China into a strong maritime country. Moreover, based on the needs of building the Shanghai International Shipping Center and the integrated development of the Yangtze River Delta, Shanghai Maritime Court has fully played active role of maritime adjudication by continuously improving maritime adjudication rules, innovating maritime adjudication mechanisms, and enhancing maritime judicial capacity, which has further enhanced the credibility and influence of maritime judicature.

On the occasion of the 40th anniversary of its inception, in order to conduct a phased summary to the achievements of the strategy of high-quality maritime trials, and give full play to the leading role of typical cases, Shanghai Maritime Court has continued the beneficial practice of compiling and publishing case collections in both Chinese and English, selecting 30 articles from the cases results formed since 2019 to compile into this book. Through individual cases, the book focuses on reflecting the adjudication rules and judicial concepts of the Court in strengthening the protection of marine natural resources and the environment, optimizing the law-based business environment of the shipping industry, and adapting to the new development trends of the shipping industry in the new era.

The compiled and published case collections include the cases of Shanghai Maritime Court that has selected as the Guiding Cases, Gazette Cases of the Supreme People's Court, the Top Ten Typical Cases of China's Maritime Adjudication, as well as the award-winning cases in selection at national level in the past five years, which basically cover the main types of disputes in maritime cases. The cases are the centralized expression of the new situations and new issues in maritime adjudication in recent years, and are also the latest demonstration of the achievements of the wisdom of the Shanghai maritime judicature.

Due to the limitations of the compiler's knowledge and skills, there may be omissions and deficiencies in the course of compiling this book. It would be appreciated if the readers could provide any constructive criticism or feedback. In addition, it should be noted that since some of the disputes and the judgments on them predate the entry into force of the *Civil Code*, the judgments and analysis on such cases are governed by *the General Principles of the Civil Law*, *the Contract Law*, *the Tort Liability Law* and other laws and judicial interpretations.

WANG Tong

March, 2024

本书引用各类法律文本缩略用语索引

中华人民共和国民法典	《民法典》
中华人民共和国民法总则	《民法总则》
中华人民共和国物权法	《物权法》
中华人民共和国合同法	《合同法》
中华人民共和国担保法	《担保法》
中华人民共和国侵权责任法	《侵权责任法》
最高人民法院关于审理人身损害赔偿案件适用法律若干问题的解释	《人身损害赔偿解释》
中华人民共和国票据法	《票据法》
中华人民共和国产品质量法	《产品质量法》
中华人民共和国保险法	《保险法》
中华人民共和国劳动合同法	《劳动合同法》
中华人民共和国海商法	《海商法》
最高人民法院关于审理船舶碰撞纠纷案件若干问题的规定	《船舶碰撞解释》
最高人民法院关于审理海上保险纠纷案件若干问题的规定	《海上保险解释》
最高人民法院关于审理海事赔偿责任限制相关纠纷案件的若干规定	《责任限制解释》
最高人民法院关于审理无正本提单交付货物案件适用法律若干问题的规定	《无单放货解释》

续表

最高人民法院关于审理海上货运代理纠纷案件若干问题的规定	《货代司法解释》
中华人民共和国船舶登记条例	《船舶登记条例》
关于不满300总吨船舶及沿海运输、沿海作业船舶海事赔偿限额的规定	《交通部责任限制规定》
最高人民法院关于审理涉外海上人身伤亡案件损害赔偿的具体规定(试行)	《涉外海上人身伤亡规定》
中华人民共和国民事诉讼法	《民事诉讼法》
最高人民法院关于适用《中华人民共和国民事诉讼法》若干问题的解释	《民诉法解释》
最高人民法院关于民事诉讼证据的若干规定	《证据规定》
中华人民共和国海事诉讼特别程序法	《海诉法》
最高人民法院关于适用《中华人民共和国海事诉讼特别程序法》若干问题的解释	《海诉法解释》
中华人民共和国仲裁法	《仲裁法》
中华人民共和国涉外民事关系法律适用法	《涉外民事关系法律适用法》
最高人民法院关于适用《涉外民事关系法律适用法》若干问题的解释(一)	《涉外民事关系法律适用法解释(一)》
最高人民法院关于审理涉外民事或商事合同纠纷案件法律适用若干问题的规定	《涉外民商事纠纷规定》
中华人民共和国港口法	《港口法》
中华人民共和国海关法	《海关法》
中华人民共和国海上交通安全法	《海上交通安全法》
中华人民共和国环境保护法	《环境保护法》
中华人民共和国海洋环境保护法	《海洋环境保护法》
中华人民共和国水污染防治法	《水污染防治法》
中华人民共和国长江保护法	《长江保护法》

续表

中华人民共和国水法	《水法》
中华人民共和国渔业法	《渔业法》
中华人民共和国海域使用管理法	《海域使用管理法》
中华人民共和国防洪法	《防洪法》
中华人民共和国民用航空法	《民用航空法》
中华人民共和国国际海运条例	《海运条例》
中华人民共和国国际海运条例实施细则	《海运条例细则》
中华人民共和国行政处罚法	《行政处罚法》
中华人民共和国刑法	《刑法》
中华人民共和国立法法	《立法法》
1924 年统一提单的若干法律规定的国际公约	《海牙规则》
1968 年修改统一提单的若干法律规定的国际公约议定书	《维斯比规则》
1978 年联合国海上货物运输公约	《汉堡规则》
联合国全程或者部分国际海上货物运输合同公约	《鹿特丹规则》
1976 年海事赔偿责任限制公约	《1976 责任限制公约》
1972 年国际海上避碰规则公约	《避碰规则》
1973 年多式联运单证统一规则	《多式联运单证统一规则》
1974 年海上旅客及其行李运输雅典公约	《雅典公约》
约克—安特卫普共同海损理算规则	《约克—安特卫普规则》
中国国际贸易促进委员会共同海损理算暂行规则	《北京理算规则》
1989 年国际救助公约	《救助公约》
承认和执行外国仲裁裁决公约	《纽约公约》

LEGAL TEXTS AND THEIR ABBREVIATIONS IN THIS BOOK

Civil Code of the People's Republic of China	Civil Code
General Provisions of Civil Law of the People's Republic of China	General Provisions of Civil Law
Property Law of the People's Republic of China	Property Law
Contract Law of the People's Republic of China	Contract Law
Guarantee Law of the People's Republic of China	Guarantee Law
Tort Liability Law of the People's Republic of China	Tort Liability Law
Interpretations of the Supreme People's Court on Several Law Application Issues in the Trial of Cases Concerning Compensation for Personal Damage	Interpretations on Personal Damage Compensation
Negotiable Instruments Law of the People's Republic of China	Negotiable Instruments Law
Product Quality Law of the People's Republic of China	Product Quality Law
Insurance Law of the People's Republic of China	Insurance Law
Employment Contract Law of the People's Republic of China	Employment Contract Law
Maritime Code of the People's Republic of China	Maritime Code
Stipulations of the Supreme People's Court on Several Issues in the Trial of Cases Concerning Dispute over Ship Collision	Interpretations on Ship Collision

续表

Stipulations of the Supreme People' s Court on Several Issues in the Trial of Cases Concerning Dispute over Maritime Insurance	Interpretations on Maritime Insurance
Stipulations of the Supreme People' s Court on the Trial of Cases Concerning Dispute over Limitation of Liability for Maritime Claims	Interpretations on Liability Limitation
Stipulations of the Supreme People' s Court on Several Law Application Issues in the Trial of Cases Concerning Delivery of Goods without Original Bills of Lading	Interpretations on Delivery of Goods without Original B/L
Stipulations of the Supreme People' s Court on Several Law Application Issues in the Trial of Cases Concerning Freight Forwarding at Sea	Interpretations on Freight Forwarding
Ordinance on Ship Registration of the People' s Republic of China	Ship Registration Ordinance
Regulations on Limitation of Liability for Maritime Claims against Ships of Less than 300 GRT, and Ships engaged in Coastal Transportation or Work	Liability Limitation Regulations of MOT
Detailed Stipulations of the Supreme People' s Court on Damages Awarding in the Trial of Foreign-related Maritime Personal Injury or Death Cases (trial version)	Stipulations on Foreign-related Maritime Personal Injuries or Deaths
Civil Procedure Law of the People' s Republic of China	Civil Procedure Law
Interpretations of the Supreme People' s Court on the Application of the Civil Procedure Law of the People' s Republic of China	Interpretations on Civil Procedure Law
Several Stipulations of the Supreme People' s Court on Evidence in Civil Proceedings	Evidence Stipulations
Special Maritime Procedure Law of the People' s Republic of China	Maritime Procedure Law
Interpretations of the Supreme People' s Court on the Application of the Special Maritime Procedure Law of the People' s Republic of China	Interpretations on Maritime Procedure Law

续表

Arbitration Law of the People's Republic of China	Arbitration Law
Law of the People's Republic of China Governing the Application of Laws on Foreign-related Civil Relations	Law Governing the Application of Laws on Foreign-related Civil Relations
Interpretations of the Supreme People's Court on the Application of the Laws on Foreign-related Civil Relations (1)	Interpretations on the Application of the Laws on Foreign-related Civil Relations(1)
Stipulations of the Supreme People's Court on Several Law Application Issues in the Trial of Cases Concerning Foreign-related Civil or Commercial Contract Disputes	Stipulations on Foreign-related Civil or Commercial Disputes
Port Law of the People's Republic of China	Port Law
Customs Law of the People's Republic of China	Customs Law
Maritime Traffic Safety Law of the People's Republic of China	Maritime Traffic Safety Law
Environment Protection Law of the People's Republic of China	Environment Protection Law
Marine Environment Protection Law of the People's Republic of China	Marine Environment Protection Law
Water Pollution Control Law of the People's Republic of China	Water Pollution Control Law
The Yangtze River Protection Law of the People's Republic of China	The Yangtze River Protection Law
Water resource law of the People's Republic of China	Water Resource law
Fisheries Law of the People's Republic of China	Fisheries Law
Sea Areas Administration Law of the People's Republic of China	Sea Areas Administration Law
Flood Control Law of the People's Republic of China	Flood Control Law
Civil Aviation Law of the People's Republic of China	Civil Aviation Law

续表

International Shipping Regulations of the People' s Republic of China	Shipping Regulations
Detailed Rules for the Implementation of the International Shipping Regulations of the People' s Republic of China	Detailed Implementation Rules of Shipping Regulations
Administrative Penalty Law of the People' s Republic of China	Administrative Penalty law
Criminal Law of the People' s Republic of China	Criminal Law
Legislation law of the People' s Republic of China	Legislation law
International Convention for the Unification of Certain Rules of Law Relating to Bills of Lading, 1924	Hague Rules
Protocol to Amend the International Convention for the Unification of Certain Rules of Law Relating to Bills of Lading, 1968	Visby Rules
United Nations Convention on the Carriage of Goods by Sea, 1978	Hamburg Rules
United Nations Convention on Contracts for the International Carriage of Goods Wholly or Partly by Sea	Rotterdam Rules
Convention on Limitation of Liability for Maritime Claims, 1976	Convention on Limitation of Liability for Maritime Claims 1976
International Regulations for Preventing Collisions at Sea, 1972	Regulations for Preventing Collisions at Sea
Uniform Rules for a Combined Transport Document, 1973	Uniform Rules for a Combined Transport Document, 1973
Athens Convention Relating to the Carriage of Passengers and Their Luggage by Sea, 1974	Athens Convention
The York Antwerp Rules of General Average, 1994	York-Antwerp Rules, 1994

续表

Provisional Rules for General Average Adjustment Adopted by the China Council for the Promotion of International Trade	Beijing Adjustment Rules
International Convention on Salvage, 1989	International Convention on Salvage
Convention of the Recognition and Enforcement of Foreign Arbitration Awards	New York Convention

目　录

Contents

1. 世嘉有限公司(GLOBAL EMINENCE LIMITED)诉中国大地财产保险股份有限公司等海上保险合同纠纷案

——船舶安全管理体系实施情况违反 ISM 规则构成船舶不适航

【提要】

被保险船舶的实际管理情况与安全管理体系不符,违反了 ISM 规则,在船舶安全管理体系实施方面构成船舶不适航。当此种不适航与船舶全损具有直接的因果关系时,保险人依法不负赔偿责任。

【案情】

原告:世嘉有限公司(GLOBAL EMINENCE LIMITED)(以下简称世嘉公司)

被告:中国大地财产保险股份有限公司(以下简称大地财保)

被告:中国大地财产保险股份有限公司航运保险运营中心(以下简称大地财保航保中心)

2017 年 2 月 1 日 1000 时左右(当地时间),“SAGAN”轮空载状态自中国台湾地区高雄港出发驶往韩国昂山(Onsan)港,随船携带一组 4 个活塞环备件。开航后约 31 小时即 2 月 2 日 1700 时开始至 2 月 6 日 0850 时,主机扫气箱至少 7 次起火,此后主机彻底无法启动、船舶失去动力开始漂航。船长于 2 月 5 日向世嘉公司请示,世嘉公司要求继续航程。“SAGAN”轮在 2 月 6 日 0831 时向世嘉公司报告“主机无法启动”,同日 1146 时报告主机的 6 组气缸中仅有 1 组气缸的活塞环状况良好。世嘉公司在 2 月 8 日下午联系韩国拖轮,当日 2151 时得知 5000 马力的拖轮因 4 米高的涌浪被迫返港,预计 2 月 11 日上午天气好转才能出航。2 月 9 日 2342 时,“SAGAN”轮向世嘉公司报告“SAGAN”轮正在向日本岛屿漂航,要求迅速派遣拖轮,并告知如果拖轮有延迟,船舶可能搁浅。2 月 10 日世嘉公司联系了日本的5000马力拖轮,同日1802时得知该拖轮预计于2月13日出发对“SAGAN”轮执行拖航。最终,漂航约5天的“SAGAN”轮于当地时间2月11日0600时(北京时间为0500时)左右在日本诹访之濑岛西南岸搁浅。0635时,日本海上保安厅收到“SAGAN”轮发出的求救信号。1754时,世嘉公司向大地财保航保中心报告出险。

2017年2月13日,世嘉公司与日本救助签订服务性质为“起浮作业”(Refloating Operation)的《国际残骸移除及海事服务契约(按日计酬)2010》。上海海事法院(2018)沪72民初3821号案(以下简称3821号案)生效判决认定“‘SAGAN’轮脱浅作业协议于2017年3月15日终止,后续作业应可以理解为残骸清除作业”,并判令世嘉公司向日本救助支付救助报酬3,559,866.49美元及相应利息。

2018年1月5日,“SAGAN”轮注销登记。2018年8月4日,新钢商事有限会社交接了“SAGAN”轮的船舶残骸(包括残油)。

涉案远洋船舶保险单签发于2016年7月17日,以大地财保为抬头,盖有大地财保航保中心的承保专用章;被保险人为船舶管理人明进船舶管理顾问有限公司(MING JIN SHIPMANAGEMENT CONSULTANT LIMITED,以下简称明进公司)和船舶所有人世嘉公司;保险金额为480万美元,保险条件为“协会定期船舶保险条款全损险(1/10/83),附加共同海损、救助、施救和碰撞、触碰责任”等;保险期限自2016年7月18日0时起至2017年7月17日24时止;免赔额约定为全损或推定全损绝对免赔率10%,共同海损、救助、施救责任,每次事故绝对免赔额2万美元或损失金额的10%,二者以高者为准;在“特别约定”中载明“在本保单中,若中文措辞与英文措辞存在歧义,以中文为准”。“协会定期船舶保险条款(1/10/83),全损、共同海损及3/4碰撞责任(包括救助、救助费和施救费)[INSTITUTE TIME CLAUSES-HULLS, TOTAL LOSS, GENERAL AVERAGE AND 3/4THS COLLISION LIABILITY (Including Salvage, Salvage Charges and Sue and Labour)]”的英文版中,在标题下方载明“This insurance is subject to English law and practice”(本保险适用英国法律和惯例)。

原告称,其作为“SAGAN”轮的船舶所有人向大地财保投保船舶定期保险。后“SAGAN”轮途中突遇机损和恶劣天气,导致该轮在日本鹿儿岛附近海域搁浅。两被告回避参与施救,并拒绝负担施救费用和赔偿船舶损失。因此,诉请判令两被告连带赔偿船舶全损赔偿金人民币30,648,960元、连带支付船舶施救费3,559,866.49美元及其利息,以及3821号案的案件受理费人民币166,395元、司法评估费人民币75,000元。

两被告辩称,涉案船舶搁浅毁损并非保险条款列明的承保风险所致;原告自行管理船舶,但没有船舶管理的资质;涉案船舶没有必备的安全管理体系文件;原告明知涉案船舶在开航前不适航,且在涉案船舶失去动力情况下不及时有效地采取防止或减少损失的措施。因此对于原告主张的全部损失,保险人均无须承担赔偿责任。

【裁判】

上海海事法院经审理认为,(1)本案中,仅在保险条款即协会定期船舶保险条款英文版的标题下方载明"This insurance is subject to English law and practice"(本保险适用英国法律和惯例),仅能说明协会定期船舶保险条款的解释应遵循英国法律和惯例。本案中并无其他证据证明双方就保险合同项下纠纷适用的准据法达成过一致,故应当适用与合同有最密切联系的国家的法律。鉴于涉案保险人为中国公司且涉案保险合同在中国签订,因此中国法是与涉案保险合同有最密切联系的国家的法律,本案的准据法应当为中华人民共和国法律。(2)关于"SAGAN"轮在2月9日开始遇到的海况,具体为6级风和5~6级的浪,甚至好于开航次日的海况,对于动力正常时的"SAGAN"轮难以构成威胁,不属于灾害性的异常海况。依据英国《1906年海上保险法》附件1《保险单解释规则》第7条对"海上危险"的界定,其对"SAGAN"轮的影响是"风浪的通常作用",不构成协会定期船舶保险条款第6条第1款列明的第一类风险中的"海上危险"。"SAGAN"轮搁浅全损的事故系由3个原因共同作用所造成的结果,即"SAGAN"轮主机故障、无有效应急救援措施和风浪的影响。该多种原因或不属于保险人承保的列明风险,或属于列明不予赔偿的情形,因此保险人无须赔偿。(3)"SAGAN"轮在涉案航次开航时在技术方面和安全管理体系方面均不适航,且船舶不适航是导致其搁浅的原因。世嘉公司作为船舶所有人,对"SAGAN"轮进行直接的运营管理,对以上适航性方面存在的问题显然是明知的,故依据《海商法》第二百四十四条的规定,船舶定期保险中船舶开航时不适航且被保险人明知的,保险人不负赔偿责任。综上,上海海事法院判决驳回原告世嘉公司的诉讼请求。

一审判决作出后,原告世嘉公司向上海市高级人民法院提起上诉。上海市高级人民法院认定一审判决认定事实清楚,适用法律正确,判决驳回上诉,维持原判。本案判决现已生效。

【评析】

人为因素导致的航运事故比例高企,是过去30多年航运界面临两大主要挑战之一。有官方数据显示,约有80%的航运事故主要是由于人为失误所引起。[①]为此,国际海事组织(International Maritime Organization,IMO)引入了ISM规则,试图通过减少人为错误来实现船货和环境安全。ISM规则的全称为《国际船舶安全营运和防止污染管理规则》(International Management Code for the Safe Operation of Ships and for Pollution Prevention),简称《国际安全管理规则》(International Safety Management Code,ISM规则)。ISM规则成为国际航运业的强制性规则以后,国内外学者纷纷研究表示,其将对船舶"适航"(seaworthiness)的认定产生巨大冲击,但多年来国内外海事司法领域鲜有机会对此表明态度[②],而本案是ISM规则对船舶适航性认定及相关举证责任分配产生实质影响的典型案例。

一、ISM规则相关介绍

(一)ISM规则的背景

根据国际海事组织公布的相关资料,ISM规则是由国际海事组织在1993年11月4日第18届大会上以A.741(18)号决议形式通过的。1994年5月24日,ISM规则被纳入SOLAS公约作为新增的第九(Ⅸ)章"船舶安全运营管理"的附

---

① See Baris Soyer, *Warranties in Marine Insurance*, *Third edition*, Routledge, 2017, p.117-118.

② 2017年出版的"Warranties in Marine Insurance(Third Edition)"一书的第121页提到,英国法院尚未对ISM规则对适航性产生的影响发表司法观点。但近期英国最高法院对The CMA CGM Libra [2021] UKSC 51案作出终审判决,认为有缺陷的航行计划会使得船舶不适航,制订航行计划从表面来看是船长和船员的责任,然而,如果航行计划的缺陷体现了承运人未恪尽职责,比如没有实施适宜的体系,那么将使得船舶不适航,则体现了类似的观点。

件。SOLAS 公约的 1994 年修正案于 1998 年 7 月 1 日生效,从而使 ISM 规则成为海上安全和防止污染管理方面的一项强制性国际规则。经过过渡期后,ISM 规则自 2002 年 7 月 1 日起全面实施,并经过了数次修正③。作为缔约国之一的我国负有严格执行该规则的义务。

(二)ISM 规则的主要内容

在 SOLAS 公约中加入 ISM 规则,旨在为船舶的安全管理和污染预防提供一个国际标准。ISM 规则的目标就是确保海上安全,防止人员伤亡,避免对环境,特别是对海洋环境和财产造成损害。ISM 规则适用于所有 500 总吨以上的远洋船舶,包括客船,油船、化学品船、气船、散货船等货运船和移动(自行)海上钻井装置,以及承担上述船舶营运责任的船东或管理公司。缔约国的相应船舶从法定日期起未执行 ISM 规则,则不能从事国际航行。非缔约国的船舶则不能享受比缔约国船舶更优惠的待遇。

ISM 规则的核心是要求"公司"④及其船舶建立、实施和保持符合规则要求的安全管理体系⑤(Safety Management System, SMS),建立、健全安全与防污染管理制度并文件化。ISM 规则要求"公司"制定安全和环境保护方针并说明如何实现所述目标,并保证船岸各级机构均能执行和保持此方针;如果负责船舶营运的主体不是船舶所有人,则船舶所有人必须向主管机关报告该主体的名称和详细情况;为保证船舶安全营运,需提供"公司"与船上之间的联系渠道,"公司"应当指定一名或数名能直接同最高管理层联系的岸上人员("指定人员"),指定人员的责任和权力应包括对各船的安全营运和防止污染方面进行监控,并确保按需要提供足够的资源和岸基支持;对船上可能出现的紧急情况,"公司"应当建立标识、描述和反应的程序,安全管理体系应提供措施,确保"公司"有关机构能在任

---

③ ISM 规则在 2000 年 12 月 MSC. 104(73)号决议进行了修正,于 2002 年 7 月 1 日生效。2004 年 12 月,MSC. 179(79)号决议对其进行了进一步修正,于 2006 年 7 月 1 日生效。2005 年 5 月,MSC. 195(80)号决议对其进行了进一步修正,于 2009 年 1 月 1 日生效。2008 年 12 月,MSC. 273(85)号决议也对 ISM 规则进行了修正,于 2010 年 1 月 1 日通过,2010 年 7 月 1 日生效。2013 年 6 月,MSC. 353(92)号决议进一步修正了该规则,于 2015 年 1 月 1 日生效。

④ 根据 ISM 规则的定义,"公司"系指船舶所有人,或已承担船舶所有人的船舶营运责任并在承担此种责任时同意承担本规则规定的所有责任和义务的任何组织或法人,如管理人或光船承租人。

⑤ 根据 ISM 规则的定义,"安全管理体系"系指能使公司人员有效实施公司安全和环境保护方针的结构化和文件化的体系。

何时候对其船舶所面临的危险、事故和紧急情况作出反应;安全管理体系应当包括确保向"公司"报告不符合规定情况、事故和险情并对其进行调查和分析的程序,以便改进安全和防止污染工作等。凡是建立和实施安全管理体系的船公司,通过主管当局[⑥]的审核后,符合 ISM 规则要求的将得到一份符合文件(Document of Compliance,DOC),同时通过审核的船舶将得到一份船舶安全预防污染管理证书(Safety Management Certificate,SMC)。但是,安全管理体系不只是文件上的制度,更重要的还应在于执行。

二、ISM 规则对船舶"适航"认定的影响

ISM 规则的实施,改变了以往的船舶公约只关注技术,不注重管理的问题,该规则的实施必然会对船舶适航和谨慎处理使船舶适航义务的认定产生巨大而深远的影响。

(一)"适航"的传统认定标准

"适航"是个法律概念,但是国内外的法律都未能对"适航"作出完备的定义。从国内外大量的海事案例反映出的各国司法机关的态度,以及学者的众多研究成果来看,"适航"是指船舶的各个方面(in all respects)可抵御特定航程可预见的通常风险。由于不同船型、船级、航行区域、航程、货物性质、季节等对适航的要求是不同的,因此,船舶"适航"的标准并不是固定的,而是需要逐案认定的事实问题。

我国《海商法》规定承运人在船舶开航前和开航当时,应当谨慎处理,使船舶处于适航状态,但并未对适航状态给出明确定义。实践中,一般以船舶船体及结构是否能够抵抗航行、作业中可预见的风险;船员配备是否能够满足正常航行及作业需要;船舶是否适于载运和保管货物作为判断依据。传统上,法官比较关注影响船舶"适航"的技术性方面的问题。[⑦]

(二)"适航"概念应与时俱进地发展

由于船舶"适航"标准与特定航程的通常风险密切相关,因此,对"适航"的

---

⑥ 根据 ISM 规则的定义,"主管机关"系指船旗国政府。

⑦ 具体的技术性问题参见[英]巴里斯·索耶(Baris Soyer):《海上保险法中的保证》(第三版),"Warranties in Marine Insurance(Third Edition)",英国劳特利奇出版社(Routledge)2017 年版,第 68 ~ 85 页。

要求必然是与时俱进的。比如,随着航行技术的不断发展,国际航行船舶被强制要求安装一些新的设备,没有安装设备的船舶从新规则实施日后将会被认定为不适航。而ISM规则的实施,使船舶法定检验中的船舶"适航"要求出现了新变化,使"适航"的要求渗透到了船公司的管理过程中,海事司法对此发展也应当予以回应,即在认定国际航行船舶是否"适航"时,应从传统的仅考虑船舶技术方面,转向同时考虑船舶技术和船舶管理两方面的表现。鉴于ISM规则是SOLAS公约的组成部分,是适用于国际航行船舶的强制性国际标准,将船舶安全管理体系纳入船舶适航状态判定范畴,符合我国加入的国际公约规定和强化海上航行公共安全责任的国际趋势,是我国恪守公约义务在司法领域的具体体现,有助于对外展示我国在维护国际海上安全航行秩序问题上负责任的国际形象。

(三)涉案船舶管理违反ISM规则构成不适航

根据ISM规则的规定,船舶应当由持有与该船相关的"符合证明"(DOC证书)的公司营运。"SAGAN"轮的船舶管理人明进公司持有DOC证书,本应由明进公司营运涉案船舶,但在案证据显示,从涉案船岸沟通情况看,"SAGAN"轮的船舶备件、船舶修理、船舶货运安全等都在船舶所有人世嘉公司的控制之下。从船舶主机故障维修到船舶漂航后的救援过程,明进公司从未出现,而是由世嘉公司及租船人与船长进行联系。上述船舶管理人未实际参与船舶管理的情况,说明船舶实质是由没有管理资质的世嘉公司直接运营管理。船舶安全管理体系和实际的管理情况脱节,对船舶安全航行构成了严重威胁,在船舶安全管理体系方面存在不适航的情况。船舶管理公司"代而不管",导致船舶在发生主机故障时,世嘉公司无力按照ISM规则的要求,向船舶提供足够的资源和岸基支持,不能在任何时候对船舶所面临的危险、事故和紧急情况作出正确的反应,使机损事故一步步演变为搁浅全损事故,因此船舶不适航与搁浅事故具有直接的因果关系,且作为被保险人的船舶所有人世嘉公司和船舶管理人明进公司对此也是明知的,故保险人依法不负赔偿责任。

三、ISM规则对船舶"适航"举证责任的影响

ISM规则要求船公司建立的安全与防污染管理体系是一套系统的"文件化"管理体系,各种决策、行动、沟通联络都要求有记录以备查,这就为司法取证提供了极为便利的条件。在以往的案件中,船方或者承运人通常提供一整套船舶证书,用以证明船舶“适航”,对方哪怕对此有疑虑,但鉴于证明船舶“适航”与否的关键证据通常都是掌握在船方手中,对方无力提供反驳证据,因此证明船舶“不适航”的难度很大。但是,ISM 规则的强制实施,加之《民诉法解释》创设的“书证提出命令”制度⑧以及最高人民法院《关于民事诉讼证据的若干规定》中相关的配套规定,使船方不得不在诉讼中开示对其不利的证据,极大减轻了主张船舶“不适航”一方的举证责任。本案中法院依法责令世嘉公司提交的证据,特别是事故经过期间的船岸沟通的电子邮件,对查明案件事实经过起到了关键性的作用。通过比对在案的相关证据,可以排除矛盾,去伪存真,最大可能地还原了事故经过。这些电子邮件还确实地证明了涉案船舶存在安全管理体系实施方面不适航问题,以及此种不适航与船舶全损结果之间存在直接的因果关系。以上事实的查明,为判断事故原因和准确分析涉案“全损险”赔偿责任问题打下了坚实基础。

(杨婵供稿)

[入选《最高人民法院公报》案例(2022 年第 12 期)
获评 2022 年全国法院涉外商事海事优秀裁判文书三等奖
入选人民法院案例库]

【案例索引】

(2019)沪 72 民初 463 号

---

⑧ 《民诉法解释》第 112 条:书证在对方当事人控制之下的,承担举证证明责任的当事人可以在举证期限届满前书面申请人民法院责令对方当事人提交。申请理由成立的,人民法院应当责令对方当事人提交,因提交书证所产生的费用,由申请人负担。对方当事人无正当理由拒不提交的,人民法院可以认定申请人所主张的书证内容为真实。

2. 威来船务有限公司诉中国人民财产保险股份有限公司航运保险运营中心海上保险合同纠纷案

——未按期支付保费对海上保险赔偿责任负担的影响

【提要】

海上保险合同纠纷中存在投保人或被保险人不按约定支付保险费，而在保险事故发生以后通过补缴保险费的形式要求保险人承担保险责任的情况。当保险合同中特别约定不支付保费则保险人有权终止或解除合同时，应尊重当事人意思自治。当保险合同中仅约定未付保费则保险人不承担保险责任时，应根据《保险法》有关规定尽提示与说明义务，否则该类免除保险人责任的条款不产生法律效力。不存在特别约定或约定不明时，保险人一般不得以相对人未支付保费为由不承担保险责任。

【案情】

原告：威来船务有限公司

被告：中国人民财产保险股份有限公司航运保险运营中心

2013年7月10日，诺亚天泽保险经纪(上海)有限公司作为保险经纪人接受EAST GRAND SHIPPING CO.,LTD.(东达航运有限公司，以下简称东达公司)委托，与被告磋商保险事宜。7月12日，被告出具保险单，载明：投保人、被保险人、船东均为原告，船名"Grand Fortune 1"，险别远洋船舶全损保险，保险期间2013年7月13日0时起至2014年7月12日24时止。保险单附特别约定："……9.根据《国际海运固体散货(IMSBC)规则》(以下简称《散货规则》)，对易流态货物的装运必须在装前对货物水分含量和TML(适运水分限量)进行检测，否则会造成船舶安全事故。本保险不承保对货物水分含量和TML不进行检验就装运,以及虽然已经检验,但固体货物含水量超过 TML 并继续装运,所导致的任何损失、责任和费用。10. ……保险费缴付双方按以下约定:第一期……第二期……第三期保险费于 2014 年 1 月 20 日缴付……双方约定,如投保人(或被保险人)没有按照约定的日期缴付约定的保险费,保险人有权从投保人(或被保险人)违约当天起终止本保险合同。对自违约之日起所发生的任何事故损失和费用不承担赔偿责任……12. EAST GRAND SHIPPING CO. ,LTD. 为本保单的共同被保险人。"

被告出具保险单后收到第一、二期保险费,但 2014 年 1 月 20 日应支付的第三期保险费直至 2014 年 4 月 4 日才支付。

2014 年 4 月 4 日中国中央电视台国际联播快讯及 4 月 11 日中国新闻网均援引韩联社报道称,相关船舶于 2014 年 4 月 4 日凌晨沉没于韩国海域。2015 年 3 月 23 日,中国人民财产保险股份有限公司北京市分公司(以下简称人保北京公司)递交武汉海事法院的起诉状也确认了船舶沉没事实。

船舶登记证书记载船舶所有人系原告。最低安全配员证书记载最低配员 8 人,其中船长 1 人。船员名单上有 9 人,无人担任船长。船员适任证书 6 份,存在姓名和/或职务与船员名单不符的情况。

朝鲜海事局确认函记载,2014 年 3 月 14 日检测船舶所载铁矿石含水量,15 日发布适运水分极限证书,分别发给该轮和朝鲜黑色金属进出口贸易会社(系托运人,以下简称贸易会社)。证书记载适运水分限量 8.11。朝鲜海事局还确认,咸镜北道海事监督处于 2014 年 3 月 21 日、23 日、27 日、31 日发布检测报告,对应含水率分别为 7.32%、7.74%、7.93%、7.25%。朝鲜商检 2014 年 4 月 1 日出具品质检查证记载含水率为 10.42%,发货人名称与原告提单中的托运人相同,收货人名称与提单的通知人相同,提单中的收货人为"凭指示"。

2016 年 3 月 14 日,原告特别授权两位律师代理本案,同年 3 月 29 日提交起诉状,一名律师代表原告签字,4 月 12 日提交原告盖章的起诉状。2016 年 10 月 25 日,东达公司出具确认函,表示原告与东达公司是共同被保险人,原告是船舶所有人,东达公司是船舶管理人,东达公司确认不要求被告承担责任,由原告要求被告承担保险赔偿责任。2016 年 12 月 10 日,原告委托有关鉴定中心出具《"Grand Fortune 1"轮发生沉没事故时所在海域的天气和海况对事故产生的影响鉴定意见》。

原告认为,航行过程中涉案船舶遭遇恶劣天气和海况并沉没,事故是被告承保风险所致,要求被告支付保险赔偿金。

被告辩称,原告无证据证明事故发生的真实性及原因;原告未按保单约定支付保险费,货物含水量违反特别约定,也无法证明船舶适航,被告无须承担保险赔偿责任;起诉超过诉讼时效。请求驳回原告诉请。

【裁判】

上海海事法院经审理认为,本案系海上保险合同纠纷,原、被告之间保险合同关系依法成立且一致同意适用中国法。共同被保险人东达公司明确放弃并确认由原告独立行使保险合同项下索赔权。

关于涉案船舶是否沉没并由于保险单列明风险所致。新闻报道由权威媒体中国中央电视台制作,至今可查;人保北京公司和被告同属中国人民财产保险股份有限公司,人保北京公司起诉在前,被告应诉在后且无证据证明相反事实主张,故确认船舶沉没事实。就沉没原因,原告主要依据鉴定报告,而报告所依据的鉴定材料均由原告自行制作或提交,鉴定材料本身并非有效证据;鉴定人系航海气象学专家,报告主要分析船舶航行海域气象水文情况,不包含船舶航行数据、货物装载数据,据此得出事故原因不具有高度概然性,不能证明船舶沉没系因保险单列明风险所致。

关于保险人能否依据含水量特别约定不承担保险赔偿责任。原告提交的朝鲜海事局报告中货物含水量小于适运水分限量,被告提交的朝鲜商检报告则结果相反。检验通常由商检部门进行,且装货出运时间与被告报告检验时间均为4月1日,更符合《散货规则》对采样与试验应尽可能与装货时间接近的规定;原告报告中的贸易会社与涉案运输当事人关系不明,被告报告记载的发货人、收货人分别为原告提单中的托运人、通知人。故被告报告关联度更高,确认水分含量超标,原告违反特别约定,被告不承担保险赔偿责任。

关于保险人能否依据保险费特别约定不承担保险赔偿责任。特别约定载明:“如投保人(或被保险人)没有按照约定的日期缴付约定的保险费,保险人有权从投保人(或被保险人)违约当天起终止本保险合同。对自违约之日起所发生的任何事故损失和费用不承担赔偿责任。”保险合同既是射幸合同又是双务合同,双方当事人基于偶然事件互负并不对等的给付义务。特别约定系当事人基于保险合同的特性约定的合同终止情形,由当事人协商一致形成,不违背法律禁止性规定,对合同双方均有约束力。原告直至2014年4月4日凌晨涉案船舶沉没后于当日补缴第三期保险费。若在保险合同履行过程中,投保人或被保险人均可在保险事故发生后通过补缴保险费方式获得赔偿,对保险人显失公平。因此,原告违背合同约定,也不符合保险合同作为射幸合同的基本特性,被告有权主张保险合同终止并不承担保险赔偿责任。

关于保险人能否因船舶不适航不负保险赔偿责任。开航时适航的举证责任应由原告承担,[①]不适航的举证责任应由被告承担,[②]原告证据不能证明按要求准备了全套船舶证书、按最低安全配员证书为船舶各岗位配备了具有相应资质的适任船员。被告依据举证先后顺序,指出原告证据问题以证明船舶开航时不适航并无不当。原告未就《海商法》第244条除外事项进行抗辩,且原告系船舶所有人,东达公司系船舶经营人,应知晓开航时应持有全套船舶证书及船员配备情况,故不适用除外规定。综合前述含水量事宜,涉案船舶不适航,被告不负保险赔偿责任。

关于诉讼时效。《海商法》规定时效二年,自保险事故发生之日起计算。2014年4月4日船舶沉没,2016年3月14日原告特别授权两位律师代理本案,同年3月29日递交起诉状,律师之一代表原告签字,4月12日补缴原告盖章的起诉状,为有效起诉,未超诉讼时效。

综上,上海海事法院判决对原告诉请不予支持。

一审判决作出后,原告向上海市高级人民法院提起上诉,上海市高级人民法院判决驳回上诉,维持原判。本案判决现已生效。

---

① 《保险法》第22条第1款规定,保险事故发生后,按照保险合同请求保险人赔偿或者给付保险金时,投保人、被保险人或者受益人应当向保险人提供其所能提供的与确认保险事故性质、原因、损失程度有关的证明和资料。

② 《海商法》第244条第1项规定,船舶开航时不适航造成保险船舶损失的,保险人不负赔偿责任,但是在船舶定期保险中被保险人不知道的除外。

【评析】

在海上保险合同纠纷中，常常出现投保人或被保险人不按约定支付保险费而在保险事故发生以后通过补缴保险费的形式要求保险人承担保险责任的情况。根据2006年最高人民法院《海上保险解释》，[③]应根据《海商法》《保险法》《合同法》及其他相关法律的规定及其顺位关系，区分合同中是否存在支付保费的相关约定，分别予以认定。

一、存在特别约定时应视条款内容区分保险责任

海上保险合同中对保费的支付与保险人责任承担存在特别约定时，一般应尊重当事人意思自治。但约定条款有时亦受其他法律条文的限制，因此不能当然得到法院支持，而需考察条款的具体内容。

(一)约定未付保费则保险人有权终止或解除合同

如本案中的海上保险合同约定“如投保人(或被保险人)没有按照约定的日期缴付约定的保险费，保险人有权从投保人(或被保险人)违约当天起终止本保险合同。对自违约之日起所发生的任何事故损失和费用不承担赔偿责任”，在其他案件也存在约定“若被保险人未缴纳保险费则保险公司有权解除合同”的情形。[④]

1. 终止或解除合同条款的效力

关于未付保费则保险人有权终止或解除合同的约定具有法律依据，也符合一般法理，应被认定为有效。

首先，海上保险合同应遵循意思自治优先的原则。私法领域意思自治优先具有法律依据，我国《民法总则》和《合同法》均体现了尊重当事人意思自治的基本原则，[⑤]《保险法》中对保险合同的规定是对《民法总则》与《合同法》基本原则的贯彻与深化，其第11条第2款规定“除法律、行政法规规定必须保险的外，保险合同自愿订立”表明在保险合同领域，民事主体依法享有在法定范围内的广泛

---

③ 《海上保险解释》第1条规定，审理海上保险合同纠纷案件，适用海商法的规定；海商法没有规定的，适用保险法的有关规定；海商法、保险法均没有规定的，适用合同法等其他相关法律的规定。

④ 宁波海事法院民事判决书，(2013)甬海法舟商初字第154号。

⑤ 《民法总则》第5条规定，民事主体从事民事活动，应当遵循自愿原则，按照自己的意思设立、变更、终止民事法律关系。《民法通则》第4条规定，民事活动应当遵循自愿、公平、等价有偿、诚实信用的原则。《合同法》第4条规定，当事人依法享有自愿订立合同的权利，任何单位和个人不得非法干预。

的行为自由,并可以根据自己的意志产生、变更、消灭民事法律关系。

具体到本案中,(1)海上保险合同中能否约定保险人有权终止合同条款,《海商法》和《保险法》对此并无规定,而《合同法》第 91 条规定:“有下列情形之一的,合同的权利义务终止:……(七)法律规定或者当事人约定终止的其他情形。”因此当事人有权约定合同终止的情形,本案中未按约定缴付保费即属于合同终止的约定情形,该情形一旦成就,则保险人有权终止合同,符合《合同法》的规定。(2)海上保险合同中能否约定保险人有权解除合同条款,其法律依据更为明确,如《海商法》第 227 条第 1 款规定,“除合同另有约定外,保险责任开始后,被保险人和保险人均不得解除合同”,《保险法》第 15 条也规定,“除本法另有规定或者保险合同另有约定外,保险合同成立后,投保人可以解除合同,保险人不得解除合同”,均体现出以保险人不得解除保险合同为原则、以约定解除合同为例外的立法取向。根据《合同法》第 93 条第 2 款“当事人可以约定一方解除合同的条件。解除合同的条件成就时,解除权人可以解除合同”的规定,被保险人未缴纳保险费是约定的合同解除条件,此条件一旦成就,保险人即可解除合同,并产生《海商法》第 227 条第 2 款所规定的退还有关保险费的法律效果。

虽然在法律或行政法规另有规定或违反法律强行性规范的情况下,意思自治原则受到限缩,⑥比如《保险法》第 17 条第 2 款规定了保险合同中免除保险人责任条款的提示与说明义务,否则该条款不产生效力。但目前的海上保险实践中约定保险人有权终止或解除合同的条款多以当事方协商形成的特别约定或特别声明为主,系保险人和投保人之间的真实意思表示,也足以引起当事人注意,对此不应适用无效的规定。最高人民法院《关于适用〈中华人民共和国保险法〉若干问题的解释(二)》(以下简称《保险法司法解释二》)第 9 条第 2 款对合同约定解除条款作了特别规定:保险人因投保人、被保险人违反法定或者约定义务,享有解除合同权利的条款,不属于《保险法》第 17 条规定的“免除保险人责任的条款”,即保险人无须对该条款进行提示与说明。司法实践对此采取了更为广义的解读,比如浙江省高级人民法院《关于审理财产保险合同纠纷案件若干问题的指导意见》(浙高法〔2009〕296 号)第 30 条第 2 款即规定:保险合同当事人通过

⑥ 参见法律出版社法规中心编:《中华人民共和国保险法注释本》,法律出版社 2016 年版,第 12 页。

协商确定的个别保险合同的特约条款,对保险人不适用“不利解释原则”。

其次,该条款符合海上保险合同作为射幸合同的特性。在射幸合同中,双方当事人基于偶然事件互负并不对等的给付义务,对保险人而言,其所赔付的金额有可能远大于所收取的保险费,也可能只收取保险费而不用承担责任;对投保人或被保险人而言,其可能获得远大于所付保险费的利益,也可能毫无利益可获。本案中未付保费则保险人有权终止合同的约定正是基于海上保险合同作为射幸合同的特性所约定的合同终止情形。同时,由于射幸合同具有机会性和偶然性特征,很容易出现有违公序良俗的情形,甚至出现道德风险。为了防止当事人依据侥幸心理作出背信弃义的行为,射幸合同中的约定条款应得到更为严格的恪守和履行,而不应轻易否认其效力。

最后,通过补缴保险费的方式获得保险赔偿显失公平。海上保险合同赖以存在的基础就在于海上事故的不确定性,若海上事故已经发生,保险人当然不愿意为已经发生的事故承保;若海上事故确定不会发生,则投保人或被保险人当然也不会愿意为此埋单。因此,在海上保险合同履行过程中,投保人或被保险人若在事故发生后通过补缴保险费的方式要求保险人承担保险赔偿责任,此时保险事故发生与否的不确定性就被打破,合同丧失了赖以存在的基础,保险费的补缴并无实际意义。况且投保人或被保险人违反既存的合同约定在先,若在海上保险合同履行过程中,投保人或被保险人均可在海上事故发生后通过补缴保险费的方式获得赔偿,对保险人显失公平。

因此,本案中终止合同条款系保险经纪人代表被保险人与保险人协商一致所形成,是当事人自己的真实意思表示,不违反法律禁止性规定,应对合同当事人具有约束力。司法实践中也认可约定解除合同条款的效力,如有的法院即认为该条款是双方当事人约定被保险人违约后,保险人有权选择解除合同或请求继续履行保险合同,该约定并不违反法律禁止性规定,应属有效。⑦

2. 终止合同、解除合同及其权利行使

海上保险实践中对终止合同和解除合同的约定均较为常见,并存在混用的情况。例如,在有的案件中保险合同约定“如……无法……支付此款项,被保险

⑦ 浙江省高级人民法院民事判决书,(2013)浙海终字第95号。

人在本公司下有关所有受保船舶的保险将被终止”,法院对该表述概括为“未收到到期保费有权解除合同条款”。[8] 实际上合同终止与合同解除并非同一概念,合同终止是对《合同法》中规定的“合同的权利义务终止”的一种简称,根据《合同法》第 91 条规定:“有下列情形之一的,合同的权利义务终止……(二)合同解除……”可见“合同解除”是导致合同终止的情形之一,而合同终止是合同解除的结果。

根据《合同法》第 96 条第 1 款规定,“当事人一方依照本法第九十三条第二款、第九十四条的规定主张解除合同的,应当通知对方。合同自通知到达对方时解除……”可见合同解除权的行使需要以通知的方式进行,但《海商法》《保险法》《合同法》等均未对通知的方式和时间作出规定。就海上保险实务而言,保险人签订有大量保险合同,大部分因未发生承保事故,在到期时合同即履行完毕,若解除合同必须以明示方式作出,则要求保险人对每一份保险合同中的具体时间节点予以详细关注,无疑是一种苛求。实际上,就保险人有权解除合同的约定,选择权在保险公司,被保险人不缴纳保险费的行为并不必然导致合同解除。[9] 被保险人补缴保险费后,保险人可以选择承担或拒绝承担赔偿责任,因此不应要求保险人以明示的方式向被保险人发出解除合同的通知,保险人的拒赔行为实际上亦清楚表明其解除合同并不承担赔偿责任的意思表示。因此在司法实践中将拒赔行为视为行使合同解除权的通知并无不可,也符合海上保险的行业现状。

与解除合同相区别,法律对当事人约定终止情形导致合同终止并未规定通知程序。就本案中的约定而言,系当事人基于保险合同特性所约定的合同终止情形,一旦该情形成就,保险人即享有终止合同的权利。由于终止合同并不需要如解除合同一般发出有效通知给相对方,而保险人的拒赔行为更是清楚无误地表明其终止合同而非继续履行的意思表示,因此保险人有权根据特别约定主张保险合同终止,不承担保险责任。

(二)约定保险人不承担赔偿责任的条款

对于约定“发生保险事故时,被保险人未按约支付保险费,保险人不负赔偿

---

⑧ 宁波海事法院民事判决书,(2014)甬海法商初字第 105 号。

⑨ 同注④。

责任”的,有观点认为,由于该条款针对的是相对方违约,因此“不负赔偿责任”的实质是解除合同而不承担保险义务。[10] 这种解释存在扩大解释之嫌,该条款与保险人有权解除合同并不承担责任的约定显然不同,在后者中,不承担责任应理解为保险人选择解除合同后所产生的后果。[11] 但解除合同还会产生恢复原状、采取补救措施、赔偿损失等其他后果,而约定保险人不承担责任只是单方免除了保险人的责任,并不产生前述其他后果。且在一次性付款中未确定保费支付的具体时间或在分期付款中承保事故发生于最后一期保险费支付日期之前,如保险人据此不承担责任,则显失公平。

实际上这类免除保险人责任的条款受到《保险法》第 17 条第 2 款的明文规制,如在订立合同时未进行提示与说明,就不产生效力。与之相反,《保险法司法解释二》第 9 条第 2 款规定,保险人因投保人、被保险人违反法定或者约定义务享有解除合同权利的条款,不属于《保险法》第 17 条规定的“免除保险人责任的条款”。即只有强调解除合同的条款,才无须受到提示说明义务的规制。因此仅规定保险人不承担责任的条款在保险合同订立时未进行提示说明的,应属无效。

(三)其他有关支付保费的约定

保险实践中还存在通过其他特别约定的方式,将保险责任的承担与保险费的支付联系起来的情形。但这种约定是否均为有效,需要具体分析。目前比较常见的是以下两种:

第一,将支付保费作为合同生效条件。根据《保险法》第 14 条规定:“保险合同成立后,投保人按照约定支付保险费,保险人按照约定的时间开始承担保险责任”,可见保险费的支付影响的不是保险合同的成立,而是保险合同成立以后投保人的履约行为。根据《保险法》第 13 条第 3 款规定:“依法成立的保险合同,自成立时生效。投保人和保险人可以对合同的效力约定附条件或者附期限”,实践中有时将支付保费约定为合同生效条件的情形,[12]此时保险费的支付将直接影响

---

⑩ 参见张海荣、杨军:《西周公司诉人保周至公司应按保险费支付时间顺延保险期间承担在顺延期间发生的保险事故的保险责任案》,载祝铭山主编:《典型案例与法律适用——保险合同纠纷》,中国法制出版社 2004 年版,第 161 页。

⑪ 同注⑦。

⑫ 同注⑩。

保险合同的生效,未支付保费,则合同虽成立但未生效,且未生效的原因在于投保人或被保险人。此时若发生承保事故,由于缺乏有效的合同基础,保险人理应对此不承担保险赔偿责任。

第二,约定解除合同具有溯及既往效力条款。比如约定“被保险人将失去追溯至承保日起的保险并且本公司对受保船舶的任何根据本保单的索赔一概不负责,不论引起此索赔的事故发生在本保险合同终止前或后”,司法实践中对此一般不予认可。有的法院即认为,即使保险人有权解除合同,也不能豁免其对于合同解除之前的赔偿或给付义务,合同解除的效力不具有溯及力,且约定合同解除后保险人对解除前发生的保险事故不再承担责任,属于保险人权利的扩大,即保险人保险合同下责任范围的缩小。因此保险人还是应受到《保险法》第 17 条的规制,需要在保险合同订立时对此条款和内容进行提示和说明,否则不发生法律效力。⑬

二、无特别约定或约定不明时保险人仍需承担保险责任

在海上保险实践中还存在未对保费支付与保险人责任承担作出特别约定的情形。根据《保险法》第 13 条第 1 款规定:“投保人提出保险要求,经保险人同意承保,保险合同成立……”显然保险合同属于诺成合同,其成立经双方当事人意思表示一致即可。

在保险责任开始后被保险人没有支付或没有按期支付保险费,通常不能构成以缺乏对价为理由的有效抗辩。原因在于,《海商法》第 216 条第 1 款和《保险法》第 14 条均规定了保险人的主要义务是在保险合同成立后依约定承担保险责任,投保人的主要义务是在合同成立后支付保险费,⑭就条文而言,支付保险费与承担保险责任是两个平行的义务,在没有合同约定的情况下,二者没有任何交叉,义务的履行或不履行不会影响保险责任的承担,也不会反过来对合同的成立与生效产生特别的影响,⑮即保险人不能因为被保险人未支付保险费而不承担保

---

⑬ 同注⑧。

⑭ 《海商法》第 216 条第 1 款规定,海上保险合同,是指保险人按照合同约定,对被保险人遭受保险事故造成保险标的的损失和产生的责任负责赔偿,而由被保险人支付保险费的合同。《保险法》第 14 条规定,保险合同成立后,投保人按照约定支付保险费,保险人按照约定的时间开始承担保险责任。

⑮ 同注⑥,第 17 页。

险赔偿责任,被保险人也不能因为保险人未承担保险赔偿责任而不支付保费。这一点在已被修改的最高人民法院《关于审理保险纠纷案件若干问题的解释(征求意见稿)》第5条中得到了明确体现,该条规定:“保险合同成立后,投保人未按照约定支付保险费的,应当承担违约责任;发生保险事故的,保险人应当承担保险责任,但是保险法另有规定或者合同另有约定的除外。”显然以保险人承担保险责任作为原则性规定,以《保险法》规定和合同约定作为例外情形。虽然该条文在《保险法》修改后并未继续存在,但从目前《保险法》第36条关于人身保险分期付款的规定中仍然可以看到这种立法精神的延续。[16]

实际上在海上保险合同或财产保险合同相关规定中并未涉及分期付款,《海商法》甚至赋予保险人“见费交单”的权利,比如《海商法》第234条规定:“除合同另有约定外,被保险人应当在合同订立后立即支付保险费;被保险人支付保险费前,保险人可以拒绝签发保险单证。”这一规定无疑减少了拖欠保费的可能,只要保险人对投保人信誉存在哪怕一丝怀疑,就可以在支付保险费前拒绝签发保险单证。但实践中保险人仍普遍接受缓期付款[17]甚至分期付款[18],这些付款方式显然扩大了保险人收缴保费的风险,保险人完全可以拒绝。该付款方式之所以被接受且在保险实践中越发常态化,原因无外乎拓展保险业务范围,是基于商事目的的考虑。同时,分期付款也仅是一种付款方式的安排,不应扩大解释为对保险责任的按区段划分,保险人对同一保险合同项下的承保标的仍应承担全部的保险责任,即使《保险法》第36条也仅对未缴纳的保费进行了债务抵销的规定,而非按已交纳保费的比例赔偿。因此保险人理应对由此引发的后果有清楚的认识,不应以此作为不承担保险责任的有效抗辩。

在保险合同没有特别约定的情况下,司法实践也倾向于要求保险人继续承担保险责任,比如有的法院就认为,未明确约定不支付保费系合同解除事由的情

---

[16] 《保险法》第36条规定,合同约定分期支付保险费,投保人支付首期保险费后,除合同另有约定外,投保人自保险人催告之日起超过三十日未支付当期保险费,或者超过约定的期限六十日未支付当期保险费的,合同效力中止,或者由保险人按照合同约定的条件减少保险金额。被保险人在前款规定期限内发生保险事故的,保险人应当按照合同约定给付保险金,但可以扣减欠交的保险费。

[17] 先出单后收费的情况,参见宁波海事法院民事判决书,(2015)甬海法商初字第791号。

[18] 分期付款的情况,参见青岛海事法院民事判决书,(2016)鲁72民初2041号。

况下,不能以未支付保险费为由请求解除保险合同。[19] 还有法院认为,如果在投保人未支付保险费前发生承保损失,保险人不能以投保人未支付保费作为拒绝赔付的理由,同理投保人亦不能以未发生承保损失而逃避支付保险费的义务。[20]

在约定条款意思表示不明确时,由于这类条款并非明确设定权利义务及责任限制,应认定不发生效力,保险人不得据此免除其保险赔偿责任。比如约定"不按保单约定支付保费将导致保单失效",有法院就认为"将导致保单失效"可理解为"可能、将会导致保单失效",而不是"自动失效和注销",保险人在发现逾期后是否会发送催缴保费通知、是否会给予缴费宽限期亦都不确定,并非意思表示明确的设定权利义务及责任的限制性条款,进而认定涉案保险合同中不存在"逾期支付保费保单自动失效"的约定。[21]

(张亮、胡谦供稿)

(获评全国法院系统2018年度优秀案例评选二等奖)

【案例索引】

(2016)沪72民初1783号

---

⑲ 浙江省高级人民法院民事判决书,(2015)浙海终字第240号。

⑳ 上海市闵行区人民法院民事判决书,(2013)闵民四(商)初字第358号。

㉑ 同注⑳。

3. 葡萄牙忠诚保险有限公司诉史带财产保险股份有限公司海上保险合同纠纷案

——海上重复保险分摊纠纷的审查要件

【提要】

1. 明确重复保险分摊请求权的构成要件:(1)第一赔付保险人向被保险人作出的赔付是合理和谨慎的;(2)分摊保险人在其保险合同项下对被保险人负有赔偿责任;(3)第一赔付保险人支付的赔偿金额超过其在重复保险法律关系下应当承担的赔偿责任。

2. 分摊保险人可以行使合同项下对被保险人的抗辩,以保险事故发生时作为判断分摊保险人在其保险合同项下对被保险人是否负有赔偿责任进而负有分摊义务的时间点,但被保险人未向其提供保险事故证明资料的抗辩与被保险人向其他保险人自由求偿的权利冲突,不能成立。

3. 重复保险分摊不以向责任人主张代位求偿为前提。分摊保险人不得以第一赔付保险人未行使代位求偿权为由拒绝分摊请求。

【案情】

原告:葡萄牙忠诚保险有限公司

被告:史带财产保险股份有限公司

原告与被保险人阿萨伊公司之间存在预约保险合同关系。2013 年 4 月,原告承保阿萨伊公司从中国新港港运至安哥拉罗安达港的 70,200 千克焊管,承保条件包括“货物保险——A 条款(C. E. 01)”,保险金额为 97,451.64 美元。同年 2 月被告承保同一批货物的运输风险,被保险人、保险标的和保险金额与原告签发的保险凭证记载一致。承保险别为中国人保海洋货物运输一切险及战争险条款(1/1/1981)。此外,原、被告各自的保险合同中均无“禁止他保条款”、“无分摊条款”或“按比例条款”,也未对违反重复保险通知义务的后果进行约定。

涉案货物于2013年4月12日开始在罗安达港卸载,阿萨伊公司发现货物受损,并于当日向船东提出索赔。被保险人及时向原、被告告知了货物出险情况。受原告委托的公估公司检验后认为货损原因为积载不当,定损金额为53,876.40美元,约合42,973.22欧元。原告分别于2013年7月和11月对外支付了2536.47欧元的检验费用和42,973.22欧元的保险赔偿金。

2014年2月27日开始,被告代理人开始向被保险人催要租船合同以及被保险人出具的允许被告代理人处理向承运人追偿事宜的授权书。2014年6月,被告代理人通知被保险人:“如没有授权书,索赔已被拒绝”。

2014年4月3日,原告委托律师通知被告涉案货物存在重复保险情况,要求被告分摊50%的保险赔偿金即21,486.61欧元。被告未予支付,原告遂诉请法院判令被告分摊保险赔偿金21,486.61欧元和检验费用1268.24欧元并支付相应利息。

被告提出投保人及被保险人未向被告提供保险事故有关的证明和资料已导致被告拒赔;原告未证明其是否已经行使了代位求偿权;原告有关分摊检验(公估)费;支付保险金利息的诉讼请求没有法律依据等抗辩意见,要求驳回原告的诉讼请求。

【裁判】

上海海事法院经审理认为,原、被告之间存在法定的重复保险法律关系。原告向被保险人已经作出的赔付是合理和谨慎的;被告在其保险合同项下对被保险人也负有赔偿责任且原告向被保险人作出的赔付解除了被告的赔偿责任。因此,原告的分摊请求权成立。分摊保险人可以行使针对被保险人的合同抗辩,但与被保险人向其他保险人自由求偿的权利冲突的抗辩除外。重复保险分摊请求权的行使不以行使过代位求偿权为前提。因此,对被告的相关抗辩不予采纳。关于原告提出的分摊检验(公估)费用的诉讼请求,法院认为缺乏法律依据,不予支持。综上,上海海事法院于2017年6月29日判决被告向原告支付保险赔偿金21,486.61欧元及其利息,驳回原告的其他诉讼请求。

一审判决作出后,原、被告均服判息诉,被告自觉履行了判决确定的支付义务。本案判决现已生效。

【评析】

在我国海事审判实践中,重复保险分摊纠纷属于新类型纠纷。

一、中国有关重复保险的法律规定

目前,中国有关重复保险的直接法律规定仅有两条——《海商法》第 225 条①和《保险法》第 56 条②。两条法律规定存在以下不同点:

1.《海商法》没有规定重复保险通知义务,而《保险法》第 56 条第 1 款规定:"重复保险的投保人应当将重复保险的有关情况通知各保险人。"笔者认为,重复保险不应属于《保险法》第 16 条规定的影响保险人决定是否同意承保或者提高保险费率的重要情况,因为它并不会造成保险标的的风险增加,反而使重复保险法律关系中的各保险人在全额收取保险费对价的情况下仅需分摊损失风险,降低了经营成本,因此并不能使保险人产生相应的合同解除权。

2.《海商法》没有规定"同一保险利益"。通常认为,重复保险在投保人与两个或两个以上的保险人订立了多份保险合同的情况下发生,并且还需符合下列构成要件:(1)同一保险标的(Same subject matter)。(2)同一被保险人(Same assured)。但并不要求投保人相同。(3)同一保险利益(Same interest)。同一保险标的上可能存在不同的保险利益,代表着不同的损害,对不同损害进行补偿并不违反损失补偿原则。只有在保险标的的可保利益为相同或共同的情况下,才

---

① 被保险人对同一保险标的就同一保险事故向几个保险人重复订立合同,而使该保险标的的保险金额总和超过保险标的的价值的,除合同有约定外,被保险人可以向任何保险人提出赔偿请求。被保险人获得的赔偿金额总和不得超过保险标的的受损价值。各保险人按照其承保的保险金额同保险金额总和的比例承担赔偿责任。任何一个保险人支付的赔偿金额超过其应当承担的赔偿责任的,有权向未按照其应当承担的赔偿责任支付赔偿金额的保险人追偿。

② (第 1 款)重复保险的投保人应当将重复保险的有关情况通知各保险人。(第 2 款)重复保险的各保险人赔偿保险金的总和不得超过保险价值。除合同另有约定外,各保险人按照其保险金额与保险金额总和的比例承担赔偿保险金的责任。(第 3 款)重复保险的投保人可以就保险金额总和超过保险价值的部分,请求各保险人按比例返还保险费。(第 4 款)重复保险是指投保人对同一保险标的、同一保险利益、同一保险事故分别与两个以上保险人订立保险合同,且保险金额总和超过保险价值的保险。

能在保单之间进行合法分摊[③]。(4)同一承保风险(Same risk)。保险利益相同但承保风险不同的,也不构成重复保险。(5)重合的保险期间(Same period of cover)。保险事故发生时,两份及以上保险合同均在有效期间。因此,“同一保险利益”应当是重复保险的题中应有之义,《海商法》的规定似有疏漏,建议在修订时加以完善。

3.《海商法》中的分摊方法与《保险法》略有区别。从法律效果上看,如果被保险人向其中一个保险人进行全额索赔时,在该保险人知道有其他保险人存在的情况下,依照《保险法》规定似乎有权仅按比例进行赔付,而依照《海商法》规定,其应当先行予以全额赔付。

此外,《海商法》和《保险法》都采用了狭义的重复保险概念,要求保险金额总和超过保险价值。因此两部法律关于重复保险的规定基本一致,细节上略有差异。根据“特别法优于一般法”以及“用尽海商法”的法律适用原则,在海上保险中的重复保险纠纷中,应当优先适用《海商法》第225条的规定。

对该条规定的研究资料很少,一是立法资料不多;二是没有相关的司法解释和执法意见;三是没有公开的相关案例。通常认为,《海商法》的“海上保险合同”一章移植于《1906年英国海上保险法》,并且海上保险实践具有显著的国际一体化特点,而长久以来英国海上保险的立法与司法实践在世界范围内被广泛借鉴。另外,英联邦独立成员国澳大利亚的法院与英国法院的裁判历来有相互借鉴的传统。因此,英国与澳大利亚两国作出的司法判例以及对它们研究所形成的权威资料,对理解与适用《海商法》第225条具有很强的借鉴作用,也是本案评析主要的研究资料。

二、关于第一赔付保险人的分摊请求权(Right of contribution)

重复保险的分摊原则在250多年前已经确立[④],曼斯菲尔德勋爵在1758年的Godin v. London Ass Co.[⑤]中提出,保险人(第一赔付保险人)承担了超过其应负比例部分的赔偿的,有权从其他承担少于应付比例的保险人(分摊保险人)

---

③ 这一原则为英国1877年的North British Mcrcatile v. Livepool London Globe (1877) LR3 App Cas 279所确立。

④ See Robert Merkin, Colinvaux's Law of Insurance, 10th Edition, Sweet & Maxwell, 2014, p. 675.

⑤ Godin v. London Ass Co. (1758), IBurr. 489, p. 492.

处追偿。

（一）分摊请求权的法律基础

第一赔付保险人和分摊保险人之间并没有合同或侵权法律关系，但依据法律的特别规定，双方之间产生了重复保险法律关系，因此分摊请求权是法定权利。第一赔付保险人向被保险人支付了全额的保险赔偿金，从而解除了重复保险法律关系中其他保险人的赔偿责任，因此就公平角度而言，负担应当分摊。在英国法概念中，被称为衡平分摊原则（equitable doctrine of contribution）。

（二）分摊请求权的成立要件

解读《海商法》第225条，在保险事故发生时存在重复保险的前提下，分摊请求权的构成要件还包括：一是第一赔付保险人向被保险人已经作出的赔付是合理、谨慎的；二是分摊保险人在其保险合同项下对被保险人也负有赔偿责任；三是第一赔付保险人支付的赔偿金额超过其在重复保险法律关系下应当承担的赔偿责任。因此，在重复保险分摊之诉中，第一赔付保险人对此负有证明责任。⑥

（三）分摊范围

关于第一赔付保险人是否有权要求分摊其支付的施救费用、公估费、检验费等其他因保险理赔发生的费用，法律对此没有明确规定。依据《保险法》第57条第2款的规定，被保险人为防止或者减少保险标的的损失所支付的必要的、合理的费用，由保险人承担并在保险标的损失赔偿金额以外另行计算。因此这部分在保险赔偿之外依据法律规定向被保险人另行赔付的施救费等合理费用，也可以被认为是"赔偿金额"。争议可能会发生在第一赔付保险人自行产生的公估费、检验费等成本。支持分摊者认为，检验费用是为确定保险事故的性质及损失金额而发生的费用，系为维护重复保险中不同保险人的共同利益而发生，且如果当初被保险人选择向分摊保险人主张理赔，分摊保险人也必然会发生此项费用，因此要求分摊公估费的法律基础和保险赔偿金并无不同，并且如不支持分摊，可能导致各保险人为避免承担检验费而互相推诿、不积极理赔的后果。但笔者倾向于认为该部分费用不应进入分摊。首先，《海商法》规定第一赔付保险人可以主张分摊的是其向被保险人支付的赔偿金额，因此分摊检验费用的诉讼请求缺

⑥ See Robert Merkin, Colinvaux's Law of Insurance, 10th Edition, Sweet & Maxwell, 2014, p. 675.

乏法律依据。其次,在重复保险情况下,原告全额收取了保险费,公估费用或检验费用是在发生保险事故情况下原告应当承担的正常经营成本。最后,考虑在有些重复保险情形下,分摊保险人同样也会发生此项费用,对整个行业而言,保险人都可能成为第一赔付保险人或分摊保险人,这一规则对各个保险人都一视同仁,会达到动态平衡,并且如果允许分摊,可能还会产生该部分费用是否合理的新争议。

三、关于分摊保险人的常见抗辩

(一)可能构成有效抗辩的特别约定

分摊请求权可以通过事先的合同约定进行修正或者排除。需要注意的特殊合同约定包括:(1)"禁止他保"条款(prohibition of other Insurance clause)。在保险合同中有"禁止他保"条款的情况下,若保险人发现被保险人有重复保险而未告知,有权宣布解除保险合同,不承担保险责任,进而退出了重复保险法律关系。(2)"无分摊条款"(non-contribution clause)或"按比例条款"(ratable proportion clause)。在保险合同中订有"无分摊条款"或"按比例条款"时,被保险人不能选择任何一位保险人索赔全部损失。[⑦] (3)几种特殊情形。如果两份保险合同中都有"无分摊条款",英国法目前的看法是两个条款相互抵消,两个保险人对被保险人的损失负有连带赔偿责任。如果一份保险合同中有"无分摊条款"而另一份保险合同有"按比例条款",先例[⑧]认为这两个条款无本质区别,两个保险人都要按比例负责。背后的大原则就是既不应该让被保险人在重复保险中获利,也不能使其无法获得赔偿。

(二)判断分摊保险人对被保险人是否负有赔偿责任的时间点

判断分摊保险人对被保险人是否负有赔偿责任的时间点,历史上存在两派

---

⑦ "无分摊条款"的先例有 Steelclad Ltd. v. Iron Trader Mutual Insurance Co. Ltd. (1977) 1 Lloyd's Rep 1,这种条文是说明先要向其他的保险人索赔损失,只在其他保险人赔不足的情况下(如另一份双重保险有一个赔偿限额),才会作出赔付。"按比例条款",一种常见的版本在先例 Commercial Union Assurance Co. Ltd. v. Hayden (1984) SLT 304 中可见,约定存在重复保险情况下,保险人不承担超过其承保比例的责任。如果该保险人超出比例赔付的,应当视为自愿赔付,对超出比例的赔付金额不得要求其他保险人分摊。参见 Robert Merkin, Colinvaux's Law of Insurance, 10th Edition, Sweet & Maxwell, 2014, p. 681;杨良宜:《海上货物保险》,法律出版社 2010 年版,第 511 页。

⑧ Austin v. Zurich General Accident and Liability Insurance Companies (1994) 2 All ER 243.

观点：一是保险事故发生时；二是第一赔付保险人向被保险人进行赔付时。澳大利亚法院的立场是认为基于衡平法立场，分摊权利在损失发生时即已产生，任何产生于损失发生后和第一保险人作出赔付前的抗辩都是不能成立的。但是英国法院的观点与前者不太一致。英国具有代表性的案例分别是 Legal and General Insurance Society Ltd. v. Drake Insurance Co. Ltd. [⑨]和 Eagle Star Insurance Co. v. Provincial Insurance Plc[⑩]。此后一些案例中，不同法官分别表达了不同立场，未能有所统一。但在英国 2005 年的判例 O'Kane v. Jones（The Martin P）[⑪]中，高等法院认为，由于分摊请求权在损失发生时即可行使，在损失发生后，如果被保险人与其中一个保险人达成了取消合同的协议，另一个保险人的分摊权利也不会受到影响。上述结论采纳了 Legal and General Ins 案的观点。此外，权威参考书 Arnould's Law of Marine Insurance Average 第 17 版支持了 The Martin P 和 Legal and General Ins 两案判决。[⑫] 笔者赞同判断分摊保险人在其保险合同项下是否对被保险人负有赔偿责任的时间点应当为保险事故发生时，因为此时重复保险中的各保险人已经有了预期分摊义务。分摊保险人可以援引其保险合同下对抗被保险人的抗辩以兼顾合同自由，但因决定向第一赔付保险人索赔而未向分摊共保人提交索赔材料、在保险事故发生后与分摊保险人协议解除第二份保险合同等抗辩与被保险人向其他保险人自由求偿的权利冲突，应当除外。

---

⑨ 参见[1992] 1 All E. R. 283。原、被告均向被保险人提供机动车保险；被保险人在一起第三人造成的事故中受伤；原告支付的保险赔款后向被告主张 50% 分摊；被告称被保险人未向其发送过损失通知，导致保单失效；鉴于被告本来就不需要向被保险人承担保险责任，被告更无分摊责任。上诉法院驳回了被告的抗辩，判定被告不得基于自己的保单条款对抗分摊索赔。

⑩ 参见[1993] 3 All E. R. 1。原、被告均向被保险人提供机动车责任险；被保险人遭受损失后向原告提起索赔；被保险人未向被告索赔，这意味着被告可以基于其保单出险通知条款对抗被保险人的索赔（但依据立法则不可）。枢密院司法委员会的裁判质疑了 Legal and General Insurance Society Ltd. v. Drake Insurance Co. Ltd. 的判决，转而认为确定分摊索赔的日期应当是分摊提起的日期。但枢密院司法委员会不是英国法院系统的一部分，所作判决对英国法院不具有约束力。

⑪ 参见[2005] Lloyd's Rep. I. R. 174。原告向"Martin P"轮提供船壳险，被保险人应付原告的保费逾期未交，保险经纪人威胁取消保单，被保险人害怕原告提供的保单真被取消，又向被告购买了一份保险；出险后，被保险人取消了第二份保单，原告仍然支付了全额保险赔款，并向被告提起分摊之诉。高等法院对《1906 年海上保险法》第 80(2)条的解释是，分摊的权利产生于损失之日，而不是支付之日。在损失之后解除一个保险合同不影响另一个保险合同保险人主张分摊的权利。

⑫ Gilman J. & Merkin R., Arnould's Law of Marine Insurance and Average, 17th Edition, Sweet & Maxwell, 2008, p. 1552.

(三)分摊请求权与代位求偿权的关系

2009年的澳大利亚判例 Speno Rail Maintenance Australia Pty Ltd. v. Metals & Minerals Insurance Pte Ltd. [13]确立了这一法律规则:事后被第一个要求作出分摊的保险人是没有代位求偿权的,向第三人索赔的代位求偿权只属于第一个支付保险赔偿金的保险人。笔者认为,这一法律规则有其逻辑自洽性,背后的司法导向是促进保险市场的积极发展,促使被保险人优先向理赔更加便捷的保险人索赔,同时也鼓励各保险人积极参与理赔以取得相应的代位求偿权。然而笔者在调研中发现,分摊保险人在分摊以后也无法取得代位求偿权的这一制度设计在国内很难被普遍接受。多数意见认为,分摊保险人进行分摊也属于承担保险责任,因此,重复保险的各保险人在其自身承担保险赔偿责任范围内都应有代位求偿权。但依据《海商法》规定,应当理解为分摊请求权的行使不以行使过代位求偿权为前提,且在分摊保险人未向第一赔付保险人支付保险赔偿金前,代位求偿权应当仅属于第一赔付保险人。[14]

此外,有观点认为要对第一赔付保险人与被保险人的保险合同关系进行深入细致的实体审查。笔者认为,借鉴海上保险代位求偿权纠纷中对保险合同关系的审查标准,重复保险分摊之诉的审查范围也应当有其合理的边界,不应对主张分摊权利的诚信理赔的保险人设置过高的法律门槛、课以过高的证明负担,以致《海商法》所规定的重复保险分摊请求权形同虚设。

经过前述调研和思考,最终明确了该案的裁判思路,对《海商法》第225条"重复保险分摊"的概括规定阐明了裁判方法,明确重复保险分摊请求权的构成

---

⑬ 参见[2009] 253 A. L. R. 364。原告与一家名为 Hamersley 的铁轨打磨承包商订立合同。合同约定由 Hamersley 向原告提供服务,而原告向 Hamersley 承诺,如果 Hamersley 对原告的雇员造成任何普通法下的人身伤害,则补偿 Hamersley。此外,一份苏黎世保险的保单向原告承保责任险(但不含人身伤害),并且扩展至 Hamersley,作为共同被保险人。有两名雇员向 Hamersley 提起索赔并且得到赔偿。苏黎世向 Hamersley 支付赔款,并向被告要求分摊。被告进而针对原告启动代位求偿程序,试图代位行使 Hamersley 针对原告的补偿请求权。上诉法院西澳大利亚州最高法院判决认为:被告仅仅作在分摊中的保险人,并不享有代位求偿权。后来本案上诉至澳大利亚高等法院。法院驳回了上诉,却是基于另一个理由:本案中并不存在重复保险,Hamersley 在苏黎世保单下仅仅是受益人(而非被保险人)。

⑭ 英国法中的 The Commonwealth[1907] P216(CA)先例值得注意,即一旦第一赔付保险人通过代位求偿获得任何损失赔偿,都应当在货物利益方之间进行按比例分配,这一法律原则可避免第一赔付保险人在获得分摊后又从第三人处获得超出其分摊比例的赔偿从而额外获利,在设计中国的重复保险分摊制度时值得借鉴。

要件为:(1)第一赔付保险人向被保险人作出的赔付是合理和谨慎的;(2)分摊保险人在其保险合同项下对被保险人负有赔偿责任;(3)第一赔付保险人支付的赔偿金额超过其在重复保险法律关系下应当承担的赔偿责任。针对该案争议最大的两项抗辩,即被保险人未提供保险事故有关的证明资料导致被告拒赔以及原告未行使代位求偿权是否影响原告分摊请求权的问题,判决明确了以下观点:分摊保险人可以行使合同项下对被保险人的抗辩,以保险事故发生时作为判断分摊保险人在其保险合同项下对被保险人是否负有赔偿责任进而负有分摊义务的时间点;但被保险人未向其提供保险事故证明资料的抗辩与被保险人向其他保险人自由求偿的权利冲突,不能成立。重复保险分摊不以向责任人主张代位求偿为前提。分摊保险人不得以第一赔付保险人未行使代位求偿权为由拒绝分摊请求。

(杨婵供稿)

(获评全国法院系统2018年度优秀案例评选二等奖
入选人民法院案例库)

【案例索引】

(2015)沪海法商初字第3049号

4. 中国太平洋财产保险股份有限公司航运保险事业营运中心诉天安财产保险股份有限公司航运保险中心海上保险合同纠纷案

——责任保险项下被保险人“怠于请求”的判断标准

【提要】

在责任保险中，被保险人“怠于请求”保险人给付时，受损第三者才可直接向保险人行使保险金给付请求权。判断“怠于请求”是否成立应当从请求的方式和时间两个方面考虑。在请求方式上，在损害赔偿责任确定以后，被保险人应当且能够请求保险人赔偿保险金，但不予请求或迟延请求的；在请求时间上，第三者以保险人为被告提起诉讼时，被保险人尚未向保险人提出直接向第三者支付保险金请求的，则可以认定为“怠于请求”。

【案情】

原告：中国太平洋财产保险股份有限公司航运保险事业营运中心（以下简称太平洋保险）

被告：天安财产保险股份有限公司航运保险中心（以下简称天安保险）

2015年11月1日，太平洋保险就“新南方818”轮船载货物签发了被保险人为宝钢湛江钢铁有限公司（以下简称宝钢公司）的险别为综合险的保险单。2015年11月4日，“润恒达”轮与“新南方818”轮在福建平潭海域发生碰撞，事故造成“新南方818”轮及船载货物沉没。事故发生后，宝钢公司就碰撞事故遭受的损失向太平洋保险提出保险赔偿要求，太平洋保险赔付后依法取得代位求偿权。

2016年6月7日，太平洋保险向上海海事法院提起诉讼，要求“新南方818”轮的船舶所有人钦州南方轮船有限公司（以下简称南方公司）就涉案货损承担赔偿责任。上海海事法院作出(2016)沪72民初1675号民事判决,依法认定碰撞事故当事方南方公司应依其过失责任对太平洋保险承担货损金额人民币280,635.09元(币种下同)的赔偿责任。对该判决太平洋保险和南方公司均未提起上诉,该判决于2017年6月18日生效。南方公司未履行判决义务。

2015年3月3日,天安保险就“新南方818”轮向南方公司签发承保范围包括“船东对货物责任保险”的保单。该项责任保险保险限额为300万元,每次事故绝对免赔额为3万元,保险期限从2015年3月4日0时起至2016年3月3日24时止。

2016年3月21日,天安保险与南方公司就涉案“新南方818”轮及“润恒达”轮碰撞所造成的两轮受损、“新南方818”轮及船载涉案货物一同沉没、油料溢漏等达成和解协议。和解协议第4条约定,就保险单项下可能的保险赔偿责任,天安保险同意向南方公司一次性支付990万元,作为南方公司因上述碰撞事故所遭受的所有损失、损害、责任、费用及利息(但南方公司对“新南方818”轮所载货物损失的可能赔偿责任除外)之全部和最终的解决方案。

2017年6月27日,南方公司向天安保险及天安保险诉讼委托代理人张某桃律师发送邮件称:“王经理、张律师,两位好,继上次将‘新南方818’轮货损的判决转发给贵司知晓后,近日我方律师收到生效函件,我方一并转发给贵司,本事故属于保险事故,请贵司尽快按照判决安排赔付事宜。”

太平洋保险诉称,根据(2016)沪72民初1675号民事判决,南方公司应向太平洋保险赔偿货物损失人民币280,635.09元及利息损失。天安保险系“新南方818”轮的保险人,承保范围包括“船东对货物责任保险”。在南方公司未履行判决义务后,太平洋保险要求天安保险直接向其支付保险赔款,但至今未获天安保险任何回复。太平洋保险认为,南方公司的行为属于《保险法》第65条规定的“怠于请求”的情形,太平洋保险有权要求天安保险直接向其支付保险赔偿金。故请求法院判令天安保险向太平洋保险支付保险赔偿金280,635.09元及相应的利息损失,并由天安保险承担案件受理费。

天安保险辩称,(1)南方公司已要求天安保险向太平洋保险支付保险赔偿金,因天安保险与南方公司就同一保单同一碰撞事故存有诸多争议,故不存在南方公司“怠于请求”的情形;(2)太平洋保险与天安保险间不存在法律关系,太平洋保险无相应诉权;(3)太平洋保险就涉案诉讼标的已向南方公司提起诉讼,并已由上海海事法院作出了生效判决,其基于同一标的又向天安保险提起诉讼,违反了民事诉讼中一事不再理的基本原则,法院不应受理;(4)本案的基础法律关系为海上货物运输合同,天安保险非适格的被告;(5)南方公司与天安保险就碰撞事故项下保险赔付达成了和解协议,天安保险根据和解协议的内容向南方公司支付了和解款项990万元,但南方公司违反了和解协议的约定致使天安保险受到其他第三方的追索和诉讼,南方公司与天安保险之间存有保险争议,天安保险可对涉案货损责任的赔付行使抵销权;(6)太平洋保险未能证明本案货损金额,其依据的生效判决中对货损金额的认定对天安保险无约束力;(7)根据天安保险向南方公司签发的保单,天安保险享有绝对免赔额3万元。

【裁判】

上海海事法院经审理认为,本案系海上保险合同纠纷。针对原告是否享有诉权,南方公司是否存在《保险法》第六十五条第二款"怠于请求"的情形的问题,法院明确《保险法》第六十五条第二款第三者保险金请求权行使的适用要件及"怠于请求"的认定标准,"在被保险人对第三者应负的赔偿责任确定后,被保险人不履行赔偿责任,且第三者以保险人为被告提起诉讼时,被保险人尚未向保险人提出直接向第三者支付保险金请求的情形"。本案中,天安保险提交邮件用以证明南方公司已要求天安保险向太平洋保险支付保险赔偿金。但法院认为,第一,从天安保险提供的邮件内容看,南方公司的确就涉案货损向天安保险提出保险理赔,但并未明确保险赔付的对象是南方公司自身还是太平洋保险;第二,因同一碰撞事故,南方公司与天安保险就《船舶油污责任保险保险单》项下的责任保险达成了和解,南方公司已要求天安保险向其先行赔付了责任保险。故在语意不详的情况下,应认定南方公司就涉案货损赔偿责任未明确要求天安保险将保险赔偿金直接支付给太平洋保险。在南方公司对太平洋保险应负的赔偿责任已由生效的(2016)沪72民初1675号民事判决予以确定,南方公司未履行赔偿责任,且在太平洋保险向天安保险提起诉讼前,被保险人南方公司未明确要求保险人天安保险直接向第三者太平洋保险支付保险赔偿金的情况下,可认定南方公司"怠于请求",太平洋保险依据《保险法》第六十五条第二款的规定可直接要求天安保险向其支付保险赔款。故太平洋保险依照法律规定享有对天安保险的相应诉权。

南方公司应履行的货损赔偿责任 280,635.09 元由生效的(2016)沪 72 民初 1675 号民事判决予以确定。天安保险应依保险合同的约定就南方公司所承担的货损赔偿责任在扣除免赔额 3 万元的情况下承担保险责任。在南方公司"怠于请求"的情况下,太平洋保险依法享有对天安保险的保险金给付请求权。

综上,上海海事法院判决天安保险向太平洋保险支付保险赔偿金 250,635.09 元及利息损失。

一审宣判后,双方均未上诉。该案判决已生效。

【评析】

依据《保险法》第 65 条第 4 款的规定,责任保险是被保险人对第三者负损害赔偿责任时,由保险人承担其赔偿责任的一种保险。责任保险的本意原是为填补被保险人因需向第三者承担赔偿责任所导致的自身财产的损失,因其客观上增强了被保险人的偿付能力,使该制度具有了保障第三者获得及时赔偿之制度价值。所以,责任保险制度自诞生之初即具有相当程度的第三者利益属性。我国《保险法》修订时,借鉴了有关国家和地区保险法的立法例,对责任保险进行了较大幅度的修订,在原有的基础上明确强调受损第三者对责任保险的保险金具有法律意义上的直接请求权,对于维护受损第三者的合法利益、维护法律公平理念和社会公众利益都具有重要的现实意义。但该请求权的行使是有条件的,其法定条件为被保险人向第三者的"赔偿责任确定"且"被保险人怠于请求"。在本案判决之时(2017 年 11 月),司法实践中对于如何判断和衡量被保险人"怠于请求"尚未有具体细化的认定标准,裁判尺度并不统一。直至 2018 年 9 月 1 日正式施行的最高人民法院《关于适用〈中华人民共和国保险法〉若干问题的解释(四)》(以下简称《保险法司法解释(四)》)第 15 条才对"被保险人怠于请求"的情形予以明确。本案对于更好厘清第三者责任保险请求权中被保险人"怠于请求"的判断标准仍有重要参考价值。

一、第三者保险金请求权行使的依据

(一)法理基础

第三者保险金直接请求权的法理基础在于《合同法》上的代位权。保险合同作为合同的一种,适用《合同法》总则的相关规定,自然也适用代位权的制度规定。在被保险人对保险人的给付保险金债权以及第三者对被保险人的损害赔偿债权均到期,且被保险人怠于行使自己的债权以至有害于第三者的债权时,第三者本身可以依据《合同法》第73条的规定直接向保险人行使代位权,即受损第三人可以直接以自己的名义起诉保险人要求保险人支付相应的赔偿金。《保险法》第65条第2款对受损第三者保险金直接请求权作出了与《合同法》第73条相呼应的规定,即在被保险人怠于请求时,受损第三者有权就其应获赔偿部分直接向保险人请求赔偿保险金。

从立法的角度出发,针对被保险人对第三者造成损害后无力赔偿,又不向保险人请求直接向第三者赔偿保险金,损害了第三者的利益的情况,立法者直接应用了代位权的概念增加了该项规定[①]。因此,从《保险法》的该条立法目的来看,第三者该项请求权的行使,需具备下列前提:(1)被保险人对第三者的赔偿责任已经确定;(2)被保险人未依据已经确定的责任向第三者进行赔偿或者未能足额赔偿;(3)被保险人客观上能够请求却怠于请求保险人向第三者支付保险赔偿金。

(二)法律依据

《保险法》第65条规定了不同的保险金给付情形,其中包括:(1)保险人依照法律的特别规定直接向第三者给付保险赔偿金;(2)保险人按照保险合同的明确约定直接向第三者给付保险赔偿金;(3)被保险人对第三者应负的赔偿责任确定,根据被保险人的请求,保险人向第三者给付保险赔偿金;(4)被保险人对第三者应负的赔偿责任确定,且被保险人怠于请求的,第三者直接向保险人请求给付保险赔偿金;(5)被保险人在向第三者实际赔付后可向保险人请求给付保险赔偿金。

---

① 参见安建主编:《中华人民共和国保险法(修订)释义》,法律出版社2009年版,第107页。

第(1)、(2)种情形系保险人直接向第三者支付保险金[②],而该两项内容直接给付义务的法理基础为债法中的代为清偿与代为受领,从立法的本意和代为清偿的规定来看,该请求权的主体应为被保险人,第三者不能直接依据该条主张保险金的请求权。第(3)种情形,第三者并不享有对保险人直接的保险金给付请求权,保险人未向第三者支付保险赔偿金的,仍应当向被保险人承担相应的合同责任。因此,第三者保险金直接请求权的法律依据为《保险法》第 65 条第 2 款中“被保险人怠于请求的情形”[③]。

二、“怠于请求”的认定标准

(一)“请求”的方式

笔者认为,《保险法》责任保险中对“怠于请求”行为的认定标准应结合《保险法》的相关内容和保险实践要求予以综合考虑。据《保险法》第 23 条[④]可知,被保险人向保险人提出给付保险金的请求是保险理赔程序的启动,保险人有权对是否属于保险责任范围、应否给付保险金、给付多少数额的保险金等进行相应的审核,对不属于保险责任的,保险人还可根据《保险法》第 24 条[⑤]的规定拒绝赔付。毕竟责任保险中受损第三者的权利建立在被保险人请求权基础之上,因此保险法中的“怠于请求”应为保险事故发生后被保险人既不积极向受损第三者进行赔偿,又不主动请求和协助保险人对受损第三者进行保险赔偿的行为,其重点在于被保险人应当且能够请求保险人赔偿保险金,但完全不请求赔偿或迟延索

---

② 《保险法》第 65 条第 1 款:保险人对责任保险的被保险人给第三者造成的损害,可以依照法律的规定或者合同的约定,直接向该第三者赔偿保险金。

③ 《保险法》第 65 条第 2 款:责任保险的被保险人给第三者造成损害,被保险人对第三者应负的赔偿责任确定的,根据被保险人的请求,保险人应当直接向该第三者赔偿保险金。被保险人怠于请求的,第三者有权就其应获赔偿部分直接向保险人请求赔偿保险金。

④ 《保险法》第 23 条:保险人收到被保险人或者受益人的赔偿或者给付保险金的请求后,应当及时作出核定;情形复杂的,应当在三十日内作出核定,但合同另有约定的除外。保险人应当将核定结果通知被保险人或者受益人;对属于保险责任的,在与被保险人或者受益人达成赔偿或者给付保险金的协议后十日内,履行赔偿或者给付保险金义务。保险合同对赔偿或者给付保险金的期限有约定的,保险人应当按照约定履行赔偿或者给付保险金义务。保险人未及时履行前款规定义务的,除支付保险金外,应当赔偿被保险人或者受益人因此受到的损失。任何单位和个人不得非法干预保险人履行赔偿或者给付保险金的义务,也不得限制被保险人或者受益人取得保险金的权利。

⑤ 《保险法》第 24 条:保险人依照本法第二十三条的规定作出核定后,对不属于保险责任的,应当自作出核定之日起三日内向被保险人或者受益人发出拒绝赔偿或者拒绝给付保险金通知书,并说明理由。

赔。当然,诉讼或仲裁的方式是被保险人或保险人抗辩第三者保险金直接请求权的有效途径,但司法实践中只要有证据证明被保险人已向保险人提出请求,启动了保险理赔的程序,被保险人就不构成"怠于请求"。

为避免实践中出现保险人同被保险人串通、伪造曾主张过权利的证据以损害第三者权利的情况,笔者认为,在审查"提出请求"的相关证据时,不仅要审查被保险人向保险人提出向第三者理赔请求的证据,还应进一步审查被保险人是否提交了理赔所需要的资料和证明,⑥保险人是否在30日内向被保险人出具核定结果通知或拒绝给付保险金通知书等,从而来综合判定"提出请求"证据的真伪,以及请求行为是否真实发生。

(二)"怠于"的时间界定标准

被保险人客观上能够请求却怠于请求保险人向第三者支付保险赔偿金,从法律适用的角度缺少具体切实可操作的规定,故笔者认为应当通过确定审查的客观时间区段,即在该时间段中审查被保险人是否存在"怠于请求"的行为。笔者认为,客观的时间区段自"被保险人对第三者应负的赔偿责任确定"到"第三者以保险人为被告提起诉讼时"较为妥当。对此主要有以下几个方面的考量:

首先,"积极""及时""合理期间"等概念都是弹性的概念,站在不同利益角度,含义也截然不同。对于第三者而言,只要被保险人对第三者应负的赔偿责任确定后被保险人就应该向保险人提出向其赔付的请求;而对于被保险人而言,启动理赔程序需要提供相关的证明和资料甚至还要按照保险人的要求补交相关证据和资料,这些准备工作均需要一定的时间。而且不同的案件,情况也不同,不排除案件情况复杂的情形。因此什么是合理期间,在哪个时间段进行请求是"积极",均需客观时间区段的限定。

其次,"怠于"是一种不情愿不主动的主观意愿,它可以通过被保险人对保险赔偿漠不关心、消极抵触、推诿或者拖延等客观行为来体现,它呈现的是一种持续的状态,正是这种持续的状态构成对第三者利益隐形的伤害。在被保险人可以请求且有能力请求但出于各种原因不予请求时,"怠于"的状态就形成了,但

---

⑥ 根据最高人民法院《关于适用〈中华人民共和国保险法〉若干问题的解释(二)》第15条的规定,保险人核保期间的起算具有双重要件,即"索赔请求"和"有关证明和资料"。

“怠于”的状态形成后并非处于“永远怠于”的状态,它仍可通过被保险人的积极主动的请求行为使之发生改变。区段的客观标准在于明晰这种消极的状态是否一直持续至第三者以保险人为被告提起诉讼时,如果这期间被保险人即使处于“怠于”状态但因各种因素而转变了消极状态,向保险人提出了请求,则可构成对“怠于”状态的破除,不能认定为“怠于”,而被保险人由消极推诿到积极请求的转变也是立法应当支持和鼓励的。

再次,以“第三者以保险人为被告提起诉讼时”为时间区段结束的边界有利于当事人明确举证的内容,也便利于法官对“怠于”行为的审查和认定。如果在该区段内被保险人有积极行为或有正当理由则不构成“怠于”,而若在该区段内被保险人无积极行为亦无正当理由则构成“怠于”。一般情况下,第三者在“被保险人对第三者应负的赔偿责任确定”后均多次要求被保险人进行赔偿,在被保险人明确表示不予赔偿或者推诿拖延的情况下才会向保险人提出赔偿,甚至有些案件第三者以保险人为被告提起诉讼前,还会直接向保险人提出索赔请求,在双重请求均无法实现的情况下才向保险人提起诉讼,因此该时间边界在通常情况下已充分给予了被保险人向保险人提起索赔请求的合理时间。如果出现了“急不可待”的第三者,在未给被保险人提出请求的合理期间就将保险人诉至法院,则法院仍然需要在该区段内审查被保险人是否存在消极推诿等“怠于”的情形,如果被保险人提出了合理正当的理由则不构成“怠于”。

最后,该标准的提出有利于第三者对被保险人进行积极“请求”并进行相应催告。因第三者请求权的行使是建立在被保险人请求权基础之上的,第三者享有的对保险金的请求权需要被保险人向保险人提出索赔,需要被保险人提供保险单编号、保险类型、保险标的、保险金额等证明和资料以启动理赔,第三者可依据该标准向被保险人进行催告,要求被保险人在一定的合理期间内向保险人提出请求,催告期满被保险人仍不提出请求的,可认定为“怠于请求”,可直接以自己的名义向保险人提出索赔。该标准的提出有利于第三者在保险理赔中由被动转为主动,更有效维护自身的合法权益。

因此,基于上述诸多层面的考量,对“怠于请求”审查和认定的前提是被保险人对第三者应负的赔偿责任确定,“怠于请求”的基本内容为被保险人不履行赔偿责任,且第三者以保险人为被告提起诉讼时,被保险人尚未向保险人提出直接向第三者支付保险金请求的情形。此认定也符合《保险法司法解释(四)》第15条的规定。

(王寰瑾供稿)

(入选《中国法院2020年度案例:保险合同卷》)

【案例索引】

(2017)沪72民初2556号

5. 兴亚物流(上海)有限公司连云港分公司诉中国人民财产保险股份有限公司连云港市分公司海上保险合同纠纷案

——PICC仓至仓条款中“到达”词义的理解

【提要】

PICC仓至仓条款中“到达”一词的含义,应理解为货物卸离落定的完成时状态,卸货过程应包含在PICC仓至仓条款保险责任期间内。

【案情】

原告:兴亚物流(上海)有限公司连云港分公司(以下简称兴亚公司)

被告:中国人民财产保险股份有限公司连云港市分公司(以下简称人保公司)

2017年8月1日,万都海拉苏州公司向万都海拉电子公司(韩国)购买电子助力转向系统控制单元一批,由兴亚物流有限公司(韩国)承运,兴亚物流有限公司(韩国)签发了多式联运提单,提单号为HALCCN1708002,从韩国仁川港运至中国连云港,最终目的地是苏州收货人仓库。上述货物先由海运从韩国仁川港运往中国连云港港,到达连云港港后,由兴亚公司负责报关、报检并联系运输车辆运至万都海拉苏州公司仓库。上述货物运至苏州收货人仓库后,集装箱卡车司机金某城及李某将涉案货物从集装箱卸至地面过程中,2个托盘的货物(共计300件)不慎发生倒塌,摔至地面。江苏徽商保险公估有限公司出具的公估报告认为:经勘查现场发现,涉案保险标的外观无明显变形,但是该电控单元属于精密电子产品,用于汽车电子助力转向系统,非标准零件,须退回原厂检测。退运面临海关、商检、国税等多道烦琐手续,检测费用远超于涉案电子助力转向系统控制单元货物实际价值,因此对标的推定全损。现受损货物仍存放于万都海拉苏州公司仓库。

涉案货物出运时,兴亚公司以万都海拉苏州公司为被保险人向人保公司投保了20个托盘电子助力转向系统控制单元的海洋运输货物保险,保单号PYII201732070000000299,保单记载承保险别为:根据中国人保财产保险有限公司的《海洋运输货物保险条款(2009)》承保一切险。

发生事故后,万都海拉苏州公司向人保公司提出了理赔申请,为方便索赔,将涉案保单项下索赔权转让至兴亚公司。同时,万都海拉苏州公司向兴亚公司提出赔偿,兴亚公司于2017年12月12日至2018年8月6日,向万都海拉苏州公司支付了共计人民币255,626.58元的赔偿款,该款项包括货物的损失及相关税款损失。

原告兴亚公司因受让索赔权,与被告人保公司就保单项下赔偿责任无法达成一致,遂诉至法院,要求被告人保公司赔付货物损失。

【裁判】

上海海事法院经审理认为,本案为海上保险合同纠纷,争议焦点为:(1)货损是否构成保险责任期间的保险事故;(2)关于理赔金额及被告是否应当对原告进行理赔。

一是关于货损是否构成保险责任期间内的保险事故。首先,收货人处监控视频显示,货物在卸货作业中确实发生了倒塌事故,该事故对于货物性能存在损害,属于该险种承保的风险之一。其次,倒塌所致的货损将导致汽车产品质量无法达到国家强制性规定,并有概率触发重大生命财产损失。根据保险合同约定,推定全损是指被保险货物的实际全损已经不可避免,或者回复、修复受损货物以及运送货物到原定目的地的费用超过该目的地的货物价值。根据公估报告,现涉案存留的货物无法使用,且退回检测的费用及相应的关税等费用远超于货物的实际价值,因此对涉案货物作推定全损符合合同约定。

关于该货损是否发生在保险责任期间内,原、被告存在较大争议。法院认为,海洋运输货物保险条款2009版一切险中关于保险责任期间的约定,即“仓至仓条款”载明:本保险负“仓至仓”责任,自被保险货物运离保险单所载明的起运地仓库或储存处所开始运输时生效,包括正常运输过程中的海上、陆上、内河和驳船运输在内,直至该项货物到达保险单所载明的目的地收货人的最后仓库或储存处所或被保险人用作分配、分派或非正常运输的其他储存处所为止。

法院认为,第一,根据现有视频证据及从收货人处了解可知,涉案货损系在集装箱车到达收货人仓库的卸货平台,在货物卸离集装箱车至地面的过程中发生。从监控视频可知,虽同处同一密闭空间,但收货人货物集中储存处所位于卸货平台约 10 米远处,收货人的货物在该最后仓库统一存放,仓库与卸货平台之间设置有关卡及门锁,以防偷盗,从该仓库的卸货平台地面至货物最终存放地点之间须通过液压车或叉车继续运载前行,故涉案货损发生之卸货平台并不属于货物的“最后仓库或储存处所”。第二,该条款所称“货物到达最后仓库或储存处所”应理解为货车到达仓库,对货物进行搬卸作业并货物最终存储于仓库的过程。货物从集装箱车卸离至仓库地面,经叉车搬入仓库落定后,保险人承保的风险才终止。本案的货损发生在货物从集装箱车卸离至地面过程中,此时货物尚未到达仓库,保险责任期间尚未终止。第三,根据《合同法》的相关规定,对格式条款的理解发生争议的,应当按照通常理解予以解释。对格式条款有两种以上解释的,应当作出不利于提供格式条款一方的解释。对于“仓至仓”条款责任期间何时终止的理解,因双方存在不同理解和争议,应当作出对提供格式条款一方即保险人不利的解释。综上,法院认为货损发生在保险责任期间,且属于承保风险所致的货损,因此存在保险事故,对于被告不存在保险事故及货损发生在保险责任期间终止后的抗辩,法院不予采纳。

二是关于理赔金额及被告是否应当对原告进行理赔。根据公估报告,受损货物为其中部分货物,共 300 件,单价为 117.42 美元/件,总计人民币 236,479.18 元(汇率为 1∶6.7132),受损货物因检测费用远大于货损价值,故推定全损,保险人应当减去免赔额后作出赔付。根据保险单约定,免赔额为 2000 美元或损失金额的 5%,以高者为准。据此计算免赔额为人民币 13,426.40 元,保险人尚须赔付的金额为人民币 223,052.78 元。根据《海商法》的相关规定,保险人支付保险赔偿时,可以从应支付的赔偿额中相应扣减被保险人已经从第三人处取得的赔偿。该第三人通常理解为应当是对涉案货损负有赔偿责任的人。现有证据表明,兴亚公司是海运提单项下收货人,兴亚公司亦自述其负责涉案货物到港之后至实际收货人仓库的运输,据此,兴亚公司作为多式联运承运人兴亚物流有限公司(韩国)注资的全资子公司的分支机构,系接受多式联运承运人兴亚物流有限公司(韩国)的指令,在目的港从事相应的货代及运输工作,应认定为涉案货物的陆上区段承运人,对于涉案货物在其承运区段内发生的货损,实际负有赔偿责任。兴亚公司通过金某城的账户向收货人万都海拉苏州公司支付的款项人民币255,626.58元,应当认定为对涉案货损的赔款。据此,被告人保公司有权依法扣减被保险人万都海拉苏州公司已经从兴亚公司取得的赔偿金额。现被保险人从兴亚公司已获得的赔偿金额高于保险公司应赔付的金额,因此,被告人保公司无须再对被保险人万都海拉苏州公司进行理赔。

根据《海商法》的相关规定,海上货物运输合同中,将货物的保险利益转让给承运人的条款或者类似条款,无效。兴亚公司作为陆上区段承运人对涉案货损负有赔偿责任,而收货人万都海拉苏州公司将货物的保险金请求权利益转让给兴亚公司,兴亚公司据此向保险人提出索赔,或者对抗保险人的代位求偿,最终使自己免除对货损的赔偿责任,损害了保险人的合法权益。该索赔权转让与上述法律规定的情形相类似,应当归属于无效。

综上所述,被保险人万都海拉苏州公司就涉案货损已不存在实际损失,其已丧失向保险人索赔的前提条件。兴亚公司通过赔偿货损的方式取得保险金索赔权无效,其请求人保公司支付保险赔偿金的诉讼请求,法院不予支持。上海海事法院依法一审驳回原告兴亚公司的诉讼请求。

一审判决作出后,原、被告均未提起上诉,该案判决现已生效。

【评析】

"仓至仓条款"(Warehouse to Warehouse)系海上货物运输险中关于责任期间起讫的规定,即保险人承保的风险从何时开始至何时结束。这是一条说明保险人承保期限的重要条文,在司法实践中争议较大。

一、ICC 条款及 PICC 条款的比较分析

英国协会货物(ICC)条款第 8 条的"运输条文"(Transit Clause)就是仓至仓条款。协会货物条款 1982 版规定,保险责任开始在"从为了开始运送货物而离开仓库或储存地",以 8.1.1 ~ 8.1.3 规定的 3 种情况中最早者来作为承保风险

期限的终止,包括 8.1.1,即货物到达收货人最后仓库或储存处所。①

承保的风险是整个运输期间的风险,但有部分作为受保人的货方认为,仅是运输期间受到保障还是不够,还应当对在货方仓库或堆场装货(如在卖方的仓库把货物装进集装箱内)及卸货期间会发生的风险进行加保。于是 2009 版 ICC“运输条文”就进一步向两端延伸了一点点,对受保人更加有利,也避免了一些争议。② 2009 版 ICC 条文规定承保风险自“为了把货物马上装上运输工具,而在仓库或在储藏的地方首次移动货物”开始,至“货物从装载车或其他运输工具卸完”为止③,包含两端的装货及卸货过程。保险责任终止的措辞使用了 on completion of uploading 一词,uploading 有搬卸的意思,意味着只有货物经搬卸在仓库落定后,卸下货物才结束,责任期间才终止。

现在比较通用的 PICC 人保条款 2009 版规定为,“仓至仓”责任自“被保险货物运离保险单所载明的起运地仓库或储存处所”开始,至“该项货物到达保险单所载明的目的地收货人的最后仓库或储存处所或被保险人用作分配、分派或非正常运输的其他储存处所”为止。

通过上述比较分析可知,对于两端的装卸货过程是否包含在责任期间内,2009 版 ICC 条文的约定是最为清晰的,明确责任期间包含两端的装卸货风险。而 ICC 协会货物条款 1982 版及 PICC 人保条款 2009 版的规定并不明确,容易引发纠纷。

二、对 PICC 仓至仓条款中“到达”一词的理解

案涉纠纷的货损恰恰发生于货物在收货人仓库进行卸货作业时,那么 PICC 条款责任期间何时终止的理解成为审理本案的关键。

---

① 8.1 This insurance attaches from the time the goods leave the warehouse or place of storage at the place named herein for the commencement of the transit, continues during the ordinary course of transit and terminates either 8.1.1 on delivery to the Consignees' or other final warehouse or place of storage at the destination named herein...

② 杨良宜:《海上货物保险》,法律出版社 2010 年版,第 375 页。

③ 8.1 Subject to Clause 11 below, this insurance attaches from the time the subject-matter insured is first moved in the warehouse or at the place of storage (at the place named in the contract of insurance) for the purpose of the immediate loading into or onto the carrying vehicle or other conveyance for the commencement of transit, continues during the ordinary course of transit and terminates either.

8.1.1 on completion of unloading from the carrying vehicle or other conveyance in or at the final warehouse or place of storage at the destination named in the contract of insurance...

第一,PICC 条款中用词是“到达”。何为“货物到达仓库”,笔者认为,以一般常识理解,货物到达仓库应当是货物脱离运输车并最终存储于仓库。货物到达收货人处后,一般应先进行卸货作业,若卸货地在仓库外,那么还应通过叉车、液压车等运输工具将货物搬进仓库进行存储。而本案特殊在货车直接开进仓库进行卸货作业,笔者认为,虽然从物理位置上看,此时货物已经到达仓库,但货物并未脱离运输车到达地面落定。货物卸离“落定”后,才形成“货物到达仓库”的完成时,卸货过程包含在仓至仓条款的责任期间内。

第二,从前后文理解的角度,货物到达的地点,无论是仓库也好,还是储存处所也好,其用途及功能均是使货物处于一个稳定的状态,等待后续被收货人用于正常运输以外的储存、分配或分发。因此,显然货车到达仓库后连续的卸货作业过程应当处于保险责任期间内,因为仅有当货物卸货完成后,才能等待后续进一步被收货人储存、分配或分发。

第三,从 PICC 人保条款英文对照版④的字面意思上看,“delivery”含有交付、送达的意思,在最高人民法院公报案例“中国抽纱公司上海进出口公司诉中国太平洋保险公司上海分公司海上货物运输保险合同纠纷”案中,上海市高级人民法院认为:应当将海上货物运输保险合同仓至仓条款的责任期间,理解为货物在启运仓库启运开始,至抵达收货人仓库并向提单持有人合法交货时为止的期间,在此期间发生的保险事故均属保险人承保范围。虽然上述的理解可能会扩大在收货端的保险责任期间,造成保险人承保风险的扩张,但起码“直至向提单持有人合法交货为止的期间”,肯定包含货物在仓库的卸货过程。一般卸货完成后,承运人才可向收货人交付货物。

第四,根据《合同法》的相关规定,对格式条款的理解发生争议的,应当按照通常理解予以解释。对格式条款有两种以上解释的,应当作出不利于提供格式条款一方的解释。对于“仓至仓”条款责任期间何时终止的理解,因双方存在不同理解和争议,应当作出对提供格式条款一方即保险人不利的解释。

---

④ 英文:This insurance attaches from the time the goods hereby insured leave the warehouse or place of storage named in the Policy for the commencement of the transit and continues in force in the ordinary course of transit including sea, land and inland waterway transits and transit in lighter until the insured goods are delivered to the consignee's final warehouse or place of storage at the destination named in the Policy or...

结合以上分析,涉案货物在仓库卸货平台处卸货时发生倒塌造成货损,此时保险人承保的风险尚未终止。PICC 仓至仓条款中“到达”一词的含义,应理解为货物卸离落定的完成时状态,卸货过程应包含在 PICC 仓至仓条款保险责任期间内。

三、PICC 仓至仓条款责任起讫再论

仓至仓条款解决的是海洋货物运输中保险责任期间起讫的问题,PICC 条款的措辞虽然在当前被广泛使用,但语义表达并不清晰,适用时容易引发争议,最为明显的就是是否包含两端,即运输过程中的装货端及卸货端的责任问题。

笔者认为,从海洋货物运输险承保风险来看,其主要承保的是运输风险。仓至仓条款已经将货物保险从原先“港至港”延伸至全程运输,包括陆路、海运及其他运输方式,包括上文所提及的至收货人仓库后的叉车运输等各种运输方式。因此运输的形式并不重要,运输由谁来负责也不重要,因为保险合同的责任期间并不等同于承运人责任期间,因此风险开始及风险结束的判断在保险合同纠纷中就显得尤为重要。我们能够依据的也就是条文本身。

上文已经从语义、常识、前后文理解、英文版对照、格式条款解释等角度对 PICC 的条款进行了分析,结论就是 PICC 条款应当包含货物到达收货人处的卸货过程,货物从运输车辆卸离至仓库地面落定后,承保风险才终止。该案例的辨析,有利于解决实务中对于此问题的争议。我们同时也建议,为了避免争议,PICC 应当尽快启动对于仓至仓条款的修改,建议的修改条款为:本保险负“仓至仓”责任,自为把被保险货物马上装至运输工具,而在保险单所载明的起运地仓库或储存处所首次移动货物时生效,包括正常运输过程中的海上、陆上、内河和驳船运输在内,直至该项货物在保险单所载明的目的地收货人的最后仓库或储存处所或被保险人用作分配、分派或非正常运输的其他储存处所从装载车或其他运输工具卸完为止。

(张虹供稿)

(入选人民法院案例库)

【案例索引】

(2018)沪 72 民初 2900 号

6. 中国人民财产保险股份有限公司南京市分公司诉中国大地财产保险股份有限公司上海分公司再保险合同纠纷案

——根据保险的具体形式准确区分共同保险与再保险法律关系

【提要】

对于保险法律关系属于共同保险还是再保险，我国《保险法》没有明确规定，目前仅有银保监会制定的相关文件对共同保险的概念和特点进行了阐述和细化。某保险公司向另一保险公司出具“共保确认函”，但投保人与某保险公司之间无直接保险合同关系，同时也没有证据证明投保人明知且同意案涉货物由不同保险公司共同承保的，应认定该保险形式不符合共同保险的特点。另一保险公司独自承保后，将部分风险责任转移给某保险公司承担，更符合我国《保险法》第28条关于再保险的规定。

【案情】

原告：中国人民财产保险股份有限公司南京市分公司

被告：中国大地财产保险股份有限公司上海分公司

2016年12月29日，原告签发一份自中国南京经上海至利物浦的海上货物运输保险单，载明被保险人为案外人南京世界村汽车动力有限公司（以下简称世界村公司），保险货物为二手宝马发动机生产线设备。主险条款包括英国协会货物保险条款（B）等内容，附加条款包括舱面险（2009版）等内容。其中，英国协会货物保险条款（B）约定，本保险承保由下列原因引起的保险标的损失或损害：（1）共同海损牺牲；（2）抛弃或浪击落水……同时约定了除外责任，即对于“保险标的的包装或准备不足或不当引起的损失、损害或费用（在本款意义上，‘包装’

应视为包括集装箱或托盘内的积载，但仅适用于此种积载是在本保险责任开始前进行或是由被保险人或其雇员进行之时)”该保险不承保。舱面货物条款(2009版)则约定:“本保险对被保险货物存放舱面时，除按本保险单所载条款负责外，还包括被抛弃或风浪冲击落水在内。”

2017年2月8日，被告向原告出具《共保确认函》，称被告确认作为涉案共保业务从共保人，承接17%的份额。其投保人/被保险人、保险标的、保险期限、保险条款等与原告出具的保单约定一致。

据原告提供的检验报告记载，涉案的数控多工位组合机床动力头损害原因是中国至英国运输段的包装不足。

2018年9月26日，原告致函被告并随附理算报告，称被保险人持有卖方出具的授权书，故享有保险索赔权。保险标的虽未落水，但属于承保风险，要求被告予以分担。被告于次日回函称原告未提供整套理赔材料，无法作为理赔依据，且根据现有材料，被告认为不属于保险责任。2018年11月30日，原告向被保险人世界村公司支付保险赔款。

原告诉称，在涉案保险货物的运输过程中，部分设备受风浪影响冲破包装箱悬于船舷受损，属于主险条款英国协会货物保险条款等规定的承保风险。原告与被保险人协商，最终按受损金额的70%予以赔付。根据《共保确认函》，被告应当向原告支付17%的分担费用，但被告一直拒绝支付。被告的行为违反了《共保确认函》的约定，应承担违约责任。

被告辩称，原告出具的保单载明的被保险人并非提单显示的收货人和托运人，无任何证据证明被保险人享有涉案货物的货权；原告自行将款项赔付给没有保险利益的被保险人，其损失后果应自行承担；本案事故不属于《共保确认函》约定的保险责任，原告未征得被告的同意擅自赔付给被保险人，其损失应由其自行承担；被保险人未能证明其损失构成，原告的赔付金额没有依据；且原告在发生保险事故之后，未及时告知被告，致使被告无法对事故进行调查、核实，剥夺了被告的知情权和调查权，请求法院依法驳回原告的全部诉讼请求。

【裁判】

上海海事法院经审理认为,本案系再保险合同纠纷。被告以出具《共保确认函》的方式承接原告与被保险人世界村公司之间的海上货物保险合同17%的份额,系双方真实意思的表示,符合《保险法》第二十八条关于再保险的规定,合法有效。涉案再保险合同对双方当事人均具有法律约束力,原、被告应当依约履行各自合同义务并主张合同权利。本案的主要争议焦点:被保险人是否具有可保利益;涉案事故是否属于保险责任事故,损失计算依据是否充足;再保险接受人如认为分出人擅自给付保险赔款时是否具有拒绝赔付的权利。

关于被保险人是否具有可保利益,本案中仅有原告提供的货物运输保险单记载被保险人为世界村公司,涉案货物运输的提单及报关单等相关单据均无法确认被保险人为货物所有权人,而原告又不能提供买卖合同等其他具有物权证明效力的证据予以佐证,因此不能认定世界村公司为涉案货物的所有权人,具有可保利益。关于涉案事故,根据原告提供的检验报告记载,货损原因最终结论为“中国至英国运输而进行的包装不足造成”,因此涉案事故属于英国协会货物保险条款(B)的除外责任,不应予以理赔。且原告仅凭被保险人的一份说明就认定整个机床全损并据此确认了货损金额,无事实及法律依据。

根据《保险法》第二十九条第三款关于“再保险分出人不得以再保险接受人未履行再保险责任为由,拒绝履行或者迟延履行其原保险责任”的规定,当再保险接受人对再保险分出人的赔偿持不同意见而拒付摊赔时,再保险分出人不得以此为理由,拒绝或延迟其对被保险人的赔偿义务。由此可见,被告作为再保险接受人对再保险分出人原告的赔偿决定是可以持不同意见而拒付摊赔的。

综上,上海海事法院判决对原告诉讼请求不予支持。一审宣判后,原告提起上诉。上海市高级人民法院经审理,判决驳回上诉,维持原判。此后,原告向最高人民法院申请再审,最高人民法院经审理裁定驳回再审申请。本案判决现已生效。

【评析】

再保险,也称分保,是保险人在原保险合同基础上,通过签订合同将其所承保的部分风险和责任向其他保险人进行保险的行为。《保险法》第 28 条第 1 款规定:"保险人将其承担的保险业务,以分保形式部分转移给其他保险人的,为再保险。"再保险是对原保险的进一步延续,因此国际上通常把再保险称为"保险的保险"。不同的是,再保险是原保险人为了分散自身的经营风险与再保险接受人订立的保险合同。在原保险与再保险法律关系中,原保险人即再保险分出人,再保险人即再保险接受人。

一、再保险合同的界定

在实务中,共同保险容易与再保险混淆。虽《保险法》未对共同保险进行规定,但在中国保险监督管理委员会《关于大型商业保险和统括保单业务有关问题的通知》(保监发〔2002〕16 号)第 3 条中对共同保险进行了明确的定义:"共保是共同保险的简称,是指两个或两个以上的保险公司及其分支机构(不包括同一保险公司的不同分支机构)使用同一保险合同,对同一保险标的、同一保险责任、同一保险期限和同一保险金额进行的保险。"银保监会制定的《关于加强财产保险共保业务管理的通知》(保监发〔2006〕31 号)第 1 条还规定,规范的共保业务应符合以下要求:被保险人同意由多个保险人进行共保;共保人共同签发保单,或由主承保人签发保单,同时附共保协议;主承保人向其他共保人收取的手续费应与分保手续费平均水平有显著区别。

根据上述定义,可以归纳出共同保险与再保险 3 点主要区别:一是在合同主体上,共保合同是投保人与多个保险人组成的共保体订立,体现的是投保人一方与保险人多方的关系,而再保合同的主体是两个保险人,并没有投保人参与。二是在合同内容上,共保合同与一般的保险合同相同,约定的是投保人与保险人之间保险权利义务关系的协议,而再保合同是两个保险人之间就一方已承保的保险业务进行分摊的协议。三是从原保险和再保险的角度,共保合同仍是原保险合同,对投保人而言,多方保险人同为保险人,其参与签订不能改变原保险合同的法律性质,而再保险合同主要约定的是两个保险人就原保险合同的保险责任分摊,体现的是再保险分出人和接受人的关系。

本案中被告就原告签发的保单出具了《共保确认函》,从字面意义上来看似乎与共同保险更加近似,但结合本案事实,原告先签发了保险单承保涉案货物,而后将涉案保险单项下的份额转移给被告,被告出具《共保确认函》的形式承接其中17%的份额。被告与涉案保险单的被保险人世界村公司并不存在保险合同关系。原、被告之间的法律关系从形式外观来看,不符合共保的特点,更符合《保险法》第28条关于"再保险"的规定,即"保险人将其承担的保险业务,以分保形式部分转移给其他保险人"。因此该确认函虽然措辞是"共保",但原、被告实际成立的是再保险合同。

二、再保险的合同属性

再保险合同是在原保险合同的基础上缔结的,二者虽有关联,但在法律关系上各自独立,属不同层面的法律关系。再保险合同与原保险合同的缔约当事人、承保标的及保险利益均不同,本质上它们是两个独立的保险合同。

(一)再保险合同的从属性

相对于原保险合同来说,再保险合同具有一定的从属性。再保险合同的存在是以原保险合同的存在为前提。首先,再保险分出人请求再保险接受人履行再保险合同项下的赔付义务是基于原保险合同约定的保险事故的发生。其次,再保险合同的效力和责任期间与原保险合同具有一致性。原保险合同无效、撤销或终止,再保险合同发生同样的效果。除当事人另有约定,再保险合同的责任期间与原保险合同也是一致的。最后,再保险接受人承担的责任是再保险分出人所承保的责任的一部分。再保险纠纷中,以保险利益为诉因的大多不是针对再保险的保险利益,而是针对原保险的保险利益。原保险人有无保险利益取决于原保险合同下的被保险人是否具有保险利益。

(二)再保险合同的独立性

再保险的权利义务关系是由再保险分出人与再保险接受人通过订立再保险合同确立的,其与原保险的权利义务关系相互独立,再保险合同独立于原保险合同。第一,保险费和保险金请求权存在独立性。依据《保险法》第29条第1款及第2款的规定,原保险的被保险人、受益人或投保人与再保险接受人之间不产生任何权益关系。再保险分出人不能因为原保险合同的投保人不付保险费而免除其再保险费的给付义务,原被保险人对再保险人也没有保险金请求权。第二,赔付义务具有独立性。再保险合同的履行情况对原保险合同的履行不产生影响。《保险法》第29条第3款的规定,可以理解为在一定情形下再保险接受人有权拒绝履行再保险责任。

(孙亚楠供稿)

(入选人民法院案例库)

【案例索引】

(2020)沪72民初163号

7. 三井住友海上火灾保险株式会社诉中远海运集装箱运输有限公司多式联运合同纠纷案

——多式联运合同纠纷准据法的确定

【提要】

在多式联运合同纠纷中，当事人一致就涉案货物铁路运输区段的责任认定、责任承担方式等选择适用某一国家的法律，其余争议问题选择适用中华人民共和国法律的情况下，应先根据《涉外民事关系法律适用法》的规定确定准据法，而非依据《海商法》第105条直接确定。

【案情】

原告：三井住友海上火灾保险株式会社（以下简称三井保险公司）

被告：中远海运集装箱运输有限公司

2015年3月，案外人SONY EMCS马来西亚公司（以下简称索尼公司）委托被告运输一批液晶显示面板。货物经海运自马来西亚巴生港至希腊比雷埃夫斯港，再经铁路运至斯洛伐克尼特拉。被告签发了4套不可转让已装船清洁联运海运单。运输途中，货物在位于希腊境内的铁路运输区段因火车脱轨而遭受货损。原告作为涉案货物保险人，对索尼公司进行理赔并取得代位求偿权。

审理中还查明，希腊是《国际铁路运输公约》（Convention Concerning International Carriage by Rail，COTIF）的成员国，《国际铁路货物运输合同统一规则》（Uniform Rules Concerning the Contract of International Carriage of Goods by Rail，CIM）是COTIF的附件B。希腊在批准加入COTIF时未作任何保留声明。庭审中，原、被告一致确认，COTIF在希腊优先于其国内法适用，并确认了与本案相关的公约条款。

原告诉称,被告作为承运人和多式联运经营人,应尽到谨慎、妥善照料其所掌管的货物的义务,并对其全程运输负责。原告依据合法取得的保险代位求偿权,有权就发生在被告责任期间内的货损向被告主张赔偿,为此请求法院判令被告向原告赔偿货物损失及相应利息。

被告辩称,火车脱轨的原因是事故时段当地持续暴雨,引起地质塌陷,属不可抗力。事故后,各方共同清点货物时,有相当部分的货物被确认完好,原告按全损向被保险人理赔缺乏依据,故即使被告需要承担责任,原告也无权按全损向被告代位求偿,且原告对外赔付的金额有10%的加成,对此被告也不予赔偿。此外,被告依法享有承运人的单位责任限制。

【裁判】

上海海事法院经审理认为,三井保险公司注册成立于日本、运输目的地为斯洛伐克、事故发生地位于希腊,案件争议属于涉外民事法律关系下的纠纷,当事人可以选择解决纠纷适用的法律。庭审中,原、被告双方达成一致,对于涉案货物铁路运输区段的责任认定、责任承担方式等选择适用希腊法律,其余争议问题选择适用中华人民共和国法律,法院对此选择予以尊重。

被告是涉案货物的多式联运经营人,事故发生在被告责任期间内,原告作为涉案货物的共同保险人,已进行理赔,有权向被告提出代位求偿。关于被告对涉案货损是否可以免责,降雨因素不构成承运人免责事由,但地质变化引起地层塌陷符合"承运人无法避免且无法阻止发生"的免责构成要件,可以成为被告不承担货损赔偿责任的有效抗辩。关于被告是否丧失享受责任限制的权利,事故的发生以当时的认知条件和技术条件,无法准确预见并有效避免,故也难以认定铁路承运人存在明知灭失、损坏可能发生而轻率地作为或不作为的情形,因此,CIM第36条关于承运人丧失享受责任限制的规定在本案中不适用。

综上,上海海事法院判决驳回原告三井保险公司的诉讼请求。一审判决作出后,原告向上海市高级人民法院提起上诉,二审期间双方达成调解协议并申请撤回上诉。本案判决现已生效。

【评析】

本案是一起包含海上货物运输和国际铁路运输的多式联运合同纠纷,涉案运输是一条典型的通过“21 世纪海上丝绸之路”,即经由地中海转铁路将货物运送至中欧内陆国家的海铁联运。随着“一带一路”国家和地区间贸易往来的日益密切,国际贸易对多式联运的需求也呈现快速增长趋势。在跨越多国、涉及多种运输方式的国际多式联运合同纠纷中,对“网状责任制”与确定运输区段准据法之间的关系,存在认识不统一的情况。此外,本案中较好地借鉴了保险制度下的近因原则,对相对复杂的不可抗力认定提供了有益思路,为此类案件的处理提供了参考。

一、关于涉案纠纷准据法的确定

审理具有涉外因素的多式联运合同纠纷时,确定调整多式联运合同的准据法至关重要。《海商法》第四章第八节关于多式联运合同的特别规定并没有关于强制适用的规定。根据国际私法的一般原理以及《涉外民事关系法律适用法》《海商法》的相关规定,对于具有涉外因素的多式联运合同准据法的确定,仍应坚持意思自治原则,即当事人可以协议选择多式联运合同所适用的法律;当事人没有选择的,适用最密切联系原则确定准据法。

本案澄清了关于多式联运合同法律适用的一个误区,即不是直接通过网状责任制来确定准据法,而是先通过冲突规范来找准据法,在准据法规定网状责任制的情况下,再通过网状责任制来确定具体的法律,由此理顺了此类案件确定法律适用的步骤。多式联运合同纠纷应先根据《涉外民事关系法律适用法》的规定确定准据法,而非依据《海商法》第 105 条直接确定。本案裁判充分尊重当事人以希腊法作为陆路运输区段准据法的选择,并最终以希腊缔结的国际公约 COTIF 及 CIM 作为货物灭失赔偿责任的裁判依据。

二、关于涉案事故赔偿责任承担

“一带一路”沿线国家和地区的自然气候状况、地理水文条件差别很大,基础设施的建设和养护水平也参差不齐,货运事故的发生又往往出现多种因素相互交织、并存的复杂局面,本案在评判风险责任承担时,较好地运用了原因力分析的方法,论证充分、说理透彻,为类似纠纷的处理提供了借鉴思路。

(一)关于原、被告在涉案纠纷中的法律地位

被告签发了全程联运海运单,是涉案货物的多式联运经营人,其对于货物的责任期间为接收货物时起至交付货物时止。现货物在铁路运输区段发生事故,处于被告责任期间内,原告据此向被告主张索赔依法有据。原告是涉案货物的共同保险人,在货损事故发生后,已经就其承保的份额和另一位共同保险人的承保份额一并进行理赔并获得权益转让书,有权向被告提出代位求偿。

(二)关于货物损失价值的认定及原告有权向被告索赔的损失范围(略)

(三)被告对涉案事故造成的货损是否可以免责

根据 CIM 第 23.2 条所列的承运人免责事由,承运人对无法避免并且无法阻止其发生的原因引起的货损不承担赔偿责任。关于事故原因,原告提供了不同机构的检验报告,联合调查委员会也形成了各自的调查报告,各检验调查机构所处立场不同,对事故的原因分析各有差异。因此事故原因需在综合分析上述多份检验报告、调查报告的基础上加以判定。

关于降雨能否作为承运人免责事由,所关注的是降雨造成的损害结果是否能够避免或阻止其发生。从该意义上进行判断,只有当降雨系突然发生、降水量达到灾害等级且明显异于常年,其损害结果才可能是无法避免、无法阻止。本案提供的气象数据显示,该月降水量处于历史中等偏上水平,未出现明显异常,事发前及当日降水远未达到灾害性降水等级,故本案中的降雨因素尚不足以使承运人得以免责。

并且,本案列车脱轨并非遭受雨水的直接冲击所致,而是雨水浸蚀土壤后产生的地质作用引起地层塌陷的结果,由当地特定气象环境和地理条件长期相互作用导致,是一个由量变到质变的过程,具体何时发生非人力所能预见和控制。铁路排水系统养护得当或可延缓此种地质变化的进程,但并无证据表明可以准确预计、控制和绝对避免,更无科学依据显示此种地质变化必然会导致地层塌陷。

此外,关于事发前约半个月时曾发现铁轨变形的事实,双方均未能证明具体状况和程度。且铁路方已采取了限速措施、用专门设备进行了修复。以当时的认知条件,没有证据显示铁轨变形是其下部地质结构变化引起,采取限速并维修的处理方案应当属于合理措施。后续发生的地层塌陷非事先可以预见进而可以

避免和阻止,要求铁路方就此事先采取停运措施并不现实。

至于列车超速行驶问题,确实属于铁路承运人之过错,但承运人是否因此承担赔偿责任,仍需根据超速与事故之间的因果关系加以判定。本案中,铁轨沉降在列车到达前已经形成,并非列车车速过快所致;即使列车按限速每小时 20 公里行驶,事故当时能见度低,当司机看见铁轨沉降后也无法及时将列车刹停或刹至足以避免脱轨的安全速度,因此,列车超速行驶不应被认定为是脱轨事故的原因之一。当然,列车脱轨时的速度可能对货物是否会遭受损坏及其损坏程度产生不同影响,但尚无证据表明若列车脱轨时处于低速行驶状态,货物就不会受到损坏,故缺乏可供衡量的依据将损坏结果及程度归咎于超速。

根据以上分析,降雨因素不足以构成承运人免责事由,但地质变化引起地层塌陷符合"承运人无法避免且无法阻止发生"的免责构成要件,可以成为被告不承担货损赔偿责任的有效抗辩。

(四)关于被告是否丧失享受责任限制的权利(略)

该争议以假定被告对原告负有赔偿责任为前提。本案中没有证据证明货损是铁路承运人故意造成,并且如前所述,事故的发生以当时的认知条件和技术条件,无法准确预见并有效避免,故也难以认定铁路承运人存在明知灭失、损坏可能发生而轻率地作为或不作为的情形,因此,CIM 第 36 条关于承运人丧失享受责任限制的规定在本案中不适用。

(金晓峰供稿)

(入选最高人民法院 2018 年度海事审判典型案例

入选人民法院案例库)

【案例索引】

(2016)沪 72 民初 288 号

8. 南京卡安汽车配件有限公司诉深圳市巡洋国际物流有限公司等海上货物运输合同纠纷案

——巴西无单放货纠纷中无船承运人与实际承运人责任之区分

【提要】

1. 巴西法律虽然要求实际承运人在港口将货物交付至巴西海关监管场所，但承运人并未完全丧失对货物的控制权，巴西法律法规未允许承运人不凭正本提单放货。

2. 在判定承运人和实际承运人是否承担无单放货连带责任时，应查清其在放货流程中所从事的具体行为，分别认定无船承运人和实际承运人在各自运输合同中是否符合无单放货构成要件。

【案情】

原告：南京卡安汽车配件有限公司（以下简称卡安公司）

被告：深圳市巡洋国际物流有限公司（以下简称巡洋公司）

被告：地中海航运有限公司（MSC Mediterranean Shipping Company S. A.）（以下简称地中海公司）

2016 年 7 月 7 日，根据贸易合同下买方的指示，卡安公司委托巡洋公司出运涉案货物。巡洋公司亦确认系目的港代理 LFC 公司指定其承运涉案货物。巡洋公司是在我国交通运输主管部门登记的无船承运人。

2016 年 7 月 25 日，卡安公司发邮件告知巡洋公司其需要取得提单正本，指出目前巴西客户只付了 30% 的货款，在客户付清货款之后卡安公司才会把提单正本交给客户，并强调由于巴西无单放货的情况严重，如果出现无单放货，将保留起诉的权利。

2016年7月26日,涉案货物装船后,巡洋公司向卡安公司签发了编号为SZ16070069的全套正本提单(以下简称无船承运人提单),载明:托运人为卡安公司,收货人为MARILLIAM进出口商贸公司;收货地点为中国南京,装货港为中国上海港,卸货港和交付地点为巴西纳维根特斯港(NAVEGANTES);目的港放货代理为LFC公司等。同年7月28日,巡洋公司发邮件告知卡安公司,当日将全套正本的无船承运人提单寄给卡安公司,并请卡安公司收款后第一时间通知其放主单,否则会造成延误提货。

巡洋公司接受委托后,委托案外人向地中海公司订舱。地中海公司向巡洋公司签发了编号为MSCUYR873061的全套正本提单(以下简称海运提单),载明:托运人为巡洋公司,收货人为LFC公司;货物品名、集装箱箱号、收货地点、装货港、船名航次等记载与无船承运人提单记载一致;交接方式为"FCLFCL(整箱交接)";卸货港代理为地中海航运有限公司(巴西)(MSC Mediterranean Shipping do Brasil Ltd. aav.,以下简称地中海航运巴西公司);运费到付;提单正面条款显示:"根据巴西海关法规,承运人的责任在货物进入海关监管后终止;承运人不承担提单未经出示交付货物的责任。"

2016年8月22日,巡洋公司根据LFC公司的指示,通过订舱代理向地中海公司申请"改为做目的港出单",为此交还了全套正本海运提单,并出具了"非起运港放单保函"。巡洋公司在保函中申明作为涉案货物的托运人放弃MSCUYR873061号提单,明确提单无须在起运港签发,请地中海公司安排在巴西纳维根特斯港将提单签发给LFC公司,并表示将承担由此造成的任何损失、损害以及由此产生的任何费用(包括合理的法律费用)。同年8月24日,LFC公司也向地中海航运巴西公司申请撤回之前签发的MSCUYR873061号提单,并书面确认收到了另外一套重新签发的相同编号提单。前后签发的两套提单除签章栏中的签字不同之外,其余记载均相同。

2016年9月12日,LFC公司向地中海航运巴西公司申请支付海运提单相关的税费并对提单项下货物进行放行。地中海公司确认因涉案货物税费结清且提单持有人LFC公司要求放行货物,故地中海公司在巴西外贸网货物系统(Siscomex-Cargo)中解锁相关货物,但未收回MSCUYR873061号正本提单。

涉案货物在目的港的进口申报编号为16/1503123-7,进口商为MARILLIAM

公司,海关抽查通道为绿色,通关日期为2016年9月26日。涉案4个集装箱均于2016年9月29日从巴西纳维根特斯港重箱出港,10月15日空箱返回巴西伊塔雅伊(ITAJAI)堆场。2017年5月4日,地中海公司在发给巡洋公司的电子邮件中确认,涉案货物已从码头提走。

我国商务部于2013年6月6日在官方网站上发布的《商务部公平贸易局关于巴西无正本提单提货的新规说明》指出,巴西财政部于2013年5月6日起执行1356号令,对2006年10月2日发布的680号法令部分条款作出修改。根据该说明以及所附的1356号令、680号令条款节选,进口巴西的货物所适用的通关通道是由外贸系统(Siscomex)基于对进口商纳税情况和贸易行为情况,进口货物性质、数量及价格,进口税价格或进口征税情况,货物原产地、出口地和目的地等条件和因素的综合分析后进行随机选择确定;适用绿色通道表示报关货物及文件可全部免检,自动通关;清关完毕后,进口方凭海关货物放行证明从海关保税区提货,无须再出示正本提单。此外,地中海公司确认,进口方提取货物除取得海关的货物放行证明外,还需要承运人在巴西外贸网货物系统(Siscomex-Cargo)中解锁相关货物。

根据出口货物报关单、商业发票和装箱单显示,涉案货物价值应当为FOB上海136,468.16美元。卡安公司自认已收到货款50,000美元。卡安公司目前仍持有巡洋公司签发的全套无船承运人提单正本。

【裁判】

上海海事法院经审理认为,本案就涉案货物运输存在巡洋公司和地中海公司签发的两份记名提单,表明在卡安公司与巡洋公司之间以及巡洋公司与地中海公司之间,存在两个相互独立的海上货物运输合同关系。巡洋公司和地中海公司应当分别向其签发的正本提单持有人交付货物。(1)在无船承运人提单法律关系下,涉案货物已被无单放货。LFC公司系巡洋公司的目的港放货代理,在没有收回全套正本无船承运人提单的情况下,LFC公司付清了涉案海运提单项下的到付运费,并向地中海公司的卸货港代理申请对涉案货物进行放行,导致地中海公司在巴西外贸系统中对涉案货物进行解锁。LFC公司放货行为的后果理应由巡洋公司承担。因此,巡洋公司应当向正本提单持有人卡安公司承担无单放货的违约赔偿责任。(2)巡洋公司在取得地中海公司签发的正本海运提单后,向地中海公司申请改为在目的港签单,为此巡洋公司向地中海公司交回了全套正本海洋提单并出具了“非起运港放单保函”。在涉案海运提单法律关系中,对于地中海公司而言,巡洋公司是提单载明的托运人,而 LFC 公司是提单载明的收货人。托运人巡洋公司明确指示地中海公司将提单签发给 LFC 公司,是对自身提单权利的处分,直接导致 LFC 公司成为正本海运提单持有人。地中海公司解锁货物的行为是应在海运提单下具有提货权利的 LFC 公司的要求所为,不符合无单放货的构成要件。此外,也没有证据证明地中海公司与 LFC 公司及实际收货人存在串谋,故地中海公司无须对卡安公司因巡洋公司无单放货所遭受的损失承担连带赔偿责任。综上,上海海事法院判决巡洋公司向原告赔偿 86,468.16 美元及其利息损失。

一审宣判后,巡洋公司提起上诉。上海市高级人民法院判决驳回上诉,维持原判。本案判决现已生效。

【评析】

海事司法实践中,无单放货纠纷是海上货物运输合同纠纷中的常见类型,而涉及巴西无单放货的纠纷又是无单放货类纠纷中自成一派的高发类型。在这些纠纷中,绝大部分承运人都援引《无单放货司法解释》第 7 条规定[①]进行免责抗辩。针对类似纠纷,不同法院甚至同一法院的裁判结果不甚一致。从公开的裁判文书看,少数案件接受了承运人提交的有关巴西法律的证据,采纳了承运人的抗辩意见,认定承运人不承担无单放货责任。前述公开的案例,判决中鲜有详细论述无船承运人与实际承运人在放货流程中的具体行为,使得巴西港口放货的具体流程不太清晰。本案中,涉案运输的无船承运人和实际承运人为共同被告,因此基于两被告的举证,法院得以基本还原了巴西港口的放货流程,在此基础上,依照合同相对性原则,区分无船承运人和实际承运人在各自运输合同中的合同相对人和放货行为,进而得出无船承运人应当承担无单放货赔偿责任,而实际

① 《无单放货司法解释》第 7 条规定,承运人依照提单载明的卸货港所在地法律规定,必须将承运到港的货物交付给当地海关或者港口当局的,不承担无正本提单交付货物的民事责任。

承运人的无单放货责任不成立的结论,具有一定新颖性和创新性,对类案审理具有借鉴作用。

从查明的事实看,巴西法律虽然要求实际承运人在港口将货物交付至巴西海关监管场所,但承运人并未完全丧失对货物的控制权,认为巴西允许无单放货的观点是对巴西法律法规的误读。

依据巴西《港口现代化法(8.630/1993 法令)》第 35 条的独立款②规定:“外国货物的接收和交付只能在保税港口和码头执行。”因此,实际承运人的船舶到港后,确实需要将进口货物交付给巴西财政部监管下的海关保税仓库。但如果据此认为实际承运人和无船承运人因此而无法控制货物的放行了,恐怕是对上述规定以及《水上货物运输法(116/1967 法令)》第 3 条③“承运人的责任自接收货物上船时起,自交付给目的港船边的港口或地方码头时止”的误读,可能是将“承运人的放货行为”理解为单纯的“物理上的交付”,认为按照巴西的放货流程,最终向收货人交付的必须是海关保管机构(Bailee),因此承运人在将货物卸至海关监管场所后,必然对货物交付丧失控制权。其实不尽然。承运人根据目的港法律将货物交付海关保管机构后,可以认为其对货物损坏、灭失的责任期间终止,但是承运人“无单放货”责任是否可以完全解除还需要具体看其在收货人提货环节中扮演何种角色、起到何种作用。

一、无单放货纠纷中“货物交付”的核心是货物控制权问题

我国法律及相关规定没有对“货物交付”作出具体界定,但是从国际公约中的相关定义看,“交付”的情形绝非仅指货物的物理交付这一种情形。比如 1978 年《汉堡规则》第 4 条第 2 款第(b)项以列举形式界定了 3 种“交付”方式:(1)把货物交给(handing over)收货人;(2)收货人不自承运人处收取货物时,按照合同或者卸货港适用的法律或特定行业惯例,把货物留给收货人处置(at the disposal of the consignee);(3)把货物交给依据卸货港适用的法律或规章货物必须交给的当局或者其他第三方。1973 年《多式联运单证统一规则》在其规则二(e)项中对“交付”作出的定义:是指将货物交给有权取货的一方或将货物置于其支配之下。

---

② 天津市高级人民法院民事判决书,(2012)津高民四终字第 115 号。

③ 同上注。

与《汉堡规则》界定的前两种交付方式是一致的。1991 年《多式联运单证规则》对"交付"的定义为:(1)将货物交给收货人;(2)按照多式联运合同或者交付地适用的法律或者特殊贸易习惯,将货物置于收货人的支配之下;(3)根据交付地适用的法律或规定,将货物交给必须交给的当局或第三方。这一定义与《汉堡规则》的措辞略有不同,但实质内容是完全一致的。

参考前述规定,无单放货纠纷中对承运人交付货物的认定,不应局限于物理性转移的实际交付,而更应注重对货物控制权转移与否的审查,即货物从承运人的掌控下变为在收货人的掌控下即完成了货物的交付。

二、巴西民商法律与国际通行做法一致,承运人具有凭单交货义务

根据巴西 2009 年《民法典》第 749 条④和巴西《商法典》第 519 条等法律的有关规定,船长应当谨慎保管装上船的货物,并且在合理时间内或者根据约定时间及时将货物在目的港凭正本提单交付。巴西法律进一步确认提单不仅是一份收到货物的凭证,还是一份货物所有权的证明,货物应当交付给收货人或者出示已背书提单的人。根据巴西《商法典》第 519 条、第 576 条、第 580 条、第 585 条、第 586 条、第 589 条的规定,提单是索赔人诉权的重要证明,承运人在索赔人提交提单的情况下方可被诉。巴西《海关条例》(Decree 6.759/2009)第 554 条亦再次确认提单是其项下货物的权利凭证。

三、即便在 2013 年执行的 1356 号法令放货程序下,承运人仍有一定的货物控制权

巴西海关执行的也是先清关后提货的通行程序。依据 2006 年 10 月 2 日发布的巴西《680/2006 税法法令》(IN RFB 680/2006,以下简称 680 号法令)第 18 条规定:"进口声明(DI)由以下文件组成:1. 正本提单或同等效力文件;2. 出口商签字的正本商业发票;3. 装箱单;4. 根据国际惯例或特殊法律规定的其他相关文件……"第 21 条规定:"进口商在外贸系统注册后,将从以下通道之一进行清关:1. 绿色:报关货物及文件可全部免检,自动通关……(1)基于对以下条件和因素的综合分析,通关通道由外贸系统(Siscomex)进行选择:1. 进口商纳税情况;2. 进口商贸易行为情况;3. 进口货物性质、数量以及价格;4. 进口税价格或进口

④ 徐国栋:《巴西新民法典》,齐云译,中国法制出版社 2009 年版,第 105 页。

征税情况;5. 货物原产地、出口地和目的地;6. 关税规则;7. 货物特点;8. 进口商运营能力和经济实力;9. 进口商其他经营行为的核实……"收货人提取货物时,必须向海关保管机构提交一系列文件,用以证明货物的进口许可、关税缴纳情况等。680 号法令第 54 条[⑤]规定,进口商需要提交包括正本提单在内的一系列文件给海关保管机构。第 55 条进一步规定:"保税区货物保管人要交付货物,则应该:1. 通过巴西外贸系统(Siscomex),确认联邦财政秘书处是否批准放货;2. 核实进口方根据第 54 条提交的文件;和 3. 登记如下信息……"综上,在 680 号法令下,进口巴西的货物所适用的通关通道是由外贸系统(Siscomex)随机选择确定,一旦适用绿色通道表示报关货物及文件可全部免检,自动通关,而其他通道下进口申报时必须提交正本提单或同等效力文件。而最终提货环节,进口商还要提交正本提单或同等效力文件。

令航运业界震惊的是,巴西海关于 2013 年 5 月 6 日起执行的《1356/2013 税法法令》(IN RFB 1356/2013,以下简称 1356 号法令),删除 680 号法令第 54 条和第 57 条中的第 1 项以及第 59 条中的独立段,即删除了原规定中与有关法律一致的、要求收货人凭正本提单提货的内容。我国商务部于 2013 年 6 月 6 日在官方网站上发布的《商务部公平贸易局关于巴西无正本提单提货的新规说明》指出,之前巴西海关"规定进口方或货代在清关过程中需向海关提供正本提单、正本发票、装箱单等文件。新规出台后,进口方(收货人)或货代需拿正本提单(MB/L),去船公司换取交货单(D/O-DELIVERY ORDER)到海关进行清关,清关完毕后凭海关货物放行证明提货,无须再出示正本提单"。

应当注意的是,为执行《水上货物运输法(116/1967 法令)》(Decree-Law No. 116 of JANUARY 1967)第 7 条[⑥]规定,"船公司(The Shipowner)在运费付清前,或共同海损款项结清前,有权扣留存放在保税仓库的货物"。1356 号法令第 40 条规定,如果运费或者共同海损分摊费用未付清前,船公司(往往是实际承运

---

⑤ 转引自《商务部公平贸易局关于巴西无正本提单提货的新规说明》,载商务部贸易救济调查局网,2013 年 6 月 6 日。第 54 条规定:"从海关保税区提货时,进口方需向保管员提供以下文件:1. 正本提货单或同等效力文件,例如所有权证明或货权证明。2. 商品流通税缴税证明,或某些特定情况下的免税证明,不包括根据第 53 条中的规定与联邦机构签署协议通过外贸系统进行银行代缴的情况。3. 进口方为抬头的商业发票或同等效力文件,州法律规定的豁免情况除外。4. 提货人身份证明文件。"

⑥ 浙江省高级人民法院民事判决书,(2017)浙民终 864 号。

人)有权暂扣货物,具体操作就是实际承运人有权在巴西外贸网货物系统(Siscomex-Cargo)中锁定该货物。因此,实际承运人完全可以在这一环节,要求其相对应的正本提单持有人交还全套正本提单,以满足法律凭单交货的要求。

综上,在1356号法令下,如果货物未被选中走绿色通关通道,则实际承运人控制货物的途径是相对方前来换取清关文件之一的交货单时,审核正本提单,同时,可以在外贸系统中锁定货物;而一旦货物走绿色通关程序的,则实际承运人仅有第二条途径控制货物。无船承运人则可以通过控制实际承运人签发的提单来控制货物,并可以通过向实际承运人支付运费、申请放货的行为来控制货物放行。因此,关于承运人是否需要承担无单放货赔偿责任,一定要结合具体放货流程,查清承运人在其中从事的具体行为,来作出综合认定。

另外应当注意的是,其实早在2014年,巴西海关为了回应业界的批评,发布了《1443/2014税法法令》(IN RFB 1443/2014),其中第55条规定,海关保管机构可以采取措施或者索要包括正本提单等文件使得货物交付和提取符合巴西民法典的要求,以确保交付给有权提取的人。此外,2017年11月14日发布了《1759/2017税法法令》(IN RFB 1759/2017),在原680号法令第54条中增加了将正本提单作为收货人请求提取货物而提交的文件之一,并进一步规定海关保管机构应将收货人提交的正本提单存档5年。这一规定在一定程度上平衡了巴西当地实践和国际通行做法。在今后的巴西无单放货纠纷审理中值得注意。

本案诉讼中,还暴露出巡洋公司对自己无船承运人的身份认识不清的问题,其对目的港代理完全没有掌控能力,对自身经营风险的防范意识淡薄。虽然目的港LFC公司在货代提单中被指定为巡洋公司的目的港代理,但由于涉案业务是LFC公司指定的业务,所以巡洋公司在具体操作中一直把自己当成LFC公司的代理,事事听从LFC公司的指示。LFC公司帮助收货人取得货物后,还曾向巡洋公司出具假证据,谎称货物仍在保税仓库,最终彻底失联,而巡洋公司不得不为自身的不谨慎为无单放货行为埋单。本案也为国内从事无船承运业务的货代公司敲响了警钟。

(杨婵供稿)

(获评全国法院系统2019年度优秀案例评选三等奖
入选人民法院案例库)

【案例索引】

(2017)沪72民初554号

9. 迅达(中国)电梯有限公司诉雷诺斯国际货运代理(上海)有限公司海上货物运输合同纠纷案

——固定运价合同中运费波动是否构成情势变更的考量因素

【提要】

在固定运价合同中,一般不适用情势变更原则。但当海运费大幅涨落引发合同基础条件发生重大变化时,可以结合缔约目的、运费波动异常程度等判断该重大变化是否超出当事人订立合同时的可预见范围、突破商业风险继续履行合同是否对一方当事人显失公平等因素,综合判定是否构成情势变更。

【案情】

原告:迅达(中国)电梯有限公司(以下简称迅达公司)

被告:雷诺斯国际货运代理(上海)有限公司(以下简称雷诺斯公司)

2020年3月2日,迅达公司与雷诺斯公司签订了一年期的固定运价运输合同,约定合同有效期内由雷诺斯公司向迅达公司提供中国上海至意大利热那亚的海上货物运输服务。根据合同约定,运输费率标准为每个40GP/HQ集装箱运输费单价为1650美元,20GP/HQ集装箱运输费单价为800美元。合同期内,雷诺斯公司不得以任何价格波动原因,要求迅达公司加价才能拿到舱位,溢价部分由雷诺斯公司自行承担。在合同有效期内,迅达公司下发运输通知,雷诺斯公司不得以任何理由拒绝运输,并应在收到运输通知后两周内订到舱位,如雷诺斯公司未能按时完成或拒绝运输,迅达公司将扣留该次运费的5%作为寻找新供应商的补偿。如在协议期内发生5次拒单,则迅达公司有权单方面终止合同,雷诺斯公司将承担合同总价20%的违约金并承担由此给迅达公司造成的所有相关损失。无论雷诺斯公司以何理由拒绝运输,迅达公司有权选任新的供应商,若新供应商报价高于合同约定的价格,雷诺斯公司应向迅达公司支付运费差额。若新供应商的报价低于本合同价格,则雷诺斯公司亦无权就价格差异部分向迅达公司提出任何主张。

2020 年 12 月 7 日,迅达公司向雷诺斯公司发出货物运输需求,涉及 9 个 40GP/HQ 集装箱和 2 个 20GP/HQ 集装箱,按双方约定运费共计 16,450 美元。雷诺斯公司以疫情影响为由要求延期,双方未能达成一致。而后迅达公司于 2021 年 2 月至 3 月安排新的替代供应商运送该批货物,运费单价为每个 40GP/HQ 集装箱 7050 美元,运费共计 70,500 美元。

迅达公司诉称,涉案运输合同明确约定了费率标准,但雷诺斯公司以疫情影响为由,拒绝承运或者提供其他替代运输方式。雷诺斯公司违约,应补偿迅达公司另行委托的运费差额 54,050 美元。

雷诺斯公司辩称,迅达公司发出运输通知时正值国际疫情暴发期间,海上货物运输运力十分紧张,运费暴涨。在收到迅达公司委托后,雷诺斯公司曾和迅达公司就价格问题进行沟通,提出无法按照原来的价格运输,而未能达成一致。本案构成情势变更,雷诺斯公司不应承担违约责任。

【裁判】

上海海事法院经审理认为,该案中运价大幅上涨确实已经构成了客观情况的重大变化,但涉案协议签署于 2020 年 3 月疫情已经暴发之时,疫情对于国际航运市场所产生的影响并非不可预见。雷诺斯公司与迅达公司签订固定运价协议的商业行为本身具有高风险性,价格的波动正是雷诺斯公司的研究对象及利润来源。双方当事人以其意思表示接受固定运价即意味着双方均应承受合同期间内运价的波动,雷诺斯公司在该合同中理应承受运价上涨的风险,同时享受运价下降带来的收益。该案中区分情势变更与商业风险的关键在于价格上涨的幅度和速度。从上海航运交易所提供的上海至地中海航线出口集装箱运价数据来看,2011 年至 2020 年集装箱运价波动的最高值和最低值之间相差近 10 倍,10 年内运价的大幅波动是为常态。就这一轮疫情而言,自 2020 年 10 月开始涉案航线运价持续大幅上涨,最高上涨幅度达 10 余倍,2020 年 12 月仅是海运运价一轮大幅上涨的初级阶段,并未达到突破正常商业风险的程度,未达到需要司法介入以进行衡平的程度,继续履行合同并不会对雷诺斯公司明显不公平。此外,从《民法典》第五百三十三条的规定来看,情势变更是合同变更或解除的法定事由,而非违约方的免责事由。雷诺斯公司未能举证证明在协议履行期限届满前与迅达公司进行再协商,也未在履行期限届满前向人民法院或仲裁机构提出请求,而是直接以订不到舱位为由拒绝履行合同,故雷诺斯公司不能以情势变更为由主张解除合同并免责。

综上,鉴于迅达公司在诉讼过程中主动降低诉讼请求,且已在诉前没收雷诺斯公司履约保证金人民币 100,000 元,上海海事法院最终判决雷诺斯公司向迅达公司赔偿损失人民币 108,388.69 元。

一审判决作出后,被告雷诺斯公司不服向上海市高级人民法院提起上诉。上海市高级人民法院对一审查明事实予以确认,判决驳回上诉,维持原判。上海市高级人民法院经审理认为,雷诺斯公司订立合同时对运价波动并非无法预见,且根据涉案合同的明确约定,不能仅以某一时间集装箱运输的价格作为判断公平与否的依据,继续履行合同未对雷诺斯公司明显不公。该案不符合情势变更的法定适用情形。遂判决驳回上诉,维持原判。

【评析】

本案的实体争议焦点为航运业中普遍存在的固定运价合同中运费大幅波动是否构成情势变更。情势变更原则的具体认定标准在理论界和实务界历来争议较大,需要在上述具体情境中进一步审视。

一、情势变更原则的法律依据

“情势变更”一般认为源于德国普通法时代,与英美法系的“合同落空”“艰难履行”异曲同工。

我国的情势变更原则原规定于最高人民法院《关于适用〈中华人民共和国合同法〉若干问题的解释(二)》第 26 条。在此基础上,《民法典》第 533 条对情势变更的规定作出了调整和优化,摒弃了不可抗力与情势变更完全两分的观点,但在构成要件上仍显较为概括和模糊,亟待司法实践的进一步探索。最高人民法院在《关于依法妥善审理涉新冠肺炎疫情民事案件若干问题的指导意见(一)》中依合同履行的不同情况对情势变更原则的适用精神作出了原则性的指引。地方法院依审判实践需要对情势变更原则的适用亦作出了具体指导,如上海市高级人民法院于2022年8月发布了《〈民法典〉情势变更制度法律适用疑难问题研讨会纪要》,系统回应了疫情下情势变更司法适用的重要问题。

二、固定运价合同中运费大幅波动是否构成情势变更的审查思路

《民法典》最新条文表述体现出情势变更原则的认定逻辑如下:一是合同成立后,合同的基础条件发生了重大变化;二是该重大变化在当事人订立合同时无法预见;三是该重大变化不属于商业风险;四是继续履行合同对于一方当事人明显不公平。

市场价格的大幅涨落是一种客观情况的重大变化,不以当事人的意志为转移,这一点毋庸置疑。对于"合同的基础条件发生重大变化"的理解,结合相关立法资料,有观点总结为"足以动摇合同基础,假设此种重大变化发生在合同订立之前,当事人若知晓此种变化便不会缔结合同"①。我们认同此种观点。当事人订立合同伊始均是基于相对平衡的对价关系,这是合同订立的基点。在海上运输交易中,签订固定运价合同的商业行为并不鲜见。航运企业或货代公司通过长期合同,能够在可以预见的未来获得相对稳定的货源,且固定的运价还可以降低风险、保证收益;货方则可以确保其有稳定的运输来源,以更好地预估成本,确保贸易合同的严格履行。② 但疫情等因素引发海运费大幅上涨的情况,显然使得固定运价合同的基础条件产生了重大变化,双方追求的相对稳定的状态遭受了较大冲击。故在此情况下,法官重点在于研判"无法预见"、"商业风险的界限"以及"明显不公平"3项要点。

(一)"无法预见"的判断标准

对于"无法预见"的判断标准,存在主观说和客观说的不同观点。主观说强调是否具有"可预见性"需以遭受不利影响的一方当事人的实际预见能力作为判断标准,③而客观说则认为应以理性人处于当事人一方的缔约状况能否预见到客

---

① 周恒宇:《关于〈民法典〉情势变更制度的若干重要问题》,载《中国应用法学》2022年第6期。

② 参见王禹:《"疯狂"运价下,长期协议能成为"灵丹妙药"吗?》,载《中国航务周刊》2021年第4期。

③ 参见韩世远:《合同法总论》(第4版),法律出版社2018年版,第506页。

观情况的变化作为标准,并认为商事主体应比民事主体具有更高的预见能力。④ 现有的审判实践亦有观点兼采主客观说,如北京市第三中级人民法院在某合同纠纷案中认为,主观标准与客观标准可以单独运用,但在多种情况下应结合使用。⑤ 还有观点认为,对"无法预见"的判断应保持适度——把当事人作为经济人、理性人而非政治家、军事家来对待。⑥

本案中,我们倾向于采用客观的判断标准。疫情本身极具偶然性,但疫情对海运市场的影响并非对所有市场主体猝不及防的突变,而是有逐步发展演变的过程。在演变过程中,市场主体应有一定程度的预判和防范。双方的固定运价合同签订于 2020 年 3 月 2 日,此时疫情已经暴发。雷诺斯公司作为长期从事国际航运业务的公司,理应对于特殊市场背景下集装箱运价波动有一定的预判,其在此基础上签订一年期的固定运价合同,系用事实行为表明其愿意对运价的波动承担一定范围内的风险。因此,笔者认为,本轮海运费上涨事实并非当事人订立合同时无法预见的重大变化。

(二)情势变更与商业风险的界限厘定

商业风险,是指在商业活动中,由于各种不确定因素引起的,给商业主体带来获利或损失的机会或可能性的一切客观经济现象。商业风险属于从事商业活动的固有风险,符合商事交易的一般规律,当事人具有一定的预见性,并可通过商业手段或合同约定进行防范,且具有损益同归的性质。情势变更则属于商业风险外的意外风险,当事人难以预见,且会使得合同基础和预期目的发生根本性变化。⑦ 2008 年全球金融危机后,最高人民法院曾发布专门的指导意见,从风险固有性、可预见性、异常程度、可防范性、交易性质等方面对情势变更与商业风险的界定进行标准指引。⑧ 在 2015 年某公报案例中,最高人民法院认为应参照合同约定,并从可预见性、归责性以及产生后果等方面进行分析。⑨

---

④ 参见朱广新:《合同法总则研究》(下册),中国人民大学出版社 2018 年版,第 474 页。

⑤ 参见北京市第三中级人民法院民事判决书,(2015)三中民终字第 09082 号。

⑥ 参见崔建远:《情事变更原则探微》,载《当代法学》2021 年第 3 期。

⑦ 参见李昊主编:《不可抗力与情势变更:学理评述、司法案例与法律政策》,北京大学出版社 2021 年版,第 38 ~40 页。

⑧ 参见最高人民法院《关于当前形势下审理民商事合同纠纷案件若干问题的指导意见》第 3 条。

⑨ 参见最高人民法院民事裁定书,(2015)民二终字第 236 号。

在涉及市场价格涨落的案件中,客观情况的变化主要表现为价格涨落的幅度和速度,我们认为这是区分情势变更和商业风险的关键因素。如果价格波动情况达到异常程度,超越了经济运行的一般规律,当事人客观上难以预见和防范,则可考虑判定为突破了正常商业风险的范畴。根据案例检索,探讨价格涨落是否构成情势变更的案例主要体现在金属材料购销合同、建设工程施工合同、房屋租赁合同等案件类型中。最早可追溯到 1992 年,最高人民法院在一则复函中指出,因为生产煤气表散件的主要原材料铝锭的国家定价突然上调,铝外壳的售价亦出现大幅上涨,此种情况下要求按原合同履行对供货方显失公平,应当认定为是当事人之间无法预见和防止的情势变更。[10] 在 2017 年某房屋买卖合同纠纷案中,最高人民法院认为双方签订合同 4 年后,房屋买卖的市场价格高出约定价格近 3 倍,虽然可能超出当事人预见,但仍属于正常的商业风险。[11] 在 2019 年某建设工程施工合同纠纷案中,最高人民法院则认为该轮价格上涨属于商业风险,建筑材料上涨幅度未超过市场价峰值,案涉情形未达到适用情势变更原则的标准。[12] 由此可见,审判实践无法抽象出一个统计学意义上的量化标准——如依上涨比例则会受上涨绝对值、标的数量的影响,如按历史峰谷值则会使得标准不固定,且难以排除极端年份的情形。综上,应综合多项考量因素在个案中精准识别。

本案中,参考 10 年间涉案航线的运价走势,及 2020 年 10 月后运价上涨情况可知,10 年内涉案航线运价大幅波动是常态,峰谷相差近 10 倍。2020 年 10 月开始涉案航线运价持续大幅上涨,最高上涨幅度达 10 余倍,12 月原告提出委托时仅是一轮大幅上涨的初期阶段。因此,笔者认为,综合历史记录及本次运价波动实况,2020 年 12 月的运价涨幅尚未达到突破正常航运市场风险的程度。

---

⑩ 参见《最高人民法院关于武汉市煤气公司诉重庆检测仪表厂煤气表装配线技术转让合同购销煤气表散件合同纠纷一案适用法律问题的函》。

⑪ 参见最高人民法院民事判决书,(2017)最高法民再 26 号。

⑫ 参见最高人民法院民事裁定书,(2019)最高法民申 5829 号。

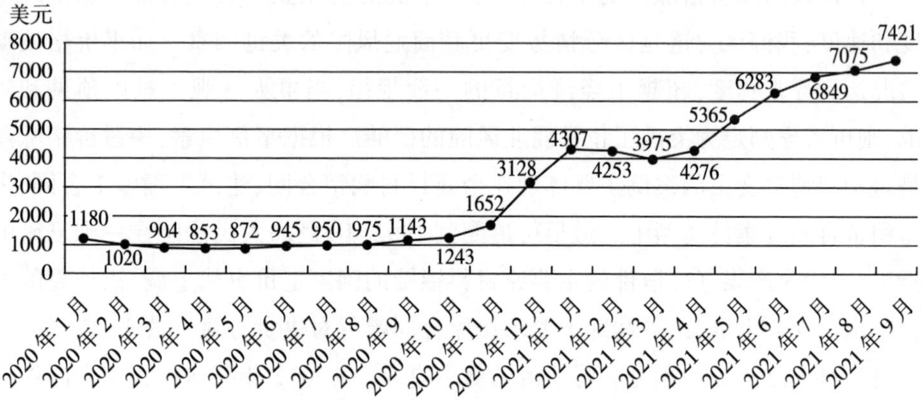

图1　2020年1月至2021年9月上海至地中海航线出口集装箱运价

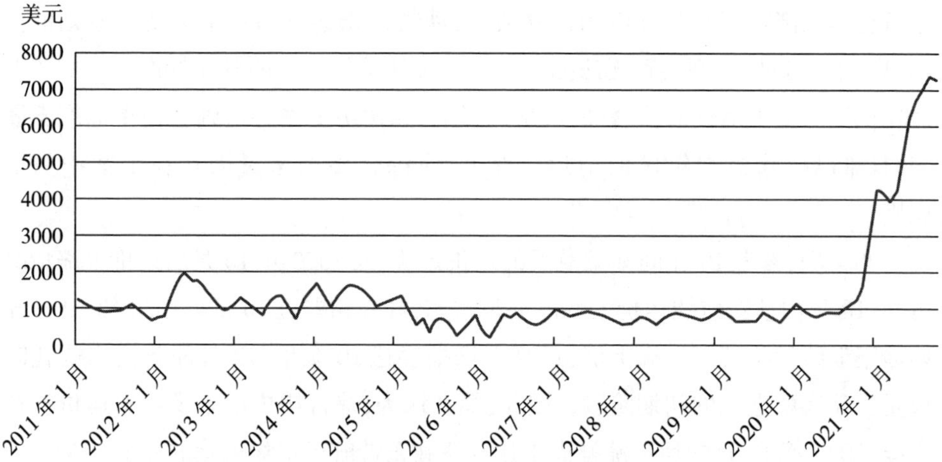

图2　上海至地中海航线出口集装箱运价走势

（三）“明显不公平”的评价标准

如果说，客观情况的变化突破了正常的商业风险是认定情势变更“质”的标准，那么继续履行合同明显不公平则体现了“量”的要求。[13] 对于“明显不公平”的衡量标准，理论和实践中存在观点分歧，需进行梳理分析。

⑬ 参见陈洁蕾：《〈民法典〉情势变更规则的教义学解释》，载《中国政法大学学报》2022年第3期。

1. “明显不公平”的学理分析

从经济学理论分析,双方当事人订立合同系基于双方默示的交易基础,但若后发事件导致现实情形与合同订立时的双方共识不一致,风险分配问题随之产生。如合同双方事先可以预知风险,则其会根据主观认识估量和分配风险,但若没有此类约定,则需要司法介入以帮助双方当事人之间进行风险的再分配。就合同法理论而言,有学者认为应在给付与对待给付之均衡性的架构内予以思考——合同均衡性的根本改变主要表现为履行成本的显著增大或预期履行利益的价值大幅减少或丧失,使得给付与对待给付之间严重失衡。⑭

笔者认为,无论是从风险分配的视角,还是给付均衡性的考虑,都表明“双方的合同利益明显失衡”对于判断继续履行合同显失公平具有重大参考价值。司法实践的观点对此亦有印证。如最高人民法院在某股东出资纠纷案中指出,“明显不公平”应是指继续履行合同会造成一方当事人履约能力严重不足、履约特别困难、继续履约无利益并对其利益造成重大损害、明显违反公平及等价有偿原则等情形。⑮ 需要注意的是,司法介入衡平本质上系公权对私权的干预,这种干预应保持其谦抑性和有限性,不应过分侵蚀契约自由原则。

2. “明显不公平”在固定运价合同纠纷中的评价标准

具体到固定运价合同纠纷中,有观点认为,如果货方发出运输通知时,约定航线运价已上涨到合同约定价格数倍,且明显将迎来持续快速大幅上涨,此时若继续履行合同对货代公司明显不公平,在实体上构成情势变更。

另有观点认为,海上运输系高风险行业,双方签订固定运价合同的商业行为本身具有高风险性,运价波动正是货代公司的研究对象和利润来源。在疫情已经暴发的背景下签订固定运价合同,货代公司理应承受运价上涨带来的风险。若综合近年内运价波动情况及疫情期间运价上涨情况,货方发出运输通知时的运价仍在合理范围内,则继续履行合同未对货代公司明显不公平。

还有观点认为,应充分关注合同性质和当事人约定,若涉案合同存在明显的价格锁定性质,如约定合同期内货代公司不得以任何价格波动原因,要求货

---

⑭ 参见朱广新:《情势变更制度体系性思考》,载《法学杂志》2022 年第 2 期。

⑮ 参见最高人民法院民事判决书,(2020)最高法民终 629 号。

方加价才能拿到舱位,溢价部分由货代公司自行承担等,则在此类固定运价合同中不宜以某一时间集装箱运输的价格作为判断公平与否的依据。货代公司对价格变化并非无法预见,继续履行合同不会对其产生明显不公,不构成情势变更。

笔者认为,本案的固定运价合同中,双方对合同价格有明确约定,这种合同价格基于商业主体在签订合同时对价格涨落的风险判断。这类价格锁定性质的合同源于当事人对未来市场变动的主观认知。如若当事人在合同订立之初判断有误导致继续履行合同将遭受亏损,一般不直接构成对合同公平性的实质性影响,司法对该类合同一般不应予以介入。然而,海上运输虽为高风险行业,但其交易标的物也非股票、期货等投机射幸者,而仍是基于实体的运输交易。司法对当事人的期待应在合理范围内,情势变更原则并非绝对不能适用于一般的固定运价合同中。如因市场供需关系剧烈变动,导致运费在短期内上涨的幅度和速度达到了极端异常的情况,过分超出长周期内运价的波动轨迹,且涉案标的额巨大,司法宜考虑以公平原则在个案中进行适当的衡平。

三、审理相关固定运价合同纠纷的规则导向

(一)情势变更原则一般不应适用于固定运价合同纠纷

在审理相关海上运输纠纷时,判断是否适用情势变更原则应严格遵守法律规定,并保持审慎态度,坚持合同严守原则的普遍性和情势变更原则的例外性。在考虑适用情势变更原则时,应从可预见性、合同性质、异常程度等方面进行综合研判,在明显具有价格锁定性质的固定运价合同纠纷中,一般不宜适用情势变更原则,使得司法介入商人决策。同时,应充分认识到情势变更的影响一般具有广泛性,关系环环相扣的运输协议,案件审判会引起连锁反应,从而影响国际航运的交易秩序和交易安全。

(二)司法应尊重契约、合理保护和鼓励诚信

情势变更作为一种损益平衡机制,系为实现合同自由、效率、公平的价值理念。适用情势变更制度并不意味着放弃保护守约方,简单粗暴地豁免债务人的义务,将不利后果转嫁于债权人,而是应当依据公平原则在必要时合理地调整当事人之间的利益关系。在剧烈的市场震动下,大量市场主体仍坚持严守合同、诚信履约,但亦存在一些企业以疫情等因素为由,故意拒绝履行合同,暂时保全了

经济利益却丧失了商业信誉。司法应始终给予市场正确的价值导向,积极引导当事人依法履行合同,维持公平、稳定、诚信的市场环境。

(张健、杨娴供稿)

(获评全国法院系统 2023 年度优秀案例分析评选优秀奖)

【案例索引】

(2021)沪 72 民初 717 号

10. 青岛航美国际物流有限公司诉马士基航运有限公司、上海奥南国际物流有限公司海上货物运输合同纠纷案

——主张合同变更一方应举证证明合同确已变更

【提要】

在承运人将货物交付收货人之前，托运人可以要求变更海上货物运输合同。承运人主张货物运输责任期间变更的，应提供证据证明其与托运人已就变更达成合意。收货人的实际履行行为不足以变更货物运输合同的约定。

【案情】

原告：青岛航美国际物流有限公司（以下简称航美公司）

被告：马士基航运有限公司（以下简称马士基公司）

被告：上海奥南国际物流有限公司（以下简称奥南公司）

2015年9月22日，原告受案外人玛伟贸易公司委托出运一批服装，签发了托运人为玛伟贸易公司的多式联运提单。提单记载装货港为上海，卸货港为墨西哥的拉萨罗卡德纳斯，交货地为墨西哥城。原告接受委托后又委托被告奥南公司安排运输，奥南公司签发了自己的提单，收货人为航美公司在卸货港的代理人ILS公司，并委托马士基公司实际承运涉案货物。马士基公司签发了涉案货物海运单。海运单载明：托运人为奥南公司，收货人为奥南公司在卸货港的代理人IGC公司。

货物于2015年10月12日运抵卸货港。货物运抵卸货港后收货人拒绝马士基公司送货上门，由收货人自行独立运输交付。在陆路运输过程中，发生被抢事件，两个箱子及其货物下落不明。2016年3月，马士基公司员工与奥南公司员工

就涉案货物内陆运输到底是由谁安排的进行了多次邮件往来。马士基公司员工最后确认,陆路运输事宜由马士基公司安排。5月原告出具情况说明,称涉案集装箱在到达目的港以后,需要船公司进行陆路运输,在马士基公司签发的海运单上都已经注明。

另查明,玛伟贸易公司为涉案货物向保险公司投保海运一切险,保险单记载:被保险人为玛伟贸易公司,装载运输工具同涉案多式联运提单,承保责任期间为自上海,经墨西哥的拉萨罗卡德纳斯,至墨西哥城。承保险别为中国人民财产保险股份有限公司海运一切险。事发后,保险公司向玛伟贸易公司支付涉案赔偿款。随后保险公司向法院提起诉讼,要求原告赔偿其损失。法院判令原告赔偿保险公司货物损失。原告不服该判决提起上诉。二审法院判决驳回上诉,维持原判。

原告遂向本案两被告提起诉讼,称马士基公司作为实际承运人,是涉案货物下落不明的直接责任人,原告作为无船承运人在完成赔偿后,有权向实际承运人马士基公司追偿;原告委托奥南公司安排运输,奥南公司应对其损失承担连带赔偿责任。故请求判令两被告连带赔偿前案判令赔偿的货损款项及案件受理费。

被告马士基公司辩称,(1)马士基公司不是涉案货物陆运段的承运人,马士基公司已向海运单载明的记名收货人放货,该收货人已经确认陆运段并非马士基公司承运。(2)保险公司在前述生效判决中并未对马士基公司有任何诉讼请求,法院也没有认定马士基公司在涉案货物运输中负责目的港场到门的陆运段,原告负有举证责任证明涉案货物灭失于马士基公司的掌控期间。(3)即便货物确实灭失于马士基公司的掌控期间,根据我国《海商法》规定,多式联运运输中货物灭失于某一运输区段的,应适用调整该区段的相关法律法规确定承运人的责任限制。根据墨西哥的法律规定,道路运输的承运人可享受责任限制,每吨按照墨西哥现行的15天最低工资计算。本案中马士基公司作为实际承运人可享受多式联运项下道路运输的责任限制。

被告奥南公司辩称,(1)本案现有证据显示涉案货物在墨西哥陆路段的运输仍由马士基公司安排,并非如马士基公司答辩所称已交付马士基海运单项下的记名收货人。奥南公司作为马士基海运单的托运人,亦从未向马士基公司发出过变更运输方式的指令。且通过马士基公司自己提供的证据也反映出即便马士基公司未安排陆路段运输,涉案货物也只是交付给了原告指定的目的港收货代理人ILS公司,奥南公司并未参加目的港货物陆路段的运输。(2)马士基公司是涉案货物实际承运人,应承担连带责任。(3)关于责任限制的抗辩,同意马士基公司的意见,且该责任限制也同样适用于奥南公司。(4)前案诉讼费用不应由被告承担,原告该项诉讼请求没有法律依据。

【裁判】

上海海事法院经审理认为,本案具有涉外因素,当事人可以选择适用处理纠纷的准据法。庭审中,各方均选择适用中国法律处理本案纠纷,因此本案适用中国法律审理。航美公司和奥南公司之间海上货物运输合同关系成立。马士基公司受奥南公司的委托,签发海运单并实际运输了涉案货物,系涉案货物运输的实际承运人。各方当事人主要争议的焦点是涉案货物灭失的赔偿责任主体。奥南公司向航美公司签发的提单以及马士基公司向奥南公司签发的海运单记载的收货人分别是航美公司和奥南公司在卸货港的代理公司,均约定运输方式为堆场到门。诉讼中,马士基公司对其所称的约定运输方式发生变更、收货人自行提货并安排陆路运输的事实,始终未提供有效证据予以佐证,结合货物发生事故后马士基公司员工给奥南公司的确认回复,法院认定马士基公司为涉案货物全程的实际承运人。根据现有证据,本案中没有承运人可不负赔偿责任的情形及其他承运人可免除赔偿责任的法定或约定事由,承运人奥南公司与实际承运人马士基公司未能合理、谨慎地履行运输和保管货物的义务,应在货物灭失的责任范围内负连带赔偿责任。原告诉讼请求主张的前案一审及二审案件受理费并非必须发生的费用,向两被告追偿于法无据,不予支持。

遂判令两被告向原告连带赔偿货物损失,对原告的其他诉讼请求不予支持。宣判后,马士基公司以原审法院认定马士基公司安排墨西哥陆运段运输错误,且认定“墨西哥法律无法查明,适用中国法”错误为由,提起上诉。二审判决驳回上诉,维持原判。

宣判后,马士基公司以有新证据足以推翻原审、原审认定的基本事实缺乏证据证明以及原审适用法律错误为由申请再审,认为马士基公司无法自证陆路运输并非马士基公司安排/委托这一消极事实,且收货人选择变更到港后的运输服务,承运人不用再根据原责任期间承担赔偿责任。最高人民法院经审查,裁定驳回再审申请。

【评析】

本案在审理过程中,各方存在争议的主要问题是:马士基公司与奥南公司是否变更了案涉货物运输合同的约定;马士基公司是否享有墨西哥法律规定的责任限额。

一、关于海上货物运输合同的变更及证明

根据《合同法》第 308 条(现《民法典》第 829 条)规定:"在承运人将货物交付收货人之前,托运人可以要求承运人中止运输、返还货物、变更到达地或者将货物交给其他收货人,但应当赔偿承运人因此受到的损失。"据此规定,海上货物运输合同可以变更包括货物运输责任期间在内的内容,但该权利属于托运人享有。马士基公司作为承运人,不享有单方面变更货物运输责任期间的权利。

至于货物运输责任期间是否经托运人和承运人达成合意进行变更,本案中马士基公司未能提供证据证明涉案货物运输的托运人和承运人就运输责任期间发生变更达成合意。而承运人主张货物运输责任期间变更的,应提供证据证明其与托运人已就变更达成合意。故法院判决认定马士基公司作为承运人应当承担赔偿责任并无不当。

值得注意的是,马士基公司在申请再审时援引(2015)民提字第 225 号判决,认为收货人可以通过实际履行行为变更货物运输合同的约定。而这一理解与该案实际要旨存在偏差。其中"如果货物交付的实际履行情况与提单记载不相符,承运人并未在提单记载的地点完成交付,而是继续掌控货物,那么承运人的责任期间相应也应当延伸至其完成交付之时。承运人是否对货损承担责任,应当根据货物是否完成交付的实际履行情况进行认定,而不能仅凭提单的记载进行认定",应理解为货物只要仍在承运人的掌管之下,其仍要对货物的毁损、灭失承担责任,而不是收货人可以通过实际履行行为变更货物运输合同的约定。

二、承运人是否享有域外法律规定的责任限额的认定

根据我国《海商法》关于货物多式联运的有关规定,承运人的赔偿责任及赔偿限额应适用调整该货物灭失区段运输方式的法律规定即墨西哥当地道路运输法律。马士基公司主张援引《墨西哥道路、桥梁和联邦汽车运输法》第 66 条第 5 款的规定。该责任限制条款得以适用的前提是墨西哥公路运输实际承运人承运涉案货物时必须具备墨西哥主管机关授予的运输营运许可马士基公司主张援引该条款,但没有提供符合该条的证明材料,故一、二审法院对其主张责任限制均不予支持。在申请再审时,马士基公司亦未提交足以推翻原判决认定的新的证据。当事人对自己提出的主张有责任提供证据,否则将承担举证不能的法律后果。马士基公司在举证期限内不能提供证明其主张的证据,应承担相应举证不能的责任。综上,法院认定马士基公司作为承运人未能享受墨西哥法律规定的责任限额。

(张姗姗供稿)

(入选人民法院案例库)

【案例索引】

(2018)沪 72 民初 929 号

11. 上海捷喜国际货物运输代理有限公司诉重庆市公路工程(集团)股份有限公司海上货运代理合同纠纷案

——特殊事件下货代合同的责任界限和风险负担

【提要】

境外项目因遭遇政局动荡、战乱、罢工、自然灾害等不可抗力实践或者其他不可预测的情势变更导致合同款项无法支付的情形下,该原因与货运代理合同项下的费用支付之间并不存在法律上的必然因果关系,不能因其无法收到与案外人之间的合同款项而拖延向货运代理人支付费用。

【案情】

原告:上海捷喜国际货物运输代理有限公司

被告:重庆市公路工程(集团)股份有限公司

2014 年 11 月 12 日,原、被告签订运输协议,约定由原告代被告办理涉案 161 台车辆设备的出运事宜。装货港为中国上海港,卸货港为也门荷台达港(HODEIDAH),装运期 2014 年 11 月 30 日至 12 月 5 日,运输时间 30 天。在该协议第 3 条"费用与结算"中约定:被告收到原告转来的提单、报关单原件及费用专用发票后 30 个工作日内向原告全额付款;由于被告原因产生的额外费用经被告确认,由原告凭有关单据向被告收取。其后,涉案货物被装载于"HOEGH AFRICA"轮 V.83 航次实际出运,原告向被告交付了涉案 17 份已装船提单,提单均显示装船日期为 2014 年 12 月 7 日,装货港中国上海港,卸货港也门荷台达港(HODEIDAH),运费预付。

2015 年 2 月 4 日,被告向原告出具付款承诺书,称由于也门局势不稳定和沙特国王突然离世,耽误了被告在约定时间内从沙特基金收到工程预付款,因此拖欠了原告费用,同时承诺将于2015年3月2日前付清所有拖欠费用,包括712,172.10美元和人民币379,228.99元。庭审中,被告对原告诉请的所有费用金额均予以确认。

2015年2月5日,原告向被告发送催款通知,称涉案船舶已于2015年1月3日到港,产生海运费712,172.10美元,人民币费用379,328.99元,滞纳金712.1721美元,并告知被告船东的最后付款期限为2015年2月15日。2015年4月14日,被告通过网银转账向原告支付了人民币300,000元。

另查明,原告目前仍持有两份涉案的海关出口货物报关单原件并未向被告交付。原告在庭审中表示如果被告愿意支付所有费用,其同意向被告交付上述两份海关出口货物报关单原件。

原告诉称,截至起诉前被告仍拖欠原告海运费712,172.10美元及滞纳金、港杂费人民币25,388.99元及其他额外费用人民币53,940元。为此,被告向原告出具付款承诺书,保证于2015年3月2日之前付清上述拖欠款项,但至今仍仅支付了部分港杂费用。原告认为,双方海上货运代理合同关系成立,被告应按合同约定向原告支付全部费用。据此,原告请求判令被告向原告支付海运费、港杂费额外费用及利息损失。

被告辩称,根据双方签订的运输协议,因原告至今仍有两份海关出口货物报关单原件没有交付给被告,故被告的付款条件并未成就;因双方在运输协议中并未约定违约责任或利息损失,而运输协议中约定除海运费和港杂费外的其他额外费用未经被告确认,被告不应支付,故被告不应承担利息损失;目的港也门共和国发生战乱,导致被告履行困难,被告可根据相关法律规定,因不可抗力予以免责。据此,被告请求驳回原告的全部诉讼请求。

【裁判】

上海海事法院经审理认为,本案系海上货运代理合同纠纷,原、被告对双方之间成立货运代理合同关系,双方的主要争议在于被告是否应向原告支付拖欠费用。原告已将涉案货物顺利运抵目的港,完成其合同主要义务。被告应履行货代合同中的主要义务,按照合同约定向原告支付全部费用。被告以原告仍扣留了部分海关出口货物报关单为由拖延履行付款义务的理由并不成立,且被告未收到工程预付款与涉案货运代理合同项下被告能否向原告支付费用之间并不存在法律上的必然因果关系，被告不能因为其无法收到与案外人之间的合同款项而拖延向原告支付费用。故判令被告重庆市公路工程（集团）股份有限公司向原告上海捷喜国际货物运输代理有限公司支付海运费712,172.10美元、港杂费人民币25,388.99元、其他额外费用人民币53,940元及上述三项费用的利息损失，对原告上海捷喜国际货物运输代理有限公司的其他诉讼请求不予支持。

一审判决作出后，被告向上海市高级人民法院提起上诉，二审判决驳回上诉，维持原判。该案判决现已生效。

【评析】

“一带一路”沿线国家众多，政治、经济、民族、宗教、法律、文化、地理状况复杂各异。在“走出去”参与投资、合作、建设过程中，遭遇政局动荡、战乱、罢工、自然灾害等不可抗力事件或者其他不可预测的情势变更都在所难免，本案即是由此引发纠纷的一个典型事例。

本案海上货物运输合同目的地也门是“一带一路”沿线国家之一，所运送的货物系用于国内企业通过海外竞标承接的重大基础设施建设项目。纠纷的产生与也门局势突变存在关联，因此准确划分合同当事人在类似事件下的责任界限和风险负担，对依法保障企业海外投资利益，鼓励和促进企业参与“一带一路”建设具有现实意义。

本案判决明确了海上货运代理合同的委托人不能因其投资项目无法履行而免除其在海上货运代理合同下对受托人应承担的合同义务，避免海外投资建设领域的意外风险向为之提供物流保障服务的航运产业链不当转嫁。该原则也同样适用于海上货物运输合同以及为海外投资项目提供诸如物资、融资等的其他相关合同的履行场合，可供今后处理类似涉“一带一路”案件以作借鉴。

（王蕾供稿）

（入选最高人民法院第三批涉“一带一路”建设典型案例）

【案例索引】

（2015）沪海法商初字第1668号

12. 上海市人民检察院第三分院诉蒋某成等生态环境保护民事公益诉讼案

——环境公益诉讼中敏感区附加损失的认定

【提要】

在生态环境敏感区域实施非法捕捞行为，造成被捕捞水生生物种群衰退、水域生物链结构受损、生态系统功能退化等生态环境损害，国家规定的机关或者法律规定的组织主张侵权人就该区域特殊生态环境服务功能损失承担附加赔偿的，人民法院可以结合侵权行为严重程度依法予以支持。

【案情】

公益诉讼起诉人：上海市人民检察院第三分院（以下简称市检三分院）

被告：蒋某成等6名自然人

2020年5月4日至9日，蒋某平、王某友、蒋某军驾驶船只至长江上海段崇明南门港外侧水域，通过设置数顶深水张网进行非法捕捞，起获渔获物10余次，共计1298.55公斤，接驳后由蒋某成、周某华等人加价出售。同年5月10日，周某华、夏某军依事先约定在上海市崇明区城桥镇三沙洪水闸收购蒋某平、王某友、蒋某军当日在上述地点非法捕捞的渔获物时，被接报赶来的公安机关抓获。公安机关当场查获长江刀鱼10.05公斤、凤尾鱼162.30公斤。六被告非法捕捞的上述1470.90公斤水产品分别为长江刀鱼（中刀）1.34公斤、长江刀鱼（小刀）58.56公斤、大凤尾鱼54.15公斤、中凤尾鱼145.90公斤、小凤尾鱼1210.95公斤。

2020年5月26日，中国水产科学研究院东海水产研究所接受长江航运公安局上海分局委托对被告蒋某平等人在本案中使用的渔具类型进行评估，认定本案被告使用的渔具为双桩张纲张网(俗名或地方名:深水张网、深立方)。该捕捞渔具属于2017年1月18日发布的《农业部关于长江干流禁止使用单船拖网等十四种渔具的通告(试行)》中自2017年7月1日起,青海省曲麻莱县以下至长江河口的长江干流江段全面禁止使用的渔具。

2020年5月29日,崇明发改委出具崇发改价定〔2020〕字第172号《价格认定结论书》认定,上述1470.90公斤水产品价值为人民币101,673.70元(以下币种均为人民币)。长江航运公安局上海分局对六被告的讯问笔录中均记载,六被告对渔获物价值认定无异议,不提出补充鉴定或重新鉴定。2020年12月10日,上海铁路运输法院作出(2020)沪7101刑初417号刑事判决,根据崇明发改委出具的《价格认定结论书》认定了水产品价值,并判决六被告均构成非法捕捞水产品罪,该刑事判决已生效。

上海铁路运输检察院委托司法鉴定科学研究院对被告蒋某平等人非法捕捞水产品致生态环境损害进行价值量化并提出恢复建议。2020年11月17日,司法鉴定科学研究院出具《司法鉴定意见书》认为,该非法捕捞水产品致渔业资源直接损失额为101,673.70元、渔业资源恢复费用为305,021.10元、环境敏感区附加损失额为406,694.80元,共计813,389.60元。司法鉴定科学研究院本次鉴定费用为4000元。

六被告从事非法捕捞的区域位于长江刀鲚水产种质资源保护区,属于上海市生态保护红线范围,为生态环境敏感脆弱区域。长江刀鲚水产种质资源保护区属于国家级水产种质资源保护区,旨在保护和合理利用具有重要经济价值、遗传育种价值或特殊生态保护和科研价值的水产种质资源及其生存环境。

公益诉讼起诉人市检三分院向上海海事法院提出诉讼请求:(1)判令六被告公开向社会赔礼道歉;(2)判令六被告连带赔偿生态环境损害费用813,389.60元;(3)判令六被告连带支付生态环境损失鉴定费用4000元。

六被告对公益诉讼起诉人诉称的事实均予以认可,为自身错误行为真诚地向全社会道歉,但提出认定的捕捞渔获物价值过高,并请求法院考虑到其家庭经济困难的情况对其作宽大处理。

【裁判】

上海海事法院经审理认为,本案系生态环境保护民事公益诉讼案件。涉案法律事实发生于2020年5月间,系《民法典》施行前的法律事实引起的民事纠纷案件,依法应适用当时的法律、司法解释的规定。本案中,六被告的行为违反了《渔业法》第三十条及《农业部关于长江干流禁止使用单船拖网等十四种渔具的通告(试行)》《关于上海市实施长江重点水域禁捕的通告》的规定,且六被告的行为构成共同实施非法捕捞行为。

《环境保护法》第六十四条规定,因污染环境和破坏生态造成损害的,应当依照《侵权责任法》的有关规定承担侵权责任。根据《侵权责任法》第八条的规定,六被告从组织实施非法捕捞、实际从事非法捕捞直至出售非法捕捞所得渔获物等各环节形成了完整的侵权链条,对长江天然渔业资源和水生生态环境造成的损害构成共同侵权,应依法承担连带侵权责任。

关于赔偿生态环境损失的诉讼请求。2015年最高人民法院《关于审理环境民事公益诉讼案件适用法律若干问题的解释》第二十条第一款规定,环境无法完全修复的,可以准许采用替代性修复方式。人民法院可以在判决被告修复生态环境的同时,确定被告不履行修复义务时应承担的生态环境修复费用,也可以直接判决被告承担生态环境修复费用,生态环境修复费用包括制定、实施修复方案的费用,修复期间的监测、监管费用,以及修复完成后的验收费用、修复效果后评估费用等。本案被告非法捕捞造成天然渔业资源直接损失为101,673.70元。司法鉴定科学研究院经鉴定认为应以渔业资源直接损失额的3倍计算渔业资源恢复费用,并考虑六被告实施非法捕捞水产品的区域位于长江刀鲚水产种质资源保护区,属于上海市生态保护红线范围,为生态环境敏感脆弱区域,该区域渔业资源恢复难度大,且非法捕捞行为不仅会造成被捕捞鱼类种群衰退,而且会引发生物链结构的受损以及生态系统功能的退化,进而导致生态系统服务功能降低,打乱了生态平衡,建议增加环境敏感区附加损失额,为天然渔业资源直接损失额和恢复费用之和的1倍。公益诉讼起诉人据此要求六被告连带赔偿生态环境损失813,389.60元,合法有据,应予支持。

综上,上海海事法院判决六被告应公开向社会赔礼道歉(已当庭履行完毕),

连带赔偿生态环境损害费用 813,389.60 元及生态环境损失鉴定费用 4000 元。一审判决作出后,各方当事人均未提起上诉。本案判决现已生效。

【评析】

司法实践中,法院应当准确界定非法捕捞等侵权行为所涉边界,对于涉及生态环境保护红线区域以内进行非法捕捞等行为所致生态环境损害的,在认定生态环境所受损害时应当考虑环境敏感区附加损失,而判断是否支持环境敏感区附加损失要从多个维度考量,主要考量侵权行为违法性和严重性、侵权损害结果计算依据。在生态环境保护民事公益诉讼案件中,公益诉讼起诉人就被告的侵权行为通常向其主张侵权行为造成的直接损失和渔业资源的恢复费用,而本案中,公益诉讼起诉人还向被告主张环境敏感区附加损失。

一、生态敏感区的重要价值

生态敏感区包括法定生态保护区域、重要生境以及其他具有重要生态功能、对保护生物多样性具有重要意义的区域。其中,法定生态保护区域包括依据法律法规、政策等规范性文件划定或确认的国家公园、自然保护区、自然公园等自然保护地,世界自然遗产,生态保护红线等区域;重要生境包括重要物种的天然集中分布区、栖息地,重要水生生物的产卵场、索饵场、越冬场和洄游通道,迁徙鸟类的重要繁殖地、停歇地、越冬地以及野生动物迁徙通道等。

长江流域是我国生物资源多样性最为丰富的区域,全国约有 2/3 的生物资源分布在长江流域,流域内分布有大量具有全球保护意义、国家保护意义、流域保护意义和区域保护意义的生态敏感区。流域内各级各类生态环境敏感区的规划、管理、保护水平直接决定了长江流域生态环境保护和可持续发展。如何实现长江流域生态环境敏感区的有效保护,对维持长江流域生物多样性和保障流域生态安全具有重要的战略意义。

二、在长江流域生态敏感区域实施非法捕捞行为,不仅造成被捕捞鱼类种群衰退,而且会引发生物链结构的受损以及生态系统功能的退化,侵权人应当赔偿生态敏感区附加损失

本案相较于常见的长江流域中因非法捕捞引起的生态环境保护民事公益诉讼案件,明显的区别在于被告人数众多。六被告从组织实施非法捕捞、实际从事非法捕捞直至出售非法捕捞所得渔获物等各环节形成了完整的侵权链条,且持续时间较长。直至案发,六被告在禁渔区、禁渔期使用禁用渔具非法捕捞珍稀的长江刀鱼、凤尾鱼出售获利,同时违反了“三禁”规定。尤其涉案禁渔区系长江刀鲚水产种质资源保护区,在此区域进行非法捕捞对该区域生态环境造成的破坏影响相较于其他非保护区水域更为严重,其违法性更强。

第一,六被告的侵权行为涉及捕捞至出售的各环节。六被告从组织实施非法捕捞、实际从事非法捕捞直至出售非法捕捞所得渔获物获利等各环节形成了完整的侵权链条,呈现出组织性、团伙性特征,且持续数日直至案发,如未被抓捕,可以预见其违法犯罪行为仍将持续,对长江流域渔业资源造成更严重危害。

第二,在禁渔区、禁渔期使用禁用渔具进行捕捞,同时违反了“三禁”规定。关于禁渔区,六被告非法捕捞长江刀鱼的地点在长江刀鲚水产种质资源保护区,属于《农业部关于公布率先全面禁捕长江流域水生生物保护区名录的通告》公布的水产种质资源保护区之一,系全面禁止生产性捕捞的长江重点水域,上海市生态保护红线范围内。关于禁渔期,被告于2020年4月至5月进行非法捕捞行为,违反了农业农村部关于该区域作为水生生物保护区,自2020年1月1日0时起,全面禁止生产性捕捞的时间规定,且持续数日。关于禁用渔具,被告非法捕捞使用的渔具为双桩张纲张网,属于国家明令禁止的禁用渔具。六被告严重违反了“三禁”规定,其违法程度较其他非法捕捞行为更为恶劣。

第三,涉案禁渔区系长江刀鲚水产种质资源保护区,在此水域进行非法捕捞对包括渔业资源、水生生物多样性、食物链完整性等生态环境造成的破坏影响相较于其他非保护区水域更为严重。长江流域水环境的治理,需以生态学原理和生态系统为基础。从生态学原理考量,涉案区域属于上海市生态保护红线范围,为生态环境敏感区域,在该区域非法捕捞渔业资源将严重导致生物种群衰退,进而引发保护区生物链结构的受损、生态系统功能的退化。从生态系统整体性和平衡性考量,非法捕捞不仅造成渔业资源的直接减少,引起自身种群结构变化,而且作为顶级消费者的鱼类对整个生态系统中食物网的结构和生态系统功能具有重要的调控作用,鱼类种群的变化,会沿着食物链自上而下地传递,最终导致系统整体的崩溃,对整个长江流域的生态系统造成严重破坏。

因此,在自然保护区和水产种质资源保护区等生态环境敏感区域实施非法捕捞造成的对生态系统的侵害后果,应当比在非保护区水域实施类似行为要严重得多,要求在自然保护区和水产种质资源保护区水域实施非法捕捞的侵权人承担环境敏感区附加损失具有现实需要。

三、生态敏感区附加损失大小的衡量

在 2021 年之前的司法实践中,一般适用国家标准《渔业污染事故经济损失计算方法》(GB/T 21678—2018)(以下简称《计算方法》)的规定,计算因污染事故或其他原因(如非法捕捞)造成的渔业经济损失。自 2021 年 1 月 22 日起,农业农村部《非法捕捞案件涉案物品认(鉴)定和水生生物资源损害评估及修复办法(试行)》(以下简称《办法》)生效。由此,实践中,出现了两种计算依据,且都现行有效。

本案非法捕捞行为发生在 2020 年 5 月间,作出司法鉴定的时间为 2020 年 11 月,此时《办法》尚未正式实施,故司法鉴定是以《计算方法》作为计算渔业经济损失的依据。根据该方法的规定,由于渔业水域环境污染、破坏造成天然渔业资源损害,在计算经济损失时,应将直接经济损失与天然渔业资源恢复费用相加,天然渔业资源的恢复费用为直接损失额的 3 倍以上。3 倍仅是最低倍数,可结合非法捕捞作业类型、时段、时长、区域、当地渔业资源状况等因素综合确定 3 倍以上的部分,实际上给生态环境损失的认定留出了依据和空间,也是本案认定环境敏感区附加损失的依据所在,充分体现了在保护区从事非法捕捞应与在非保护区从事非法捕捞在赔偿金额上应有显著区别。

虽然《办法》于 2021 年 1 月 22 日才生效,但相比《计算方法》,《办法》更突出针对非法捕捞水产品这一特定行为,且内容更为明确、规定更为直接和全面。依照《办法》的规定,使用禁用渔具从事非法捕捞的,应同时开展间接损害评估,间接损害评估应结合非法捕捞作业类型、时段、时长、区域、当地渔业资源状况等因素确定,主要评估水生生物生长发育受阻、繁殖终止和栖息地破坏等方面损害量。水生生物生长发育受阻和繁殖终止的损害量,原则上按照不低于水生生物资源直接损害 3 倍计算;水生生物栖息地破坏的损害量,原则上按照不低于水生生物资源直接损害 2 倍计算。由此可见,上述损害量总和最低为水生生物资源直接损失的 5 倍。结合本案在生态环境保护红线范围内非法捕捞的实际情形,对于水生生物生长发育受阻、繁殖终止和栖息地破坏量更大,间接损害计算数额会更高。本案对于环境敏感区附加损失的认定亦符合《办法》关于间接损害评估规定的价值取向和立法导向。

本案事实发生于 2020 年 5 月间,系《民法典》施行前的法律事实引起的民事纠纷案件,应适用当时的法律、司法解释的规定。就被告的侵权行为,支持环境敏感区附加损失的诉请并不违反《侵权责任法》及《环境保护法》的相关规定。支持环境敏感区附加损失也符合《民法典》相关条文的立法精神。因此,在自然保护区和水产种质资源保护区实施非法捕捞造成对生态系统的侵害,判决侵权人承担环境敏感区附加损失具有法律依据。

综上,本案对于违反"三禁"规定在长江刀鲚水产种质资源保护区非法捕捞造成严重后果的侵权行为,依法合理认定应赔偿的环境敏感区附加损失,这有利于严厉惩治在保护区非法捕捞的侵权行为、有效区别于在非保护区非法捕捞的侵权行为,同时对于溯源保护长江流域生态环境,从源头上杜绝非法捕捞行为具有积极意义。

2021 年 3 月 1 日《长江保护法》实施,更是将长江流域生态环境保护推向了新高度。在涉及民事公益诉讼司法实践中,应当准确界定非法捕捞等侵权行为所涉边界,对于涉及生态环境保护红线区域以内的,在认定生态环境所受损害时应当考虑环境敏感区附加损失。支持环境敏感区附加损失不仅体现了在保护区水域非法捕捞破坏生态环境的侵权人应承担比在非保护区禁渔水域非法捕捞者更大的民事责任,更是希望通过此举,对仍在从事或计划从事非法捕捞者起到警示和震慑作用。红线所划,必须严守。非法捕捞行为一日不停,最严格司法守护长江流域生态环境的行动一日不止。

(柯永宏、朱张茜供稿)

(入选最高人民法院生物多样性司法保护典型案例
入选人民法院案例库)

【案例索引】

(2021)沪 72 民初 529 号

13. 上海市人民检察院第三分院诉王某清等海洋自然资源与生态环境民事公益诉讼案

——环境公益诉讼中非法捕捞共同侵权的认定和责任承担

【提要】

在海洋伏季休渔期间,行为人不审查组织者是否具有特许捕捞资格而参与捕捞作业,在发现或应当发现实际捕捞作业与特许捕捞内容存在明显不符后也未提出异议并终止作业的,可以认定其与组织者共同实施了非法捕捞行为,应当承担破坏海洋自然资源与生态环境共同侵权责任。

【案情】

公益诉讼起诉人:上海市人民检察院第三分院

被告:王某清等共9名自然人

2020年7月,王某清组织沈某香等共9人,驾驶悬挂"2020伏季休渔资源调查船"横幅的崇渔11127号渔船至东海伏季休渔海域,使用禁用的桁杆拖网方式捕捞水产品,并故意关闭北斗系统以躲避渔政检查。满载停靠码头时,被地方执法人员当场查获,查获梭子蟹、杂鱼、虾等渔获物共计17,289公斤,其中梭子蟹15,939公斤、杂鱼1155公斤、虾195公斤。刑事判决认定,九被告均构成非法捕捞水产品罪。上海市价格认证中心认定,捕捞梭子蟹单价为106元/公斤,数量为15,939公斤的涉案梭子蟹的市场批发价格为1,689,500元,杂鱼、虾因无法确定其具体种属,故不予认定价格。经司法鉴定科学研究院鉴定,捕捞渔业资源的直接损失额为1,689,500元,渔业资源恢复费用为5,068,500元。

上海市人民检察院第三分院向法院提起民事公益诉讼,请求判令:(1)九被告公开向社会赔礼道歉;(2)九被告连带赔偿生态环境损害费用6,758,000元;

(3)九被告连带支付生态环境损失鉴定费用4000元。

九被告共同辩称:同意第一项、第三项诉请,对自己非法捕捞造成生态破坏深表歉意,真心悔过,也保证以后不再犯同样的错误,但认为第二项诉请金额过高。

沈某香等八被告还辩称:涉案渔船登记在王某清名下、渔业捕捞许可证的持证人亦是王某清;八被告受雇于王某清,建立个人劳务关系,在劳务中造成损害的,应由接受劳务一方即王某清承担责任。王某清亦提出其主观过错大,连累了亲戚、朋友,愿意在其能力范围内独自承担赔偿责任。故请求法院驳回公益诉讼起诉人的部分诉讼请求。

【裁判】

涉案非法捕捞的法律事实发生于2020年7月间,在《民法典》施行前,故应适用当时的法律、司法解释的规定。依据《海洋环境保护法》第八十九条第二款,2018年1月15日起施行的最高人民法院《关于审理海洋自然资源与生态环境损害赔偿纠纷案件若干问题的规定》第一条、第十二条第一款的规定,公益诉讼起诉人提起本案诉讼符合当时的法律、司法解释规定,本院予以确认。

本案核心争议焦点为九被告承担侵权责任的具体方式,部分被告能否免责。

王某清系沪崇渔11127号渔船的所有权人,同时也是涉案非法捕捞的发起人、组织者,其承认因伏季休渔期水产品价格偏高,出于侥幸心理,组织涉案出海非法捕捞。且其承认在渔船上悬挂"2020伏季休渔资源调查船"横幅,系为了躲避渔政管理机关的检查,为避免被发现,故意未开启北斗定位系统,仅使用避碰系统的定位。王某清主观故意明显,在其组织下,其余八被告在东海伏季休渔期间出海非法捕捞渔获物,较之一般的水域捕捞周期长、对海洋水产资源破坏数量大、后果更严重。其余八被告大多为长期从事渔业捕捞或相关工作的人员,对我国自1995年就开始实施的海洋伏季休渔制度均有明确认知,在公安机关或检察机关讯问时,均明确表示知道海洋伏季休渔制度。部分人员虽陈述因王某清称有特许捕捞证,遂跟随其出海,但这种陈述缺乏证据佐证,且有违常识。即便王某清称有特许捕捞证,但相关被告并未对此予以核实,显然亦有过错。假设王某清系以渔业资源监测名义使其相信并上船,而上船后开始实施捕捞,作为善良的捕捞从业者,相关被告亦应及时发现实际捕捞与因资源监测而进行的科考捕捞之明显区别,并应立即停止非法捕捞。目前并无证据证明,其余八被告不存在主观过错,完全受到欺瞒。

九被告在明知东海伏季休渔制度的情况下,依旧分工从事驾船、下网、收网、拣鱼、装箱、称重等工作,互相配合,共同实施非法捕捞重达17,289公斤梭子蟹、杂鱼、虾等水产品的行为,对东海海洋水产资源和海洋生态造成严重破坏,构成共同侵权。2009年《侵权责任法》第8条规定,关于"二人以上共同实施侵权行为,造成他人损害的,应当承担连带责任",九被告构成共同侵权,应依法承担连带侵权责任。九被告关于其不应承担连带赔偿责任的主张,于法无据,本院不予支持。其余八被告还提出,其受雇于王某清,构成个人劳务,应由接受劳务一方即王某清一人承担责任。本院认为,2009年《侵权责任法》第35条规定,个人之间形成劳务关系,提供劳务一方因劳务造成他人损害的,由接受劳务一方承担侵权责任。此处的劳务关系应基于合法劳务,且针对的是损害他人个人合法权益,不包括社会公共利益。而如本案这种,九被告均有主观过错,共同实施非法捕捞行为,显然不能以存在个人劳务关系为由免除应承担的法律责任。同理,王某清认为其主观过错大,连累了亲戚、朋友,其主动表示愿意在其能力范围内独自承担赔偿责任,并不意味着法律上允许其余八被告免责。至于九被告对外承担连带侵权责任的情况下,在内部分担或追偿时,王某清愿意全力承担的,可以自行协商解决。

依照我国《海洋环境保护法》《渔业法》及相关司法解释,公益诉讼起诉人的全部诉讼请求应予支持。一审宣判后,各方均未提起上诉,一审民事判决已发生法律效力。

【评析】

在海洋伏季休渔期间至禁渔海域进行非法捕捞的案件,相较于其他非海洋非法捕捞案件而言,有着鲜明的特征:(1)人数众多,通常是船东作为组织者组织若干名船员分工从事驾船、下网、收网、拣鱼、装箱、称重等工作,互相配合,共同实施非法捕捞;(2)渔获物数量大,渔船出海捕捞一般持续十几天,持续的捕捞导致最终捕捞到的渔获物数量大,就如本案中,被告捕获梭子蟹、杂鱼、虾等渔获物共计17,289公斤,其中梭子蟹15,939公斤、杂鱼1155公斤、虾195公斤,数量为同期同类案件之最;(3)造成海洋生态环境损害严重,改变水域原有的生物群落结构,破坏水生生态系统食物链,影响水生生态系统的稳定。非法捕捞造成的生态环境损失除捕捞的鱼类以外,还有因此行为引起的区域水生生态系统食物链中其他生物群落的受损等。依法认定行为人在不审查组织者是否具有特许捕捞资格而参与捕捞作业,在发现或应当发现实际捕捞作业与特许捕捞内容存在明显不符后也未提出异议并终止作业的情况下,与组织者构成共同侵权,不仅是侵权法律规定在海洋自然资源与生态环境民事公益诉讼案件具体应用的体现,更彰显了法院依法能动履职,做到政治效果、法律效果与社会效果的有机统一。

一、非法捕捞案件中共同侵权的认定

(一)共同侵权认定规则

原《侵权责任法》第8条(现《民法典》第1168条)规定,二人以上共同实施侵权行为,造成他人损害的,应当承担连带责任。本条即规定了共同侵权的构成要件。共同侵权,是指数人共同不法侵害他人权益造成损害的行为。广义的共同侵权是指多数人侵权,即两个或者两个以上加害人实施的导致同一损害结果的行为,包括4种类型,分别为主观的共同侵权(共同故意或共同过失)、拟制的共同侵权(教唆、帮助行为)、准共同侵权(共同危险行为)、客观的共同侵权(行为关联共同)。理论上将主观的共同侵权和客观的共同侵权并称为"共同加害行为",构成狭义的共同侵权。我国审判实务中的共同侵权兼采行为共同与意思共同两种类型。具体而言,数行为人具有意思联络的,就行为分担所生不同之损害,构成共同侵权;数行为人虽无意思联络,但数人的行为客观上造成同一损害结果的,也构成共同侵权。根据行为共同与意思共同划分,可分为3种模式:(1)共同故意致人损害。此属典型的共同侵权,共同的意思联络是其基本特征,意思共同将行为分担结合为一个整体,从而免除了受害人对每一侵权行为人的个别侵权行为与损害后果之间是否存在个别因果关系的举证责任。(2)共同过失致人损害。共同过失指对损害发生的可能性有共同的认识,但均有回避损害的自信,最终导致损害后果的,应构成共同侵权。早期的主观说以必要的共谋为要件,不认可共同过失致人损害构成共同侵权。但目前持主观说的学者一般认为共同侵权包括共同故意和共同过失。(3)行为竞合致人损害。二人以上虽无共同故意、共同过失,但加害行为直接结合发生同一损害后果的,亦构成共同侵权。上述为我国审判实践关于共同侵权的判断标准,即在构成要件上兼采主观关联共同与有限的客观关联共同说。

在具体到个案中判断时,应当注意构成共同侵权需要满足 4 个要件:(1)侵权主体为二人或二人以上;(2)共同实施侵害行为,包括共同故意实施侵权行为、共同过失实施侵权行为、故意行为与过失行为的结合发生同一损害结果;(3)损害结果同一不可分;(4)因果关系同一不可分。

(二)本案共同侵权的认定

在审理涉及两人以上共同从事非法捕捞的海洋自然资源与生态环境民事公益诉讼案件时,认定行为人是否构成共同侵权是此类案件的难点之一,也是准确判断其应否承担责任的前提和基础。

关于本案九被告是否构成共同侵权,本院也是从前述中共同侵权的 4 个构成要件入手,从而判定九被告构成共同侵权。(1)关于侵权主体为二人或二人以上。本案中,从事非法捕捞的行为人共 9 人,不言而喻,该人数要件构成。(2)关于共同实施侵害行为,包括共同故意实施侵权行为、共同过失实施侵权行为、故意行为与过失行为的结合发生同一损害结果。本案中,九被告在明知东海伏季休渔制度的情况下,在东海伏季休渔期内至东海水域使用桁杆拖网捕捞水产品,捕获渔获物逾 17 吨,对东海水产资源和生态环境造成严重破坏,为牟取私利而非法捕捞,九被告的行为具有共同的意思联络,符合共同故意实施侵权行为。部分被告虽陈述因王某清称有特许捕捞证,遂跟随其出海,但缺乏证据佐证,且有违常识。即便王某清称有特许捕捞证,但相关被告并未予以核实,显然有过错。假设王某清系以渔业资源监测名义使其相信并上船,而上船后开始实施捕捞,作为善良的捕捞从业者,相关被告亦应发现实际捕捞与因资源监测而进行的科考捕捞之明显区别,并应立即停止非法捕捞,但相关被告并未如此做,亦存在过错,其后续非法捕捞的行为至少构成故意与过失相结合发生同一损害结果。(3)关于损害结果同一不可分。本案中,由王某清组织其余八被告,分工从事驾船、下网、收网、拣鱼、装箱、称重等工作,互相配合,驾驶悬挂"2020 伏季休渔资源调查船"横幅的渔船出海进行非法捕捞,对东海海洋水产资源和海洋生态造成严重破坏,侵害了社会公益,各行为人共同实施的非法捕捞行为均与社会公益被侵害之间存在因果关系,所造成的社会公益受损在事实上系不可分割的,即九被告非法捕捞所致损害结果具有同一性。(4)关于因果关系同一不可分。本案九被告虽然具体分工不同,从单个人的行为看或许不能直接导致社会公益受损或受到如此之大的侵害,但正是因为各行为人各个环节的行为构成非法捕捞链条后,共同导致了社会公益受损这一损害结果的发生,此种模式学界称“积累因果关系”,九被告的共同行为与社会公益受损之间存在同一因果关系。

基于此,本院认定,九被告在明知东海伏季休渔制度的情况下,共同实施非法捕捞行为,对东海水产资源和生态环境造成严重破坏,构成共同侵权。该认定符合上述认定共同侵权的 4 个构成要件,如此认定的意义在于将共同侵权中的帮助、准备、分工合作等行为结合为一个整体,每一个意思共同人都对共同意思射程内的损害结果负责。

二、非法捕捞案件中共同侵权的责任承担

(一)共同侵权行为之连带责任规定

同样是原《侵权责任法》第 8 条(现《民法典》第 1168 条),规定了共同侵权的责任形态。连带责任系民事责任的一种,指依照法律规定或者当事人约定,两个或者两个以上当事人对其共同债务全部承担或部分承担,并能因此引起其内部债务关系的一种民事责任。共同侵权行为之连带责任指,基于共同侵权的原因应承担的连带责任。

(二)本案连带责任的认定

根据上述规定及本院对于九被告构成共同侵权的认定,九被告应承担连带责任,该连带责任系共同侵权行为所致的连带责任。承担连带责任,这在很大程度上缓和了被侵权人,即公共利益受损的社会或作为代表提起公益诉讼的起诉人对每一侵权人的行为与损害结果的因果关系所负担的举证责任,更有力地向侵害社会公共利益的全部侵权人主张权利,从而更有利于维护社会公共利益。

沈某香等八被告提出,其受雇于王某清,构成个人劳务,应由接受劳务一方即王某清一人承担责任。本院认为,2009 年《侵权责任法》第 35 条规定,个人之间形成劳务关系,提供劳务一方因劳务造成他人损害的,由接受劳务一方承担侵权责任。此处的劳务关系应基于合法劳务,且针对的是损害他人个人合法权益,不包括社会公共利益。而如本案这种,九被告均有主观过错,共同实施非法捕捞行为,显然不能以存在个人劳务关系为由免除应承担的法律责任。需要注意的是,负有连带义务的每个债务人,都负有清偿全部债务的义务,履行了义务的人,有权要求其他负有连带义务的人偿付他应当承担的份额,即连带责任系各侵权人的外部责任,内部责任仍是按份责任。若本案中部分被告履行赔偿义务后,可向其他被告追偿。《民法典》第 1192 条系在《侵权责任法》第 35 条的基础上进行了更为细化的规定,但其立法原意和裁判思想系一致的,故适用《民法典》的情况下结果亦然。

基于上述共同侵权及连带责任的认定,本院最终认为,九被告在明知东海伏季休渔期相关规定的情况下,在伏季休渔期内使用禁用的桁杆拖网方式非法捕捞梭子蟹、杂鱼、虾等水产品达 17,289 公斤,对国家海洋水产资源和海洋生态环境造成了严重破坏,构成共同侵权,应当承担连带侵权责任。

综上所述,本案是一起具有示范意义的海洋自然资源与生态环境民事公益诉讼案件。第一,海事司法学习贯彻习近平生态文明思想和习近平法治思想的生动实践和集中体现,彰显海事司法以最严格法治守护东海自然资源和生态环境的鲜明态度和坚定决心。第二,明确了在海洋伏季休渔期间,行为人不审查组织者是否具有特许捕捞资格而参与捕捞作业,在发现或应当发现实际捕捞作业与特许捕捞内容存在明显不符后也未提出异议并终止作业的,可以认定其与组织者共同实施了非法捕捞行为,应当承担破坏海洋自然资源与生态环境共同侵权责任。第三,依法支持检察机关提起海洋自然资源与生态环境保护公益诉讼,为检察机关在海洋环境公益诉讼中发挥重要职能提供司法支撑,通过案件审理,形成多元共治格局,体现了海事司法对海洋渔业资源及生态环境的保护力度。

(柯永宏供稿)

(入选最高人民法院、最高人民检察院海洋自然资源与生态环境检察公益诉讼典型案例)

【案例索引】

(2021)沪 72 民初 1356 号

14. 广东瑞高海运物流有限公司诉中国太平洋财产保险股份有限公司宁波分公司共同海损纠纷案

——共同海损分摊中的过失抗辩审查

【提要】

共同海损分摊中的过失应当根据货物运输合同以及调整货物运输合同关系的法律进行审查,沿海货物运输中发生的共同海损应当依据《合同法》等来判断船方是否存在过失。灾害天气预报不等于法律意义上的"预见",若共同海损事故由不可抗力造成,可以认定船方不存在过失,货方无权拒绝分摊共同海损。

【案情】

原告:广东瑞高海运物流有限公司(以下简称瑞高公司)

被告:中国太平洋财产保险股份有限公司宁波分公司(以下简称太保公司)

原告为"恒宇9"轮船舶所有人和经营人。2016年9月,中石化广州分公司委托原告将涉案石脑油从广州黄埔港石化码头运送至宁波镇海。9月11日1200时,原告安排"恒宇9"轮在广州黄埔石化码头系泊作业。12日1200时许,船舶完成货物装载后离泊,驶离起运港。13日1200时,船舶航行至广东汕尾海域。14日,在船舶北上航行至福建泉州海域时,受台风"莫兰蒂"影响,进入泉州围头湾抛锚避风。在船舶避台过程中锚位发生移动,主机突然停车失去动力,后船舶搁浅,船长向海事部门汇报船舶失控及搁浅情况。船舶最终于16日拖靠码头紧急卸货,同时进行堵漏、清除污染物等工作。船东后安排3条转运船将卸下货物安全运抵目的港,船舶离港进行永久性修理。

关于台风"莫兰蒂"的行进及预报路线:9月12日,台风中心位于西北太平洋洋面,已加强为强台风级,预计最强可达超强台风级,可能于15日白天在闽粤沿海登陆；13 日，台风已达超强台风级，预计 14 日白天之后强度逐渐减弱，趋向闽粤沿海，并可能于 15 日凌晨至上午在福建厦门到广东汕尾一带沿海登陆（强台风级），推测登陆地点在广东汕头附近；14 日，台风中心位于我国台湾地区以南海面，为超强台风级，预计于 15 日凌晨至上午在福建晋江到广东汕头一带沿海登陆；15 日凌晨，台风“莫兰蒂”途经金门，围头湾海域最大风力达 17 级，后在福建厦门登陆，中心附近风力 13～16 级。

2016 年 9 月 16 日，原告宣布共同海损，被告作为涉案货物的保险人向原告出具共同海损担保函，同意向船东担保支付涉案货物依法应予分摊的共同海损或救助费用，并同意及时支付上海海损理算中心确定的分摊金额。2017 年 12 月 15 日，上海海损理算中心依据《海商法》对涉案事故进行共同海损理算，并出具《“恒宇 9”轮共同海损理算书》，货物保险人应付共同海损分摊金额为 2, 236, 094. 52 元。被告确认理算书确定的共同海损牺牲和费用及相应金额。

根据水上交通事故责任认定书，本次事故是由于船舶遭受超强台风袭击导致的水上交通事故，属于非责任事故。原告委托保险公估公司出具调查检验报告认为，“恒宇 9”轮遭遇台风“莫兰蒂”袭击事故的原因是船公司岸管脱节，在相关气象预警显示该轮航经海域有台风来袭时，未及时指令该轮采取避台、防台措施，错失避台良机，导致该轮在台风路径上抛锚被动抗台，遭遇台风正面袭击。

另查明，“恒宇 9”轮船舶所有人和经营人均为原告，该轮具备全部有效证书，本航次配备 19 名中国籍船员，所有人员持有有效适任证书。2016 年 9 月 12 日和 13 日，从广州/黄埔港出发途经福建/浙江水域的船舶共计 42 艘，油轮/LPG 船共 4 艘（包括“恒宇 9”轮），其他干散货船、集装箱船、滚装船等共 38 艘。

【裁判】

上海海事法院经审理认为，本案系共同海损纠纷，“恒宇 9”轮在航行过程中遭遇超强台风，导致船舶发生搁浅事故，使船舶、货物均面临灭失、损毁风险。为了保障船舶和货物的共同安全，原告有意采取救助措施，被告对因此直接产生的特殊牺牲和特殊费用构成共同海损没有异议，并确认共同海损理算机构确定的具体项目和金额，原告有权主张共同海损分摊。但共同海损的成立和共同海损的分摊是两个独立的问题，成立共同海损不意味着必然应当进行分摊。如果引起共同海损特殊牺牲、特殊费用的事故是由一方过失造成,非过失方就相关损失有权拒绝进行共同海损分摊。

共同海损制度下的过失判断应当根据货物运输合同约定及调整货物运输合同关系的法律规定。涉案货物运输发生在中国沿海港口之间,权利义务内容应依约定或《民法总则》《合同法》等相关法律规定。如果法律规定或约定无须对特定原因造成损失承担赔偿责任,因该种原因造成共同海损事故,可以认为相关当事方在共同海损项下不存在过失。被告确认涉案事故及损失系由台风直接造成,但认为原告在明知或应当知道超强台风的情况下,仍选择开航并朝台风轨迹路线行进的行为存在过失,不能依据不可抗力免责,被告有权拒绝分摊共同海损牺牲和费用。因此,本案争议焦点为共同海损事故是否属于不可抗力。

根据法律规定,构成不可抗力免责应当满足不能预见、不能避免和不能克服3个法律要素,这3个要素相互关联,不应孤立进行判断。在现代科技条件下,台风等自然灾害都可以在一定程度和范围内被预报,但预报并不当然属于法律意义上的“预见”。原告是否有能力预见事故发生,应当根据当时环境和条件来进行判断。在“恒宇9”轮开航前,正位于气象预报台风可能登陆的地区范围,意味着无论船舶按计划航线航行还是在附近海域泊船停航,都在台风可能影响的范围内。而且,根据当天有多艘船舶沿海北上航行的事实,可以佐证船舶开航并非个例。因此,在船舶已处于台风可能影响范围内的情况下,船长对停航还是开航会正面遭遇台风是不可预见的。在“恒宇9”轮航行过程中,9月13日,船舶已航行至广东汕尾海域,正处于预报的台风登陆范围,在当时情况下何种航行决定会正面遭遇台风或者最大限度远离台风中心同样是难以判断的,难以认定船长继续向北航行的决定存在过失;9月14日,船舶已航行至福建泉州海域,受台风影响,船舶进入泉州围头湾抛锚避风,被告对避风决定以及避风地点选择未提异议,法院不再赘述。依据现有事实,对于9月12日船舶开航和9月13日船舶继续北上航行的决定,法院难以认定其他有资质的船长会比涉案船长作出更加谨慎、明智的航海决定,可以认定原告对涉案事故的发生是不能预见的。

同时,“恒宇9”轮的触礁、搁浅事故是在避风过程中遭受超强台风袭击导致,经海事部门认定属于非责任事故。原告及海事管理部门采取了有效救助措施,避免了损失的进一步扩大,对已发生的损害后果是无法避免,也难以克服的。综合前述分析,可以认定涉案事故系不可抗力所致。现有证据尚不足以证明原告存在其他违反约定或法定义务的情形,被告无权拒绝分摊事故引起的共同海损特殊牺牲和特殊费用。因此,判决被告支付共同海损分摊费用人民币2,236,094.52 元以及相应利息损失。

一审宣判后,被告提起上诉。上海市高级人民法院判决驳回上诉,维持原判。本案判决现已生效。

【评析】

一、共同海损与过失的关系

共同海损(Genaral Average,G. A.)是古老而特殊的法律制度之一,源于海事习惯法规则,早期常见于船舶航行遭遇自然危险时船长采取部分抛货、砍断桅杆等措施后由船货各方共同承担由此造成损失等情形,其基本原则是由受益方按照各自受益财产的价值比例分摊一方(或多方)遭受的共同海损损失。一般来讲,成立共同海损应当包括4 个要件:(1)同一海上航程;(2)共同危险;(3)有意(为了共同安全)而合理的措施;(4)特殊的牺牲或费用。大多数国家[1]在判断共同海损是否成立时,只考虑共同危险是否真实存在,而造成共同危险的原因,如船舶所有人的过失等,则不影响共同海损的认定。只要满足前述4 个要件,共同海损就成立,受损方则享有请求他方分摊其损失的权利,包括要求提供担保、进行理算、提起诉讼等。

基于公平原则,对因一方过失造成共同海损事故的,各国法律都赋予非过失方可以此进行抗辩并拒绝分摊或要求赔偿的权利。如《约克—安特卫普规则》规则 D 规定,“即便引起牺牲或费用的事故可能是由于同一海上航程中一方的过失所造成,也不影响要求分摊共同海损的权利,但这不妨碍就此项过失可能向该方

① 英国、中国、美国等均持此观点,但法国、比利时、荷兰等国规定,如果事故因船舶所有人过失造成,则不成立共同海损。

提出的任何索赔或者抗辩”,我国《海商法》也有类似规定[②]。该规定没有明确抗辩成立或不成立的法律后果,所以在实践中引起不少争议。笔者认为,该内容源于理算规则,多从共同海损理算的角度进行考虑,它主要解决理算机构不需要将当事人过失、天灾等因素在理算阶段进行考量,因为这一方面会增加理算难度,另一方面抗辩事项的审查交由法院更为合适。通说认为,共同海损与共同海损分摊是两个独立的法律问题[③],在判断共同海损是否成立以及进行共同海损理算时,无须考虑共同危险发生的原因,过失是共同海损分摊时相关方索赔和抗辩的基础[④]。本案中,“恒宇 9”轮在航行过程中遭遇超强台风,导致船舶发生搁浅事故,使船舶、货物均面临灭失、损毁风险。为了保障船舶和货物的共同安全,原告有意采取救助措施,被告对因此直接产生的特殊牺牲和特殊费用构成共同海损没有异议,并确认共同海损理算机构确定的具体项目和金额。因此,共同海损已成立并依约进行理算,原告无论是否对事故发生存在过失,作为损失方均有权向受益方被告主张共同海损分摊。但被告是否应承担共同海损分摊责任,需对其主张的过失抗辩进行审查。

二、共同海损分摊中过失的审查依据

关于共同海损分摊中过失的审查依据,《海商法》第十章并无明确规定,其他国家也鲜见在共同海损制度中进行规定。以英国为代表的主要国家认为,共同海损是在海上货物运输过程中产生,虽然两者在法律制度上完全独立,但两者存在密切联系,同一海上航程中的相关方在共同海损制度下是否存在过失,应当根据货物运输合同以及调整货物运输合同的法律来确定。[⑤] 由于在货物运输合同法律关系中通常不会对过失进行约定,对于“过失”的理解不应当局限于字面意思,而通常从责任承担的角度进行判断。根据英国判例,在法律规定或者合同约

---

② 《海商法》第 197 条英文版的措辞与《约克—安特卫普规则》一致,但中文后半段但书部分增加了“过失方”的表述,学者认为是《海商法》在立法时翻译英文出现的差错。参见胡正良主编:《海事法》,北京大学出版社 2009 年版,第 371 ~ 372 页。

③ 依司玉琢教授观点,“共同海损”一词应包含共同海损行为、共同海损牺牲与费用以及共同海损分摊 3 个方面的内容,三者结合,构成共同海损法律制度。参见司玉琢:《海商法专论》(第三版),法律出版社 2015 年版,第 294、305 页。

④ 参见胡正良主编:《海事法》,北京大学出版社 2009 年版,第 293 页。

⑤ 参见司玉琢:《海商法专论》(第三版),法律出版社 2015 年版,第 305 页。

定某一方无须对某种原因造成的损失承担赔偿责任的情况下,被免除责任的一方将不因该原因的存在或发生而被视为存在共同海损制度下的“过失”;相反地,如果没有这一免责的约定或者规定,则认为该方有过失。[⑥] 而美国的观点比较特殊,美国法院在 1897 年 Irrawaddy 案中认为,根据《哈特法》,承运人对船员驾驶船舶的过失可以免责,但不能再请求货方分摊共同海损。后几经发展,前往美国港口的只有签订了“杰森条款”“新杰森条款”的,船方才有权要求货方分摊因此种过失导致的共同海损。

中国《海商法》基本沿袭英国法的内容,共同海损制度下的过失判断应当根据货物运输合同约定及调整货物运输合同关系的法律规定。如果一方违反货物运输合同的约定或法定义务,由此造成共同海损事故,可以据此认为其存在过失。如果法律规定或约定无须对特定原因造成损失承担赔偿责任,因该种原因造成共同海损事故,可以认为相关当事方在共同海损项下不存在过失。因此,在处理货方以船方过失进行抗辩拒绝分摊共同海损的争议中,判断船方是否对造成共同海损事存在过失,关键就是判断承运人在货物运输合同项下是否存在免责事由。国际海上货物运输中发生的共同海损事故,应当根据《海商法》第四章等相关法律确定船方是否存在过失,对于该观点,意见比较一致。但对于在沿海运输途中发生的共同海损事故,有观点认为,鉴于《合同法》对承运人规定了严格责任,免责事由较少,不应完全根据调整沿海运输的法律进行判断[⑦]。笔者认为,单以《合同法》等对承运人免责事由多少来决定法律适用的逻辑比较牵强,国际与沿海运输法律制度的差异不小,若以该种理由来否定《合同法》《民法总则》等的适用,会给司法带来更大的不确定性。该种差异(或不合理性)应当通过立法途径来解决,法院仍应当遵循法律适用逻辑,对发生在沿海运输途中的共同海损事故,过失的判断应当根据《合同法》等法律。涉案货物运输发生在中国沿海港口之间,原告既是船东同时也是货物运输的承运人,对于原告是否存在过失,应当根据合同约定或《民法总则》《合同法》等法律规定来判断其在履行货物运输合同过程中是否存在可以免责的事由。

---

⑥ See Louis Dreyfus and Co. v. Tempus Shipping Co. [1931] A. C. 726.

⑦ 参见司玉琢、张永坚、蒋跃川编著:《中国海商法注释》,北京大学出版社 2019 年版,第 309 页。

三、不可抗力要素中不能预见的认定

根据我国法律规定,构成不可抗力免责应当同时满足不能预见、不能避免和不能克服3个要素。相比国际公约、其他国家法律或判例[8],我国的法律措辞较为严苛,司法实践也相对保守,有学者为此也建议在《民法典》编撰中改变同时要求满足三要素的做法[9]。笔者认为,在法律未行修订之前,司法者仍应当遵循立法逻辑,需从3个要素角度判断不可抗力构成,但同时要注意到这3个要素是相互关联的,不应当孤立、机械地去解释和运用。比如本案所争议的“不能预见”的认定,在现代科技条件下,台风等自然灾害都可以在一定程度和范围内被预报,但预报并不当然属于法律意义上的“预见”。根据当时的特定情形,只有当事人能够对客观事件采取合理的避免或克服措施,才具有法律意义上的“预见”效果。以本案为例,船舶在开航前,气象部门已经预报了台风将在2~3日内登陆,但气象部门预报的登陆范围包括广东、福建沿海,包括起运港以及前半程航线,换言之,船舶在当时无论停航或开航均有可能遭遇台风;航行中的情况也类似,船舶在北上的过程中,台风行进路线比预报路线偏北,也使得船舶无法预计采取何种措施会避免遭遇台风,因此可以认定为“不能预见”。假设本案其他案情不变,船舶从大连港南下,如果按照正常航速会正面遭遇台风,船方有条件在台风登陆范围之外采取有效避台措施,则可以认为其对事故发生是可以预见的。

对于“应当预见而没有预见”即“过失”的认定,以行为人是否履行注意义务为判定标准。注意义务是义务主体谨慎地为自己一切行为(包括作为和不作为)的法律义务,其核心内容包括预见和避免行为致害后果。[10] 在不同法律关系、不同法律主体以及不同时空条件下,注意义务的衡量标准有差别。关于行为人能否“预见”不可抗力事件发生方面,要以合理审慎标准来进行判断。船长是船舶航行过程中的最高决策者,负责船舶的管理和驾驶。对于涉案船长作出的相关航海决定是否合理,应当符合一名具备专业资质船长的通常审慎判断。虽然事

---

⑧ 如1980年《联合国国际货物销售合同公约》第79条之(1)“当事人对不履行义务,不负责任,如果他能证明此种不履行义务是由于某种非他所能控制的障碍,而且对于该种障碍,没有理由预期他在订立合同时能考虑到或能避免或克服它的后果”。

⑨ 参见崔建远:《民法总则应如何设计民事责任制度》,载《法学杂志》2016年第11期。

⑩ 参见屈茂辉:《论民法上的注意义务》,载《北方法学》2007年第1期。

后从台风实际行进路径、登陆地点看,“恒宇 9”轮如果在 9 月 12 日或 13 日选择在广东海域停泊避风会更加安全,甚至不避台加速北上也能避开台风中心,但船长是根据客观情况以及自身的专业认知作出的航海决定,而在当时他难以预见何种决定会更加远离台风中心。即便依靠现代科技,航海仍面临特殊的海上风险,船长在正常履职过程中不会有意将船货和船员置于更大的危险之中,船长的航海决定受到客观条件和认识能力的限制,不能脱离当时客观情境来进行评判,不能苛求船长在当时状况下作出与事后情况一致的准确预判。依据现有事实,对于 9 月 12 日船舶开航和 9 月 13 日船舶继续北上航行的决定,难以认定其他有资质的船长会比涉案船长作出更加谨慎、明智的航海决定,可以认定原告对涉案事故的发生是不能预见的。

(李海跃供稿)

(获评全国法院系统 2020 年度优秀案例分析评选三等奖)

【案例索引】

(2018)沪 72 民初 3121 号

15. 朝鲜豆满江船舶会社诉 C. S. 海运株式会社船舶碰撞损害责任纠纷案

——外籍船舶域外碰撞纠纷的协议选择法律适用问题

【提要】

不同国籍的外籍船舶在我国管辖海域外发生碰撞，当事人在我国法院诉讼中协议选择适用中国法的，可以尊重当事人的意思自治，允许协议选择法律适用。

【案情】

原告：朝鲜豆满江船舶会社（Korea Tumangang Shipping Company）

被告：C. S. 海运株式会社（C. S. MARINE CO., LTD.）

2015 年 9 月 21 日起，朝鲜籍船舶“秃鲁峰 3”（TU RU BONG 3）轮根据与案外人先锋事业所之间的租船合同，作为捕捞作业渔船的辅助船，在朝鲜半岛东部海域从事捕鱼加工作业。2015 年 10 月 1 日，“秃鲁峰 3”轮抛下了海锚，停泊于东经 131°31.26′，北纬 39°12.56′，在船首船尾显示停泊灯和捕鱼信号灯，并为吸引鱿鱼，打开了 12 个工作灯。在大约北京时间 0 时 45 分，值班船员看到左舷的“海霓”（HIGHNY）轮正在靠近，并认为“海霓”轮可以发现他们的灯光并避开他们。但近 5 分钟后，“海霓”轮仍然没有改变航向，而是越来越靠近。随后“秃鲁峰 3”轮值班船员向船长报告，并拉响了警报。船长命令立刻启动主机，并且大声叫喊以警告甲板上捕鱼的渔民。几分钟后即 0 时 55 分，“海霓”轮撞向了“秃鲁峰 3”轮的左舷。碰撞发生后，“秃鲁峰 3”轮船长通过 VHF 呼叫“海霓”轮，告知了两船发生碰撞的情况，但未收到回应。根据碰撞后“秃鲁峰 3”轮船长签署的海事声明及原告庭审陈述，碰撞实际发生地点经纬度为东经 132°31.4′，北纬 39°

12.9′。朝鲜理赔和通代部于 2015 年 10 月 8 日对“秃鲁峰 3”轮损害情况进行了检验,并出具初步检验报告。报告载明,“秃鲁峰 3”轮损害范围包括“由于受伤严重,5 名船员在医院接受治疗;20 米左舷船首舷板损坏;3 米左舷船尾舷墙板损坏;1.2 米船首弯曲;驾驶台左舷天花板、航行灯、作业灯以及航海设备天线完全损坏;20 米左舷船首消防管弯曲;船首缆机损坏。”由于人员受伤和船壳、装备及捕鱼设备的损坏,“秃鲁峰 3”轮在碰撞发生后与作业渔船一起返回了清津港。

2015 年 9 月 28 日,韩国籍船舶“海霓”轮从俄罗斯霍尔木斯克港运输煤炭到中国台湾地区高雄港。被告陈述,2015 年 10 月 1 日事发时,是二副值班,雷达处于开启状态,航速一直保持在 10 节左右。值班船员没有发现任何船舶,也没有意识到发生碰撞。2015 年 10 月 1 日 1 时许,值班船员接到“秃鲁峰 3”轮 VHF 联络通话,声称发生碰撞并要求与“海霓”轮船长通话。值班船员因未能确认发生碰撞,故决定继续航行。船舶到达高雄港后,船员发现本船右舷船首有新的油漆脱落痕迹。2016 年 3 月 14 日,韩国 MBN 新闻网站报道称:“根据海警调查查明,济州船籍的货船‘海霓’轮在去年 10 月 1 日上午于朝鲜侧的公海上(江原道江陵市正东津东北方 190 海里处)和捕鱼中的朝鲜船舶‘秃鲁峰 3’轮发生碰撞,并向着南方航行。海警还从船长处获知‘事故是由于当值者二等航海士的职务过失导致的。事故当时,由于是半夜,因此船长没有在碰撞当时认识到发生了碰撞事故’。”

其后,原告与被告就涉案纠纷协商不成,于 2017 年 3 月 20 日达成管辖权协议,约定就涉案船舶碰撞事故所产生的或与该碰撞事故有关的一切纠纷交由上海海事法院管辖。

原告诉称,“海霓”轮存在未使用安全航速、没有保持谨慎瞭望及对碰撞危险未及时采取避免碰撞的行为等一系列过错,应对碰撞事故的发生承担全部责任,请求判令被告赔偿因碰撞事故遭受的损失及费用共计 382,185 美元及相应利息。

被告辩称,原告船舶在即将碰撞时才发现对方船舶,只拉响了警报,没有采取合理措施避免船舶碰撞,违反了《避碰规则》关于瞭望和避免碰撞的行动的规定,所以应当承担 70% 的碰撞责任。原告船舶既不是锚泊船,也不是渔船,应属于在航机动船,因其抛的是海锚,且船舶类型是冷藏运输船。

【裁判】

上海海事法院经审理认为,原、被告均系外国法人,本案具有涉外因素。双方当事人在诉前签订管辖权协议,合意选择上海海事法院行使涉案纠纷管辖权,审理过程中对此亦未持异议。根据《海事诉讼特别程序法》第八条“海事纠纷的当事人都是外国人、无国籍人、外国企业或者组织,当事人书面协议选择中华人民共和国海事法院管辖的,即使与纠纷有实际联系的地点不在中华人民共和国领域内,中华人民共和国海事法院对该纠纷也具有管辖权”的规定,上海海事法院对双方当事人书面协议选择该院管辖予以确认。庭审中,双方当事人均选择适用中华人民共和国法律处理本案纠纷。上海海事法院确认适用中华人民共和国法律处理本案纠纷。《海商法》及有关规定是调整船舶碰撞损害责任纠纷的特别法,应当优先适用。同时,本案应当依据《避碰规则》的规定确定涉案双方船舶应当遵守的航行规则。根据事发当时情况和双方的过错程度,法院最终认定“海霓”轮应承担本起事故80%的责任,“秃鲁峰3”轮应承担20%的责任,并根据《海商法》第一百六十九条;最高人民法院《关于审理船舶纠纷案件若干问题的规定》第五条;最高人民法院《关于审理船舶碰撞和触碰案件财产损害赔偿的规定》第一条,第三条第二项、第三项,第四条,第七条,第九条第四项、第五项,第十一条第一款,第十三条第二款、第三款,第十四条第一款、第二款等规定,判决被告C.S.海运株式会社向原告朝鲜豆满江船舶会社赔偿人民币1,300,971.07元及相应利息。

判决后,原、被告双方提起上诉,上海市高级人民法院经审理,认为一审判决事实查明清楚,适用法律正确,应予维持,判决驳回上诉,维持原判。本案判决现已生效。

【评析】

关于船舶碰撞案件法律适用问题,《海商法》第273条规定:“船舶碰撞的损害赔偿,适用侵权行为地法律。船舶在公海上发生碰撞的损害赔偿,适用受理案件的法院所在地法律。同一国籍的船舶,不论碰撞发生于何地,碰撞船舶之间的损害赔偿适用船旗国法律。”根据该条规定,船舶碰撞案件的法律适用只能根据碰撞发生地点,适用侵权行为地法、法院地法或船旗国法,并未允许当事人可以协议选择法律适用。但 2011 年施行的《涉外民事关系法律适用法》对于侵权行为的法律适用问题作出了不同规定,第 3 条规定,“当事人依照法律规定可以明示选择涉外民事关系适用的法律”;第 44 条规定,“侵权责任,适用侵权行为地法律,但当事人有共同经常居所地的,适用共同经常居所地法律。侵权行为发生后,当事人协议选择适用法律的,按照其协议”。在侵权行为发生后,如果当事人达成选择适用法律协议的合意,那么该协议选择的法律优先适用,确立了侵权责任领域当事人意思自治原则。

就《海商法》等商事领域特别法与《涉外民事关系法律适用法》法律适用的协调问题,2013 年施行的最高人民法院《关于适用〈涉外民事关系法律适用法〉若干问题的解释(一)》进行了明确,其第 3 条第 1 款规定,“涉外民事关系法律适用法与其他法律对同一涉外民事关系法律适用规定不一致的,适用涉外民事关系法律适用法的规定,但《中华人民共和国票据法》《中华人民共和国海商法》《中华人民共和国民用航空法》等商事领域法律的特别规定以及知识产权领域法律的特别规定除外”。根据该司法解释,《海商法》规定的冲突规范仍应优先适用。

从司法实践来看,情况千差万别,各有其特殊性。将《海商法》规定的船舶碰撞冲突规范应用到个案中发现,仅凭碰撞发生地点来适用法律并不周延。本案即属这种情况,适用上述冲突规范难以明确法律适用。第一,双方船舶非属同一国籍;第二,涉案碰撞事故发生水域具体位置及海域性质难以准确查明。涉案碰撞事故发生于朝鲜半岛东部海域,因发生事故后,被告船舶离开了事故现场,故相关海事调查未能对两船同时进行。双方对碰撞发生具体地点的经纬度陈述有所偏差,对海域性质的认识也不同,原告陈述是朝鲜专属经济区,被告陈述是公海。

考虑双方当事人在诉前签订管辖权协议,合意选择上海海事法院行使涉案纠纷管辖权,诉讼后又均选择适用中华人民共和国法律处理本案纠纷。如何在尊重当事人意思自治及现行法律规定的冲突中,正确稳妥地处理本案,合议庭进行了多次研判,并邀请海商法及国际私法领域的相关专家进行研讨,并最终选择充分尊重当事人的意思自治,允许当事人协议选择本案法律适用。

无论是从船舶碰撞行为的侵权性质还是从协议选择法律适用的法律效果以及法律适用领域的发展趋势来讲,都具有较为充分的理论依据和实践依据。

首先,船舶碰撞属于海事侵权纠纷,是私法管辖的范畴。而私法首要原则是契约自由和意思自治。侵权法自罗马法时代开始一直被赋予更多的公法属性,然而,与公益的角度相比,近代理论上更加强调侵权行为的私法性质,以及受害者损失的填补和当事人之间的利益调整。船舶碰撞虽然发生在海上,但本质上还是属于侵权行为,是一种特殊类型的侵权,其没有脱离一般侵权行为的特征,属于私法管辖的范畴。①

其次,在船舶碰撞领域中引入意思自治有其优势。船舶碰撞的发生地点具有很大的偶然性,任何人都不可能在船舶碰撞之前就预知事故发生的海域。如果允许碰撞船舶协议选择准据法,当事人就能够明确自己的权利义务,确保了船舶碰撞法律适用的明确性。从判决的履行来看,当事人合意选择的法律也更能够得到执行。双方通过友好协商确定的准据法,对彼此之间的侵权责任、损害赔偿等方面更易明确,法院依此作出的实体判决更易得到双方的支持和履行。因此,在船舶碰撞法律选择的实践中,涉外当事人达成合意选择我国法律的,法院可以允许该准据法的选择适用。

最后,随着国际民商事交往日益频繁,在侵权关系的法律适用领域实行当事人意思自治原则是目前国际私法发展的一个趋势。《涉外民事关系法律适用法》第3条和第44条就反映了这种趋势。再如,《1977年统一船舶碰撞中民事管辖权、法律选择、判决的承认和执行方面若干规定的公约》第4条规定:“除当事人另有协议外,碰撞在一国内水或领海内发生时,适用该国法律;如碰撞发生在领海以外的水域,则适用受理案件法院法律……”由此可见,公约已经对船舶碰撞适用意思自治作出了尝试,对发生在一国领海或内水的碰撞,首先适用当事人协议选择的法律。② 目前我国《海商法》正在修订过程中,修订中的《海商法》也在考虑与《涉外民事关系法律适用法》的规定相衔接,明确规定当事人就海事侵权关系法律适用可以合意进行选择。

---

① 参见王国华、张志红:《中国〈涉外民事关系法律适用法〉的实施对涉外海事关系法律适用原则的影响》,载《中国海商法研究》2012年第4期。

② 同上注。

因此,在船舶碰撞案件中,法院确认双方当事人协议选择我国法律处理涉案纠纷,同时确认适用我国法律的做法,能够为海事审判实践以及《海商法》修改提供有益的参考和借鉴。

(张姗姗供稿)

(入选最高人民法院 2019 年度海事审判典型案例
入选人民法院案例库)

【案例索引】

(2017)沪 72 民初 844 号

16. 交通运输部东海航海保障中心上海航标处诉唐山锦福海运有限公司等船舶碰撞损害责任纠纷案

——应急设标费的性质认定和索赔主体

【提要】

因船舶碰撞事故产生的应急设标费属于碰撞造成的损失范围,虽由海事主管机关安排应急设标,但为碍航物设置警示标志的直接责任人为碍航物的所有人、经营人或者管理人,合理的设标费应由碰撞船舶相关方负担。应急设标费对非沉船而言属于与船舶营运、救助作业相关的财产损失,非沉船的相关主体可限制赔偿责任。

【案情】

原告:交通运输部东海航海保障中心上海航标处

被告:唐山锦福海运有限公司(以下简称锦福公司)

被告:方某

2020 年 7 月 15 日 21 时 48 分,两被告按份共有的"新锦福"轮与案外人所有的"远洋集 2"轮在长江上海段外高桥航道水域发生碰撞,造成"远洋集 2"轮沉没,"新锦福"轮左锚丢失及船首中部水线上破损。海事主管部门要求交通运输部东海航海保障中心设置沉船应急示位标。7 月 17 日,原告派遣"海巡 167"轮前往事故水域,设置了 W229 号和 W230 号沉船应急示位标。应海事主管部门要求,7 月 21 日原告派遣"沪宝吴捞 5"轮前往作业水域,撤除了 47 号灯浮,新设了 47 号虚拟 AIS 航标;7 月 29 日,航标处派遣"海巡 167"轮前往作业水域,撤除了 W229 号和 W230 号沉船应急示位标和 47 号虚拟 AIS 航标,并复设 47 号灯浮。

2020 年 8 月 13 日,两被告共同申请设立"新锦福"轮非人身伤亡赔偿请求的海事赔偿责任限制基金,上海海事法院于同年10月12日作出民事裁定准许上述设立申请。原告未就前述基金设立申请登记债权。原告为涉案应急设标费向“远洋集2”轮责任人索赔而提起诉讼,后双方达成调解协议,“远洋集2”轮责任人向原告支付人民币140,000元。

2021年2月22日,上海海事法院主持召开债权人会议,经债权登记、确权诉讼的债权人与两被告达成受偿协议,法院于同日作出民事裁定,确认上述受偿协议,该海事赔偿限制基金已按协议分配完毕。

原告称,2020年7月15日,两被告所有的“新锦福”轮与“远洋集2”轮在吴淞2号锚地附近水域发生碰撞,事故导致“远洋集2”轮沉没,根据吴淞海事局认定,“远洋集2”轮承担本起事故的主要责任,“新锦福”轮承担次要责任。为确保沉船附近航道安全,上海海事局要求原告在“远洋集2”轮沉船的上、下游各设一个沉船应急示位标,临时撤除47号灯浮,并在原位置设置AIS虚拟航标,后又要求撤除原设沉船应急示位标、AIS虚拟航标,复设47号灯浮。为完成上述作业,产生相应应急设标费用,包括沉船示位标抛设施工费、灯浮临时撤除施工费、沉船示位标撤除施工费、沉船示位标折旧费及维护费、AIS系统资源设置及使用费/维护费及管理费,共计人民币307,706.78元。按照“新锦福”轮承担30%碰撞责任及锦福公司占“新锦福”轮60%份额、方某占40%份额。故请求法院判令两被告承担相应应急设标费及相关利息损失。

两被告辩称,两被告已设立了非人身伤亡的海事赔偿责任限制基金且分配完毕,原告未依法申请债权登记,放弃了受偿权利,无权再向两被告主张债权。原告已与“远洋集2”轮责任人达成调解,“远洋集2”轮责任人向原告支付了人民币140,000元,并将该调解款项的30%申请在两被告设立的基金中受偿,原告已无损失。对原告主张的2020年7月17日和7月29日“海巡167”轮准备、结束艘班费和停置艘班费不认可,对原告主张的管理费不认可,对其他费用金额无异议。

【裁判】

上海海事法院经审理认为,原告应海事主管部门的要求为沉船设示位标,又为沉船打捞而移动灯浮、设虚拟航标,产生了应急设标费用,属于碰撞造成的损害赔偿范围,两船对碰撞均有过失,原告有权依据侵权法律关系向"新锦福"轮责任人主张按比例赔偿应急设标费用。原告与"远洋集2"轮责任人在另案中达成的调解,在其损失未全部补偿的情况下,不影响原告在本案中向两被告主张按比例承担侵权赔偿责任。两被告对原告主张的碰撞比例30%无异议,予以支持。

关于原告主张的应急设标费用金额,法院认定涉案合理的应急设标费用应为人民币264,602.47元。两被告可按碰撞比例30%承担的金额为人民币79,380.74元。原告可选择向沉船"远洋集2"轮主张赔偿,也可选择向对方船舶"新锦福"轮主张赔偿。但对于"新锦福"轮而言,与船舶营运、救助作业相关的财产损失属于《海商法》第二百零七条规定,"新锦福"轮的责任主体可以限制赔偿责任。"新锦福"轮非人身伤亡赔偿请求的海事赔偿责任限制基金已分配完毕。原告未在法定期限内申请债权登记,根据《海事诉讼特别程序法》第一百一十二条规定,债权人在公告期间届满不登记的,视为放弃债权。两被告在海事赔偿责任限制基金之外,无须再赔付原告应急设标费用,对原告的诉讼请求不予支持。

综上,上海海事法院判决驳回原告交通运输部东海航海保障中心上海航标处的诉讼请求。

一审判决作出后,原告交通运输部东海航海保障中心上海航标处向上海市高级人民法院提起上诉。上海市高级人民法院判决驳回上诉,维持原判。本案判决现已生效。

【评析】

涉案纠纷的主要争议焦点和难点在于应急设标费有关问题的认定。

一、关于应急设标费性质的认定

因船舶碰撞事故产生的应急设标费,属于碰撞造成的财产损失范畴,首先应认定其民事费用的性质。根据《海上交通安全法》第51条第1款的规定,为沉船设标的直接责任人是沉船的所有人、经营人或者管理人。碰撞船舶相关方知晓事故发生,自身负有赔偿碍航损失的责任,应积极设标,减少后续的扩大损失,产生的设标费用属于碰撞造成的财产损失,也在最高人民法院《关于审理船舶碰撞和触碰案件财产损害赔偿的规定》的船舶损害赔偿中。出于航道的公共性和设标的专业性要求，船舶碰撞事故发生后大多由海事主管机关安排的设标人应急设标，此种“安排”与民事行为并不冲突。碰撞船舶相关方对事故发生地的设标行业了解较少，无法在紧急情况下独立寻找、洽商设标人以订立设标合同完成作业。在海事主管机关组织应急处置中，船舶相关方是参与处置的责任主体，知晓其应为沉船设标并承担设标费用，对海事主管机关的安排及设标人实际完成的设标行为未提异议，其事实上接受了设标人完成设标作业的成果，享受了设标后沉船位警示和减少扩大损失的利益，船舶相关方与设标人之间已形成了事实上的民事法律关系，由设标人直接提出民事索赔，未损害船舶相关方的合法权益。

若考虑设标费是行政费用的性质，则需有法定的依据和程序。根据《海上海事行政处罚规定》第 26 条的规定：“违反《海上交通安全法》第五十一条的规定……由海事管理机构责令改正，处 2 万元以上 20 万元以下的罚款；逾期未改正的，海事管理机构有权依法实施代履行，代履行的费用由碍航物的所有人、经营人或者管理人承担……”海事主管机关需在责令改正之后才有权实施代履行。

二、关于索赔主体的认定

应急清防污费的索赔主体问题也由来已久，争论不休。几乎每起有海事主管机关组织应急处置的碰撞事故，都存在索赔主体适格的争议。在索赔海事主管机关安排的应急清防污时，如由海事主管机关提起诉讼，被告将以海事主管机关未实际参与行动，无权代位索赔为由以原告主体不适格为抗辩；如由清防污人提出索赔，被告则抗辩称其与清防污人没有合同关系，并未侵犯清防污人的利益，因此清防污人无权提出索赔。从目前案例和司法实践看，对于海事主管机关提出索赔，各家海事法院普遍予以支持，对于清防污人自行提起的索赔，上海海事法院予以支持，但也有诸如武汉海事法院和湖北省高级人民法院不予支持的情况。其中较有影响的案例是(2018)鄂民终 664 号“中恒 9”轮案以及(2018)闽 72 民初 335 号“新东远”轮案，认定清防污人的应急清污是行政代履行，无权向碰撞船舶相关方直接索赔。《第二次全国涉外商事海事审判工作会议纪要》第 151 条规定，“在船舶油污损害赔偿纠纷中，权利人就清污费用的请求与其他污染损害赔偿的请求按照法院所确定的债权数额比例受偿”，即明确了清防污费用属于民事责任。《全国法院涉外商事海事审判工作座谈会会议纪要》第 82 条规定：“清污单位受海事行政机关指派完成清污作业后，清污单位就清污费用直接向污染责任人提起民事诉讼的,人民法院应予受理。”笔者理解,这一规定明确了清防污人索赔的主体适格。

船舶相关方对设标人索赔的主体问题异议,实是对应急设标费合理性的异议。设标费用没有统一、可供参考的行业标准,尤其在碰撞事故发生后的应急设标,设标人在主张设标费用时往往费率较高。本案原告主张的设标费项目和费率相对合理,是以在上海港附近水域,应急设标投入的船舶、设备、人力成本为基础,但需要注意的是,在装卸设备的交接环节,由于设标人自身调度原因耽误的工时不宜计入合理费用。此外,原告作为负责海上救助的事业单位,不应收取营利性法人收取的管理费。

三、关于赔偿责任限制的认定

另外还应认定,为碰撞沉船设标的设标费用对碰撞非沉船相关方来讲,仍属于法定的限制性债权。最高人民法院《关于审理海事赔偿责任限制相关纠纷案件的若干规定》第 17 条规定:“海商法第二百零七条规定的可以限制赔偿责任的海事赔偿请求不包括因沉没、遇难、搁浅或者被弃船舶的起浮、清除、拆毁或者使之无害提起的索赔,或者因船上货物的清除、拆毁或者使之无害提起的索赔。由于船舶碰撞致使责任人遭受前款规定的索赔,责任人就因此产生的损失向对方船舶追偿时,被请求人主张依据海商法第二百零七条的规定限制赔偿责任的,人民法院应予支持。”对该条的理解应为,第 1 款是设标人向沉船相关方主张设标费,设标费对沉船相关方而言,是使之无害的索赔,不属于《海商法》第 207 条规定的限制性债权,第 2 款是沉船相关方向对方船舶关方追偿设标费时,对对方船舶相关方而言,属于《海商法》第 207 条规定的限制性债权。由设标人直接向对方船舶相关方主张设标费,也是对对方船舶相关方而言,仍属于可限制性债权。

船舶相关方对海事事故所造成的损失享有赔偿责任限制是常态,除非有法定情形排除适用。对打捞、清除、使之无害的直接责任人而言,我国为了鼓励打捞、清除、使之无害的目的,对《1976 年责任限制公约》相关规定予以保留,但对追偿到非直接责任人的非沉船方,已不再涉及鼓励打捞、清除、使之无害的问题,我国没有排除非沉船方赔偿责任限制的具体规定。鼓励设标的目的在沉船相关方的海事赔偿责任限制中已考虑,不能因沉船和非沉船方的偿付能力不同,而轻易地将非沉船相关方的海事赔偿责任限制打破。本案中,非沉船相关方已依法设立非人身伤亡请求海事赔偿责任限制基金，设标人未进行债权登记和确权诉讼，未参与海事赔偿责任限制基金分配，因此设标人诉请的设标费无法得到支持。

（单丹供稿）

（入选人民法院案例库）

【案例索引】

（2021）沪72民初471号

17. 沪东中华造船(集团)有限公司诉宋某光等船舶碰撞损害责任纠纷案

——军舰与民用船舶碰撞的法律适用

【提要】

一方为军事船舶的船舶碰撞纠纷案件应适用《侵权责任法》等民事法律,但不排除适用避碰规则等技术性规范及参照适用《海商法》及相关司法解释以判定碰撞责任比例及损失金额。

【案情】

原告:沪东中华造船(集团)有限公司

被告:宋某光

被告:利辛县长盛航运有限公司

被告:宋某亮

2019 年 2 月 15 日,“皖利辛货 0688”轮沿黄浦江进口航行至原告所在地江面时,与系泊在浦西侧原告码头的船壳编号为 H1746A 的舰艇发生碰撞,造成 H1746A 舰受损。杨浦海事局经调查后认为,涉案事故的原因为“皖利辛货 0688”轮舵失控,且在舵失控后,该轮未保持正规瞭望,应急处置不当,应对事故承担全部责任,H1746A 舰不承担责任。

“皖利辛货 0688”轮的船籍港为安徽亳州,登记的船舶所有人为宋某光,登记的光船承租人和船舶经营人为利辛县长盛航运有限公司(以下简称长盛公司)。2018 年 8 月 28 日,宋某光与宋某亮签署船舶买卖合同,约定“皖利辛货 0688”轮定价为 136.8 万元,宋某亮已支付 116.8 万元,尚欠尾款 20 万元。宋某亮承诺接船后一个月内付清余款,付清后办理转让船舶所有权的登记手续。宋某光、宋某亮确认"皖利辛货0688"轮的船舶所有人、实际经营人为宋某亮,买卖合同签订后宋某光已将船舶实际交付给宋某亮。

事故发生时,"皖利辛货0688"轮在船船员仅2名,少于船舶最低安全配员证书要求配备3名船员。H1746A舰系原告建造的军舰,事发时处于系泊试验状态。根据公估公司检验师的实地勘验、原告提供的维修清单,结合国内维修军舰、军品备件及拖带行业的市场行情综合认为,H1746A舰因涉案事故而产生的合理维修费用为916,270.25元。

原告认为,宋某光是"皖利辛货0688"轮的所有人,事发时虽已将船舶转让给宋某亮,但该船所有权仍属于宋某光;涉案事故发生系因舵机保养不善、配员不足导致,长盛公司是船舶经营人,对船舶运营负有管理责任;宋某亮作为船舶实际经营人,事发时驾驶船舶,对事故负直接责任。三被告对事故发生起到共同作用,应连带赔偿原告损失。

宋某亮认为,"皖利辛货0688"轮的船舶所有人为其本人,因尚欠宋某光部分船款,双方暂未办理船舶所有权变更登记。认可杨浦海事局认定的全部责任,但对原告主张的损失金额不予认可。

宋某光认为,其与宋某亮签订船舶买卖合同后,已将船舶交付宋某亮,只因宋某亮欠尾款20万元未付,尚未登记。既然宋某亮认可事故的责任认定且愿意承担责任,应由宋某亮承担全部责任。

长盛公司未发表答辩意见。

【裁判】

上海海事法院经审理认为,本案系"皖利辛货0688"轮撞击系泊在浦西侧原告码头的船壳编号为H1746A的军舰而引起的侵权责任纠纷。根据《海商法》第三条第一款及第八章"船舶碰撞"第一百六十五条的规定,本案不适用该法及相关司法解释有关船舶碰撞的规定,而应适用民法有关侵权责任的一般规定,由侵权人向被侵权人承担侵权责任。涉案事故是由"皖利辛货0688"轮舵失控,在失控后瞭望与应急处置不当所致。事故发生后,海事行政部门认定"皖利辛货0688"轮应承担事故的全部责任。"皖利辛货0688"轮事发时由宋某亮占有、使用并驾驶,故宋某亮系本案侵权人,应向H1746A舰的所有人,即本案原告承担侵权责任。事故中因该轮关键设备失灵、配员不足,致事故发生,长盛公司作为“皖利辛货0688”轮登记的船舶经营人和光船承租人,负有对该轮进行安全营运和管理的义务,对此次事故亦具有过错,是本案侵权人,应与宋某亮承担连带责任。

事发前,宋某光、宋某亮已订立船舶买卖合同,且在宋某亮支付了大部分船款后,宋某光已将该船舶交付宋某亮实际占有、使用。依据《物权法》第二十三条的规定,“皖利辛货0688”轮的所有人应认定为宋某亮。事发时,“皖利辛货0688”轮由宋某亮实际驾驶,无在案证据表明宋某光亦参与了该轮的驾驶、经营、管理或使用。宋某光对本案事故发生无过错,亦未实施侵权行为,不是本案侵权人。

对于维修费,宋某亮虽抗辩该费用过高,但未提供证据证明,应采纳第三方公估公司认定的修理费用金额。原告另主张带缆桩损失12,000元,但未提供证据证明,不予支持。侵权行为的赔偿范围应以原告修理费用的市价为限,原告利息请求缺乏事实和法律依据,不予支持。

综上,上海海事法院判决被告宋某亮、被告长盛公司连带赔偿原告经济损失人民币916,270.25元。

一审宣判后,各方当事人均未上诉。该判决现已生效。

【评析】

我国现行《海商法》第3条第1款将用于军事的、政府公务的船舶排除在其调整的船舶范围之外,并在该法第八章“船舶碰撞”再次将此类船舶排除在该法船舶碰撞规则的调整范围之外。虽然一方为军事舰艇的船舶碰撞民事案件在全部船舶碰撞案件中显得较为“小众”,但随着我国海洋强国战略的深入实施,海洋主权和安全越发受到重视,军事舰艇与其他船舶、相关当事方之间的法律关系,军事舰艇因碰撞等法律事实所引发的民事纠纷的法律适用等问题亟须海事司法裁判实践的探索与解决。军事舰艇相关海事纠纷裁判规则的确立以及该类纠纷的依法妥善解决也有助于树立我国海洋大国、海洋强国的良好形象,并增强我国航运发展的软实力。

一、用于军事的舰艇发生船舶碰撞的民事纠纷应适用《侵权责任法》

用于军事的舰艇发生船舶碰撞,根据《海商法》第3条和第165条的规定,不受《海商法》的调整。最高人民法院《船舶碰撞解释》第 1 条规定:“本规定所称船舶碰撞,是指海商法第一百六十五条所指的船舶碰撞……”因此,该司法解释也不适用。一方为用于军事的船舶的碰撞民事纠纷,虽不适用《海商法》及相关司法解释,但仍属于侵权纠纷,故应适用民法有关侵权行为及其责任的规定。在处理相关碰撞案件的法律适用问题时,有以下两点应予注意:

(一)碰撞一方的船舶须为用于军事的船舶

《海商法》第 3 条船舶定义使用了“用于军事的船舶”这一表述,而非“军用船舶”“军事船舶”等类似表述,立法显然更关注事发时当事船舶的状态,而非该船舶外观或功能上是否为一艘军舰。换言之,即便是一艘服役军舰,如正从事商业运输或作业,亦可成为受海商法调整的船舶;反之,如一艘商船被政府或军队征用而从事于军事用途的运输或作业,则反而属于《海商法》第 3 条规定的“用于军事的船舶”,不在该法调整的范围内。本案 H1746A 舰系原告建造的军舰,事发时处于系泊试验状态,原计划于事发后试航,虽尚未服役,但仍以军事为其用途,且无证据证明其正从事商业运输或作业,故仍属于“用于军事的船舶”,不受《海商法》的调整。

(二)该碰撞须为民事侵权行为

用于军事的船舶与他船碰撞须为私法意义上的船舶碰撞,即民事侵权纠纷,才属于海事法院受理案件的范围,才涉及本文探讨的法律适用问题。如果用于军事的船舶与他船的碰撞,属于战争、军事冲突或演习等军事行为的,或者是执行公务(如水上缉毒,缉私,查处偷越国、边境及其他追捕、紧追或驱赶、驱离)过程中所发生的船舶碰撞,则不属于私法调整的范畴,自然不发生适用哪些民事法律的问题。用于军事的船舶在受政府、军队指令进行救助、清污或抢险救灾等活动中发生的碰撞,属于民事侵权纠纷,且受损害一方请求对方承担民事侵权责任的,亦适用《侵权责任法》。

二、适用《侵权责任法》并不排除避碰规则等技术性规范的适用

侵权行为及其责任的形式、种类十分多样,包括军事船舶在内的船舶碰撞只是其中的一种。船舶碰撞是以过错责任为归责原则的侵权行为,而判明当事船舶的过错是十分专业的活动,需要具备丰富的航海知识和经验。对于碰撞案件责任比例的判定,一般需要清楚了解碰撞过程、船舶概况、船员情况、航行轨迹

等,同时审阅大量证据和资料。但最终,需要适用《避碰规则》等直接规范航行、锚泊、避碰等行为的技术性规则以判明责任或过错比例。用于军事的船舶的碰撞民事纠纷虽在法律适用上有所不同,但在判定过错比例上,与一般船舶碰撞并不应有所不同,仍应适用有关船舶避碰的技术性规范。除上文所述的相关船舶处于战争、其他军事行动或行使公权力等属于公法范畴的情形之外,用于军事的船舶与普通船舶的碰撞民事案件中,对过错比例的判定仍应适用具有适用效力的避碰规则等技术性规范。这些规则包括我国作为缔约国参加其公约的《1972年国际海上避碰规则》、交通主管部门发布的各水域船舶定线制规定、交通部于1991 年发布的《内河避碰规则》等。

三、适用《侵权责任法》并不排除《海商法》及其相关司法解释有关船舶碰撞责任及损失赔偿规定的参照运用

船舶碰撞是侵权行为的一种,《海商法》中有关船舶碰撞责任的规定是广义的《侵权责任法》的组成部分。船舶碰撞责任除适用《海商法》的规定外,在《海商法》未做规定的情形下,应适用《侵权责任法》的规定。用于军事的船舶的碰撞案件,虽根据《海商法》的规定不直接适用该法,但此类碰撞与其他船舶碰撞在格局、技术等层面实际并无本质区别,有关航行安全和避碰的技术规则应统一适用。而《海商法》、《船舶碰撞解释》、最高人民法院《关于审理船舶碰撞和触碰案件财产损害赔偿的规定》中有关碰撞责任及损失赔偿的内容,对军事船舶碰撞案件亦具有参照适用的作用。在处理军事船舶碰撞民事纠纷时,上述法律、司法解释的规定虽不能直接适用,但可参照其具体内容在裁判说理、责任和损失认定中予以运用。

具体而言,《海商法》有关单船过失、互有过失的赔偿责任的规定是《侵权责任法》有关一般侵权行为的规定及过失责任的归责原则在船舶碰撞领域的具体体现。军事船舶碰撞民事纠纷虽不适用《海商法》,但在确定碰撞方的责任和责任的具体比例时,可以参照运用。《船舶碰撞解释》中有关证据开示、举证责任和海事主管机关调查材料的采信认证等规定,可以参照运用。最高人民法院《关于审理船舶碰撞和触碰案件财产损害赔偿的规定》系审理船舶碰撞、触碰案件认定财产损失的具体规定,可参照运用于军事船舶碰撞财产损失的认定。

四、军事船舶碰撞纠纷适用《侵权责任法》应体现灵活和公平的原则

涉及军事船舶的碰撞适用《侵权责任法》后,将不可避免地与适用《海商法》发生法律适用结果上的不同。司法实践中,应尽量确保此种结果上的不同符合司法公正与效率的一般价值追求,既充分考虑军事船舶碰撞案件的特点,体现其特殊性,又避免发生此类案件与普通船舶碰撞案件在裁判结果上的大相径庭,可以采取多样化的方式灵活平等保护涉军事船舶碰撞案件当事人的合法权益。

(一)碰撞责任主体可认定为侵权行为人

现行的《侵权责任法》和即将施行的《民法典》侵权责任编均规定了侵权行为人应承担侵权责任,该规定适用于涉军事船舶的碰撞案件。而《船舶碰撞解释》第4条"船舶碰撞产生的赔偿责任由船舶所有人承担,碰撞船舶在光船租赁期间并经依法登记的,由光船承租人承担"的规定不适用于涉军事船舶的碰撞案件。由此,涉军事船舶的碰撞责任主体可以灵活认定为侵权行为人,即实际实施碰撞侵权行为的人,而不同于普通船舶碰撞的责任主体仅限于船舶所有人或光船承租人。

(二)碰撞责任可由共同侵权人连带承担

区别于普通船舶碰撞案件的责任主体限于船舶所有人或光船承租人,涉军事船舶的碰撞案件适用《侵权责任法》后,如碰撞是因两人以上共同实施的侵权行为所造成的,则碰撞责任理所当然地应由共同侵权人连带承担。对于涉及船舶挂靠,被挂靠人不履行监督管理义务,或者船舶经营人或管理人不履行安全管理义务等情况,船舶因船员无证、配员不足、超越航区等违反安全管理规定的原因而发生碰撞,认定被挂靠人、船舶经营人、管理人等主体承担连带责任的法律依据将更为充分。

(三)碰撞损失可按照损失发生时的市场价格或其他合理方式计算

《侵权责任法》对侵害财产造成损失的计算有较为原则性的规定,即按照损失发生时的市场价格或其他合理方式计算。但该规定的内涵十分丰富,实践中可根据实际情况灵活适用。既可以参照运用最高人民法院《关于审理船舶碰撞和触碰案件财产损害赔偿的规定》,又可以按照其他合理方式计算认定碰撞造成的具体损失。

对涉军事船舶的碰撞适用《侵权责任法》,以更灵活、更宽广的法律适用来认定责任主体、责任形式和碰撞损失,将更为契合该类案件涉及用于军事的船舶的特殊性,有助于该类纠纷的公平、妥善解决。

(林焱供稿)

(入选人民法院案例库)

【案例索引】

(2019)沪72民初1088号

18. 朱某某诉潘某某海上人身损害责任纠纷案

——码头生产活动中自身不当行为造成的人身损害后果应自行承担

【提要】

船方正常将船舶驶离码头,不能预见受害人突然靠近并推船的行为,不存在主观过错。受害人已预见船舶会与其车辆发生碰触,仍将自身置于风险之中,应自行承担损害结果。

【案情】

原告:朱某某

被告:潘某某

2018 年 8 月 13 日早晨,朱某某驾驶小货车到上海市崇明区长兴岛横沙渔港 4 号码头从"苏靖渔 03502"渔船上卸货。小货车停靠在离码头靠水一侧边缘很近的地方。朱某某称,当时码头上未设置警戒线,车辆可以任意停放,码头上也没有工作人员告知车辆停放位置不安全。

当日上午 8 时左右,渔船卸货完毕,渔港管理人员要求渔船驶离码头。码头监控录像显示,渔船与朱某某的白色小货车最初相对停靠,朱某某站在小货车右侧(远离渔船一侧)后方 2 米处;渔船启动驶离码头,朱某某快速自站立处经车辆右侧跑向车头(同时也是船尾),随后在小货车前方约 1 米处倒地。朱某某之后被送医住院治疗,潘某某为此垫付了 10,000 元治疗费。经司法鉴定,朱某某因本次事故受伤致右膝关节活动能力丧失 25% 以上(未达 50%)构成十级伤残。朱某某在接受公安机关调查询问时称,当天看到渔船开动,认为渔船左后侧的防撞轮胎有可能碰到小货车,便跑到车辆前面去查看并呼叫船上船工,但右腿被船上的防撞轮胎碰到而受伤倒地。

朱某某诉称:其因渔船离港时刮碰受伤,被告潘某某系船长应当对人身损害事故承担赔偿责任,因此请求判令潘某某赔偿人身损害各项损失共计 24 万余元。

潘某某辩称:朱某某受伤系因自身原因所致。朱某某未将车辆停靠在港口安全区域,在渔船防撞轮胎与车辆剐碰时非但没有避让反而走近,潘某某不应承担责任。

【裁判】

上海海事法院经审理认为,朱某某主张船方行为构成一般侵权,应就构成一般侵权行为的要件事实承担举证责任。

客观构成要件方面,船方将渔船驶离码头与朱某某人身损害结果的发生不具有因果关系。主观构成要件方面,船方对朱某某人身损害后果的发生并无过错。因此,船方行为不构成人身损害侵权,船方不应对朱某某承担人身损害赔偿责任。朱某某采取的行动未顾及自身安全难谓妥当,朱某某应自行承担由此造成的相应损害后果。

一审判决后,原、被告双方均未上诉。本案判决现已生效。

【评析】

《侵权责任法》中,免责事由是针对承担民事责任请求而提出来的,也被称为抗辩事由,其基础理论主要包括两部分:侵权责任不成立和侵权责任成立但予以免除。前者之所以免责在于责任的构成要件的欠缺,后者之所以免责在于法律政策价值判断与利益衡量。本案被告提出的抗辩实际包含了上述两个层面,一方面对抗侵权责任构成,认为其行为不符合一般侵权行为的构成要件;另一方面认为受害人已经意识到风险的存在,却贸然行事,致使遭受损害,应当免除被告责任。

一、过错责任原则要求以过错行为作为侵权责任构成的必备要件和最终要件

过错责任原则是侵权责任中最基本、最主要的归责原则。《侵权责任法》第 6 条第 1 款规定,行为人因过错侵害他人民事权益,应当承担侵权责任。《民法典》第1165条基本沿用了上述规定。本案原告主张船方行为构成一般侵权，属于《侵权责任法》中适用过错责任的场合，行为人主观上的过错是损害赔偿责任构成的必备要件之一。如果行为人主观上没有过错，就不构成侵权责任。并且，过错是决定侵权责任构成的最终的、决定性的要件，盖因“使人负损害赔偿的，不是因为有损害，而是因为有过失，其道理就如同化学上之原则，使得蜡烛燃烧的，不是光，而是氧，一般的浅显明白”。[①]

过错是指侵权人在实施侵权行为时对于损害后果所持的主观心理状态，包括故意和过失。本案中，船方显然不具有希望或放任损害发生的故意。至于是否有过失，一般采用客观标准衡量，根据行为人的年龄、能力等因素以及其当时所处的环境、时间以及行为类型等因素检验行为人对损害的发生是否能够预见。本案中，船方根据码头方指示将渔船正常驶离码头，不能预见受害人突然靠近并推船的行为，且渔船惯性较大运动状态不易改变，即使船尾人员发现受害人走近，亦不能避免启动后的渔船与擅入危险区域的受害人发生碰触。船方对受害人人身损害后果的发生不能预见，不存在过失。因而，船方不应对朱某某承担人身损害侵权赔偿责任。

二、自甘冒险者自食其果

所谓自甘冒险，是指“被害人原可以预见损害之发生而又自愿冒损害发生之危险，而损害结果真不幸发生”[②]的情形。换言之，受害人事先了解为某项行为可能伴随着风险、损失或事故，但仍自愿为此行为，应自行承担可能的后果。《民法典》第1176条规定了自甘冒险制度，确定了自甘风险作为一项免责事由，但限定自甘冒险的适用范围为“自愿参加具有一定风险的文体活动”。自甘冒险的典型适用领域确实是在体育活动当中，但也有进一步具体解释甚至扩大适用的空间。

在审判实践中，适用自甘冒险的情形则更为丰富：如受害人明知驾驶人饮酒驾车而乘坐后发生交通事故致使受害人受伤。法院认为，受害人的行为构成自甘冒险，应由其自身对酒后驾驶行为引发的损害后果适当承担责任，减轻义务人

---

① 王泽鉴：《民法学说与判例研究》（第2册），中国政法大学出版社1998年版，第144～145页。

② 曾世雄：《损害赔偿法原理》，中国政法大学出版社2001年版，第261页。

的责任[③];受害人私自上树摘杨梅不慎从树上跌落受伤,后经抢救无效死亡,法院最终认为,受害人作为具有完全民事行为能力的成年人,应当充分预见攀爬杨梅树采摘杨梅的危险性,受害人的行为违反了村规民约和公序良俗,损害了集体利益,村委会并未违反安全保障义务,不应承担赔偿责任。[④]

本案中,受害人作为在渔港码头进行生产活动的成年人应当是自身安危的第一责任人。受害人已预见到渔船尾部防撞轮胎进入码头上方空间会与其车辆发生碰触,自然也应当能够预见在车辆附近区域的任何人和物都有被碰触的风险,却因担心渔船会与其车辆发生碰触就冒险上前阻止,致使自身被碰触受伤。受害人急切保护自己财产的心情可以理解,但采取的行动未顾及自身安全难谓妥当。受害人轻率地进行冒险,将自己置身于风险之中,并且由于自己的行为支配导致风险现实化为损害结果,在这样的状况下,尽管存在他人的行为,但是他人的行为完全应视为一种事件发生的环境,损害结果应当由受害人自己承担。

本案的处理结果遵循了"自甘风险者自食其果"的公序良俗,体现了风险自负、责行一致的原则,引导人们在生产活动中谨慎行事避免实施有风险性的行为,也向社会传递不让守法者为他人冒险行为埋单的立场,有助于保障人们的正常生产活动自由。

(李剑供稿)

(入选人民法院案例库)

【案例索引】

(2020)沪72民初852号

③ 参见最高人民法院中国应用法学研究所编:《人民法院案例选》(总第66辑),人民法院出版社2009年版,第84页。

④ 李秋月等诉广州市花都区梯面镇红山村民委员会违反安全保障义务责任纠纷案,指导案例140号(2020年)。

19. 梁某某等诉钻石国际邮轮公司船员劳务合同纠纷系列案

——群体性邮轮船员劳务合同纠纷的处理

【提要】

近年来邮轮产业发展迅速,邮轮船员权益保护的迫切性日益凸显。相较货运船舶,邮轮船员数量多、岗位杂,船载物品繁多,扣押看管维护成本高、风险大,司法拍卖处置难度高、周期长,一旦发生邮轮船员权益侵害事件,维权会面临更多障碍。本案涉及船员人数众多,其中2/3为外籍船员。船东拖欠船员工资达人民币1200万元,并在船舶被扣押后弃船。为此,法院开启船员权益保护的“绿色通道”,立案、审判、执行整体协调推进。第一时间要求船员劳务派遣公司与船东互保协会遣返滞留在船的外籍船员,安排船舶看管公司进行管理,并在台风期间采取应对措施全天候保障邮轮安全。同时,加快案件审理节奏,以执行立案方式将诉讼中拍卖船舶纳入执行管理,综合运用线上和线下拍卖方式,妥善处理案外人对船舶拍卖的异议行为,对船载物品拟定不同执行处置方案,积极克服疫情对邮轮处置的不利影响。这一系列举措既确保了司法程序依法规范有序,又避免了扣押成本和风险的进一步扩大,有效维护了196名船员的合法权益,充分体现了海事司法对船员权益保护的重视和对邮轮经济长期健康发展的支持,为今后处理此类案件提供了经验和借鉴。

【案情】

原告/申请执行人:梁某某等

被告/被执行人:钻石国际邮轮公司(DIAMOND CRUISE INTERNATIONAL CO., LIMITED)

原告梁某某等196名船员根据其与船东代理公司签订的《船员雇佣协议书》,于2017年至2019年在被告钻石国际邮轮公司所属的巴哈马籍“辉煌”(GLORY SEA)轮上担任水手、轮机员、服务员、厨工等职务。在此期间,钻石国际邮轮公司欠付梁某某等船员工资约人民币1200万元。船员在诉前提出财产保全请求,要求对涉案邮轮采取司法扣押措施,上海海事法院裁定予以准许。钻石国际邮轮公司未向法院提供担保,船舶从2019年3月7日至2020年4月26日,一直被扣押在上海港吴淞口锚地。因钻石国际邮轮公司弃船且拒不提供担保,维持船舶安全和停泊等费用与日俱增,长期扣押存在诸多安全隐患。为此,船员在诉讼过程中申请拍卖涉案邮轮。

【裁判】

上海海事法院经审理认为,原告梁某某等船员与船东代理公司签订《船员雇佣协议书》,在涉案邮轮上任职,与被告钻石国际邮轮公司建立了船员劳务合同关系。现原告已履行了船员义务,而被告未支付劳动报酬,应承担赔偿损失的违约责任。依据《海商法》第二十二条第一款第一项的规定,船员在船期间所产生的工资、其他劳动报酬、船员遣返费用和社会保险费用的给付请求具有船舶优先权。故判令被告钻石国际邮轮公司支付船员工资人民币1200万元及其利息损失,并确认船员的请求享有船舶优先权。

【执行】

在本案审理过程中,2019年6月24日法院作出(2019)沪72民初566号民事裁定,将停泊于中国上海港的涉案邮轮予以拍卖。执行局在确定当事人未提出复议、大连海事法院与本院无船舶处置权争议(大连海事法院先于本院扣押涉案邮轮)后,于2019年7月24日立案执行。

在完成船舶检验、评估及登报公告等事项后,2019年9月27日涉案邮轮首次在淘宝网司法拍卖网络平台进行首次公开拍卖。因无人出价,第一次拍卖流拍。同年10月24日,调整拍卖保留价后,涉案邮轮进行第二次拍卖。买受人谢某以人民币1.17亿多元出价竞拍成功。但拍卖成交后,买受人未支付价款。同年11月21日,涉案邮轮在同一平台重新拍卖,因无人出价而流拍。

因拍卖未果,根据(2019)沪72民初566号之一民事裁定,涉案邮轮进入变卖程序。2019年12月16日涉案邮轮在前述拍卖网络平台进行变卖,网络司法变卖期为60天。后因新冠疫情出现后,邮轮行情看跌,船舶看样等工作也无法开展,两个已看样的潜在买家希望延期变卖。经研究后,执行局作出决定,暂时中止涉案邮轮的变卖程序,并于2020年2月12日发布中止变卖公告。

对于恢复变卖事宜,按通常的理解,中止变卖再恢复的,法院只需补足剩余变卖期间即可,但淘宝网司法拍卖网络平台认为,网络变卖中止后恢复变卖的等同于重新变卖,变卖期仍为2个月,不能抵扣、缩减。但邮轮维持费用巨大且持续增加,即便不考虑扣押期间可能存在自然灾害、设备故障风险,仅不及时处置船舶一项,就将面临维持费用超过船价的严重后果,因此应尽快结束第一次变卖。同时新冠疫情已经对邮轮业产生了较大的负面影响,按现行变卖价格,涉案邮轮无成交可能。为避免恢复网络变卖再耗时日,在2020年3月5日法院发布恢复对涉案邮轮的网络变卖后,又于3月16日及时发布撤销网络变卖、采取线下传统方式公开变卖的公告,同时调整变卖价格为人民币6913.6万元。第一次线下变卖无人应价后,法院依据最高人民法院《关于扣押与拍卖船舶适用法律若干问题的规定》(以下简称《拍卖规定》)第14条,将变卖价格调整为3900万元,但变卖期内仍无人应价。

两次变卖未成功后,2020年4月2日法院发布抵债申请及延长现行船舶维持措施的公告,但无债权人申请抵债,也无人要求延长现行船舶维持措施。受托看管船舶的公司表示,因垫付资金压力巨大,将不再垫资管理船舶,但可以考虑以废钢船价格人民币1900万元接受涉案邮轮。执行局经研究认为,上述方案不可行,为产生竞价效果,变卖价可以适度降低。2020年4月11日,法院以人民币2800万元的价格对涉案邮轮实施第三次线下变卖。同时公告载明进行第三次公开变卖的原因,即涉案邮轮已产生高额的船舶维持费用,该费用由本院依法委托的代为管理船舶的公司垫付。现该公司已就其代为管理涉案邮轮而产生的各类费用提出相关要求,为维护船舶管理人的合法权益,本院决定采用线下传统方式对涉案邮轮进行第三次公开变卖。

最终国梦邮轮投资有限公司(以下简称国梦投资)以3806万元竞得涉案邮

轮。国梦投资于2020年4月22日支付了全部费用。4月26日法院对涉案邮轮实施移交,并解除扣押。同年4月29日发布实施移交、解除扣押的公告,5月8日发布所有权转移公告。嗣后,法院从船舶变价款中拨付了与船舶变价直接相关的费用,至此本案执行完毕。

【评析】

本案是我院首次通过执行立案的方式对诉讼中拍卖、变卖船舶决定进行执行。与一般执行案件有所不同,本案的执行标的仅是船舶的变价以及与变价相关事项,时间跨度长、涉及流程多,其间经历竞买人悔拍、重拍、变卖中止、恢复、撤销、拍卖方式的转换运用等多项环节。在此期间合议庭冷静分析、沉着应对,最终经两次拍卖、三次变卖程序,最终成功将船舶变价,最大限度地实现了船舶价值,维护了船舶实际管理人和196名船员的合法权益。同时,涉案邮轮变卖的对象仅是船舶本身,对于外籍邮轮上的船载货物如何处理,没有法律规定和旧例可循。执行法官遵照依法、公平、平等保护货主与船舶买受人的利益原则,促成当事人达成了有关船载物品的协议,取得了良好的效果。

一、以执行立案方式,将诉讼中的拍卖变卖纳入执行管理

依照旧例,执行审理程序中作出的拍卖、变卖裁定,执行文书一直沿用审判案件的案号,容易产生拍卖、变卖操作无法直接依据执行方面的规定,但审理程序又无相关具体规定的问题,也不利于保障当事人、参拍人的权利。本案通过执行立案的方式,将诉讼中拍卖变卖纳入执行管理,以明晰拍卖、变卖过程中各方当事人的权利义务。

确定诉讼中拍卖变卖纳入执行管理的机制,使得案件从立案到终结的每一个步骤、程序、措施都及时录入执行案件信息管理系统中,做到全程留痕,有利于加强对执行工作的监督,有利于执行的公开和公正,也有利于提高执行工作的公信力。在进一步提高公正规范文明执行水平的同时,该机制也进一步提高了执行人员的积极性、增强执行人员的质效意识,夯实了审判执行工作高质量发展的基础。

二、及时转换变卖方式最大限度地实现船舶价值

目前,法律、司法解释和上级法院的文件均未对传统方式变卖船舶作变卖期上的具体规定。本案中,第一次网络变卖受疫情影响而中止,为避免恢复网络变卖再耗时日,撤销网络变卖、直接以传统方式进行线下变卖最为可行。该方案的创新之处在于及时转换变卖方式,由线上变卖转换为线下变卖。根据现行网络变卖规定,操作上不能一步到位,撤销网络变卖的具体操作需经过几个步骤,较为烦琐,因此承办法官在执行该方案时也相当谨慎,提前做好了各项准备工作,确保线下变卖工作顺利进行。

第二次线下变卖无人应价之后,法院在发布债权人申请抵债公告的同时还发布了申请延长现行船舶维持措施的公告。由于船舶维持费用持续增加,看管单位已就其代为管理涉案邮轮而产生的各类费用提出相关要求,并表示无力继续垫付维持费用。如若因无人垫付船舶维持费用导致现行船舶维持措施被取消,船舶价值将发生贬损,债权人利益将受到严重影响。因此法院同时发布了债权人申请抵债公告及申请延长现行船舶维持措施的公告,对债权人抵债的权利进行限制,保证了看管单位垫付的维持费用能够得到优先受偿,也保证了船舶拍卖变卖工作的顺利进行。

三、两次变卖不成后可继续变卖

船舶有别于其他动产,维持费用昂贵,长时间的扣押还存在自然灾害、设备故障等风险,故法律对船舶的处置设置了特别规定:经已受理登记债权 2/3 以上份额债权人同意后,可以以低于评估价的 50% 进行变卖处理。对于两次变卖仍未成交的船舶是否必须解除扣押的问题,《拍卖规定》第 14 条的规定是“海事法院可以解除扣押”。因此法院可以根据实际情况决定是否继续予以扣押。

本案中,如果涉案邮轮在两次变卖后被解除扣押,或继续扣押但无法变现,以及虽然变现但变现价格极低的情形,则本案将出现以下几方面问题。一是拍卖船舶产生的各项费用由谁来承担。由于本案所涉船舶扣押与拍卖变卖系因船员劳务合同纠纷而引起,根据《拍卖规定》第 4 条,海事请求人可以不提供担保。在没有担保兜底的情况下,船舶解除扣押后,拍卖船舶产生的公告费、评估费、船检费、第三人代为管理船舶发生的看管费、维持费等各项费用由谁来承担,不仅是法律判断问题,更是现实的财政问题。二是解除扣押后由谁来进行船舶交接。船舶所有人财务困难,长期不履行船舶管理义务,由其组织交接已不可能。2020 年 4 月初,看船公司表示其不再垫付资金为船舶提供补给,法院公告发出后也无人要求延长现行船舶维持措施。看管方撤离后,船舶无人管理、断水断油,很可能产生设备故障进而引发安全事故,甚至影响航道安全。三是船员工资无法受偿。根据《海事诉讼特别程序法》第 119 条、《拍卖规定》第 22 条,维持费用属于最优先受偿的款项。若船舶解除扣押,拍卖船舶产生的前期费用由谁承担还是问题,船员们的工资受偿亦无从谈起。四是有损司法权威,影响法院司法公信力。若船舶两次变卖后解除扣押,则拍卖产生的前期费用、船员工资均无法受偿。不仅如此,若船舶沦为废钢船后极有可能发生船价不足以支付船舶被扣押期间的维持费用和实际支出,法院势必面临向受托管理船舶的第三方支付相关款项的棘手问题。非但申请执行人的合法权益得不到保护,更影响法院执行工作成效,破坏法律秩序,损害法院司法公信力,给法院司法拍卖工作带来不利影响,不利于今后司法拍卖工作的顺利实施。

要解决上述问题,继续变卖船舶是唯一出路。实践中一般有两种方式:一是以情况发生变更为由,重新评估、重新拍卖;二是直接以解决维持费用问题为由进行第三次变卖,争取"一揽子"解决问题。本案采取了后一种方式,主要原因有两个方面:一是经济上有必要性,二是法律上也有合理性。经济上的必要性在于这一做法能最大限度地及时减损。法律上的合理性在于第三次变卖实际是由被执行人违法弃船的行为导致,以损害国家和无过错第三方利益来保全被执行人的船舶所有权,没有法律和法理依据。从本案执行结果看,实施第三次变卖船舶对于垫付了维持费用的实际管理人是有实际意义的,避免了无过错第三方及共益债权人的损失,保全了实际管理人和 196 名船员的利益。实施第三次变卖是法院善意文明执行的体现,且不违反法律法规的禁止性规定,维护了司法权威。

四、对外籍邮轮船载物品的处理

涉案邮轮上存有相当数量的船载物品,船舶整体移交后,这些物品如何处理,没有法律规定和旧例可循。外籍邮轮船载物品的处理有别于普通的货船。首先,船载物品的权利人范围不清晰,权利人对货物的处置意愿无从知晓。其次,任何单位、个人欲将寄存于该船舶的自身或他人物品迁移至境内关内的,无论迁移原因,均涉及物品的入境检验检疫、进口报关、支付或垫付相关费用等诸多手续问题。最后,法院不能直接处理船载货物,但这些货物不处置,会影响法院拍卖船舶。

本案中,法院经研究决定在发布竞买成功公告的同时公告要求寄存物品的当事人限期提交取回物品申请及相关证据。通过公告的形式告知相关当事人有取回货物的义务,以及主动联系法院申报的权利,既符合法律规定又高效便捷。在公告发布之后,有两家公司向法院提出了取回物品的申请。执行法官遵照依法、平等保护货主与船舶买受人利益的原则,告知当事人迁移物品的相关法律后果,释明风险责任,促进当事人进行协商,最终各方当事人达成船载货物继续在船销售的协议。对于少量公告后无人申报权利或已申请但无证据证明权利且确定价值不大的船载物品,则视为对相关物品作废弃处理,间接设定未提申请的后果,排除被执行人或第三人以船载物品属其所有来妨害船舶变卖、交接的情形。最后,法院则对买受人有可能对存放于涉案邮轮上的物品依法处置的情形予以公告,再次催告利害关系人依法处理财产,同时保障买受人不因船载物品所有人不明而影响船舶的利用。

对于无人申报权利的船载货物,根据法院建议,船舶买受人在对该批物品实施移仓处理前先在涉外媒体发布了公告,实施移仓时邀请公证处进行了公证,最终妥善解决了船载物品的处理问题,保证了船舶买受人对船舶的利用。本案确定了船载物品处理的一般操作流程和方式,客观上明确了买受人、货主间的权利、责任与风险后果。

五、对悔拍人的处理

第二次拍卖成交后,买受人因逾期未支付价款构成悔拍。依照相关法律规定,法院决定对其交纳的拍卖保证金人民币 500 万元不予退还。该买受人的悔拍行为妨害了执行,本院对该买受人处以罚款人民币 10 万元。关于买受人是否应承担其出价与第三次变卖成交价的差额问题,合议庭经研究后得出否定结论。2020 年 9 月 28 日法院发布公告,言明因涉案邮轮经两次拍卖、两次变卖均未成交,且期间无债权人愿意接受涉案邮轮抵债,本案不存在最高人民法院《关于人民法院民事执行中拍卖、变卖财产的规定》第 25 条第 2 款中“可以责令原买受人补交”的事项。因利害关系人可以对合议庭的该项决定提出异议,故悔拍问题的处理与船舶拍卖、变卖事项已在程序上获得了分离,保证了案件结案。

(张建琛、陆培彦供稿)

(入选最高人民法院维护船员合法权益典型案例)

【案例索引】

(2019)沪72民初566号、(2019)沪72执175号、(2020)沪72执异9号等

20. 胜船海事公司诉中海工业有限公司等其他海事海商(船舶建造佣金合同)纠纷案

——英国法下船舶建造佣金支付问题研究

【提要】

本案是适用英国判例法进行审理的船舶建造佣金合同纠纷。在英国法下,船舶经纪人获得佣金应当以约定的条件达成为前提,当条件未成就时,即便经纪人已为履约投入大量经济和精力成本,也不能要求委托人支付佣金或给予赔偿、补偿。

【案情】

原告:胜船海事公司(Winship Maritime Inc.)

被告:中海工业有限公司

被告:扬州中远海运重工有限公司

2015 年 6 月 2 日,两被告与案外人 TTI 公司签订了 3 份《造船合同》,约定由两被告为 TTI 公司建造 3 艘船舶。《造船合同》开篇写明 TTI 公司为“买方”“甲方”,两被告为“卖方”“乙方”。

2015 年 7 月 20 日,两被告与原告针对前述 3 份《造船合同》分别签署了 3 份对应的《佣金协议》。《佣金协议》中,两被告被统称为“卖方”,原告被简称为“经纪人”。关于 TTI 公司的描述是“一家依照巴拿马法律组建并存续的公司,注册办公地址位于巴拿马共和国巴拿马 7 第 87 - 1371 号信箱艾格拉大厦 5 楼阿基利诺 · 德拉瓜街 8 号由 Icaza Gonzalez-Ruiz 与 Aleman 转交,在希腊比雷埃夫斯斯科兹街和阿克提米亚乌利 2 号设有办事处,以下简称‘买方’”。《佣金协议》约定,考虑原告在协助订立和履行造船合同方面所作的努力和给予的配合,卖方应当向原告支付经纪佣金。佣金分6期,分别对应收到买方支付的各期造船款后30日内支付。如果造船合同出于任何原因未生效,或被买方/卖方在船舶建造期间出于任何原因取消和/或解除,卖方应立即解除并免除其支付剩余未付佣金分期款的义务。该协议受英国法律约束并须依英国法律予以解释。

《造船合同》签订后,初期履行正常。自2016年8月起,TTI公司由于资金原因,在美国法院进入破产重整,未再按时支付涉案三船的造船款。原告曾联络相关银行、租赁公司等,试图为涉案造船合同的继续履行提供融资方案,但未果。2018年3月30日,美国破产法院作出"资产出售令",TTI公司与3位新买方分别签订《转售协议》,约定TTI公司将其在《造船合同》下的所有权利、所有权、利益和权益转让给新买方。后两被告从新买方处获得全额船款支付,船舶也顺利交付。

由于两被告仅支付前二期佣金。为此,原告请求判令两被告支付剩余各期佣金共计2,456,500美元及利息。

两被告共同辩称:首先,按照《佣金协议》,只有满足由买方TTI公司支付船款的条件时,两被告才支付佣金,现船款实际是新买家支付,故原告获取佣金的条件并未达成。其次,随着《造船合同》的转让,两被告与原先由原告介绍的TTI公司之间的合同事实上已经不存在,符合佣金协议中关于一旦《造船合同》解除,两被告支付佣金的义务也将免除的约定。最后,与新买方缔约并非原告参与的结果,后续得以顺利交船、两被告得以获得全部船款,都与原告无关。

【裁判】

上海海事法院经审理认为,本案争议的法律关系为涉外民事法律关系,各方当事人在《佣金协议》中约定适用英国法,法院予以尊重。

对于《佣金协议》的解释,应首先以其明确约定为依据。本案各方当事人对此问题的约定是"如果造船合同出于任何原因未生效,或被买方/卖方在船舶建造期间出于任何原因取消和/或解除,卖方应立即解除并免除其支付剩余未付佣金分期款的义务"。此处"取消"和"解除"的文字表述是清晰明了的,没有其他额外表述,故《造船合同》的"转让"并不在原、被告各方约定的《佣金协议》失效的情形之列。

虽然《佣金协议》并未失效,但在英国法下,经纪人获得佣金应当首先以佣金合同(条款)等协议所约定的条件达成为前提。本案约定的原告获得佣金的条件为促成《造船合同》订立且两被告收到买方支付的船款,每收到一期船款对应一期佣金。此处的买方应当限定于 TTI 公司(或代表 TTI 公司)。若《造船合同》后续部分并非由原告找来的 TTI 公司付款,而是由其他人找来的新买方付款,这与原告作为原经纪人已经无关。

在英国法下,委托人可以自由地作出恰当的业务决定,包括解除或变更合同,无须优先考虑经纪人的佣金支付问题。所以《造船合同》转让后,原告获得佣金的条件无法达成,两被告并无过错,不必对原告的损失承担责任。

虽然原告投入了资金和精力,但最终令《造船合同》"起死回生"的是以案外人为经纪人组织的竞买程序。因此,在新买方不是原告介绍的情况下,原告并不能因为曾有辛勤付出而当然获得佣金报酬。

据此,上海海事法院一审判决对原告的诉请请求不予支持。

判决作出后,各方当事人均未提出上诉。

【评析】

本案是一起并不多见的船舶建造佣金合同纠纷,且当事人在合同中约定适用英国法。英国法(普通法)对合同的解释、合同的效力等与我国法律及司法实践存在差异,具体到船舶建造佣金合同这一专门领域,更具特殊性。在英国合同法下,高度强调意思自治,但凡当事人有明示条款约定的,基本不存在默示条款的适用空间。由此可见,在对合同进行解释时,也往往突出字面文意,避免因为不同人的不同理解而对合同作出不同解释,从而使当事人的真意处于不确定风险之中。这种解释方法,看似机械,实则要求合同当事人在缔约时尽可能地将条款写得明白无误,以减少日后可能产生的争议。本案遵循这样的理念解决了以下几个问题:

一、英国法的查明问题

根据《涉外民事关系法律适用法》第 10 条第 1 款的规定,当事人选择适用外国法的,应当提供该国法律。所以本案应由当事人向法院提供英国法相关判例。限于中国法官对英国法判例的熟悉程度和当事人自身的案例检索能力,实难保证该案的法律适用将如同在英国法院由英国法官审理一般。为此,在庭审中以及最终的判决书中,法院都特别释明,各方应确认提供的用以支持己方观点和主张的英国法判例及相关成文法条已检索穷尽,同时也未对对方所提供的判例、法条的真实性、完整性、有效性提出异议和反证,故法院以之为据进行审查并对本案纠纷做出裁判。

二、"合同转让"是否导致《佣金协议》失效

《佣金协议》对此的明确约定是造船合同"取消"(cancel)和"解除"(rescind),"转让"(assign 或 transfer)并不包含其中。尽管涉案《造船合同》的转让导致原合同权利义务在 TTI 公司与两被告之间消灭,仅在这点上似乎与合同的取消或解除具有相同效果,然而合同取消或解除的其他一系列法律规则并不当然适用于转让、变更的场合。将这些用词和概念予以等同对待,缺乏法律依据和当事人合意的支撑。倘若两被告在与原告订立《佣金协议》时,确有意图将《造船合同》转让甚至变更列为导致《佣金协议》失效的事由或等同于取消、解除对待,则应当在《佣金协议》中以明白无疑的文字加以记载。就现协议内容观察,无法从中解读出各方当事人对此达成一致。

三、《佣金协议》关于获得佣金的条件是否成就

在英国法下,经纪人获得佣金应当首先以佣金合同(条款)等协议所约定的条件达成为前提,该规则似乎长久以来已经毫无争议地被确立和遵循。这在多个判例中都明确地能够得到体现,如在 Howard Houlder & Partners, Lim. v. Manx Isles Steamship Co. , Lim. ①案中尤为直接地指出"代理人无权追索佣金,除非其能证明书面协议设定的条件已成就。如果不能,则其败诉"。《造船合同》订立不代表一定会顺利履行完毕,将经纪人实际获得佣金的权利与《造船合同》履行进度"挂钩",意义就在于经纪人对一项交易的贡献不仅仅在于促使签署合同并生效,还在于尽其所能去协调、维持此项交易直至最终完成。当新买方介入后,原经纪人在这方面的作用已经被阻断。通俗而言,就是对合同顺利履行没有贡献,自不能获得后续佣金。除非《佣金协议》明确约定这种情况原告仍能获得佣金。

---

① [1923] 1 K.B. 110.

四、原告的实际付出是否应当有所考虑

由于佣金条件达成受到的不确定因素影响较多,经纪人投入大量付出后可能一无所获,但这也正符合佣金回报丰厚的“收益”与“风险”对等,除非经纪人与委托人约定“按劳”而非“按效”取酬。这当然又是订约自由、意思一致范畴的问题,然本案并非此种情形。正如同样是 Howard Houlder & Partners, Lim. v. Manx Isles Steamship Co. , Lim. 案,在“除非其能证明书面协议设定的条件已成就。如果不能,则其败诉”的基础上进一步认为,“这里不存在折中之道,代理人证明其已经花费了时间、金钱及技术并不重要”。

值得注意的是,佣金关系下,佣金条件不成就是否系委托人的原因或过错所致,一般无须考察,除非委托人存在恶意欺诈或佣金协议有明示约定。综观全案,可以发现,英国法下缔约自由和严格按约解释是解决合同纠纷的根本遵循。无论是中方当事人“走出去”参与国际市场的投资、交易,还是中国法院、法官在适用英国法(普通法)时,都应当增强这方面的意识。这里得出的结论可能看似不尽合理,但其中蕴含的是合理的商事逻辑,与是否“机械适法”无关。

(金晓峰供稿)

(入选最高人民法院 2020 年度海事审判典型案例
入选人民法院案例库)

【案例索引】

(2019)沪 72 民初 2560 号

21. 康科德联合有限公司诉艾莎国际货物运输代理（上海）有限公司海事海商纠纷案

——货代企业扣单行为及第三人清偿行为的法律性质

【提要】

货运代理企业依法行使的“扣单”行为，是对抗货代合同相对人违约行为的救济手段，可阻却违法性。“扣单”行为并未针对无货运代理合同关系的一方，即使该方的商业利益客观上受到了影响，但因该“扣单”行为不具有“胁迫”的故意和违法性，故不构成对该方的“胁迫”。

第三人清偿时明知非己之债而自行为他人债务向债权人所进行的清偿，属于“第三人清偿”型的三人关系不当得利形式。在债务合法有效时，债权人虽取得给付，但其债权亦因此消灭，未额外获得利益，故债权人不构成不当得利。

【案情】

原告：康科德联合有限公司（UNIVERSAL CONCORD CO.，INC.）

被告：艾莎国际货物运输代理（上海）有限公司

2017 年 1 月，原告接受收货人委托后，向案外人捷世隆深圳公司订舱，托运 5 票货物从中国上海港海运至美国亚特大港。捷世隆深圳公司先后提供了 5 套无船承运人电放提单，抬头为“ORANGE OCEAN LINE”（橙洋公司[①]），载明“JCL TRANSPORT AND LOGISTICS LTD.”（捷世隆香港公司）作为签单代理人代表承运人签发。5 票提单上载明的交付代理均为原告。捷世隆深圳公司接受原告委托后，委托被告出运上述货物，被告随后向长荣公司订舱出运。长荣公司为涉

① 橙洋航运有限公司注册的公司名称是 Orange Ocean Line Limited，2006 年 4 月 7 日注册于我国香港特区，曾用名为 JCL AIR-SEA LIMITED。

案货物出具了5套不可转让海运提单,载明的发货人均为“A. S. I. Logistic Co., LTD. O/B ORANGE OCEAN LINE LIMITED”,即“被告代表橙洋公司”,收货人均为原告。

捷世隆香港公司与被告签订代理协议,在协议中捷世隆深圳公司被作为捷世隆香港公司的“分支机构”②,两公司共同作为协议一方,以“JCL”指代。协议约定若JCL未遵守双方之间关于付款的约定,被告有权扣留海洋提单。2017年2月16日,被告声称捷世隆香港公司和捷世隆深圳公司尚有款项未与其结清,因此“留置”多票货物。捷世隆深圳公司告知原告集装箱被扣。此后,原告主动联系被告,建议先释放2票提单项下的4个集装箱,并称将确保被告在2月25日另外7个集装箱到港前收到所有到期款项。同年2月17日,捷世隆深圳公司向被告支付了包括涉案11个集装箱的业务款项。同年2月20日,被告向原告发送了2票海运提单电放件。2017年2月21日,捷世隆深圳公司要求被告放行即将到港的3票海运提单项下货物。次日,被告向捷世隆深圳公司发送了对账单,称未收到相应款项前无法放行集装箱。捷世隆深圳公司随后回复称:“经我方核对,请知悉对账单中未包括ASI应向JCL支付的下列费用。请进行相应地更新并再次发送。”经抵销捷世隆深圳公司指出的费用后,最终形成的对账单显示欠款金额为17,725.38美元。

同年2月23日,原告告知被告,7个集装箱将于2017年2月24日到港,请被告尽快安排放货,并称如“捷世隆公司”还有应收款未付,请邮件告知详情,原告将催促支付。被告回复称“捷世隆公司”的确有应收款未付,昨日已将最新的对账单发送给他们,并将此份对账单发给了原告。原告称会竭尽所能催促“捷世隆公司”向被告支付17,725.38美元。此后,原告再次发邮件称,还没有收到“捷世隆公司”的答复,因货物即将到达,原告将在美国时间2017年2月23日向被告转账17,725.38美元,请尽快安排电放。当天,原告向被告指定的A. S. I.

---

② 捷世隆深圳公司注册的公司名称是捷世隆国际货运代理(深圳)有限公司,捷世隆香港公司注册的公司名称是JCL Transport and Logistics Limited。捷世隆香港公司独资设立捷世隆深圳公司,是捷世隆深圳公司的唯一股东。捷世隆深圳公司的法定代表人梅拉·帕特里克·米歇尔,即捷世隆香港公司的唯一董事和代表人Patrick Michel MEYRAT(以下简称Patrick)。2017年1月,捷世隆深圳公司和捷世隆香港公司共同的负责人Patrick突然失联。

LOGISTICS LIMITED(以下简称艾莎香港公司)账户汇付了17,725.38美元。被告在收到原告汇款前,向原告发送了另外2票海运提单的电放件。

同年3月30日,原告向被告发邮件称,经再次检查,发现对账单中没有"捷世隆公司"与原告间的海运,要求被告返还17,725.38美元。

原告认为,原告对系争款项的支付系基于被告胁迫下的错误支付,该支付行为可撤销;即使不构成胁迫,被告获得的款项也构成不当得利,应当向原告返还。

被告辩称,被告不存在任何胁迫行为,被告获得的款项是基于对捷世隆深圳公司所享有的债权,原告明知系争款项与其无关,但其自愿代捷世隆深圳公司向被告履行债务,构成了有效的债务加入,被告的获益不构成不当得利。原告在货物顺利交付一个月后又要求被告返还,既不符合逻辑也有违诚信,请求法院驳回原告的诉讼请求。

【裁判】

上海海事法院经审理认为,涉案代理协议虽然由捷世隆香港公司与被告签订,而捷世隆深圳公司和捷世隆香港公司在法律上是相互独立的主体,但是以同一或共同主体即"捷世隆公司"的名义与被告开展合作,因两公司之间特殊的股权架构并由同一自然人实际负责经营,捷世隆深圳公司虽然未在代理协议上盖章,但被告有理由相信该代理协议系捷世隆深圳公司真实的意思表示,双方也依照该代理协议在实际履行,因此涉案代理协议可以约束捷世隆深圳公司。被告与捷世隆深圳公司就系争款项的构成进行了具体的对账,捷世隆深圳公司仅提出应当与其对被告享有的债权相抵销,而并未提出并非其所欠债务的异议,结合相关往来邮件来看,可以认定17,725.38美元系捷世隆深圳公司结欠被告的业务款项。并且,即便如原告所称,系争款项系捷世隆香港公司结欠被告的款项,因捷世隆香港公司也受涉案代理协议的约束,因此对本案处理结果并无影响。被告在原告支付之前的扣单行为是对抗捷世隆深圳公司违约的自力救济行为,不构成胁迫;被告受领原告清偿的行为使其对捷世隆深圳公司的债权消灭,不构成不当得利。因此,原告的诉讼请求缺乏法律依据,法院不予支持。综上,法院判决驳回原告的诉讼请求。

一审判决后,原、被告均未提起上诉。该案判决现已生效。

【评析】

在货运代理合同纠纷中,当委托人拖欠货运代理人费用时,货运代理人往往采取“扣货”(留置委托人货物)或者“扣单”(拒绝交付单证)的救济手段维护自身权益,但也容易引起新的争议,即货运代理人扣货或扣单的行为引起的损失应当由谁承担。纠纷处理的原则是平衡好货运代理人自力救济的合法权利与委托人的合法利益之间的关系。在航运实践中,货运代理人依法维权的尺度很难把握。如果货运代理人依法维权,自不必承担赔偿责任,但司法实践中有不少案例显示货运代理人维权行为的合法性没有得到法院的支持③,结果是不但无法维权,还需另行承担由此引起的赔偿责任。

本案也是由货运代理人的维权行为引起的纠纷。关于被告的维权行为是扣货还是扣单,当事人自身的认识未必准确。在事发当时的往来邮件中,当事人将其表述为“留置”“扣押集装箱”等,但结合案情看,被告在涉案运输环节中并未合法占有涉案货物,不具有留置货物的现实条件。涉案货物系作电放安排,实际承运人并未实际签发提单,因此被告不向实际承运人给出电放指令的行为相当于拒绝向委托人交付海洋提单,其实施的行为性质上是扣单,而非扣货。本案的新颖之处在于原、被告均系货运代理企业,但双方之间并无直接的货运代理合同关系。货运代理人将受托事务层层转委托是行业内的常见现象,因此无合同关系的货代之间因扣单引发的纠纷也不在少数,在连接双方的货运代理人因故缺位的情况下,如何既依法有据又尊重行业惯例地处理好类似纠纷,平衡好双方的合法权益,维护好诚信、健康的行业营商环境,是法官的职责所在。

原告作为收货方的代理,委托案外人捷世隆深圳公司办理涉案运输,捷世隆深圳公司又转委托被告办理。原告与捷世隆深圳公司,以及被告与捷世隆深圳公司之间分别成立货运代理合同关系。原、被告双方虽然在海运提单上被记载为收货人和托运人,但实际是为无船承运人提单履约环节服务,双方之间并无直接的合同关系。在涉案业务办理过程中,捷世隆深圳公司经营出现异常。被告

---

③ 参见董敏:《关于货运代理人能否因运输费、仓储费之外的欠费而主张行使留置权问题的分析》,载上海市高级人民法院网,2014 年 3 月 13 日。

主张捷世隆深圳公司和捷世隆香港公司结欠被告债务,按照其与"捷世隆公司"之间的代理协议约定,拒绝在捷世隆深圳公司清偿债务之前指令实际承运人电放涉案货物,而原告急于履行受托义务,在与捷世隆深圳公司沟通无果的情况下,直接找到被告协商,答应督促捷世隆深圳公司付款。最终,原告在最后1票货物到港前夕,自行向被告支付了系争款项17,725.38美元以换取被告的电放指令。一个多月后,原告声称系争款项与涉案业务无关,要求被告返还,被告未予理会,故而成讼。原告诉称被告构成胁迫和不当得利,而被告辩称原告构成自愿的债务加入,达到目的之后再行反悔有违诚信。本案涉及在经济交往中胁迫与不当得利的认定。

一、被告行为是否构成胁迫

胁迫是意思表示不自由的主要形态。依据《民法总则》第150条的规定,以胁迫手段使行为人在违背真实意思的情况下实施的民事法律行为,行为人有权请求人民法院或者仲裁机构予以撤销。

(一)民事法律中"胁迫"的构成要件

民事法律中"胁迫"的构成要件一般应当包括:一是胁迫人主观上有胁迫的故意,即故意实施胁迫行为使他人陷入恐惧以及基于此恐惧心理作出意思表示。二是胁迫人客观上实施了胁迫的行为,即以将要实施某种加害行为威胁受胁迫人,以此使受胁迫人产生心理恐惧。这种加害既可以是对受胁迫人自身的人身、财产权益的加害,也可以是对受胁迫人的亲友甚至与之有关的其他人的人身、财产权益的加害,客观上使受胁迫人产生了恐惧心理。三是胁迫须具有不法性,包括手段或者目的的不法性,反之则不成立胁迫。四是受胁迫人基于胁迫产生的恐惧心理作出意思表示,即受胁迫人意思表示的作出与胁迫存在因果关系。

(二)胁迫与商业压力的区别

胁迫是以威胁为手段,不过威胁本身是一个不确定的概念,什么样的威胁构成胁迫?

对此,美国的第二次合同法重述采用了定性和列举并举的标准,认为构成胁迫的威胁是一种不适当的威胁(improper threat),包括:(1)以犯罪或侵权相威胁;(2)犯罪或侵权;(3)以追究刑事责任相威胁;(4)以运用民事程序进行恶意威胁;(5)以违反合同关系中的诚信和公平交易义务相威胁。不过,美国的司法实践并没有完全遵照第二次合同法重述的规定来审理案件,不同的州、不同的法院对此有不同的态度。在法国,由于受罗马法传统的影响,法国法认为只有违法的威胁行为,才能导致意思表示的瑕疵和法律的制裁。因此,一方以行使权利相威胁,不构成合同无效的原因。为了实现自己的权利,当事人可以威胁提起民事诉讼和刑事诉讼。但是这种态度并没有得到法院一贯的贯彻,困难所在就是如何认定"违法"的威胁行为。在德国,只要威胁的手段违法,不论"目的是否合法,均可以成为撤销合同的理由……同样,从原则上说,如果合同一方以违约相威胁,迫使另一方让步,也构成不法威胁。一方以与合同权利无因果关系的利益相威胁,也构成胁迫。"总之,在确定胁迫的行为要件方面,最关键的就是如何界定不适当的行为。对此,无论是立法、司法还是学术界均没有给出满意的结论或解答④,需要法官行使自由裁量权解决。

笔者认为,在经济纠纷当中要注意将民事法律中的"胁迫"与正常的商业压力相区别,认定成立"胁迫"的重点在于目的或手段存在不法性,而依法行使合同权利或者诉讼权利是阻却违法性的维权行为,即便给对方带来压力并作出不甚情愿的意思表示,该行为也不应当被认定为是"胁迫"。

(三)被告扣单行为的合法性

被告主张其扣单行为是依据代理协议第 8 条约定"每月 15 日进行对账,对账单应包括双方前一个月的所有发票。质疑及说明应在对账日起 7 天内完成。双方核对无误的款项应最晚在对账日后 15 日内结清……若 JCL 未遵守双方之间关于付款的约定,ASIL CN(即被告)有权扣留海洋提单"。依据《货代司法解释》第 7 条第 1 款"海上货运代理合同约定货运代理企业交付处理海上货运代理事务取得的单证以委托人支付相关费用为条件,货运代理企业以委托人未支付相关费用为由拒绝交付单证的,人民法院应予支持"的规定,代理协议的前述约定于法不悖。

可见,在被告与"捷世隆公司"的代理协议中约定了双方各自义务履行的先后顺序,即"捷世隆公司"支付前一账期的业务费用在先,被告交付此后"捷世隆

④ 参见李玫:《论合同法中胁迫的构成要件》,载《暨南学报(哲学社会科学版)》2010 年第 5 期(总第 148 期)。

公司”委托业务中取得的海洋提单在后。因此,在“捷世隆公司”欠付到期债务时,被告扣单行为性质上是行使《合同法》第67条规定的“先履行抗辩权”。虽然在被告扣单时,系争款项17,725.38美元中有部分债务尚未届清偿期,但由于此时捷世隆深圳公司负责人失联、欠付多月员工工资、高管起诉要求终止劳动合同关系,经营已出现严重异常,有丧失履行债务能力的可能,因此被告亦有权行使《合同法》第68条规定的“不安抗辩权”,暂时中止履行。此外,被告的扣单行为的对象始终是捷世隆深圳公司,由于原告的利益在客观上受到了影响,原告主动找到被告进行协商,因此,被告不具有“胁迫”原告的故意。在原告向其支付的款项到账之前,被告释放了前4票海洋提单,仅扣留了最后1票提单,因此也不属于过度维权,并无不当。综上,联系“胁迫”的构成要件与本案事实,被告的扣单行为是阻却违法性的维权行为,既不具有“胁迫”的故意,也不具有“胁迫”的违法性,因此不构成对原告的“胁迫”。被告的扣单行为是其对抗捷世隆深圳公司违约行为的一种救济手段,应当受到法律保护。

但应当指出的是,捷世隆香港公司结欠艾莎香港公司的债务性质与系争款项不同,并非代理协议项下形成的业务款项,且艾莎香港公司并非代理协议项下合同主体,被告无权因此扣单。

二、被告受领系争款项是否构成不当得利

(一)“不当得利”的构成要件

依据《民法总则》第122条规定,构成不当得利有以下几个要件:一是民事主体一方取得利益。取得利益,是指财产利益的增加,既包括积极的增加,即财产总额的增加;也包括消极的增加,即财产总额应减少而未减少,如本应支付的费用没有支付等。二是民事主体他方受到损失。受到损失,是指财产利益的减少,既包括积极损失,即财产总额的减少;也包括消极损失,即应当增加的利益没有增加。三是一方取得利益与他方受到损失之间有因果关系。四是没有法律根据。其中,“获得利益”要件与本案关联尤其密切。

(二)三人关系中的给付型不当得利

不当得利分为给付型不当得利和非给付型不当得利。给付型不当得利多发生于两个当事人之间,司法实践中的案例也大多属于这种情形。当事人一方或者双方利用代理人订立合同或者辅助人履行债务的,仍然属于两人的给付关系。

所谓"三人关系不当得利"(或称"三角关系不当得利"),即因第三人参与给付关系而发生的不当得利,是近年来不当得利法研究的重点,相关论著汗牛充栋。主要有8种案例类型:(1)给付连锁;(2)缩短给付;(3)指示给付关系;(4)第三人利益契约;(5)债权让与、债务承担;(6)保证;(7)第三人清偿;(8)误偿他人之债。⑤

本案系争款项是捷世隆深圳公司结欠被告的债务,原告在给付之前已经获得被告发送的款项构成明细单,原告还多次催促捷世隆深圳公司付款,因此,原告对于该债务与其无关这一事实应当是明知的。故本案争议问题属于"第三人清偿"型的三人关系不当得利形式,即清偿时明知非己之债而第三人自行决定对他人债务向债权人所进行的清偿。

(三)不当得利中"获得利益"的认定

第三人清偿所产生的不当得利,因债务是否客观存在而产生不同的法律后果。

当第三人清偿的债务客观存在时,债权人虽取得给付,但其债权亦因此消灭,未受有利益,不成立不当,即从"获得利益"要件入手来认定不当得利的当事人,准确判断谁与谁之间成立不当得利。在第三人为清偿且其清偿的债务合法有效时,债权人虽取得给付,但其债权亦因此消灭,未额外获得利益,代为清偿了债务的第三人是受损人,因该清偿行为而消灭债务的债务人是受益人。如本案中,由于原告的清偿行为,被告对捷世隆深圳公司享有的债权消灭,其财产利益并未增加,而捷世隆深圳公司因本应支付的费用没有支付而增加了财产利益,因此获得不当得利的应当是捷世隆深圳公司,而非被告。

当第三人清偿的债务不存在时,究竟应对债权人还是债务人行使不当得利请求权颇费思量(该问题在德国法上有争论)。王泽鉴先生所采的观点是应向债权人主张。⑥

三、原告清偿行为的法律性质

(一)原告的清偿行为相对于债务人的性质

在三人给付不当得利关系中,清偿了债务的第三人与债务人之间的关系也

---

⑤ 参见王泽鉴:《债法原理第二册不当得利》,中国政法大学出版社2002年版,第76~77页。

⑥ 同上注,第108页。

应区分情况而定:当第三人给予赠与而为清偿时,第三人无求偿权;当第三人基于委托关系而为清偿时,根据委托合同的约定;当第三人基于无因管理而为清偿时,依无因管理法律制度处理。[7]

本案中,相对于债务人捷世隆深圳公司而言,原告未接受捷世隆深圳公司的委托而代其清偿债务,避免了涉案货物发生堆存费、集装箱超期使用费等损失而引发捷世隆深圳公司相应的赔偿责任,属于无因管理行为,在对捷世隆深圳公司享有不当得利请求权的同时,也有权基于无因管理主张捷世隆深圳公司返还原告为此支出的必要费用。

(二)原告的清偿行为相对于债权人的性质

相对于作为债权人的被告而言,原告作为债权债务关系的第三人在其催促捷世隆深圳公司向被告清偿债务无果后,主动提出由其向被告进行支付,是向被告作出了代捷世隆深圳公司清偿债务的单方允诺,性质上属于债务加入。在原告实际清偿前,应当允许其撤销允诺。但在原告作出允诺后又实际履行的,被告基于原告的债务加入行为而继续履行了代理合同中的交付海洋提单义务,使当事人之间的权利义务关系已无法恢复至被告"扣单"时的状态,因此基于诚实信用原则,被告的信赖利益应当予以保护,原告不得撤销允诺,不能要求返还财产,否则不利于法律关系的稳定性。

(杨婵供稿)

(获评全国法院系统2018年度优秀案例评选优秀奖)

【案例索引】

(2017)沪72民初2381号

---

⑦ 同上注,第106~107页。

22. 恒顺船务有限公司诉上海浦东发展银行股份有限公司保证合同纠纷案

——主张合同缔约过失责任不能排除仲裁条款适用

【提要】

作为主合同的造船合同中的仲裁条款的效力并不必然及于保证合同项下的争议。纠纷发生后,债权人依照保证人单方出具保函中的仲裁条款提起仲裁的行为,表明其愿意接受仲裁条款约束,双方达成仲裁合意。合同中的有效仲裁条款对于当事方关于缔约过失责任的争议仍然适用。

【案情】

原告:恒顺船务有限公司

被告:上海浦东发展银行股份有限公司

2006 年 12 月 6 日,中国—坦桑尼亚联合海运公司(以下简称中坦公司)与南通惠港造船有限公司(以下简称惠港公司)签订了一份造船合同。该合同约定,中坦公司在船舶建造中按时间节点向惠港公司分期支付造船款,而惠港公司向被告申请开立退款保函,由被告向中坦公司提供退款担保,即根据合同条款终止造船合同时,如惠港公司在一定期限内未向中坦公司偿还造船款,则由被告承担保还款责任。此后,中坦公司以更新协议的形式将造船合同转让给原告。被告于 2008 年 9 月 11 日出具了退款保函,随后于 2010 年 3 月 16 日进行了修改。根据保函记载,如果卖方未能在收到买方书面还款请求后 15 个工作日内还款,被告不可撤销地、绝对地及无条件地作为主债务人而非仅作为保证人支付卖方应支付的金额;保函自惠港公司收到第一期分期付款之日起生效;任何保函引起的、或与保函有关的争议应根据伦敦海事仲裁员协会的规则与规定在伦敦进行仲裁。原告依合同于2009年11月30日向惠港公司支付了第一期款项1039万美元,于2010年4月22日支付了第二期款项383.7万美元。因惠港公司未按合同约定在原交船日2011年6月30日后的180日内交付船舶,构成延迟交付,原告于2012年1月10日发出取消通知,要求惠港公司退还原告支付的所有款项及利息,但惠港公司并未退还。同年2月17日,原告向被告发出退款请求,被告未支付任何款项。

2012年3月16日,原告向被告发出仲裁申请书,表示已根据退款保函第10条向伦敦海事仲裁员协会提起仲裁。原告认为其已根据退款保函条款提出了退款要求,而被告作为退款保证人未能根据退款保函条款向买方支付应偿付的分期付款及产生的利息,构成违约,故要求裁决被告偿还债务1422.7万美元、相应利息及费用。

仲裁庭认定造船合同及保函不可执行,于2013年7月8日裁决驳回原告的索赔请求。理由如下:(1)原告明知造船合同中的签订日期(2006年12月6日)为不实记载,而实际签订日期为2007年年底至2008年年初;(2)原告通过新船经纪人知道或应当知道倒签合同是为了规避PSPC规则;(3)PSPC规则于2006年12月8日由国际海事组织正式通过,这意味着2006年12月8日之后签订的造船合同须适用PSPC规则。涉案合同签订的实际日期正是在PSPC规则通过的日期之后,因此新船经纪人建议倒签造船合同使得船舶不适用PSPC规则,以获取船级社的认证。根据上述事实,可认定原告确实就造船合同签署的日期故意误导了被告。仲裁庭认为,PSPC标准旨在通过降低因过度腐蚀而导致船舶结构损坏提升安全性,因此,原告规避PSPC规则的行为问题严重。造船合同中存在误导第三方的欺诈性表述,违背了公共政策,故不可执行。另外,根据退款保函条款,被告向原告付款的义务建立在原告有权获得造船合同项下退款的事实之上,但本案事实并非如此,故退款保函不是见索即付的保函,即如果船厂在造船合同下的退款义务不可执行,被告在退款保函下的付款义务亦不可执行。

原告诉称,被告在订立退款保函时存在过失,请求被告赔偿退款保函确定的还款金额1422.7万美元。

被告提起主管异议称,涉案纠纷已在伦敦仲裁解决,故法院不应受理。即便原告以缔约过失提起诉讼,缔约过失责任纠纷亦属于合同纠纷,仍然系仲裁协议约定的仲裁事项,法院不应受理。原告系恶意诉讼,应当驳回起诉。

【裁判】

上海海事法院经审理认为,原告起诉的依据是被告于2008年9月12日签发的保函。该保函第10条约定:"本保函应由英国法律进行解释和管辖,本保函产生的或与之有关的任何争议应根据伦敦海事仲裁员委员会的规则和程序在伦敦提交仲裁。"原告确认依据该仲裁条款于2012年5月17日在伦敦提起仲裁,其仲裁请求被伦敦仲裁庭驳回。本案原告虽主张被告签署保函过程中的重大过错造成其损失,但其诉请内容亦属于与保函相关的争议,应当提交仲裁解决。原告选择伦敦仲裁的行为既确认了仲裁条款的有效性,又表明其接受仲裁条款的约束,并非其起诉时所称仲裁条款系被告单方意思表示。根据法律规定,当事人达成仲裁协议,一方向人民法院起诉未声明有仲裁协议,人民法院受理后,另一方在首次开庭前提交仲裁协议的,人民法院应当驳回起诉。涉案纠纷已由伦敦仲裁委员会仲裁解决,法院对本案没有管辖权。

综上,上海海事法院裁定驳回原告的诉讼请求。原告不服一审裁定提起上诉。上海市高级人民法院经审理认为,原裁定认定事实清楚,适用法律正确,故裁定驳回上诉,维持原裁定。本案裁定现已生效。

【评析】

本案系船舶建造合同中关于还款担保的常见纠纷。基于近年来国内造船业的蓬勃发展,国内船厂承揽世界各地的造船业务已经司空见惯。通常情况下,由于供求关系的影响,在委托造船合同订立过程中,委托方往往掌握着合同内容的话语权,其中就包括了纠纷解决方式这一重要合同条款的决定权。由外方委托造船的合同,其纠纷解决方式一般为仲裁,仲裁地及仲裁机构通常会首选伦敦、新加坡、我国香港特区。还款担保无论是以保证合同的形式还是以保证函的形式,其本质是作为造船合同的担保,两者之间具有主从关系。

一、造船合同中的仲裁条款并不必然被延用于还款保函

对于作为主合同的造船合同中的仲裁条款效力是否及于还款保函的问题,

笔者认为,还款保函作为保证合同,属于造船合同的从合同,在合同当事人①、合同目的、法律关系性质等方面均有别于造船合同。因此,从仲裁协议的自愿性和独立性角度来分析,除非有证据证明还款保函所涉当事方书面协议同意接受造船合同中纠纷解决方式的约束,否则造船合同中的仲裁条款并不能约束还款保函所涉当事人。②

本案中,造船合同中虽约定了境外仲裁条款,但该合同当事方是原告和惠港公司,并无证据证明原告和被告同意接受造船合同中仲裁条款的约束。因此,原、被告在还款保函项下的争议并不能适用造船合同中的仲裁条款处理,而应从双方是否订有仲裁条款或单独签订仲裁协议等方面来认定双方是否具有以仲裁解决还款保函项下纠纷的意思表示。

二、还款保函中的仲裁条款一经成立非经缔约方同意撤销自始有效

涉案还款保函中的仲裁条款是合同约定的解决争议方法的条款。我国《仲裁法》第 19 条第 1 款规定:“仲裁协议独立存在,合同变更、解除、终止或者无效,不影响仲裁协议的效力。”《纽约公约》第 2 条第 1 款规定:“当事人以书面协定承允彼此间发生或者可能发生之一切或任何争议,如关涉可以仲裁解决事项之确定法律关系,不论为契约性质与否,应提交仲裁时,各缔约国应承认此项协定。”我国作为《纽约公约》的缔约国,应该严格遵守相关规定。结合本案,保函的独立仲裁条款自始具有法律效力。原告选择伦敦仲裁的行为也确认了仲裁条款的有效性,表明其接受仲裁条款的约束。如原告此前未选择伦敦仲裁,而直接向法院起诉,且被告放弃仲裁条款来应诉答辩,则可以视为被告放弃原仲裁条款的相关权利。然而本案的事实并非如此,原、被告已达成仲裁协议,双方因保函所发生的争议,自然应依照协议提交仲裁程序处理,法院对相应纠纷没有管辖权。

---

① 还款保函出具的主体,通常为经批准有权经营对外担保业务的金融机构或者具有代偿能力的非金融企业法人;被担保的主体通常为境内内资企业,外商投资企业和境内机构在境外注册的全资附属企业及中方参股的企业;受益人通常为境外机构及境内外资金融机构。

② 最高人民法院在“惠州纬通房产有限公司与惠州市人民政府履约担保纠纷案”[(2001)民二终字第 177 号]、最高人民法院《关于成都优邦文具有限公司、王国建申请撤销深圳仲裁委员会(2011)深仲裁字第 601 号仲裁裁决一案的请示的复函》中均表达了相同的观点。在申请人重庆国闳建筑工程有限公司申请撤销仲裁裁决案[(2015)渝一中法民特字第 01133 号]等案件的裁判中,也表达了同样的观点。

三、主张还款保函缔约过失责任不能排除仲裁条款的适用

本案中,原告在伦敦申请仲裁,请求被告履行保函载明的退款担保义务,该仲裁请求最终被伦敦海事仲裁委员会驳回。其后,原告提起诉讼,试图通过主张保函缔约过失责任来排除仲裁条款的适用,认为缔约过失是对先合同义务的违反,不属于合同项下争议,不受保函中仲裁条款的约束。

该案裁判中明确指出,主张缔约过失责任并不能排除仲裁条款的适用。第一,从相关法律规定来看,多数情况下,缔约过失的结果是当事人未订立合同,如双方在合同磋商过程中,达成了合法有效的仲裁条款,该条款就是双方争议解决方式的独立条款,当然对双方有效。少数情况下,因一方在订立合同中故意隐瞒重要事实或提供虚假情况,导致合同无效或被撤销,则该过错方应对无过错方在合同有效期内基于信赖而遭受的损失承担赔偿责任。此时,应适用《合同法》第57条关于"合同无效、被撤销或者终止的,不影响合同中独立存在的有关解决争议方法的条款的效力"的规定。因此,无论缔约过失最终结果是合同未订立,还是合同无效或被撤销等,均不影响已合法成立的仲裁条款的效力。第二,从合同约定来看,涉案还款保函中的仲裁条款载明:"任何保函引起的、或与保函有关的争议应根据伦敦海事仲裁员协会的规则与规定在伦敦进行仲裁。"因被告在订立保函中存在过失所引发的争议,也属于前述仲裁条款中所称的"保函引起的、或与保函有关的争议",当然应适用仲裁条款进行处理。

在双方当事人订有仲裁协议,且涉案争议业已经伦敦仲裁程序处理的情况下,一方当事人向法院起诉未声明有仲裁协议,另一方提交仲裁协议并提出异议。上海海事法院依法驳回原告起诉,既体现了对《纽约公约》和相关国内法的正确适用和理解,符合法理和情理,也维护了当事人的仲裁意愿,展示了中国法院尊重和支持海事仲裁的开放透明形象。

(张亮供稿)

(入选《人民法院案例选》2018年第11期)

【案例索引】

(2015)沪海法商初字第1755号

23. 思源海运(香港)有限公司诉上海樽文实业有限公司财产保全纠纷案

——香港仲裁程序中财产保全申请的审查

【提要】

本案是内地首例根据最高人民法院《关于内地与香港特别行政区法院就仲裁程序相互协助保全的安排》(以下简称《仲裁保全安排》)准许香港仲裁程序中财产保全申请的案件。海事法院在审查香港仲裁程序中的当事人提交的保全申请时,应先明确案件是否属于海事法院管辖范围,其后从"仲裁地 + 特定管理机构"的双重认定标准审查保全申请的主体是否适格,进而审查申请人提起仲裁保全申请的程序是否符合法律与司法解释之规定。

【案情】

申请人:思源海运(香港)有限公司(以下简称思源海运)

被申请人:上海樽文实业有限公司(以下简称上海樽文)

2018 年 5 月,申请人思源海运与被申请人上海樽文签订航次租船合同,约定由申请人作为出租人将 M. V"WANTONG STAR"轮出租给被申请人,将一批煤炭从印度尼西亚运输到上海。后被申请人无故取消租约,造成了申请人重大损失。申请人于 2018 年 11 月 30 日按照租约约定提起仲裁,在仲裁期间,双方达成和解,并于 2019 年 5 月 10 日签订和解协议,约定由被申请人在和解协议签订后 30 日内向申请人支付和解款项 180,000 美元,以使争议得到解决。在和解协议第 13 条中双方约定:"因本协议产生的所有争议,双方同意提交香港国际仲裁中心(HKIAC)按照当时有效的仲裁规则进行仲裁。"

和解协议达成后,被申请人未按约定在 2019 年 6 月 9 日前支付和解款项,申请人因此于2019年7月16日向香港国际仲裁中心提起仲裁并获受理。申请人为确保其权利得以实现,于2019年10月2日向我院转递仲裁程序中的保全申请,申请冻结被申请人的银行存款268,600美元或者查封、扣押、冻结被申请人的其他等值财产。2019年10月8日,我院收到了香港国际仲裁中心转递函和相关申请材料,中国人民财产保险股份有限公司上海市分公司提供了担保。

【裁判】

上海海事法院经审理认为,申请人思源海运系香港仲裁程序的当事人,在仲裁裁决作出前,依据《仲裁保全安排》相关规定提出的财产保全申请,符合法律规定,故裁定冻结被申请人上海樽文的银行存款268,600美元或查封、扣押、冻结被申请人的其他等值财产。

【评析】

《仲裁保全安排》自2019年10月1日起生效,是内地与其他法域签署的第一份有关仲裁保全协助的文件,且在内地以司法解释的形式发布,标志着两地在"一国两制"方针下实现了更加紧密的司法协助,①为两地当事人实现仲裁目的,维护合法权益提供了具体的、可操作的制度规范。开展仲裁保全协助,有利于通过预防性救济措施的完善来保障终局性仲裁裁决的顺利执行,从而发挥仲裁在多元纠纷解决机制中的重要作用。上海海事法院于2019年10月8日,依据《仲裁保全安排》受理了该起香港仲裁程序中的财产保全案件,并于当日作出裁定,予以准许。该案为内地法院适用《仲裁保全安排》受理和裁定的首例香港仲裁程序中的保全案件。从我国海事法院审判实务角度来看,《仲裁保全安排》的出台,为香港仲裁程序中的当事人开辟了到内地海事法院进行财产保全的新路径,对于规范我国海事法院审查涉外仲裁程序中的保全申请具有重要指导意义。

一、本案的管辖问题

《仲裁保全安排》第3条第1款规定,内地的管辖法院为被申请人住所地、财

---

① 参见姜启波、周加海、司艳丽、刘琨:《〈最高人民法院关于内地与香港特别行政区法院就仲裁程序相互协助保全的安排〉的理解与适用》,载《人民法院报》2019年9月26日,第3版。

产所在地或者证据所在地的内地中级人民法院。同时,为了保障终局性的仲裁裁决得到顺利执行,受理仲裁保全申请的法院应当与受理仲裁裁决执行申请案件的法院一致,以便更好地发挥保全的作用。海事海商案件在内地属于海事法院专门管辖,根据最高人民法院《关于海事法院受理案件范围的规定》,申请认可、执行香港特别行政区海事仲裁裁决案件、起诉前就海事纠纷申请保全财产的案件,属于海事法院受案范围;上海市高级人民法院《关于上海法院仲裁司法审查案件调整管辖的通知》亦明确申请认可、执行香港特别行政区海事海商仲裁裁决的案件,由上海海事法院受理。

本案中,申请人与被申请人之间通过仲裁解决的是航次租船合同纠纷,属于海事海商案件,被申请人上海樽文的住所地在上海,因此,上海海事法院对本案具有管辖权。

二、保全申请的主体资格问题

《仲裁保全安排》第 3 条第 1 款规定,有权提起仲裁保全申请的是“香港仲裁程序的当事人”。所谓“香港仲裁程序”,应当满足以下两个条件:一是仲裁地在香港。这是确定香港仲裁程序的首要条件,也是香港特别行政区确定仲裁籍属的标准。《香港仲裁条例》第 5 条规定:“……如仲裁地点是在香港,则本条例适用于根据仲裁协议(无论该协议是否在香港订立)而进行的仲裁。”二是仲裁程序由有关机构或者常设办事处管理。《仲裁保全安排》第 2 条第 1 款对于“机构或者常设办事处”的条件作了列举性的规定,并规定“以上机构或者办事处的名单由香港特别行政区政府向最高人民法院提供,并经双方确定”。之所以对有关机构或者常设办事处的条件进行严格限制,是为了防止当事人滥用仲裁保全程序,损害被申请人的合法权益。最高人民法院和香港特别行政区政府律政司目前确认的香港仲裁机构包括香港国际仲裁中心、中国国际经济贸易仲裁委员会香港仲裁中心、国际商会国际仲裁院亚洲事务办公室、香港海事仲裁协会、华南(香港)国际仲裁院和一邦国际网上仲调中心。因此,《仲裁保全安排》实际明确了“仲裁地 + 特定管理机构”的双重认定标准。

本案中,合同双方在仲裁条款中约定了“仲裁地点应位于香港”,并约定了提交香港国际仲裁中心(HKIAC)仲裁。香港国际仲裁中心属于香港特别行政区政府和最高人民法院确认的香港仲裁机构之一。因此,本案仲裁保全的申请人,属于《仲裁保全安排》规定的“香港仲裁程序当事人”,申请主体资格适格。

三、提起仲裁保全申请的程序和时间效力问题

《仲裁保全安排》第 3 条第 2 款关于仲裁程序中的保全,参考了《民事诉讼法》第 272 条关于仲裁保全的规定。考虑仲裁地在香港,通过香港特别行政区的仲裁机构转交申请材料耗费时间较长,不符合保全的紧急性特点,不利于保护当事人的权益。因此,应当允许香港仲裁程序的当事人将保全申请材料连同机构转递函一同提交给内地法院,内地法院可以向仲裁机构或者办事处核实情况。

对于《仲裁保全安排》的时间效力问题,为了最大限度地发挥司法协助的功能,便利仲裁裁决的执行,最高人民法院明确,在《仲裁保全安排》生效之前已经开始、尚未完结的仲裁程序,当事人也可以依据《仲裁保全安排》向内地法院或者香港特别行政区法院申请保全。②

本案中,申请人思源海运于 2019 年 7 月 16 日向香港国际仲裁中心提起仲裁,虽然此时《仲裁保全安排》尚未生效,但是《仲裁保全安排》于 2019 年 10 月 1 日生效后,其于 2019 年 10 月 8 日申请财产保全时该仲裁尚在审理阶段,其向上海海事法院提交保全申请书和香港国际仲裁中心出具的转递函,符合《仲裁保全安排》第 3 条中关于保全申请程序和时间效力的规定,因此,上海海事法院依法审查后,决定受理并裁定准许该保全申请。

(韦杨、滕乐供稿)

(获评首届“人民法院涉港澳司法合作优秀成果”评选三等奖)

【案例索引】

(2019)沪 72 财保 298 号

② 同上注。

24. 中国平安财产保险股份有限公司上海分公司诉中国太平洋财产保险股份有限公司镇江中心支公司等案外人执行异议之诉案

——无船承运保证金责任保险项下索赔期间条款的效力问题

【提要】

多数无船承运业务经营者保证金责任保险(以下简称无船承运保证金责任保险)在保险责任条款中规定了索赔期间,即要求索赔权利人必须在保险期间内起诉被保险人,且在保险期间内取得生效裁判文书。该条款属于采取不合理方式免除保险人主要责任,加重索赔权利人责任、排除索赔权利人主要权利,违背诚实信用原则,应为无效。

【案情】

原告:中国平安财产保险股份有限公司上海分公司(以下简称平安财险公司)

被告:中国太平洋财产保险股份有限公司镇江中心支公司(以下简称太平洋财险公司)

第三人:上海旺嘉国际货运代理有限公司(以下简称旺嘉公司)

平安财险公司作为保险人先后为旺嘉公司签发了两份无船承运保证金责任保险保险单,其中记载的投保人和被保险人均为旺嘉公司,保险期间分别为2013年9月25日起至2014年9月24日止,以及2014年9月25日起至2015年9月24日止,保障项目为无船承运业务经营者保证金责任,累计责任限额为800,000元。保险条款第3条约定:"在保险期间或保险合同载明的追溯期内,被保险人在从事无船承运业务经营过程中,由于不履行承运人义务或者履行义务不当造成委托人的损失,经司法机关判决或司法机关裁定执行的仲裁机构裁决应由被保险人承担经济赔偿责任,并在保险期间内经司法程序向国务院交通运输主管部门要求协助执行的,保险人在接到国务院交通运输主管部门的书面付款通知后按照本保险合同额约定负责赔偿。"

2014 年 1 月 25 日,江苏泛华进出口有限公司(以下简称泛华公司)作为被保险人为其托运的货物向太平洋财险公司投保,保险险别为一切险,保险金额为人民币 1,539,560 元,装载运输工具为 HONG HAO V. 1401,开航日期为 2014 年 1 月 26 日,运输路线为自上海至伊朗阿巴斯港。2014 年 1 月 26 日,旺嘉公司作为承运人签发了相关货物正本提单。2014 年 2 月 20 日,"HONG HAO"轮由于遭遇恶劣天气和海况,致使泛华公司的载货集装箱落海。2014 年 8 月 5 日,泛华公司获得保险赔款人民币 1,399,600 元,并向太平洋财险公司出具了权益转让书。

在另案中,太平洋财险公司于 2015 年 3 月 9 日就其与旺嘉公司及鸿优海运有限公司("HONG HAO"轮定期租船人)海上货物运输合同纠纷一案提起诉讼,上海海事法院于 2015 年 8 月 24 日作出(2015)沪海法商初字第 389 号民事判决。太平洋财险公司不服提起上诉。上海市高级人民法院于 2016 年 6 月 29 日作出(2015)沪高民四(海)终字第 111 号终审判决,旺嘉公司应向太平洋财险公司赔偿货物损失 1,399,485.20 元及利息损失。

太平洋财险公司申请强制执行,上海海事法院立案受理后向平安财险公司发出协助执行通知书和执行通知书,要求将旺嘉公司的无船承运业务经营者保证金责任限额 800,000 元划至法院代管款账户,并要求支付迟延履行期间的债务利息。平安财险公司根据协助执行通知,将相应款项划至上海海事法院代管款账户,并提出执行异议,认为太平洋财险公司未能在保险期间内提出索赔,不符合理赔条件,请求撤销(2016)沪 72 执 436 号案中上海海事法院向其发出的协助执行通知书。上海海事法院于 2017 年 6 月 29 日出具(2017)沪 72 执异 6 号执行裁定书,驳回了平安财险公司的执行异议。

另查明,2012 年 1 月,平安财险公司向交通部提供了承保无船承运保证金责任保险业务所需的营业执照、组织机构代码证、在原保监会(现为银保监会)的备案表以及承保承诺书。承保承诺书中,该公司承诺将严格按照交通部《关于无船承运业务经营者保证金责任保险制度操作办法的通知》(以下简称《操作办法通知》)要求,承办无船承运保证金责任保险,确保所签发保险单、保险费发票及相关单证的真实性和有效性……对司法机关请求司法协助的无船承运业务经营者索赔案件,经国务院交通运输主管部门核定应予赔付,并收到书面赔付通知函件的,在7个工作日内将赔款转至司法机关指定的账户,不以无船承运业务经营者未履行保险条款约定的义务为抗辩理由拒绝支付赔款。

平安财险公司诉称,旺嘉公司在平安财险公司处投保的涉案保险条款约定,在保险期间或保险合同载明的追溯期内,被保险人在从事无船承运业务经营过程中,由于不履行承运人义务或履行义务不当造成委托人的损失,经司法机关判决或司法机关裁定执行的仲裁机构裁决,应由被保险人承担经济赔偿责任,并在保险期间内经司法程序向国务院交通运输主管部门要求协助执行的,保险人在接到国务院交通运输主管部门的书面付款通知后按照约定赔偿。而本案太平洋财险公司在申请执行以及法院向平安财险公司发出协助执行通知的时候,均已经超出了保险期间,故平安财险公司不应进行赔偿。平安财险公司据此向法院提出异议,法院裁定予以驳回。平安财险公司现诉请确认其无须协助上海海事法院(2016)沪72执436号案件的执行,向太平洋财险公司支付保险赔款800,000元。

太平洋财险公司辩称,第一,旺嘉公司并未按照交通运输主管部门的规定,申请退出无船承运人业务经营者资质,故平安财险公司也无权免除其保险赔付义务;第二,无船承运人业务经营者保证金责任保险是原无船承运人保证金的替代形式,该保险实为平安财险公司为旺嘉公司就800,000元提供的担保;第三,涉案保险条款中有关免除平安财险公司义务的条款无效,该条款系由平安财险公司单方制作,且与无船承运保证金制度相悖,侵犯了太平洋财险公司的合法权利;第四,根据交通运输主管部门的规定,只有经司法机关生效裁判,才能要求保险人履行赔偿责任。太平洋财险公司在保险期间内向旺嘉公司起诉要求赔偿,然而太平洋财险公司的起诉经过审理后于2016年6月才出具生效判决,太平洋财险公司客观上不可能在保险期间内向平安财险公司提出赔偿请求。综上,请求驳回平安财险公司的诉讼请求。

【裁判】

上海海事法院经审理认为,本案为案外人执行异议之诉,争议焦点集中于平安财险公司可否依据保险条款第 3 条,主张上海海事法院未在保险期间内要求其协助执行,并据此拒绝赔付。平安财险公司的上述主张不成立。涉案保险合同条款系平安财险公司为了重复使用而预先拟定的合同条款,属于格式条款。从涉案保险单以及保险条款的约定来看,性质属于责任保险。涉案保险条款第 3 条不但要求被保险人的债权人在保险期间内向被保险人提出索赔,还需要在保险期间内取得生效裁判文书,并经司法程序要求保险人协助执行。显然,该约定系保险人自行创设的、与保险行业实践做法和一般认知明显背离的特别条款。

本案中,涉案保险合同系由平安财险公司与旺嘉公司订立,但保险人的主要责任在于向旺嘉公司的权利人进行赔付。本案太平洋财险公司为旺嘉公司的债权人,是涉案保险合同的索赔权利人。平安财险公司与旺嘉公司通过磋商订立合同,除遵循意思自治原则外,还应当遵循公平原则确定双方权利和义务。当涉案合同条款中涉及合同外索赔权利人的权利义务,尤其是限制索赔权利人的权利时,合同订立之时的索赔权利人尚为潜在的不特定对象,不具备磋商条件,此时更应对相关条款的合理性提出更高要求,并要求合同订立人以诚实守信的原则拟定合同条款。本案太平洋财险公司在涉案保险合同期间内向旺嘉公司提出索赔并提起诉讼,并在保险合同期限内取得一审判决,并不存在怠于行使权利的情况。虽然该案历经一审、二审,生效裁判出具时间已经超出了保险合同期限,但是法院的审理时间是太平洋财险公司无力掌控的不确定因素,平安财险公司以此为由拒绝赔付对太平洋财险公司是不公平、不合理的。

综上,涉案保险条款第 3 条"……经司法机关判决或司法机关裁定执行的仲裁机构裁决应由被保险人承担经济赔偿责任,并在保险期间内经司法程序向国务院交通运输主管部门要求协助执行……"的约定,系采取不合理方式免除平安财险公司主要责任、加重太平洋财险公司责任、排除太平洋财险公司主要权利,违背了诚实信用原则,应为无效。平安财险公司援引该条款主张不予赔付缺乏依据。

综上,上海海事法院判决驳回平安财险公司的诉讼请求。平安财险公司不服一审判决,向上海市高级人民法院提出上诉,上海市高级人民法院判决驳回上诉,维持原判。本案判决现已生效。

【评析】

一、无船承运保证金责任保险制度的发展

无船承运业务,是指无船承运业务经营者以承运人身份接受托运人的货载,以自己的名义签发提单或其他运输单证,向托运人收取运费,通过国际船舶运输经营者完成国际海上货物运输,承担承运人责任的国际海上运输经营活动。近年来,我国无船承运业务发展较为迅猛。根据 2014 年交通运输部公布的无船承运业务经营者名单,登记的无船承运经营企业已达 5000 余家。由于无船承运业务经营者不以自有船舶从事海上货物运输,当其在经营过程中面临违约时,可能导致托运人等相关权利人的权利无法得到保障。为此,在我国经营无船承运业务,如申请向交通部办理提单登记的,需要向交通部提出书面申请,并需要根据交通部的要求缴存 800,000 元的保证金。如果无船承运业务经营者不履行承运人义务或履行义务不当,根据司法机关生效裁判文书或司法机关裁定执行的仲裁机构裁决,可将 800,000 元保证金用于赔偿。

为进一步完善无船承运管理制度,缓解无船承运人资金压力,交通运输部于 2010 年发布《关于试行无船承运业务经营者保证金责任保险的通知》,决定在现有保证金方式之外,试行保证金责任保险制度,供无船承运人选择。自 2010 年 11 月 1 日起,无船承运人可通过投保无船承运保证金责任保险以取得无船承运业务经营者资格。2013 年 9 月 30 日,交通部发布了《操作办法通知》,写明以下相关内容:无船承运保证金责任保险方式与无船承运业务保证金方式、保证金保函方式,均为无船承运业务经营资格申请人可采纳的财务责任证明形式,三者并行存在,供申请人自行选择;当因无船承运业务经营者不履行承运人义务或履行义务不当,根据司法机关已生效的判决或司法机关裁定执行的仲裁机构裁决应当履行赔偿责任的,用以履行赔偿,不得用于其他责任的偿付;涉及财产保全或生效判决和仲裁裁决执行的,由司法机关直接通过保险机构办理,并将办理结果及时书面通知交通部。

同时,根据交通运输部的相关规定,承保无船承运保证金责任保险的保险机构须为注册在中华人民共和国境内并经中国保险业监督管理委员会认可的机构，且相关保险产品须经交通运输部认可，并报中国保险业监督管理委员会批准或备案。

二、无船承运保证金责任保险的保险责任条款特征

人保财险、平安财险、永诚财险等保险机构从事无船承运保证金责任保险产品经营业务的，均采用同一格式的保险条款，其中保险责任一栏约定："在保险期间或保险合同载明的追溯期内，被保险人在从事无船承运业务经营过程中，由于不履行承运人义务或者履行义务不当造成委托人的损失，经司法机关判决或司法机关裁定执行的仲裁机构裁决应由被保险人承担经济赔偿责任，并在保险期间内经司法程序向国务院交通运输主管部门要求协助执行的，保险人在接到国务院交通运输主管部门的书面付款通知后按照本保险合同额约定负责赔偿。"该条款具有 3 项特征：

一是为保险理赔设定了明显不合理的限制条件。该条款除对被保险人债权人的索赔时间作出限定外，还要求法院和仲裁机构在保险期间内形成生效判决或裁决，并在保险期间内经执行程序要求保险人赔付。以上条件中，除提出索赔的时间可由被保险人债权人通过及时行使权利达成以外，其他条件均属难以通过自身行为掌控和决定的不确定因素。根据诉讼程序，一个生效裁判可能经过一审、二审等程序才最终形成。所需时间取决于案件复杂程度、审理过程的实际情况等多种因素，并非个人可以掌控。也就是说，无论被保险人如何积极行事，也有很大可能无法满足涉案保险条款的限定条件，这种权利限制明显是不合理的。

二是实质上免除保险人的主要责任、加重索赔权利人的责任、排除索赔权利人的主要权利。该条款虽未列于保险条款中的"责任免除"部分，但其在本质上属于免除保险人责任的特别约定。这种背离保险业实践和一般认知的索赔条件限制，其直接结果就是保险人可以据此免除自己的赔付义务。同理，该条款将不合理的限制加之于索赔权利人身上，其直接结果就是排除了部分权利人依据保险合同要求赔付的主要权利。

三是与合同目的明显背离，可能导致无船承运业务经营者责任保险机制形同虚设。交通部要求申办无船承运业务经营资质的企业缴纳保证金，系因无船承运业务经营者并不以自有船舶完成货物运输,当出现违约时,无船承运人承担责任的能力可能不足。缴纳一定金额的保证金既有利于保护托运人利益,也是托运人信任和选择无船承运人的基础。无船承运业务经营保证金责任保险制度是无船承运业务经营保证金的一种替代形式,以保险的形式替代保证金,既释放了无船承运业务经营者的现金流,也可起到与保证金类似的效果。海上货物运输常会面临较大风险,无船承运人在履行承运人义务过程中可能面临大额赔偿,且在面临赔偿诉讼时常因无力赔偿而难以为继。此时的责任保险是权利人得以保障自身权利、实现债权的主要途径之一。涉案保险条款对无船承运人债权人索赔条件的限制,实质上弱化甚至虚化了无船承运业务经营者责任保险的上述功能,进而使公众对该产品的存在价值和意义产生疑问。因此,该条款的设置背离了合同目的。

三、无船承运保证金责任保险项下索赔期间的效力问题

大部分责任保险均采取"事故发生制"来确定保险人的保险责任期间,即只要保险事故发生于保险期间内的,保险人应按约定承担保险责任。也有部分保险合同采取"期内索赔制"的方式,如《中国保险行业协会医疗责任保险示范条款》(A 款期内索赔制)第 3 条写明:"在保险单载明的保险期间和追溯期内,被保险人及其保险单载明的医务人员在从事与其诊疗科目、医务人员执业资格相符的诊疗活动中,因过失造成患者人身损害,在保险期间内,由患方首次向被保险人提出损害赔偿请求……"由上述条款可知,责任保险中的"期内索赔制"指的是被保险人的债权人在保险期间内或保险合同约定的追溯期内向被保险人第一次提出损害赔偿请求的,保险人按照约定进行赔偿,而不是要求被保险人的债权人在保险期间内向保险人提出索赔请求。无船承运人保证金责任保险约定的索赔权利人必须在保险期间内起诉被保险人,既不属于"事故发生制",也不属于通常意义上的"索赔发生制"。

根据承保无船承运保证金责任保险的保险机构的格式保险责任条款,索赔权利人不仅需要在保险期间内起诉被保险人,且必须在保险期间内取得生效裁判文书并申请执行,由执行法院通知保险公司方可进行赔付。事实上,索赔权利人自身能够控制的仅仅是及时向被保险人主张权利,而最终的生效裁判何时作出,并不在其控制范围。以本案为例,索赔权利人在保险期间内向被保险人提起诉讼,一审裁判作出时也尚在保险期间内,而二审裁判文书出具时已经超出了保险期间。这种情况的发生并不在索赔权利人的控制范围之内,它是由诉讼本身的特点所决定的,索赔权利人仅能决定何时将诉讼提交法庭,而不能决定何时出具一个生效的裁判结果。

由此可见,前述无船承运人保证金责任保险约定的索赔限定条件,已经超出了一般公众对保险产品的理解和认知范围。其为保险理赔设定了明显不合理的限制条件,实质上免除了保险人的主要责任、加重了索赔权利人的责任、排除了索赔权利人的主要权利,与合同目的明显背离,实质上弱化甚至虚化了无船承运业务经营者责任保险的上述功能,进而使公众对该产品的存在价值和意义产生疑问,可能导致无船承运业务经营者责任保险机制形同虚设。宣告涉案保险条款无效,既可在个案中维护索赔权利人的合法权益,也是司法裁判对于社会公共事务管理的一种引导和纠正,对于无船承运业务管理以及无船承运保证金责任保险产品的健康有序发展均具有积极意义。

(张健供稿)

(入选最高人民法院2018年度海事审判典型案例

入选人民法院案例库)

【案例索引】

(2017)沪72民初2203号

25. 江苏瑞达海洋食品有限公司诉盐城市大丰区人民政府、盐城市大丰区自然资源和规划局海域使用权行政许可纠纷案

——行政协议与法律法规"冲突"的效力认定

【提要】

当行政协议补充、变更甚至排除相关法律法规规定,形成表面"冲突"而出现效力争议时,应结合行政法和合同法,审查行政协议是否违反强制性规定和协议双方意思表示是否真实。《海域使用管理法》第 26 条规定海域使用权人在期限届满前有权申请续期。但政府与海域使用权人以行政协议方式约定到期后不再续期的,该约定属于对海域使用权人申请续期权利的约定放弃,不违反法律法规的强制性规定,应认定有效。

【案情】

原告:江苏瑞达海洋食品有限公司

被告:盐城市大丰区人民政府(以下简称大丰区政府)

被告:盐城市大丰区自然资源和规划局(以下简称大丰区自然资源局)

2015 年 8 月,原告通过投标与被告大丰区自然资源局签订东沙紫菜养殖海域使用权出让合同,期限为 3 年,合同写明:"合同期满,海域使用权终止,本海域使用权不予续期。"2018 年 5 月,原告收到大丰区自然资源局"关于海域使用权不予续期的答复",写明原告申请海域使用权续期的报告已收悉,答复称海域使用权合同明确约定,海域使用权到期后不续期。后大丰区自然资源局向原告发出"关于清理东沙紫菜养殖的通知",要求海域使用权期满的业主立即停止紫菜养殖行为,拆除全部人工设施设备等。

原告诉称,上述合同违反《海域使用管理法》第 26 条的规定,该条规定海域使用权人到期前有权申请续期,除根据公共利益或者国家安全需要收回海域使用权的外,应当批准续期。遂起诉请求判决两被告履行法定职责,对原告海域使用权依法予以续期。

被告大丰区政府辩称,涉案海域使用权出让合同和海域使用权证书上均写明了到期后不再续期,申请续期不应适用于通过招投标取得的海域使用权。东沙紫菜养殖海域部分与盐城湿地珍禽国家级自然保护区范围重合或邻近,在此海域养殖紫菜违反自然保护区管理的相关法规,且在保护区的实验区内养殖还必须取得保护区管理部门的批准,大丰区政府部门曾向保护区管理部门提出申请,但未获得批准,因此不可在保护区范围内进行紫菜养殖。2018 年,盐城市黄海湿地申报世界自然遗产工作正在进行当中,东沙养殖海域与黄海湿地申遗的提名地重合或邻近,在该海域继续进行紫菜养殖不利于对遗产地的保护。被告从未表示要禁止紫菜的养殖,只是对于法律规定禁止养殖开发的区域,肯定不能再出让用于养殖,而对于其他海域,需要进行专家论证之后再行决定。综上,请求驳回原告的诉讼请求。

被告大丰区自然资源局辩称,原告曾向其提出了续期申请,被告大丰区自然资源局依法发出不予续期的答复,符合法律规定;同意被告大丰区政府的所有答辩意见。

【裁判】

上海海事法院经审理认为,本案的主要争议在于原告是否具有提出续期申请的权利,以及两被告拒绝原告的续期申请是否具有事实和法律依据。

涉案海域使用权出让合同明确写明“合同期满,海域使用权终止,本海域使用权不予续期”,意思清晰明确。合同的签订无欺诈、胁迫行为存在,原告对合同条款应当是明知且理解其含义的,参加投标并签订合同,即意味着接受招标方案的限定条件。《海域使用管理法》第 26 条是对于一般情况下海域使用权人申请续期权利的规定,并非强制性规定,并不排除政府机关与海域使用权人对于使用权到期后是否续期通过明确约定的方式进行变更。由于海域使用权这一国家自然资源具有稀缺性特点,政府机关通过定期招投标的方式进行海域使用权出让,系以市场化手段促进自然资源的优化配置,以竞争性方式最大化保障和体现国有资产的价值,是政府更公开透明行使海域使用权出让管理职权的体现。尤其考虑涉案海域毗邻国家级自然保护区、盐城黄海湿地以及海洋生态红线,是否能够持续地进行养殖开发并不确定,政府以该条款对海域使用权出让作出一定限制具有合理性,并未违反法律法规的强制性规定。综上,法院判决驳回原告的诉讼请求。

一审判决作出后,各方均未上诉。本案判决现已生效。

【评析】

一、行政协议的概念及效力认定

行政协议兼具行政性与协议性的特征,是一种契约行政、协商行政的行政管理方式。司法实践中,界定行政协议有 4 个要素[①]:一是主体要素,即必须一方当事人为行政机关,另一方为行政相对人;二是目的要素,即必须是为了实现行政管理或者公共服务目标;三是内容要素,协议内容必须具有行政法上的权利义务内容;四是意思要素,即协议双方当事人必须协商一致。自 2020 年 1 月 1 日起施行的最高人民法院《关于审理行政协议案件若干问题的规定》(以下简称《行政协议规定》)第 1 条对行政协议作出了具体定义,即"行政机关为了实现行政管理或者公共服务目标,与公民、法人或者其他组织协商订立的具有行政法上权利义务内容的协议,属于行政诉讼法第十二条第一款第十一项规定的行政协议",这一规定使多年来针对行政协议范围的界定终于明晰。本案海域使用权出让合同发生于履职的行政机关与行政相对人之间,协议标的及内容有行政法上的权利义务,又为实现行政管理目标和公共服务,属于行政协议。

根据《行政协议规定》第 12 条的规定,行政协议存在《行政诉讼法》第 75 条规定的重大且明显违法情形的,人民法院应当确认行政协议无效。人民法院可以适用民事法律规范确认行政协议无效。在行政协议诉讼中,为了保障行政协

① 大英县永佳纸业有限公司诉四川省大英县人民政府不履行行政协议案,详见 2019 年 12 月 10 日最高人民法院发布的 10 个行政协议解释参考案例。

议实现行政管理目的,认定行政协议无效一般应把握“重大且明显”标准②:一是对于以行政协议形式体现出来的行政行为,完全适用《行政诉讼法》第75条关于无效行政行为的规定;二是对于适用民事法律规范合同无效规定的,也要注意行政诉讼的特征,只有达到“重大且明显”违法标准的,才能确认行政协议无效;三是要尽可能推进行政协议有效,尽可能通过瑕疵补正的方式使得行政协议重归有效。据此,认定行政协议是否无效主要从以下两个方面着手:(1)行政协议是否存在《行政诉讼法》第75条规定的“实施主体不具有行政主体资格或者没有依据等重大且明显违法”的情形。(2)行政协议是否存在依照《合同法》规定应认定无效的情形,具体包括是否存在一方以欺诈、胁迫的手段订立合同,损害国家利益;恶意串通,损害国家、集体或者第三人利益;以合法形式掩盖非法目的,损害社会公共利益;违反法律、行政法规的强制性规定等情形。

二、涉案行政协议未违反法律法规的强制性规定

本案中,原告主张涉案行政协议有关“到期后不予续期”的约定与《海域使用管理法》第26条的规定相违背,属于“违反法律、行政法规的强制性规定”,应为无效。

所谓“强制性规定”,是相对于任意性规定而言的,是不允许人们依自己的意思加以变更或排除适用的规定。强制性规定要求当事人必须从事或者不从事某一种行为,属于行为规范的范畴。认定某一规定是否为强制性规定,可首先采取形式标准,看某一规范是否包含诸如“应当”“必须”“不得”“禁止”等字样来认定其是否为强制性规定,但也不可简单根据形式标准③。具体到某一法律规定而言,可能涉及对不同主体行为的规定,其是否属于强制性规定需结合不同的主体进行分析,一个法律规定可能对某一主体设定权利而对另一主体设定义务,不可笼统地将其判定为对两个不同主体都具有强制性。

《海域使用管理法》第26条规定海域使用权期限届满,海域使用权人需要继续使用海域的,应当至迟于期限届满前2个月向原批准用海的人民政府申请续

---

② 参见梁凤云:《行政协议效力确认的若干审理规则》,载微信公众号“行政执法与行政审判”2019年7月8日发布。

③ 参见最高人民法院民事审判第二庭编著:《〈全国法院民商事审判工作会议纪要〉理解与适用》,人民法院出版社2019年版,第242页。

期。除根据公共利益或者国家安全需要收回海域使用权的外,原批准用海的人民政府应当批准续期。该条两次出现“应当”字样,较易理解为强制性规定。但是强制性规定不能做笼统的理解,在上述条文中,如海域使用权人具有申请续期的权利,且在法定期限内提出申请,前述两个条件具备时,政府除有特别理由外,应当“强制性”准予续期。这时,该规定对于政府机关属于强制性规定。然而对于海域使用权人而言,是否申请续期,是其权利而非义务,其可以选择申请续期也可以选择不申请,自然也可以选择提前放弃这一申请续期的权利。这里对于申请续期权利的规定,不属于强制性规定。事实上,本案中需探讨的是行政协议以约定方式放弃海域使用权人的申请续期权是否有效的问题。在海域使用权人已经放弃申请续期权的情况下,《海域使用管理法》第 26 条本就不应适用于涉案情形,自然也就不存在行政协议违反法律强制性规定的问题。

涉案行政协议以约定方式放弃了海域使用权人申请续期的权利,该约定是否有效,是本案的焦点问题。申请续期权是一项权利,权利是可以放弃的,放弃权利的行为也不存在应归于无效的法定情形。至于约定放弃权利是否属于显失公平、重大误解等可撤销的情形,则需要另当别论。涉案行政协议系招投标方案公示之后,原告根据该方案参与投标后签订,相关合同的签订并无欺诈、胁迫行为存在;原告对合同相关条款应当是明知且理解其含义的;到期不再续期,而是重新组织招投标,也与涉案海域以招投标方式出让的客观情况相符合,行政协议做此约定具有一定的合理性。

三、行政协议效力识别的司法裁量

行政协议兼具行政性(公法性)与协议性(私法性)双重特点,行政性是行政协议区别于民事合同的根本属性,协议性则要求行政机关与行政相对人协商自由、意思自治。行政协议中所谓的“行政”是一种契约行政或协商行政,倘若一切依照法律法规规定调整双方行为,则不需要签订行政协议。换言之,行政协议的特性和价值决定其产生之初就具有补充、变更甚至排除法律法规规定的功能特征。行政协议有别于传统的行政行为,因而不能完全照搬照抄有关行政行为的规定,否则就可能出现体系混乱甚至体系违反。[④] 司法审判中,对于行政协议与

④ 麻锦亮:《纠缠在行政性与协议性之间的行政协议》,载《中国法律评论》2017 年第 1 期。

行政法律法规规定不一致的情况,应谨慎审查,除非违反法律强制性规定,明显侵害相对人合法权益或者国家、集体、第三人利益,否则切忌轻易认定无效。在本案中,确认行政协议有效的考量主要在于:

一是行政相对人有权在行政协议中处分自己的部分实体或程序性权利。当然,法院需审查其处分的权利是否为其合法享有的权利,以及处分权利本身是否触犯法律的强制性规定或违背社会公序良俗。此外,还应当对于权利处分的意思表示真实与否进行审查,比如对于政府机关利用优势地位而强行代替行政相对人放弃权利,或者存在重大误解、显失公平等情况。本案中,原告并非第一次参与涉案海域使用权的投标,此前也曾以投标方式取得海域使用权,并在3年期满后重新以投标方式另行取得海域使用权。被告在招投标之前的招标公告等公开材料中均已明确注明了使用权期限为3年,到期后不再续期等内容。因此,本案中并不存在欺诈、胁迫或者其他导致意思表示不真实的情况。

二是政府机关有权以合法方式提升国家自然资源管理的效率和收益。政府机关代表国家行使对国家自然资源的管理职权,有偿出让海域使用权的收益为国家所有。在合法合理的基础上将自然资源使用收益最大化,属于政府机关的职责范围。通过招投标的方式经营国家自然资源,既有利于资源高效利用,也有利于资源利用收益的提升,是值得肯定的管理方式。在以招投标方式出让海域使用权的情况下,是否仍可以在到期后申请续期,并无明确的规定。但考虑到自然资源使用价格逐年增高,采用分期出让,到期再行招投标的方式显然更符合市场化要求,而3年一期也已经兼顾了海域使用的稳定性。此外,近海海域使用常受到国家海洋环境保护、海域区划规划等政策、法律法规变化的影响,具有一定的不确定性,限定海域使用期限有助于提升行政管理的效率,减少因政策法律变化而带来的管理难度、成本等一系列问题,具有合理性。

三是尊重行政协议约定有助于维护政府公信力和稳定性,也是诚信原则在行政协议中的体现。对于行政协议约定的尊重,不仅针对行政相对人,也是对行政机关的约束。对于海域资源的管理,既可以采用传统的职权式的方式,也可以采用行政协议的方式。但一旦采用契约方式,则应当在契约框架下寻求救济,而不能动辄以协议约定与法律规定不符而主张无效。涉案海域使用权的招投标方案向社会大众公示,潜在有意向使用海域的个人和企业均已了解,涉案海域采用这种方式运营多年,在当地相关企业个人间已经形成了共同认识。轻易否定协议效力,既是对政府公信的打击,也是对社会诚信的伤害。同时,对海域使用期限的限制必然在投标价格上予以体现,抹除这一期限限制对曾经以此协议为基础进行海域使用的人和其他未能取得海域使用权的人而言,显然也是不公平的。

(张健、鲍海跃供稿)

[入选《最高人民法院公报》案例(2020 年第 8 期)
入选中国法院 2021 年度案例]

【案例索引】

(2019)沪 72 行初 19 号

26. 陶某某诉上海市宝山区水务局、上海市宝山区人民政府不服行政处罚及行政复议案

——涉长江保护共同非法采砂认定与处罚的法律适用

【提要】

共同非法采砂的认定应综合考量主客观四要件。在已有证据证明运砂船系与未取得许可的采砂船相互配合,共同完成采砂的情况下,应由运砂船对其不具有共同违法的主观故意承担举证责任。《长江河道采砂管理条例实施办法》第25条中关于共同非法采砂的定义部分仍属有效,但罚则部分应适用《长江保护法》第91条。

【案情】

原告:陶某某

被告:上海市宝山区水务局(以下简称宝山水务局)

被告:上海市宝山区人民政府(以下简称宝山区政府)

2021年3月14日凌晨,宝山海事局执法人员在长江河道上海段宝山南锚地附近水域执法检查时,发现装载江砂的"华青6766"运砂船,该船无合法运砂单据,涉嫌在长江河道上海段水域内实施违法采砂作业,宝山海事局执法人员将其拦停于宝山南锚地附近水域,要求其原地抛锚等待处理,并于次日将该案移送被告宝山水务局处理。3月15日下午,宝山水务局行政执法大队对该运砂船进行登检,该船实际所有人及经营人原告陶某某及船长陶某某在询问笔录中均称2021年3月13日21时30分左右,在吴淞口10号锚地北侧水域有1艘无名采砂船为其打砂。2021年1月1日至3月16日,上海市未批出长江河道采砂许可证,且该时间段内也不存在尚在有效期内的长江河道采砂许可证。2021年6

月 4 日,被告宝山水务局对原告作出被诉处罚决定,认定原告在长江河道上海段吴淞口 10 号锚地北侧水域组织运砂船实施违法采砂行为,依据《长江保护法》对其作出罚款 50 万元并没收江砂及运砂船舶。原告收到被诉处罚决定后不服提起行政复议,被告宝山区政府于同年 8 月 10 日作出被诉复议决定,维持了被诉处罚决定。

原告陶某某诉称,(1)被诉处罚决定事实认定错误。购买砂石系临时起意,且并不知道该砂石系他人非法开采所得,"华青 6766"运砂船上并未配置任何采砂工具及设备,原告不可能实施"非法采砂"行为。(2)被诉处罚决定法律适用错误。《长江保护法》第 28 条和第 91 条均系针对非法采砂行为的处罚规定,原告并未参与非法采砂行为,仅是正常购买行为。就算原告系明知非法采砂而购买,也系违反《采砂条例实施办法》第 25 条,应当依据《长江河道采砂管理条例》(以下简称《采砂条例》)第 18 条的规定作出处罚。《长江保护法》没有任何条款对于运砂或者购买砂石的行为作出处罚。(3)被诉处罚决定缺乏合理性。原告系首次购买装运河砂,被告却直接没收了原告赖以为生的船舶,显然缺乏合理性。因此,请求法院判决撤销被诉处罚决定及被诉复议决定。

被告宝山水务局辩称,原告与 1 艘无名采砂船共同实施采砂作业,无名采砂船未取得长江河道采砂许可证,原告停止采砂作业后往长江上游方向行驶,后被宝山海事局拦停于宝南锚地,原告上述采砂行为违反了《长江保护法》第 28 条第 1 款规定。被告执法主体适格,被诉处罚决定认定事实清楚、执法程序合法、适用法律正确,故请求判决驳回原告的诉讼请求。

被告宝山区政府辩称,被诉复议决定作出的程序合法,请求法院驳回原告的诉讼请求。

【裁判】

上海海事法院经审理认为,本案争议焦点:(1)原告的行为是否构成非法采砂;(2)被诉处罚决定的法律适用是否正确;(3)被诉处罚决定的处罚裁量是否适当。

一、关于原告的行为是否构成非法采砂

原告的装运行为客观上已符合《采砂条例实施办法》第 25 条规定所指的与

非法采砂船舶共同实施非法采砂行为的构成要件。原告称其行为系购买工程砂,对采砂船是否取得许可并不知情。首先,原告并未提供购买凭证,且当事人是否购买取得涉案江砂并不影响共同非法采砂行为的认定。其次,原告并非通过公开市场渠道购买江砂,而是从浏河出发航行数小时至吴淞口 10 号锚地后,联系采砂船舶为其现场打砂。最后,《采砂条例》及《采砂条例实施办法》实施至今已近 20 年,长江流域河道采砂实行规划和许可制度已为社会公众广为知晓,原告作为涉案运砂船的实际经营人,更应对此有所了解。即便如原告所述,在不了解对方是否取得许可的情况下,联系采砂船为其现场采砂,主观上对于共同实施非法采砂行为亦存在放任的故意。

二、关于被诉处罚决定的法律适用是否正确

首先,当《长江保护法》第 91 条和《采砂条例》第 18 条均对长江流域非法采砂行为作出处罚规定时,按照上位法效力优于下位法原则,应当适用《长江保护法》第 91 条的规定做出行政处罚。其次,根据《长江保护法》第 92 条的规定,对于破坏长江流域生态环境等违法行为,《长江保护法》未做行政处罚规定,而其他法律、行政法规作出规定的,适用其他法律、行政法规;《长江保护法》已经作出处罚规定的,应当适用《长江保护法》,其他法律、行政法规的处罚规定则不再适用。最后,特别法和一般法的适用主要针对的是同一位阶的法律规范,《采砂条例》与《长江保护法》既非由同一机关制定,亦非同一位阶法律规范,故不存在特别法优先适用问题。宝山水务局先根据《采砂条例实施办法》第 25 条的规定,将原告的装运行为定性为非法采砂,进而适用《长江保护法》第 91 条关于非法采砂行为的处罚规定,法律适用并无不当。

三、关于被诉处罚决定的处罚裁量是否适当

设定和实施行政处罚必须以事实为依据,与违法行为的事实、性质、情节以及社会危害程度相当。宝山水务局基于涉案非法采砂的货值,参照长江委制定的细化裁量标准,在《长江保护法》第 91 条规定的处罚幅度内确定处罚金额,处罚裁量并无不当。原告关于其系初犯,尚需偿还购买船舶贷款,被诉处罚裁量过重的主张,既不属于处罚裁量的考量因素,也不构成从轻、减轻处罚的法定事由。

综上,上海海事法院判决驳回原告陶某某的全部诉讼请求。

一审判决作出后,各方当事人均未提起上诉。本案判决现已生效。

【评析】

作为我国首部流域专门法律,《长江保护法》的颁布实施在给长江流域治理提供新路径和法律依据的同时,也不可避免地产生新的实务困扰。如针对非法采砂行为,新法规定了更为严厉的处罚条款,但并未对共同非法采砂行为作出明确规定。采砂行为往往涉及开采、租赁、运输、销售等多个环节,从客观表现上看,有自(租)船开采、自(租)船运输、自采(运)砂船上直接销售、场地(码头)销售等;从主观状态看,有事先共谋、临时组合,甚至有现场"搭班",形形色色,不一而足。本案原告主要从其不构成共同非法采砂及不应适用《长江保护法》两个方面,对被诉处罚决定的合法性提出异议。

一、共同非法采砂的内涵与构成要件

(一)行政处罚中共同违法行为的定义

《行政处罚法》在我国行政处罚法律中具有总则性的地位,但无论修改前后,该法均未直接规定共同违法行为的定义与认定标准。《刑法》第 25 条第 1 款规定,"共同犯罪是指二人以上共同故意犯罪"。鉴于"行政处罚是最严厉的行政行为,它与刑法有着千丝万缕的联系。可以说,行政违法构成是刑法中犯罪构成理论在行政法中最类似的翻版"①,由此,借助刑法学上的犯罪构成要件理论来认知行政处罚中的共同违法行为,应将其定义为 2 人或 2 人以上共同故意实施违反行政法律规范的行为。②

(二)共同违法行为的构成要件

通说认为刑事犯罪构成包括主体、主观、客体与客观 4 个要素,依此理,行政处罚责任也应具备该四要素。虽然有些单行法中对四要素的构成并不明确,但这并不等于否认四要素构成要件。③ 共同违法行为的构成要件包括:一是主体要件,行为人必须是 2 人或者 2 人以上,且都具有行政违法责任能力。④ 二是主观

---

① 马怀德:《论行政处罚》,载《青海社会科学》1991 年第 1 期。

② 参见杨谢君:《秩序、权力与法律控制——行政处罚法研究》,四川大学出版社 1999 年版,第 228 页。

③ 参见杨小君:《行政处罚研究》,法律出版社 2002 年版,第 154 ~ 155 页。

④ 参见张泽想:《行政处罚中的分别处罚方法》,载《法学杂志》1994 年第 6 期。

要件，行为人都是故意参与违法行为，“存在犯意联络，即相互间要有一同违法的意思或决意，明知自己与他人配合共同实施的违法行为会造成危害后果仍决意实施。如果部分行为人存在过失，就不构成共同违法。”⑤三是客体要件，即共同违法行为侵犯了特定的行政管理秩序。四是客观要件，违法行为人必须共同实施两个以上互有联系的违法行为，⑥即各行为人为追求同一违法结果，完成同一违法事实而实施的相互关联、相互配合的违法行为，且违法行为与违法结果之间存在因果关系。

（三）运砂船构成共同非法采砂的考量因素

本案中之所以将运砂船认定为与采砂船“共同非法采砂”，主要基于以下考量：第一，作为非法采砂的处罚对象，即采砂船和运砂船的实际经营者与控制人，无论其系自然人还是企业法人，船舶系自有还是租赁，一般情况下均具有完全行政责任能力。第二，客观上采砂行为与运砂行为的共同配合才能实现非法采砂的目的，没有运砂船主的行为配合与连结，采砂行为的最终目的难以实现。现实中，运输船往往直接停泊在采砂船旁，采砂船在长江吸砂后直接装载到运输船舶上，因此运输船与采砂船的采砂行为构成了一个行为的两个环节，运输船舶也是非法采砂行为得以进行的前提。第三，所谓共同的故意，既包括事前的共谋，也包括事中的意思联结，只要明知对方的采砂行为属于非法而予以运输，即具有共同的故意。第四，长江河道的砂石属于矿产资源，受到包括《长江保护法》在内的法律保护，采砂船与运砂船相互配合实施的违法采砂行为，已构成对国家矿产资源的侵害和对长江河道许可管理制度的破坏。

二、共同非法采砂的处罚归责原则

共同违法行为四要件中，主体、客体和客观方面经水上执法部门的调查取证，一般都比较清晰明了。如本案中，原告作为运砂船的实际所有人和控制人，主动联系未取得许可证的采砂船，在长江河道为其现场采砂，客观上共同完成了非法采砂。但鉴于个体心理活动的隐蔽性和不稳定性，违法行为人的主观状态，即是否具有共同故意则较难认定。本案中原告即主张其对采砂船是否取得许可

---

⑤ 浙江余姚工商分局法规科课题组：《浅析共同违法的处罚》，载《中国工商管理研究》2008 年第 9 期。

⑥ 同注②，第228～229 页。

并不知情,其系购买江砂行为,并不存在非法采砂的故意。

(一)共同非法采砂的故意内容

所谓"共同故意实施",是指每一个违法行为人均认识到与他人共同实施的行为将发生危害社会的后果,并且持希望或者放任该结果发生的主观心态。一是认识到不是自己一个人单独实施,而是与他人相互配合,共同实施;二是认识到自己和他人的行为会引起同一结果;三是认识到各自行为之间的关联性及因果关系。具体到共同非法采砂行为,运砂船舶经营者应当认识到自己作为不可缺少的运输主体,系与采砂船舶相互联络、分工配合,且对非法采砂的后果持积极追求或放任发生的态度。

(二)共同故意的认定应适用过错推定原则

归责即是责任的确定。过错推定原则,是指只要行为人有违反法定义务的事实存在,行政机关就可推定义务违反者主观上具有过错;只有在行为人证明其不具有主观过错的情况下,才能免除其法律责任。[7] 与不问当事人主观状态的客观归责原则以及苛求行政机关证明相对人存在主观过错的主观归责原则相比,过错推定原则因其"在社会公平和行政效率之间取得了价值平衡"[8]而成为学界主流,并被2021年修订的《行政处罚法》采纳。本案违法事实的发生及行政处罚的作出均在《行政处罚法》修改前,当时虽未规定具体的归责原则,但过错推定显然更符合长江大保护的时代需求:

一是水上执法高效性的特殊要求。"迟到的正义非正义",高效既是公众要求也是行政原则。水上违法行为具有强隐蔽性、高机动性及合作临时性等特点。非法采砂船舶往往采用"游击式"作案手法,随机选择采砂点,采完迅速分头撤离,给执法监管带来相当难度。本案直至审理中涉案采砂船舶仍未抓获归案,如再苛求行政机关在作出处罚决定前必须查清当事人持有何种主观心态,既不符合行政效率,也不具有可操作性。

二是严厉打击长江流域非法采砂日益猖獗的现实需要。行政诉讼中应由行政机关对行政行为的合法性承担举证责任,但推定过错原则将不具有共同故意

---

⑦ 参见江必新:《论应受行政处罚行为的构成要件》,载《法律适用》1996年第6期。

⑧ 李孝猛:《主观过错与行政处罚归责原则:学说与实践》,载《华东政法大学学报》2007年第6期。

的证明责任分配给运砂船舶，增加行政相对人举证责任的同时，契合了严厉打击非法采砂、加大长江生态保护力度的迫切需要。

三是符合长江河道采砂许可管理制度。《长江保护法》虽属新法，但《采砂条例》及《采砂条例实施办法》实施已逾20年。长江流域采砂实行规划与许可制度已为社会公众广为知晓，运砂船经营者对此更应明知并加以注意。因此，即便如本案原告所述，在不了解核实采砂船是否取得许可证的情况下装运江砂，亦可推定其对非法采砂的违法后果持放任的间接故意。

(三)共同故意中主观无过错的证明要求

执法部门在认定主体、客体、客观状态均符合共同违法构成要件的情况下，即可推定当事人具有共同违法的主观故意，除非当事人能举出反证证明自己主观上并无过错。无过错主要有以下3种情形：一是行为人实施的行为是受他人蒙蔽或者胁迫；二是违法行为的实施是由他人的过错导致的；三是违法行为是为避免正在发生的危及国家、集体、他人或者本人利益等不可抗力。考虑到行政相对人举证能力的局限性，其证明标准可以低于行政机关证明责任的标准要求，但至少要比行政机关提供的证据更有说服力和证明力，即达到优势证明标准。

具体到本案中，原告主张自身不存在主观过错，应证明其已尽到核实采砂船是否取得许可的注意义务，或存在受蒙蔽实施装运的情形等，而原告关于其航行目的系至共青码头拉货、涉案江砂系不知情下购买等主张，既不构成排除过错的免责事由，亦未提供相应的证据证明，显然未完成自身无过错的举证责任。

三、共同非法采砂的处罚法律适用

针对非法采砂行为，《采砂条例》第18条规定对于情节严重的才扣押或者没收非法采砂船舶；而《长江保护法》第91条则要求一律没收用于违法活动的船舶。后者的罚款数额大幅提高，显著增加了违法成本，因此原告极力主张排除适用《长江保护法》。

(一)《长江保护法》实施不等于相关旧法均失效

长江立法的需求首先来自“九龙治水”的立法现状。[9]《长江保护法》立足国情,超越既有立法中的“部门”与“地方”结构,创造性地以多重流域统筹协调,为长江流域破解“九龙治水”“各自为政”的“条块分割”型传统管理体制提供了全新的解决方案。[10] 在涉长江流域生态安全保护方面,《长江保护法》不是对原有法律法规的推倒重来,而是有所继承、有所突破的补充型立法。[11] 事实上,我国涉及河流管理与相关保护的法律并不少,与之直接相关的就有《水污染防治法》《环境保护法》《水法》《防洪法》等。《长江保护法》的实施并不意味着相关旧规定均失去效力,相反,原有法律法规已作出调整的内容均不是《长江保护法》的立法重点,二者系针对不同领域的监管目标制定。正是出于此种立法制度安排,《长江保护法》第 92 条作出兜底性规定:“对破坏长江流域自然资源、污染长江流域环境、损害长江流域生态系统等违法行为,本法未做行政处罚规定的,适用有关法律、行政法规的规定。”

(二)与上位法不存在冲突的处罚条款定义部分仍属有效

值得注意的是,我国行政法规范中有关行政处罚的规定,常常以“违反本法/条例规定的违法行为 + 实施行政处罚的主体 + 处罚种类”的形式予以表述,即包括定义和罚则两部分内容,前者规定了违法行为的表现形式,后者才是具体处罚内容。《长江保护法》实施后,《采砂条例实施办法》第 25 条的法律效力应从两个方面加以考察:一方面,《长江保护法》并未针对共同非法采砂作出专门规定,故《采砂条例实施办法》第 25 条中关于共同非法采砂的定义部分与上位法并不存在冲突,仍属有效;但第 25 条的罚则部分,即所指向的《采砂条例》第 18 条,因《长江保护法》第 91 条已对非法采砂作出新的处罚规定,故旧法规定应不再适用。另一方面,如前所述,非法采砂呈现出多方违法主体分工协作的显著特征,一个完整的非法采砂行为包括采砂、运输、出售等环节,如以《长江保护法》未对

---

⑨ 参见吕忠梅、陈虹:《关于长江立法的思考》,载《环境保护》2016 年第 18 期。

⑩ 参见邱秋:《多重流域与统筹协调:〈长江保护法〉的流域管理体制创新》,载《环境保护》2021 年第 Z1 期。

⑪ 参见王宏巍、王树义:《〈长江法〉的构建与流域管理体制改革》,载《河海大学学报(哲学社会科学版)》2011 年第 2 期。

运砂行为作出处罚规定为由,排除适用《采砂条例实施办法》的相关规定,将造成限缩违法打击范围的后果,显然不利于全面遏制长江流域非法采砂,亦与构建长江大保护体系的立法目的背道而驰。

(三)"高法优于低法"规则应予优先适用

作为专门规范长江流域采砂行为的行政规章,《采砂条例》相对于《长江保护法》而言属于"特别法",但作为全国人大常委会制定的法律,《长江保护法》又属于"上位法"。当作为"一般法"的"上位法"与作为"特别法"的"下位法"之间对同一事项的规定不一致时,应当优先适用"高法优于低法"规则。因为根据《立法法》的相关规定,"特别法优于一般法"有一个不可或缺的必要条件:它只适用于"同一机关"制定的法之间,不适用于不同机关或不同位阶的法律冲突。换言之,除非上位法的一般法授权下位法以特别法修改其确立的法律规范,不应承认任何与上位法相冲突的下位法为特别法。据此,宝山水务局在适用《采砂条例实施办法》第25条,认定原告的运砂行为构成共同非法采砂的基础上,根据《长江保护法》第91条做出行政处罚,法律适用并无不当。

(单宇驰供稿)

(入选最高人民法院2021年度海事审判典型案例)

【案例索引】

(2021)沪72行初1号

27. 张某等诉上海市海洋局政府信息公开答复及中华人民共和国自然资源部行政复议决定案

——过程性信息判断标准及公开豁免审查界定

【提要】

司法审查中对于过程性信息的判断应当从效力范围、时间标准及内容属性三个方面进行界定，过程信息的公开豁免不是绝对的，除特别规定应予公开的信息外，法院应当根据利益平衡原则和可分割性原则对过程性信息的公开豁免范围进行审查。

【案情】

原告：张某、叶某、黄某某、赵某某

被告：上海市海洋局

被告：中华人民共和国自然资源部（以下简称自然资源部）

2018年7月，国务院印发了《关于加强滨海湿地保护严格管控围填海的通知》（国发〔2018〕24号），要求自然资源部会同有关部门开展全国围填海现状调查，为处理围填海历史遗留问题提供依据。2018年9月，上海市海洋局根据《自然资源部办公厅关于开展全国围填海现状调查的通知》（自然资办函〔2018〕1050号），组织开展上海市围填海现状调查工作。为向自然资源部报送工作情况，上海市海洋局于2018年12月制定《关于报送长江口区域现状调查数据的报告》（沪海洋〔2018〕40号），又于2019年3月制定《关于报送〈上海市图斑现状调查报告（杭州湾区域）〉的报告》（沪海洋〔2018〕9号）。自然资源部陈述称，全国围填海现状调查报告主要用于编制围填海历史遗留问题清单和处理方法，为进一步严格管控围填海、妥善处理围填海历史遗留问题提供决策依据，尚未形成最终结论。

2019 年 7 月 12 日,四原告与案外人向上海市海洋局邮寄提交《上海市水务局(海洋局)政府信息公开申请表》(补正),申请公开上海市围填海现状调查报告。7 月 29 日,上海市海洋局出具《告知书》(编号:2019 - 信函申请 005),认为四原告所申请公开信息属于行政机关履行行政管理职能过程中形成的过程性信息,遂作出不予公开决定。四原告不服上述行政行为,于 8 月 21 日向自然资源部提出行政复议申请,请求撤销上海市海洋局作出的《告知书》。自然资源部于 8 月 23 日发出行政复议通知书,9 月 12 日收到上海市海洋局提交的行政复议答复书。10 月 17 日,自然资源部作出《行政复议决定书》[自然资复议〔2019〕1121 号(决)],以作出行政复议答复书超过法定期限为由,决定撤销上海市海洋局于 2019 年 7 月 29 日作出的《告知书》。10 月 18 日,四原告与上海市海洋局收到该行政复议决定书。上海市海洋局于 11 月 7 日再次出具《告知书》(编号:2019 - 信函申请 005),认为四原告所申请公开信息属于行政机关履行行政管理职能过程中形成的过程性信息,作出不予公开决定,并于 11 月 19 日向四原告邮寄送达。四原告于 11 月 29 日向自然资源部提出行政复议,自然资源部于 2020 年 1 月 20 日作出《行政复议决定书》[自然资复议〔2019〕1409 号(决)],决定维持上海市海洋局于 2019 年 11 月 7 日作出的《告知书》。

四原告称,申请公开的上海市围填海现状调查报告反映了上海市海洋局进行数据统计的相关记录及处理结果,一般不会再发生新的变化,不属于过程性信息,两被告不予公开的理由违反法律规定。四原告请求判令撤销被告上海市海洋局于 2019 年 11 月 7 日作出的《告知书》(编号:2019 - 信函申请 005),并责令重新作出;撤销被告自然资源部于 2020 年 1 月 20 日作出的《行政复议决定书》[自然资复议〔2019〕1409 号(决)],并责令重新作出。

被告上海市海洋局辩称,四原告申请的上海市围填海现状调查报告是通过比对、筛选及核实国家下发的围填海调查图斑,按照相关要求进行数据梳理汇总,作为处理围填海历史遗留问题任务第一阶段工作情况向自然资源部进行的请示报告,为过程性信息,依法不属于政府信息公开范围。

被告自然资源部辩称,四原告申请公开的上海市围填海现状调查报告属于行政机关在履行行政管理职能过程中形成的过程性信息,上海市海洋局已告知不予公开决定,并说明了原因和理由,已经履行了信息公开答复义务。上海市海洋局于2019年11月7日作出的《告知书》事实清楚、证据确凿、依据正确、程序合法、内容适当。自然资源部据此作出的《行政复议决定书》程序合法、事实清楚、适用法律正确。

【裁判】

上海海事法院经审理认为,过程性信息是行政机关在履行行政职务过程中形成的,尚处于讨论、研究或者审查阶段的信息。自然资源部是根据国务院通知要求,对全国围填海现状进行调查,系为处理围填海历史遗留问题提供依据。上海市海洋局则是根据自然资源部的通知要求组织开展上海市围填海现状调查,而涉案上海市围填海现状调查报告是在该项工作过程中形成的阶段性报告。上海市海洋局虽已完成该项工作,但该信息还有待上级行政机关编制确认。根据自然资源部陈述,各省、直辖市的报告汇总之后,再行制作全国围填海现状调查报告,并据此编制围填海历史遗留问题清单和处理方法。目前,最终处理方案尚在制定过程中,因此四原告申请公开的上海市围填海现状调查报告属于过程性信息。

根据《上海市政府信息公开规定》第十七条,过程性信息如果已对公民、法人和其他组织的权利义务产生直接影响,并且作为行政机关行政管理依据的,应当公开。但依据现有证据,尚无法得出该过程性信息已直接影响四原告权利义务的结论,也无法证明行政机关已据此作为行政管理依据。此外,该报告系中央政府决策依据,社会影响重大,在相关决策出台之前,报告的公开可能对决策产生影响。因此,上海市海洋局作出的不予公开决定以及自然资源部作出的维持决定,适用法律正确。

综上,上海海事法院判决驳回四原告的诉讼请求。

一审判决作出后,四原告向上海市高级人民法院提起上诉,上海市高级人民法院判决驳回上诉,维持原判。本案判决现已生效。

【评析】

本案实体争议焦点在于涉案调查报告是否属于过程性信息,能否公开豁免。

围绕过程性信息判断标准以及公开豁免的审查界定问题，审判实践中仍存在不少分歧，需进一步审视。

一、公开豁免的法律依据

在政府信息公开领域，“公开为原则，不公开为例外”是现代法治国家普遍遵循的基本准则。在法律限定的特定公开豁免情形中包括了过程性信息。过程性信息一般指行政机关在履行行政管理职能过程中形成的，尚处于讨论、研究或者审查阶段的信息。鉴于政府决策会对公共利益的重大影响，过程性信息存在非最终、不确定等特点，特别是可能还存在一些错误信息，贸然公开会误导社会公众，也会影响公共决策进程。过程性信息公开豁免是一种共识，我国香港特别行政区及多数国家都通过立法进行了明确。

我国关于过程性信息豁免公开规定最早出现在 2002 年《广州市政府信息公开规定》中，但各地做法并不一致[①]。2007 年颁行的《政府信息公开条例》未予明确，2009 年最高人民法院在制定相关司法解释过程中也曾尝试进行规范[②]，但最终未能实现。2010 年国务院办公厅《关于做好政府信息依申请公开工作的意见》(以下简称《意见》)中首次在全国一般性文件中进行规定[③]，2019 年修订的《政府信息公开条例》(以下简称《条例》)正式从立法层面予以规范。《条例》第 16 条规定：“行政机关在履行行政管理职能过程中形成的讨论记录、过程稿、磋商信函、请示报告等过程性信息以及行政执法案卷信息，可以不予公开。”同时，该条赋予特别法律规范例外的优先性，即法律、法规、规章规定上述信息应当公开的，从其规定。如 2020 年施行的《上海市政府信息公开规定》第 17 条在《条例》的基础上，进一步明确“如果已对公民、法人和其他组织的权利义务产生直接影响，并且作为行政机关行政管理依据的，应当公开”。通过立法联动，从而构建了以《条例》为核心，以部门规章和地方立法为补充的过程性信息公开豁免法律体系，成为政府信息公开案件司法审查的基本法律依据。

---

① 2004 年《上海市政府信息公开规定》也将“正在调查、讨论、处理过程中的信息”明确列入不予公开的范围，但后续修改中予以删除，江苏、浙江、河北等地有类似规定，而山东、湖北等地则未明确。

② 参见最高人民法院《关于审理政府信息公开行政案件若干问题的规定(征求意见稿)》第 11 条。

③ 参见《意见》第 2 条。

二、过程性信息的判断标准

《条例》的出台尽管填补了立法空白,但规定仍较为原则。从条款内容看,并未从法律要件和特征角度对过程性信息进行明确界定,而仅是列举了常见的过程性信息表现形式,内容上主要沿袭了《意见》规定,基本没有实质性变化。笔者认为,过程性信息的界定可以从以下几个方面进行考量:

(一)效力范围标准

司法实践中对于如何判断是属于过程性信息或是行政机关的内部事务信息常常存在混淆,本案一、二审对于涉案调查报告的定性亦存在不同认识。根据《条例》规定,内部事务信息包括人事管理、后勤管理、内部工作流程等方面的信息,可以不予公开。笔者认为,判断信息属性的关键在于是否具有外部行政性的效力,具体包括两个方面:一方面,过程性信息系形成于行政机关履行行政管理职能过程中,该过程不仅仅对内而且具有外部性,而内部事务信息的效力仅限于行政机关内部。另一方面,过程性信息在行政机关决策作出后会对公共利益产生影响,很有可能会对行政相对人的权利义务产生直接法律效果或作为行政机关的管理依据,而内部事务信息主要涉及人事管理、后勤管理、内部工作流程等与公共利益无关的事项,该类信息对行政机关的决策不产生实际影响,不公开不影响公民对行政权的监督。

(二)时间标准

对于过程性信息的判断需要对"过程"的含义进行理解,理论界存在不同观点。一种观点认为,该过程是指信息的形成过程,是信息自身未形成状态的体现,与其背后的行政行为并无关系,取决于信息自身是否仍处于处理过程中。[④] 另一种观点认为,这个过程,不是指信息的形成过程,而是指信息所服务的行政行为的形成过程。[⑤] 笔者认为,上述两种观点的侧重点虽不同,但均强调过程性信息系行政机关在行政决策作出之前获取或制作的信息,从《条例》第16条第2款的"在……中"、《意见》第2条第2款的"处于……中"以及各地政府信息公开规定"正在……中"等类似表述中均体现了对信息时间节点的强调,即信息应当

---

④ 参见杨登峰:《论过程性信息的本质——以上海市系列政府信息公开案为例》,载《法学家》2013年第3期。

⑤ 参见杨小军:《过程性政府信息的公开与不公开》,载《国家检察官学院学报》2012年4月。

产生于行政行为处于不成熟、不确定的阶段。

引申的问题是，在行政决策作出后，原来的过程性信息是否可以公开豁免？笔者认为，一方面，从立法目的上看，《条例》第1条即规定本条例的制定旨在提高政府工作的透明度。政府工作的透明不应仅指行政决策结论的透明，还应包括行政决策过程的透明，那么也就要求在行政过程中产生的过程性信息能够为外界所获取。另一方面，从概念属性上看，过程性信息的“过程性”指向在行政决策作出之前，赋予过程性信息公开豁免是为避免错误信息误导社会公众，抑或影响公共决策进程。在行政决策作出后，不存在信息内容的非正式和可变更性的特征属性。因此，即便行政决策已经作出，行政程序终结前形成的信息仍为过程性信息。司法实践也有此类观点。⑥

（三）内容性质标准

在内容上，《条例》列举了讨论记录、过程稿、磋商信函、请示报告4种常见类型，只做了形式区分，但未对过程性信息的内容性质进行界定。通过形式外观进行识别的好处就是简单易行，只要符合某一特定形式的信息就可以认定为过程性。但形式取代内容的缺点也显而易见，这4个载体在实践中表现形式多样，承载内容各不相同，会造成政府信息公开决定的不科学。

从内容来看，过程性信息有3个基本特征需要注意：一是具备信息的基本要素，系行政机关制作或获取的，记录了行政行为的形成过程。二是非正式性，相较于已完成行政过程并以法定形式固定的正式信息而言，过程性信息从形式上并未以适当形式将内容固定，且由于尚处于讨论、研究或者审查阶段，信息内容仍存在不确定性。三是非完整性，一方面过程性信息存在错误信息的可能，并非一定准确；另一方面过程性信息会存在与真实客观的情况差距“过大”的情况，公众获取不仅起不到指导生产生活、满足知情权的作用，反而可能会误导社会公众作出错误判断，对社会公众而言并非具有使用价值。⑦

本案中，涉案调查报告应当认定为过程性信息，理由如下：一是调查报告系

---

⑥ 参见李家来诉安徽省合肥市庐阳区人民政府政府信息公开案，最高人民法院（2020）最高法行申13479号行政裁定书。

⑦ 参见张咏：《再问“过程性信息”概念界定：行政过程抑或自身状态》，载《甘肃行政学院学报》2015年第4期。

上海市海洋局在履行职责过程中制作形成,由于该项工作涉及公共利益,在行政决策作出后会对公共利益产生影响,故不属于内部事务信息。二是虽然上海市海洋局已完成该项工作,但该信息还有待上级行政机关编制确认,且最终的行政决策并未作出,该报告内容仍具有非正式性和非完整性。

三、公开豁免的审查原则

从《条例》第 16 条第 2 款的规定来看,措辞表述为“可以不予公开”,并且规定法律、法规、规章有特殊规定的应当公开,意味着过程信息的公开豁免不是绝对的。除特别规定应予公开的信息外,法院应当根据一定原则标准对过程性信息的公开豁免范围进行审查。

(一)遵循利益平衡原则

在“以公开为原则”的前提下,《条例》对于政府信息的公开豁免有两条一般例外规定:一是涉及国家秘密、法律法规禁止公开以及公开后可能危及国家安全、公共安全、经济安全和社会稳定的政府信息不予公开;二是涉及商业秘密、个人隐私等公开会对第三方合法权益造成损害的政府信息不得公开(第三方同意公开或行政机关认为不公开会对公共利益造成重大影响的除外)。

笔者认为,过程性信息作为政府信息同样应当遵循上述规定,并且应当根据规定所体现的利益平衡原则,在司法审查中注重对过程性信息公开或不公开的利益进行裁量。只有当不公开的利益大于公开的利益时,过程性信息才能豁免公开。主要可以从以下两个方面进行利益衡量:

一是分析过程性信息公开与否是否会对个人利益及公共利益产生影响,在对个人的权利义务产生直接影响或者作为行政管理依据或者具有重大社会影响的情况下,就应当予以公开。

二是比较公民对政府信息的知情监督权对行政决策权的影响程度,如果公开对政府内部坦率意见交换、行政决定作出造成影响,并可能妨害行政决策的完整性和科学性以及后续行政管理的有效实施,抑或过早公开会使公众产生误解和猜测,那么过程性信息可以公开豁免。

(二)注重可分割性原则

《条例》采取列举式对常见的过程性信息进行规定,但未根据过程性信息的内容性质将事实信息与意见信息进行划分规定,并采取不同的豁免公开规则。

笔者通过检索发现，目前我国司法实践中，行政相对人常以过程性信息属于事实信息应当公开为由提出抗辩，而绝大多数法院在对过程性信息的审查中均未区分过程性信息为事实信息、意见信息或混合信息，只是笼统地对是否为过程性信息进行界定，并在过程性信息这个上位概念之下对是否可以豁免公开进行认定。当然，也有极少数法院⑧在对过程性信息审查时进行划分，并认为对于意见信息一般不予公开，而对于事实信息一般应予公开。

笔者认为，根据行政法的基本原则——比例原则，具体到政府信息公开领域即为《条例》第37条所确立的可分割原则。在我国立法及司法审查中，可以根据信息内容的不同，将过程性信息划分为事实信息和意见信息，并在进行豁免公开认定时以信息内容为依据作区分处理，即对于事实信息，由于其客观成熟存在、与行政机关的履职相关，不因公开与否发生变化，一般可予公开；对于意见信息，由于在行政机关讨论、研究、审核过程中是不确定、不成熟的，一般不予公开；对于混合信息，如果混合信息中的事实信息与意见信息可以区分，那么混合信息中的事实信息仍应予以公开。当然，在行政机关及司法审查中决定对事实信息是否公开豁免时也应当遵循利益平衡原则，对事实信息公开的利益与不公开的利益进行裁量。

本案中，依据现有证据，一方面，无法得出调查报告已直接影响原告的权利义务，行政机关亦未作为行政管理依据；另一方面，虽调查报告中涉及的上海围填海图斑数据作为事实信息系客观存在，但图斑数据公开会引起公众产生猜测，且调查报告系中央政府决策依据，社会影响重大，在相关决策出台之前，报告的公开可能对决策产生影响。因此，在遵循上述两项审查原则的基础上，涉案调查报告作为过程性信息可以豁免公开。

（李海跃、仲海波供稿）

（获评全国法院系统2022年度优秀案例分析评选三等奖）

【案例索引】

(2020)沪72行初1号

⑧ 参见(2020)吉7102行初1号、(2019)吉0182行初30号、(2017)浙0784行初3号行政判决书。

28. SPAR 航运有限公司诉大新华物流控股(集团)有限公司申请承认外国法院判决案

——承认和执行外国法院民商事判决互惠关系的认定

【提要】

互惠关系的认定并不以相关外国法院对人民法院民商事判决先行给予承认和执行为必要条件。若根据作出判决的外国法院所在国的法律,人民法院作出的民商事判决可以得到该国法院的承认和执行,则可以认定我国与该国存在承认和执行民商事判决的互惠关系。

【案情】

申请人:SPAR 航运有限公司(SPAR SHIPPING AS)(以下简称 SPAR 公司)

被申请人:大新华物流控股(集团)有限公司(以下简称大新华控股)

2010 年 3 月,SPAR 公司与大新华(香港)轮船公司签订 3 份定期租船合同,大新华控股出具保函为大新华(香港)轮船公司履行租船合同提供担保。后合同履行发生争议,SPAR 公司在英国伦敦对大新华(香港)轮船公司提起仲裁。因大新华(香港)轮船公司申请清盘,仲裁程序中止。为此,SPAR 公司向英高等法院对大新华控股提起诉讼。英高等法院于 2015 年 3 月 18 日作出 SPAR SHIPPING AS v. GRAND CHINA LOGISTICS HOLDING (GROUP) CO. LTD. [2015] EWHC 718 (COMM)号判决,判决大新华控股应当向 SPAR 公司承担责任。大新华控股不服,向英上诉法院提起上诉,英上诉法院于 2016 年 10 月 7 日作出 GRAND CHINA LOGISTICS HOLDING (GROUP) CO. LTD. v. SPAR SHIPPING AS [2016] EWCA CIV 982 号判决,驳回大新华控股的上诉。然而,大新华控股并未履行生效裁判确定的义务。

申请人 SPAR 公司称:因大新华控股系在中华人民共和国登记注册的企业,在中华人民共和国境内有住所和财产,且 SPAR 公司认为,英高等法院曾在[2015] EWHC 999 (COMM)号原告西特福船运公司(以下简称西特福公司)诉被告中国银行股份有限公司(以下简称中国银行)案①中承认了我国法院作出的判决和裁定,故基于互惠原则,请求法院裁定承认英高等法院[2015] EWHC 718 (COMM)号判决、英上诉法院[2016] EWCA CIV 982 号判决和相关一系列法院命令。

被申请人大新华控股陈述称:我国与英国未缔结或参加相互承认和执行法院判决、裁定的国际条约,也未建立相应的互惠关系,SPAR 公司所称英高等法院在[2015] EWHC 999 (COMM)号案中承认我国判决一说,仅是将我国法院的判决、裁定作为证据予以认证,并非通过承认和执行程序进行审理后的承认,且[2015] EWHC 999 (COMM)号案虽认定了我国法院的判决、裁定,但最终裁决结果却是实质性地否定了我国法院的判决、裁定。互惠原则的本意应当是英国法院承认中国法院判决的条件与中国法院承认英国法院判决的条件基本相同。由于英国法下存在禁诉令制度,当事人违反禁诉令在中国诉讼所取得的判决,在英国将得不到承认和执行,即英国法院承认中国法院判决的条件更为严苛。再者,SPAR 公司申请承认的英国判决在适用中国法时存在明显错误。此外,英国是《海牙选择法院协议公约》成员国,我国也已签署该公约,公约将超过实际损失的惩罚性赔偿排除在可被承认和执行的范围之外。SPAR 公司申请承认的英国判决中利息的利率标准明显具有惩罚性,另还判有费用罚金,对此不应予以承认。

【裁判】

上海海事法院经审理认为,我国与英国之间尚没有缔结或者参加相互承认和执行法院民商事判决、裁定的国际条约,故应以互惠原则作为承认英国法院判决的审查依据。

---

① Spliethoff 's Bevrachtingskantoor B. V. v. Bank of China Ltd. [2015] EWHC 999 (Comm) (17 April 2015).

经审查,英高等法院[2015] EWHC 999 (COMM)号判决不是英国法下的承认和执行外国法院判决之诉,其所表述的对我国法院相关判决、裁定的"承认"不构成对我国法院判决承认的先例。尽管如此,我国《民事诉讼法》在规定互惠原则时并没有将之限定为必须是相关外国法院对我国法院民商事判决先行承认和执行。根据英国法律,其不以存在相关条约作为承认和执行外国法院民商事判决的必要条件,我国法院作出的民商事判决可以得到英国法院的承认和执行,且大新华控股也没有证明英国法院曾以不存在互惠关系为由拒绝承认和执行我国法院民商事判决。案涉纠纷中,SPAR公司与大新华控股的讼争保函载有将争议提交英国法院管辖的约定,大新华控股也参加了在英高等法院、英上诉法院的诉讼程序并进行了充分答辩,现英高等法院、英上诉法院已作出了终局性的裁决,且判决不存在违反我国法律基本原则或者损害我国国家主权、安全、社会公共利益的情形,故可以根据互惠原则对案涉英国法院判决给予承认。

综上,上海海事法院裁定承认大不列颠及北爱尔兰联合王国高等法院于2015年3月18日作出的[2015] EWHC 718 (COMM)号判决及其在该案下于2015年4月27日、2016年10月3日作出的命令、2016年11月1日作出的最终费用证书和2018年5月17日作出的修正命令;承认大不列颠及北爱尔兰联合王国上诉法院于2016年10月7日作出的[2016] EWCA CIV 982号判决及其在该案下于2016年10月7日、2017年5月8日作出的命令。

该裁定一经送达即发生法律效力。

【评析】

根据我国《民事诉讼法》第289条的规定,人民法院在审理申请承认和执行外国法院判决、裁定案件时,应当首先审查该国与我国是否缔结或共同参加了国际条约。有国际条约的,依照条约办理;没有条约的,按照互惠原则进行审查。长期以来,司法实践中对互惠原则的理解和掌握都是以对方国家是否曾经承认和执行过我国法院判决为判断依据。该实践标准客观上导致的结果是,但凡与我国未有国际司法协作条约的国家,其法院判决大多无法在我国法院得到承认和执行。近年来,从我国法院对外国法院判决予以承认和执行的少数案例来看(不包含外国法院离婚判决),除依条约外,全部都是有外国法院承认和执行我国法院判决在先。[②] 然而,如果在国际司法互惠关系中,均以对方率先承认和执行己方法院判决为先决条件,则事实上鲜有达成互惠的可能性。随着我国扩大对外开放、"一带一路"倡议深入实施,国际间相互承认和执行法院民商事判决的现实需求将呈增长趋势。在此背景下,以对方承认和执行在先作为判断互惠关系依据的理论缺陷和实践弊端逐渐凸显,积极促成互惠关系正逐步成为承认和执行外国法院判决的司法政策导向。[③] 2021 年 12 月 31 日下发的《全国法院涉外商事海事审判工作座谈会会议纪要》(以下简称《纪要》)更是对互惠关系的司法认定给出了明确意见,标志着司法实践对互惠关系的认定从"事实互惠"到"法律互惠"的重大转变。本案正是《纪要》下发后,依照互惠原则审查后对外国法院判决予以承认的首例案件。通过剖析解读本案,以期为今后处理类似案件提供有益借鉴。

一、外国法院先行承认和执行我国法院民商事判决已不再是认定互惠关系的必要条件

根据《纪要》第 44 条第 1 款:"人民法院在审理申请承认和执行外国法院判决、裁定案件时,有下列情形之一的,可以认定存在互惠关系:(1)根据该法院所在国的法律,人民法院作出的民商事判决可以得到该国法院的承认和执行;(2)我国与该法院所在国达成了互惠的谅解或者共识;(3)该法院所在国通过外交途径对我国作出互惠承诺或者我国通过外交途径对该法院所在国作出互惠承诺,且没有证据证明该法院所在国曾以不存在互惠关系为由拒绝承认和执行人

② 江苏省南京市中级人民法院(2016)苏 01 协外认 3 号,承认和执行新加坡共和国高等法院判决;湖北省武汉市中级人民法院(2015)鄂武汉中民商外字第 00026 号,承认和执行美国加利福尼亚州洛杉矶高等法院判决;浙江省宁波市中级人民法院(2018)浙 02 协外认 6 号,承认和执行美国加利福尼亚州斯坦尼斯洛斯郡高等法院判决;上海市第一中级人民法院(2019)沪 01 协外认 17 号,承认和执行韩国首尔南部地方法院判决;浙江省温州市中级人民法院(2017)浙 03 协外认 7 号,承认新加坡共和国高等法院判决;山东省青岛市中级人民法院(2018)鲁 02 协外认 6 号,承认和执行韩国水原地方法院判决。

③ 2015 年最高人民法院《关于人民法院为"一带一路"建设提供司法服务和保障的若干意见》(法发〔2015〕9 号):……6. ……要在沿线一些国家尚未与我国缔结司法协助协定的情况下,根据国际司法合作交流意向、对方国家承诺将给予我国司法互惠等情况,可以考虑由我国先行给予对方国家当事人司法协助,积极促成形成互惠关系,积极倡导并逐步扩大国际司法协助范围。2017 年 6 月《第二届中国—东盟大法官论坛南宁声明》:……在承认与执行对方国家民商事判决的司法程序中,如对方国家的法院不存在以互惠为理由拒绝承认和执行本国民商事判决的先例,在本国国内法允许的范围内,即可推定与对方国家之间存在互惠关系。

民法院作出的判决、裁定。”显然外国法院先行承认和执行我国法院民商事判决不在明文所列之中。对此,以下两个方面可以帮助我们更好地准确理解该条规定。一方面,在《纪要》征求意见稿中,认定互惠关系的情形有4项,其中第(1)项就是“该法院所在国有承认和执行人民法院民商事判决的先例”,而正式下发的《纪要》删除了此项,可见不要求外国法院承认和执行在先的态度是十分明确的。另一方面,并不是说在认定互惠关系时,外国法院承认和执行在先变得毫无意义,而是因为该情形可以被正式下发的《纪要》第44条第1款规定的第1种情形,即“根据该法院所在国的法律,人民法院作出的民商事判决可以得到该国法院的承认和执行”吸收。正如本案裁定书中阐述的逻辑关系“我国《民事诉讼法》在规定互惠原则时并没有将之限定为必须是相关外国法院对我国法院民商事判决先行承认和执行……当然,若已有该外国法院对我国法院民商事判决予以承认和执行的先例,自是可以成为我国法院作出的民商事判决可以得到该国法院承认和执行的有力证明”。

二、外国法院有没有曾以不存在互惠关系为由拒绝承认和执行我国法院民商事判决是排除认定互惠关系的重要考量

本案中,法院在得出我国法院民商事判决可以得到英国法院承认和执行的判断后,还进一步考虑了英国法院有没有曾以不存在互惠关系为由拒绝承认和执行我国法院民商事判决的情形,即大新华控股抗辩提出的[2015] EWHC 999 (COMM)号案是不是对我国法院判决的拒绝承认和执行。有观点认为,既然本案根据《纪要》第44条规定的第1种情形已经可以认定互惠关系,再去考虑第3种情形并无必要,且第3种情形的前提是对方国家和我国间通过外交途径单向或双向作出过互惠承诺,中英之间并无此承诺,本案讨论第3种情形是否略显画蛇添足。实则不然。第一,如果外国法院已经表示其所在国与我国不存在司法互惠关系,人民法院再作出相反的判断,显然不妥。第二,本案考虑英国法院是否曾以不存在互惠关系为由拒绝承认和执行我国法院判决的目的不是认定两国间存在互惠关系,而是解决是否需要否定互惠关系。前者按照《纪要》规定还需以存在“互惠承诺”为前提,后者则无此必要。所以,本案中讨论[2015] EWHC 999 (COMM)号案承认和执行与否的原因,并非出于要适用《纪要》第44条所列第3种情形的考虑,对此有必要特别加以澄清。需要注意的是,如果有对方国家法院拒绝承认和执行我国法院民商事判决的先例,其理由还须是两国间不存在互惠关系。本案所涉[2015] EWHC 999 (COMM)号案,不论是否构成拒绝承认和执行,英国法院均不是基于互惠关系作出结论,故不足以影响本案对互惠关系的认定。

三、不予承认和执行外国法院判决的事由——兼论大新华控股关于"禁诉令"问题之抗辩

人民法院在审理申请承认和执行外国法院判决、裁定案件时,无论是基于条约还是互惠,都必须审查是否存在不予承认和执行的事由。除违反我国法律基本原则或者国家主权、安全、社会公共利益外,《纪要》第 46 条列出了"(一)根据中华人民共和国法律,判决作出国法院对案件无管辖权;(二)被申请人未得到合法传唤或者虽经合法传唤但未获得合理的陈述、辩论机会,或者无诉讼能力的当事人未得到适当代理;(三)判决通过欺诈方式取得;(四)人民法院已对同一纠纷作出判决,或者已经承认和执行第三国就同一纠纷作出的判决或者仲裁裁决"4 种情形。大新华控股提出英国法下存在禁诉令制度,且英国法院多有签发禁诉令禁止当事人在中国法院进行诉讼,违反禁诉令在中国诉讼所取得的判决,在英国将得不到承认和执行。在审理申请承认和执行外国法院判决的程序中,我们无意,也不宜对外国某项具体法律规定作出评价,而应回归到问题的本质上去加以分析。客观而言,英国的禁诉令规定并非专门针对某国而设,英国法院通常是应一方当事人的申请,在认为另一方当事人违反了当事人之间的管辖约定或仲裁约定时才会签发禁诉令。英国法院对违反禁诉令获得的外国法院判决不予承认和执行,本质是认为该外国法院对所涉案件不具有管辖权。这与《纪要》第 46 条第(1)项并无二致。因此,本案需要审查的是英国法院对 SPAR 公司申请承认的判决所涉纠纷是否具有管辖权以及是否通过禁止当事人在中国诉讼而获得管辖。本案中,双方当事人的保函约定,适用英国法并按英国法进行解释,保函下任何针对大新华控股或其财产所提起的诉讼,均应提交位于伦敦的英高等法院审理。大新华控股也确认,其参加了在英国法院进行的诉讼活动,其间从未就英国法院的管辖权问题提出异议,且英国法院在该案也不曾签发过禁诉令。综合该些事实,本案不宜将管辖问题作为不予承认和执行的充分事由。

四、司法互惠关系是历史的、发展的

通过互惠原则对某外国法院判决进行承认和执行的司法审查从来不是一劳永逸的。就评估的角度而言,我们目前无法判断本案承认英国法院判决会对英国法院今后在面对申请承认和执行我国法院判决时产生何种影响,但定会有利于朝着促进互惠的方向相向而行,或至少不会成为阻碍因素。同时,本案根据互惠原则对案涉英国法院判决给予承认,并不意味着今后我国法院在面对申请承认和执行英国法院判决时都一概地必然将之援引为具有约束力的结论。正如《纪要》第44条第2款明确规定:“人民法院对于是否存在互惠关系应当逐案审查确定。”故此,本案裁定书中特别强调了“在本案中”可以根据互惠原则对案涉英国法院判决给予承认。

(金晓峰供稿)

(入选最高人民法院2022年度海事审判典型案例
入选人民法院案例库)

【案例索引】

(2018)沪72协外认1号

29. 东盛航运有限公司与商行荣耀国际航运有限公司申请承认和执行外国仲裁裁决案

——《纽约公约》项下涉离岸公司案件的法院管辖权确定

【提要】

离岸公司主要办事机构所在地在中国境内的，中国法院有权根据《纽约公约》受理承认与执行外国仲裁裁决案件。在认定离岸公司主要办事机构时，只要有证据证明被申请人与法院地存在一定程度的联系，其确在该地经营或办公即可认定。

【案情】

申请人：东盛航运有限公司（ORIENTAL PRIME SHIPPING CO.，LIMITED）

被申请人：商行荣耀国际航运有限公司（HONG GLORY INTERNATIONAL SHIPPING COMPANY LIMITED，原译为"宏达航运有限公司"）

申请人称，双方当事人签订租船合同，约定由被申请人租用申请人所有的船舶用于货物运输，双方如有争议由伦敦海事仲裁委员会（LMAA）仲裁解决。后双方就该租船合同的履行发生纠纷，申请人依据仲裁条款向伦敦海事仲裁委员会申请仲裁，并由两名仲裁员组成的临时仲裁庭作出终局裁决，裁定被申请人向申请人支付租金90，790.28美元、仲裁费11，400英镑、申请人因该仲裁支出的费用以及上述各项费用的利息。因被申请人未履行裁决书确定的义务，故向上海海事法院申请承认和执行上述仲裁裁决书，并承担本案的案件受理费。

审查中，商行荣耀国际航运有限公司在提交答辩状期间，对管辖权提出异议，认为其登记注册地为马绍尔群岛，在中国未设立主要办事机构，也没有任何财产，申请人无权在中国法院申请承认和执行涉案仲裁裁决，上海海事法院对案件没有管辖权。

【裁判】

上海海事法院经审查认为,涉案仲裁裁决为外国海事仲裁裁决。依据《海诉法》的规定,申请人可以向被申请人住所地或财产所在地的海事法院申请承认和执行本案仲裁裁决。申请人与被申请人签订的租船确认书载明被申请人的地址为中国上海。涉案仲裁裁决书载明,被申请人系一家注册在马绍尔群岛的公司,经营地在中国上海。履行涉案航次期间相关业务往来邮件内容显示,被申请人确认其与 HONG GLORY SHIPPING CO. ,LIMITED 是同一家公司,而 HONG GLORY SHIPPING CO. ,LIMITED 的办公地址与租船确认书载明的被申请人地址一致。据此,法院综合认定被申请人的主要办事机构所在地在中国上海。依据我国法律规定,法人或其他组织以其主要办事机构所在地为住所,故上海海事法院对该案具有管辖权。

综上,上海海事法院裁定驳回被申请人的管辖权异议。裁定作出后,被申请人向上海市高级人民法院提起上诉,上海市高级人民法院裁定驳回上诉,维持原裁定。

【评析】

我国是《纽约公约》的缔约国,根据《民事诉讼法》(以下简称《民诉法》)第283 条的规定,对涉案仲裁裁决是否予以承认与执行,应当依照《纽约公约》的相关规定进行审查。近年来,随着离岸公司的兴起,被申请人注册在境外,但主要人员、业务经营在境内的情况并不少见,使得承认与执行仲裁裁决案件的法院管辖权问题变得较为常见。

一、管辖权规定及最低联系标准

《纽约公约》本身未就公约裁决承认和执行的法院管辖问题进行统一规定,但依据该公约第 3 条的规定,公约裁决的承认和执行的法院管辖问题应依据法院地国家的诉讼程序法确定。因此,不同的国家对承认和执行外国仲裁裁决的法院管辖问题有不同的做法。美国在这方面的司法实践有一定的参考意义。美国各州立法规定,对非本州居民或法人的被告,如果和本州存在某种联系(如在本州拥有财产、从事商业活动、实施了侵权行为),则可以通过传票送达的方式对其行使管辖权,即所谓的"长臂管辖"制度。美国法院在行使《纽约公约》下裁决承认和执行案件的管辖方面也是以同样的做法来考量法院对被申请人是否具有管辖权。

美国法院通常会基于美国宪法所规定的正当程序,要求进行一个案件与该国(州)是否有最低联系(minimum contacts)的测试。如果不存在这种联系,美国法院则不会对案件行使管辖权。如在马绍尔群岛第一投资公司诉福建马尾造船有限公司、中国福建造船工业集团公司一案中,当事人在伦敦依据伦敦海事仲裁协会仲裁规则进行了仲裁。胜诉方马绍尔群岛第一投资公司在美国申请对仲裁裁决予以承认。美国第五巡回上诉法院以法院与被申请人之间缺乏属人联系①为由,拒绝对该案行使管辖权。该案裁决强调,任何人如果与法院未建立起有意义的联系、关联或关系(purposeful contacts, ties or relations),或该联系不足以使其可以预见他会受该法院管辖,则其个人的自由利益不应受限于法院判决。关于最低联系(minimum contacts),美国法院通过一系列判例逐步确立了相对固定的考量因素。在 International Shoe v. Washington 案中,美国联邦最高法院认为被告须与一州有某种最低联系(minimum contacts)使该州法院能够行使管辖权,并且不违背传统的公平与实质正义观念。该案中,International Shoe 未在华盛顿州设立办事处,也未在该州签订任何合同,但该公司有十几名销售人员长期驻扎该州,为其产品进行宣传。这些活动是持续性和经常性的,原告的诉因也来自该些商业活动,因此构成最低联系(minimum contacts)。在 World-Wide Volkswagen Corp. v. Woodson 案中,法院概括了最低联系(minimum contacts)的标准:(1)被告是否有意利用法院地州的有利条件;(2)被告的诉因是否产生自被告在法院地州的行为;(3)管辖权的行使是否公正合理。

早在加入《纽约公约》的次年,最高人民法院就发布了《关于执行我国加入的〈承认及执行外国仲裁裁决公约〉的通知》,其中第 3 条就受理法院规定,"……2. 被执行人为法人的,为其主要办事机构所在地;3. 被执行人在我国无住所、居所或者主要办事机构,但有财产在我国境内的,为其财产所在地"。我国《民诉

---

① 所谓属人联系/属人管辖权,是指法院对被告一方行使管辖的依据或合理性。

法》及《海诉法》规定了两个承认和执行外国仲裁裁决案件法院管辖的连结点,即被申请人住所及其财产所在地。若被申请人住所地及其财产所在地均不在我国,最高人民法院《关于审理仲裁司法审查案件若干问题的规定》则规定,只要外国仲裁裁决与法院审理案件存在关联,受理关联案件的法院亦可管辖外国仲裁案件的承认案件。与之相比,美国"最低联系"标准在确定承认与执行仲裁裁决案件法院管辖时显示出相当的灵活性。

二、主要办事机构所在地的认定及证明标准

一般而言,胜诉仲裁裁决的当事人申请承认外国仲裁裁决的主要目的是执行裁决。随着我国民事执行制度不断完善,存在诸如限制消费令等非间接性强制执行措施,对法人或其他组织的实际控制人产生直接或间接的影响。在这种背景下,胜诉仲裁裁决的当事人除通过寻找被申请人财产这一连结点外,还尝试通过证明被申请人的住所地在中国来寻求我国法院对承认和执行外国仲裁裁决案件的管辖。

最高人民法院《民诉法解释》第 3 条规定:法人或者其他组织的住所地是指法人或者其他组织的主要办事机构所在地。法人或者其他组织的主要办事机构所在地不能确定的,法人或者其他组织的注册地或者登记地为住所地。《民法典》第 63 条也规定:"法人以其主要办事机构所在地为住所。依法需要办理法人登记的,应当将主要办事机构所在地登记为住所。"可见,法人主要办事机构所在地是确定其住所的核心标准。我国司法实践中,对法人主要办事机构所在地的认定标准尚未统一,但是已经出现通过证明被申请人与法院地存在"密切联系"来认定法院地即是被申请人住所的趋势。这点和美国的实践实际上异曲同工。

通常情况下被申请人的主要办事机构所在地可以通过申请人的举证来证明,举证证明只要达到高度盖然性,即可认定办事机构所在地。只有在未能证明的情况下,以法律推定来确定住所,即以注册地或者登记地为住所地。当法人存在多个办事机构,尤其是公示的注册地址与主要办事机构不一致时,就如何认定主要办事机构,当事人可以从以下方面进行举证:(1)官方机构的文书;(2)租赁合同、租金付款凭证及发票,物业费、水电费付款凭证及发票;(3)纳税凭证;(4)业务往来合同所记载的地址,公司人员名片所记载的地址,对外网站、邮件或宣传中所称的地址;(5)实地调查。在目前的公司经营实践下,多营业地或多办事机构的公司普遍存在,很难区别“主要”与否。对主要营业地或主要办事机构所在地的“主要”可不作条件限定,包括规模、时间等,只要当事人能够证明其确在该地经营或办公即可。

本案的情况即是如此。考虑到该类离岸公司的特点,事实上申请人也只有证明被申请人与法院地的“密切联系”来认定法院地即是被申请人住所这一较为现实的选择。涉案被申请人为注册在境外的离岸公司,在司法实践中对该类公司的主要办事机构所在地的认定标准可以适当降低,只要有证据证明被申请人与法院地存在一定程度的联系即可。通过适当降低离岸公司主要办事机构所在地认定标准,防止那些在我国境内经营的离岸公司通过其外国公司地位逃避法律监管,破坏市场公平交易环境,是法院保障法治化营商环境的应有之义。

本案对市场主体有一定的规范和指导意义,提示其遵守我国法律规定,诚信经营,依法行使权利、履行义务。法院通过对办事机构所在地的认定,对该类案件积极行使管辖权,也正是《纽约公约》的立法宗旨和精神所倡导的。

(邱浩供稿)

(入选最高人民法院 2021 年度海事审判典型案例)

【案例索引】

(2020)沪 72 协外认 1 号

30. 金光纸业(中国)投资有限公司诉上海立伟物流有限公司申请撤销仲裁裁决案

——集团公司仲裁协议范围的审查

【提要】

集团子公司所涉争议是否属于母公司与相对人的仲裁协议争议解决范围,可以从母子公司的控制关系、具体业务的实质性参与程度以及争议双方的仲裁合意角度进行判断。在母子公司均受仲裁条款约束的情况下,如果母公司对委托流程、财务对账结算等具体业务在集团内部有具体分工安排的,仲裁庭对子公司业务纠纷所作的裁决事项,不属于超出母公司与相对人的仲裁协议范围。

【案情】

申请人:金光纸业(中国)投资有限公司(以下简称金光公司)

被申请人:上海立伟物流有限公司(以下简称立伟公司)

2017 年 7 月 4 日,金光公司与立伟公司、泛捷国际集团有限公司签订《华南地区 3PL 物流试点项目服务合同》(以下简称《3PL 合同》)。根据合同记载,"生产方为金光公司及其在中国投资的关联方(如附件一所列)",并在下方介绍"该公司是一家拥有20 多家全资和控股浆纸企业,并拥有19 家林业公司……的大型集团公司",物流服务方为立伟公司和泛捷国际集团有限公司。生产方是合同甲方,物流服务方是合同乙方,主合同条款均以"甲方""乙方"进行指代。合同落款处,甲方记载为金光公司并加盖公章;乙方记载为立伟公司和泛捷国际集团有限公司并分别加盖公章。合同附件一以表格的形式列明了包括金光纸业(中国)投资有限公司、广西金桂浆纸业有限公司、海南金海浆纸业有限公司等在内的11 家公司名称以及14 家工厂名称,并将其列为"甲方及甲方关联方"。2017 年9 月

11日,三方签订补充协议,增加包括金光林浆纸业贸易(北京)有限公司、金光纸业(大连)有限公司等在内的18家公司作为上述附件一中的“甲方关联方”。《3PL合同》约定,在合同履行过程中产生任何争议,甲乙双方应本着诚实信用的原则协商解决,如协商不成,双方可向上海仲裁委员会申请仲裁。双方均确认,《3PL合同》对申请人的关联公司具有约束力。

因立伟公司与金光公司就运杂费发生纠纷,金光公司向上海仲裁委员会提出仲裁申请,上海仲裁委员会于2019年10月23日作出(2019)沪仲案字第0366号仲裁裁决。

申请人金光公司诉称,《3PL合同》系由金光公司代表其在中国投资的关联公司签订,立伟公司与案外关联公司之间建立了合同关系并订立了仲裁条款。涉案仲裁裁决所涉纠纷系基于立伟公司与相关关联公司之间业务往来发生。立伟公司应当根据具体业务内容向相关案外关联公司提起仲裁请求,而非向金光公司主张。因此,涉案仲裁裁决事项属于案外人与立伟公司之间的合同纠纷,不属于金光公司与立伟公司之间仲裁协议的范围。请求依法撤销上海仲裁委员会(2019)沪仲案字第0366号仲裁裁决。

被申请人立伟公司辩称,《3PL合同》是金光公司作为生产方与立伟公司签订的,协议只有金光公司盖章,其关联企业可以依据协议条款主张权利,但非协议直接当事人,金光公司作为该协议的直接当事人,应对协议项下的债务承担第一位的合同责任。立伟公司根据协议提供物流服务,金光公司应履行付款义务。双方的债务一直由金光公司负责与立伟公司对总账,并安排、指挥其关联企业进行支付。金光公司在案外多起案件中主张本应属于其关联公司的权利,并获得仲裁裁决支持,这些行为表明金光公司不认为其关联公司享有独立的合同权利,故前者也不应该逃避合同义务。在涉案仲裁过程中,金光公司从未对其作为《3PL合同》项下的债务人身份提出过异议,也安排人员进行对账,现在申请撤销仲裁裁决显然违背诚信,与事实不符。

【裁判】

上海海事法院经审理认为,本案争议焦点为争运杂费纠纷是否属于金光公司与立伟公司之间的仲裁协议范围。

金光公司与立伟公司系《3PL 合同》签订方,双方关于"在合同履行过程中产生的任何争议"由上海仲裁委员会仲裁的约定合法有效,应当受到该仲裁管辖条款的约束。金光公司通过直接或间接控股或持股,事实上控制或影响关联公司的业务经营。无论是从合同订立意图还是从合同实际履行角度,金光公司及其关联公司是作为公司集团整体与立伟公司发生法律关系。

在合同订立方面,协议明确合同"甲方"为生产方,而生产方为金光公司及其关联公司,并通过附件与补充协议的方式列明了 42 家关联公司。双方也确认《3PL 合同》及附件对金光公司的关联公司具有约束力。因此,可以认定合同"甲方"包括金光公司及其关联公司。在合同履行方面,根据涉案业务模式,金光公司对全部物流运输业务进行统筹管理,金光公司指定 1 家关联公司代表公司集团负责定期统一对双方业务金额进行对账。金光公司及其关联公司共同作为"甲方"在履行合同。虽然运杂费通常基于特定的货物运输合同产生,但金光公司及其关联公司系作为公司集团整体订立并履行合同,《3PL 合同》就运费的结算和支付进行了约定,运费争议属于履行《3PL 合同》而产生。因此,系争运杂费争议既属于立伟公司与从事该业务的金光公司的关联公司之间的仲裁协议范围,也属于立伟公司与金光公司之间的仲裁协议范围。在未重复主张权利情况下,立伟公司有权就涉案运杂费争议向金光公司提起仲裁请求,金光公司申请撤销仲裁裁决的理由不能成立。

此外,在《3PL 合同》项下相关争议发生后,金光公司代表公司集团与立伟公司就关联公司的具体业务进行谈判,金光公司及其关联公司与立伟公司之间均根据合同仲裁条款相互提起仲裁请求,金光公司在涉案仲裁过程中也未就争议事项不属于双方仲裁协议范围向仲裁庭提出过异议。这些行为都表明各方都在依据《3PL 合同》及附件主张相应权利,必然也应承担相应的合同义务,确保各方权利义务平衡。

综上,上海海事法院裁定驳回金光公司撤销上海仲裁委员会(2019)沪仲案字第 0366 号仲裁裁决的申请。本案裁定现已生效。

【评析】

一、公司集团理论及发展

"公司集团理论"(Group of Companies Doctrine)为1982年国际商会(International Chamber of Commerce, ICC)仲裁院在Dow Chemical v. Isover Saint Gobain案[①](以下简称Dow Chemical案)的仲裁裁决中首次提出,并得到了法国法院的支持,[②]随后公司集团理论在多个ICC仲裁裁定中得到发展。[③] 依据该理论,法院和仲裁庭可以在不否定公司法律人格的情况下,追究关联公司中相关成员的责任,要求其进行仲裁,[④]从而超越公司独立法人主体资格的严格区分,将仲裁协议的效力延伸到与签字方属于同一公司集团的其他公司上。

从理论上来说,仲裁协议的非签字方不能直接参加仲裁,但国际商事发展导致仲裁条款的效力限制于签字方并不合适。当今社会,随着商业贸易的发达,大型企业,尤其是跨国大型企业,对不同的业务开设不同的分支机构,主要是为了使分支机构与母公司之间资产相互分离。这种法人主体和责任的分离是基于有限责任原则,由法律赋予公司独立的人格。因此商事仲裁往往会面临如何判断仲裁协议中"真实"当事人这一巨大挑战。对于"真实"仲裁协议当事人的审查往往因为在仲裁协议上签字的主体与实际交易主体的不同变得困难重重。当然,法院和仲裁庭可以用"刺破公司面纱"理论(Piercing the Corporate Veil Doctrine)来解决这个问题。但是为了防止仲裁条款效力不合理的扩张至非签字方,几乎大部分法律体系在适用刺破公司面纱理论时有着严格的要求,要求集团公司的合作框架整体上是基于欺诈或者其他不正当行为,并且给对方造成不公正的损失,在此基础上法院或仲裁庭才会更加倾向于去掀开公司面纱,将非签字方的第三人认定为仲裁协议的签字方。ICC的公司集团理论则是"基于经济现

---

① Dow Chemical v. Isover Saint Gobain, ICC Case No. 4131, Interim Award, Spet. 23, 1982, JDI p. 899(1983), *comment* Yves Derains.

② The ward was confirmed by the *Courd'Appel de Paris*, Oct. 21, 1983, Rev. ARB. p. 98(1984).

③ 如Government of Pakistan, Ministry of Religious Affairs v. Dallah Teal Estate and Tourism Holding Company (17 February 2011)(CA Paris)。

④ 参见池曼郊:《论仲裁条款在关联公司中效力范围之界定——基于"公司集团理论"及"刺破公司面纱理论"的比较研究》,载《北京仲裁》第66辑。

实所作出的结论,并且与国际商务的需要相适用”[⑤],将仲裁协议的效力延伸至非签字方的公司集团其他成员。公司集团理论和刺破公司面纱理论的主要区别在于公司集团理论认可了仲裁协议在所有当事人默认的基础上效力的延伸。

该理论在法国、印度[⑥]得到接受的同时,也受到一些国家法院判决的明确否定。如英国法院在 Peterson Farm Inc. v. C & M Farming Ltd. [⑦]案的裁决中明确认为仲裁庭适用公司集团理论存在“严重缺陷”(seriously flawed),认为既然仲裁协议受英国法管辖,ICC 仲裁庭无权适用公司集团理论。[⑧] 瑞士法院及仲裁员与美国一样也不接受公司集团理论。[⑨] 在 Sarhank Group v. Oracle Corp. [⑩]案中,法院认为该理论低估了仲裁中的合意,对于仲裁协议非签字方缺少必要的保护。德国法院也在相关案例中明确,判断仲裁协议是否扩张至非签字方时不适用公司集团理论。[⑪] 而新加坡[⑫]、俄罗斯[⑬]等更多的国家对仲裁条款效力是否能扩张至非签字方均从个案分析,并予以严格的限制,对该理论的态度模棱两可。

⑤ Jarvin and Y. Derains (eds.) Collection ICC Arbitral Awards (1990), p. 151. 转引自陈挚:《公司集团理论对构建我国仲裁第三人制度的意义》,载《仲裁研究》第 39 辑。

⑥ 印度最高法院在近期的判决中明确认可了公司集团理论在印度国际仲裁领域中的应用。Chloro Controls India (P) Ltd. v. Severn Trent Water Purification Inc., (2013)中认可了公司集团理论在国际上的发展,后在 CheranPropertiees Limited v. Kasturi and Sons Limited, (2018)中将该理论的适用范围进一步扩大。

⑦ Peterson Farm Inc. v. C & M Farming Ltd. [2004] EWHC 121, [2004] 1 Lloyd's L. Rep. 603, 2004 WL 229138, 7(4) Int'l Arb. L. Rev. p. 111 (2004), Q. B. Div., 2004.

⑧ [2004] 1 Lloyd's L. Rep. 603, at 604. “[W]here an arbitration agreement (or the contract in which it is contained) is subject to English law... an ICC arbitral tribunal has no jurisdiction to apply the ‘Group of Companies’ doctrine.”

⑨ William W. Park, *Non-signatories and International Contracts: An Arbitrator's Dilemma*, Multiple Party Actions in Internationa Arbitration 6, 2009, p. 14 – 15.

⑩ Sarhank Group v. Oracle Corp., 404 F. 3d 657 (2d Cir. 2005).

⑪ Higher Regional Court Braunschweig (“OLG Braunschweig”), BeckRS 2014, 11052. On the “Group of Companies Doctine” and Interpreting the Subjective Scope of Arbitration Agreements – which law applies? https://cdn, arbitration-icca. org/s3fs-public/document/media_document/article_group_of_comapnies_doctrin_20160531. pdf.

⑫ Bernard Habtiau, *Non-signatories, Groups of Companies and Group of Contracts in Selected Asia Countries: A Case Law Analysis*, Journal of International Arbitration 32, 2015, p. 571 – 620.

⑬ Irina Tymczyszyn et al., *Joining Non-signatories to an arbitration*, Practical Law (Aug. 6, 2014), https://content. next. westlaw. com/6 – 275 – 4952? isplcus = true&transitionType = Default&contextData = (sc. Default) &firstPage = true.

虽然能否直接依据公司集团理论将仲裁协议效力扩张至非签字方的母(子)公司存在较大争议,但是公司集团理论顺应大型集团公司的发展现实,在仲裁协议审查方面形成的方法理念与判断标准,能够为仲裁庭及法院就个案判断提供有益借鉴和指导。在本案中,各方对于金光公司作为母公司签订的仲裁条款效力约束其关联公司并无异议,法院并未直接依据公司集团理论解决仲裁条款效力扩张问题,而是借助公司集团理论的判断标准,从而解决子公司与相对人之间的争议事项是否属于母公司与相对人的仲裁协议范围问题。

二、判断标准与适用逻辑

目前公司集团理论发展出 3 个判断标准:一是公司集团的存在,二是实质性参与,三是存在仲裁合意。同一公司集团内非签字方成员对其他成员所签合同的实质性参与是公司集团理论的突出特征和构成要件,但该事实行为目前并不能直接等同于非签字方成员接受仲裁协议效力扩张的默示同意,必须结合个案情况对当事人合意做具体分析。

(一)公司集团的存在

依据公司集团理论,满足适用标准则可以不考虑集团公司里各企业成员之间不同的法律人格,认定公司集团中的公司为一个经济实体,仲裁条款即可约束公司集团中所有有实质性参与的企业。存在同一个公司集团是公司集团理论适用的前提。在 Dow Chemical 案中公司集团被描述为同一经济实体(single economic reality),又被称为“紧密的集团结构”(tight group structure),即要求签字的公司与非签字公司处于同一集团并有紧密的关系。紧密关系的主要表现为三个方面:“控制”,即要求母公司对子公司控制达到显著程度;“集团公司共享”,即集团公司内部成员之间共用资源或财产;“公司的混同”,即母子公司混同使第三人无法区分。[14] 上述表现实质上均反映非签字方与签字方超过一般企业之间的组织或者经营上的联系。

本案中,涉案纠纷运杂费系基于立伟公司与金光公司关联公司之间的运输业务而产生。金光公司与其关联公司是依法成立的法人,各自独立行使权利并承担责任,母公司与他人之间仲裁协议的效力不当然及于其关联公司,但金光公

---

⑭ 参见陈挚:《公司集团理论对构建我国仲裁第三人制度的意义》,载《仲裁研究》第 39 辑。

司通过直接或间接控股或持股,事实上控制或影响关联公司的业务经营。母公司对子公司的持股比例多少是判断公司集团存在的一个标准,多数持股权并不足以认定控制关系的存在,更重要的是母公司特定行为或决定对子公司的影响。涉案运输业务模式中,金光公司的关联公司在具体业务中直接委托立伟公司运输,完成运输后金光公司指定一家关联公司每月与立伟公司就业务进行对账。事后,金光公司亦代表多家关联公司与立伟公司及案外人签订债权转让协议,并在其他纠纷中主张其关联公司的权利。以上种种现象可以证明,金光公司及合同附件一中列明的"及其在中国投资的关联方"属于同一公司集团。

(二)实质性参与

适用"公司集团理论"的前提是存在仲裁条款签字方和非签字方属于一个公司集团且具备关联关系的事实,但在实践中更重要的是未签字方实质并有效地参与到合同各个阶段,如磋商、订立、履行及终止等方面,以证明未签字方在事实上同意被合同中的仲裁条款所约束。实质性参与是一个定量标准,仅仅参与到合同某个阶段并不足以满足这一标准,必须审查这些参与行为是否足以积极到将非签约方纳入仲裁条款管辖范围。⑮

《3PL合同》签字方仅为金光公司及立伟公司,但在合同上明确"甲方"为生产方,生产方为金光公司及其关联公司,并通过附件与补充协议的方式列明了42家关联公司。从合同条款内容及订立目的看,立伟公司是为金光公司及其关联公司提供物流服务,该合同约束对金光公司的关联公司具有约束力,并得到金光公司和立伟公司的确认。金光公司对全部物流业务进行统筹管理,关联公司将货物委托给立伟公司运输并负责货物具体交接、验收等事项。待金光公司指定关联公司就业务对账完成确认后,相应关联公司再向立伟公司支付运杂费。其间,金光公司及其关联公司作为共同的"甲方"履行合同。虽然金光公司的关联公司并未在合同上予以签字确认,但其实质并积极有效地参与到合同各个阶段。

(三)存在仲裁合意

公司集团理论指出理论适用的核心在于是否所有相关方都有目的使非签字

---

⑮ Stavros L. Brekoulakis, *Third Party in Internationa Commercial Arbitration*, Oxford University Press, 2010, p. 157. 转引自陈挚:《公司集团理论对构建我国仲裁第三人制度的意义》,载《仲裁研究》第39辑。

方受到仲裁条款的约束,不仅包括所有签字方,也包括非签字方自身必须有受到仲裁条款约束的准备。公司集团的存在能使法院或仲裁庭更容易发现签字方与非签字方存在混同或共享资源的情形,也意味着非签字方积极参与合同的表现,以此来证明仲裁合意的存在。

强调仲裁的合意性,对于非签字方必须证明包括所有签字方和非签字方在内的所有当事人都具有使非签字方受到仲裁协议约束的合意,或者基于公平与诚实信用原则,非签字第三人不参与仲裁会造成明显不公。若非签字方主动要求仲裁,则仲裁庭在判断仲裁协议是否扩张至非签字方时设立的标准会有所降低。[16] 当事人主动要求仲裁即可认为事实上其愿意将纠纷诉诸仲裁。若反之,将仲裁条款约束非签字方,则非签字方会以其从未签署仲裁条款进行抗辩,进而要求详细审查仲裁协议合意。仲裁庭或法院会区分"有合意的签字方"或"没有合意的签字方",但并不这并不意味着"有合意的签字方"一定能够加入仲裁程序,而仅是指强制非签字方加入仲裁程序的证明程度高于允许非签字方主动要求加入仲裁程序。[17]

在判断公司仲裁合意存在时,首先需要考虑合意的存在,然后才是判断合意的范围。考虑仲裁合意时可以从两点出发,一是该公司集团是否让它的合同相对方真正相信(genuinely believe)非签字成员是合同的真正当事人,二是整个集团的行为是否让合同相对方合理地相信(legitimately believe)非签字成员是合同的真正当事人。本案中,从合同签订目的及履行过程看,金光公司及其关联公司系作为公司集团整体与立伟公司订立并履行涉案《3PL 合同》,金光公司及立伟公司均确认《3PL 合同》对金光公司的关联公司具有约束力,因此可以有理由相信立伟公司与金光公司及其关联公司之间存在仲裁的合意。由于争运费属于履行《3PL 合同》而产生,该合同就运费的结算和支付进行了约定,因此运杂费纠纷既属于立伟公司与从事该业务的金光公司关联公司之间的仲裁协议范围,也属

---

⑯ 除了 Dow Chemical 案,还有 Société V 2000 v. Société Project XJ 220 ITD etautre, Rev. ARB. p. 245 (1996), *comment* Charles Jarrosson。参见 William W. Park, *Non-signatories and International Contracts: An Arbitrator's Dilemma*, Multiple Party Actions in Internationa Arbitration 6, 2009, p. 14-15。

⑰ William W. Park, *Non-signatories and International Contracts: An Arbitrator's Dilemma*, Multiple Party Actions in Internationa Arbitration 6, 2009, p. 14-15.

于立伟公司与金光公司之间的仲裁协议范围。

事实上,公司集团理论主要解决的是仲裁机构管辖权问题,并非用于解决主合同权利义务关系,也不是要“揭开法人面纱”。出于经济上的便利而突破法律上的原则和规则,也必须受到警惕。当事人合意是国际商事仲裁的基石,无论用何种理论分析仲裁协议效力扩张,都必须结合个案对“当事人共同意思”做具体分析。本案中,涉案合同相关争议发生后,金光公司及其关联公司与立伟公司之间均根据合同仲裁条款相互提起仲裁请求,金光公司在涉案仲裁过程中未就争议事项不属于双方仲裁协议范围向仲裁庭提出过异议。这些行为都表明各方都在依据《3PL 合同》及附件主张相应权利,必然也应承担相应的合同义务,确保各方权利义务平衡。

(李海跃、陆迪春供稿)

(获评全国法院系统 2022 年度优秀案例分析评选三等奖)

【案例索引】

(2020)沪 72 民特 2 号

1. Global Eminence Ltd. v. China Continent Property & Casualty Insurance Co., Ltd., etc. for Dispute over Maritime Insurance Contract

—The Implementation of Ship Safety Management System in Violation of *ISM Code* Resulted in an Unseaworthy Condition

【Abstract】

If the ship's actual management deviates from the safety management system under the *ISM Code*, the ship will be considered unseaworthy based on the implementation of the ship's safety management system. When such unseaworthiness directly causes the insured vessel to be totally lost, the insurer shall not be liable for compensation according to the law.

【Facts】

Plaintiff: Global Eminence Ltd. (hereinafter referred to as "EMINENCE")

Defendant: China Continent Property & Casualty Insurance Company Ltd. (hereinafter referred to as "CCPCI")

Defendant: China Continent Property & Casualty Insurance Company Ltd. Shipping Insurance Operating Center (hereinafter referred to as "CCPCI Shipping Center")

At around 10:00 on February 1, 2017 (local time), the ship, named SAGAN, left Kaohsiung Port in China's Taiwan region for Onsan Port in the Republic of Korea in light ship condition, carrying a set of 4 piston ring spare parts. Approx 31 hours after sailing, that was, from 17:00 on February 2 to 08:50 on February 6, the engine scavenging box caught fire at least seven times, after which the engine could not start completely and the ship lost power and began to drift. The captain asked EMINENCE for instructions on February 5, in reply, EMINENCE requested to continue the voyage. The vessel reported to EMINENCE at 08:31 on February 6 that "the engine cannot start". At 11:46 on the same day, only one of the six cylinders of the engine had the piston rings in good condition. EMINENCE got in contact with the tugboat from the Republic of Korea in the afternoon of February 8 and learned at 21:51on the same day that the 5000-horsepower tugboat had to return to the port due to the 4-meter high surges and could not set sail until the weather got better in the morning of February 11. At 23:42 on February 9, the ship reported to EMINENCE that it was drifting towards the Japanese islands and requested the tugboat to be dispatched immediately, otherwise, the ship might run aground. On February 10, EMINENCE contacted a Japanese 5000-horsepower tugboat and was informed at 18:02 on the same day, that the tugboat was expected to start towing the ship on February 13. Finally, after floating for approx 5 days, SAGAN ran aground on the southwest coast of Suwanosejima, Japan at around 06:00 local time (05:00 CST) on February 11. At 06:35, the Japanese Coast Guard received a distress signal from SAGAN. At 17:54, EMINENCE sent the notice of loss to CCPCI Shipping Center.

On February 13, 2017, EMINENCE signed the International Wreck Removal and Marine Services Agreement (Daily Hire) 2010 with The Nippon Salvage Co., Ltd. (hereinafter referred to as "NIPPON SALVAGE") for Refloating Operation. The effective judgment of Shanghai Maritime Court (2018) H72MC No. 3821 (hereinafter referred to as "Case No. 3821") concluded that "the refloating operation agreement for SAGAN was terminated on March 15, 2017 and the subsequent operations should be regarded as debris removal operations", ordering EMINENCE to pay USD 3,559,866.49 as well as the relevant interests to NIPPON SALVAGE.

On January 5, 2018, the ship SAGAN was deregistered. On August 4, 2018,

Shinko Syoji Co. Ltd. handed over the wreckage (including residual oil) of the ship.

The insurance policy for the ocean-going ship was issued on July 17, 2016, in the name of CCPCI with the underwriting seal of CCPCI Shipping Center. The insured was the ship manager Ming Jin Ship Management Consultant Limited (hereinafter referred to as "MING JIN") and the ship owner EMINENCE. The insurance amount was USD 4,800,000 and the insurance condition is "INSTITUTE TIME CLAUSES-HULLS, TOTAL LOSS (1/10/83), general average, salvage, rescue and collision liability attached". The insurance period is from 00:00 on July 18, 2016 to 24:00 on July 17, 2017. The agreed absolute deductible was 10% of the total loss or constructive total loss. For general average, salvage and rescue, the deductible is either USD 20,000 per accident or 10% of the loss, whichever is higher. In the Special Agreement, it was stated that "If there is any discrepancy between the Chinese and English versions in this policy, the Chinese version shall be prevail". In the English version of "INSTITUTE TIME CLAUSES-HULLS, TOTAL LOSS, GENERAL AVERAGE AND 3/4THS COLLISION LIABILITY (Including Salvage, Salvage Charges and Sue And Labor)", it was stated below the title that "This insurance is subject to English law and practice".

According to the Plaintiff, as the owner of SAGAN, it took out term insurance for the ship with CCPCI. Due to the engine problem and the bad weather on the way, SAGAN ran aground in the waters near Kagoshima, Japan. The two Defendants abstained from participating in the rescue and declined to cover the costs of rescue and compensation for the ship's loss. The Plaintiff requested two Defendants to compensate the total loss of the ship, which is equivalent to RMB 30,648,960, and pay the rescue cost of USD 3,559,866.49 and interest thereon, the acceptance fee of Case No. 3821 of RMB 166,395, as well as judicial review fee of RMB 75,000, jointly and severally.

The two Defendants argued that the ship's grounding damage was not caused by the insured risks specified in the insurance clauses. The Plaintiff managed the ship without the qualifications for ship management, and the ship lacked the necessary safety management system documents. The Plaintiff was awared that the ship was unseaworthy before sailing. The Plaintiff did not take timely and effective measures to prevent or reduce losses when the ship lost power. Therefore, the insurer should not be liable for all the losses claimed by the Plaintiff.

【Judgment】

After hearing, the Shanghai Maritime Court concluded that, firstly, in this case, the statement under the heading of the English version of the INSTITUTE TIME CLAUSES-HULLS, "This insurance is subject to English law and practice", can only indicate that the interpretation of the INSTITUTE TIME CLAUSES-HULLS would be governed by English law and practice. In this case, there was no other evidence indicating that the parties had agreed on the governing law applicable to disputes under the insurance contract. Therefore, the law of the country most closely related to the contract shall apply. Given that the insurer was a Chinese company and the insurance contract was concluded in China, Chinese law was the most closely related to the insurance contract, the governing law in this case shall be the law of the People's Republic of China. Secondly, the conditions SAGAN encountered(strong breeze, moderate sea to rough sea) on February 9 were even better than those on the following day of sailing. Therefore, it should not have posed a threat to SAGAN if the motor power had not been broken down. The conditions were not abnormal and catastrophic sea conditions. According to the definition of "perils of the seas" in Article 7 of the *Rules for Construction of Policy*, Annex 1 to the *Marine Insurance Act* 1906 (UK), the impact of sea conditions on SAGAN was "the typical effect of wind and waves". This did not qualify as a "peril of the seas" in the first category of risks listed in Article 6, Paragragh 1 of the INSTITUTE TIME CLAUSES-HULLS. The total loss of SAGAN was caused by three factors: the engine problem, the lack of effective emergency and rescue measures, and the impact of wind and waves. These causes either fell outside the specified risks covered by the insurer or under non-compensable circumstances. Therefore, the insurer was not liable for compensation. Thirdly, SAGAN was unseaworthy whether technically or in terms of safety management at the time of the voyage, and the unseaworthiness of the ship was the cause of its grounding. As the ship owner, EMINENCE directly engaged in the operation and management of SAGAN, and was obviously aware of the problems with seaworthiness. Therefore, in accordance with Article 244 of the *Maritime Code*, the insurer is not responsible for any loss or damage to the insured ship that arises from unseaworthiness, of which the insured was awared at the commencement of the voyage. In summary, the Shanghai Maritime Court dismissed EMINENCE's claim.

After the first-instance judgment, the Plaintiff EMINENCE appealed to the Shanghai High People's Court. The Shanghai High People's Court determined that the facts were clear and the law was correctly applied in the first-instance judgment. Therefore, the appeal was rejected and the first-instance judgment was upheld. The judgment has come into effect.

【Analysis】

The high proportion of shipping accidents caused by human factors is one of the two major challenges that the shipping industry has been faced with over the past 3 decades. Official statistics show that approx 80% of shipping accidents are caused by human errors.① The International Maritime Organization (IMO) has introduced the *ISM Code* in an attempt to protect cargo and environmental safety by minimizing human errors. The full name of the *ISM Code* is the *International Management Code for the Safe Operation of Ships and for Pollution Prevention* (short for the *International Safety Management Code*, also "the *ISM Code*"). After the *ISM Code* became mandatory for the international shipping industry, scholars at home and abroad have studied and stated that it would have a significant impact on determining

① See Baris Soyer, Warranties in Marine Insurance, Third edition, Routledge, 2017, p. 117 – 118.

the "seaworthiness" of ships. However, for years, the maritime judicial field at home and abroad seldom had the chance to express its position on this matter[②]. This case is a typical example of how the *ISM Code* significantly influence the determination of a ship's seaworthiness and the distribution of the burden of proof.

I. Introduction to the *ISM Code*

1. Background of the *ISM Code*

According to the information published by the International Maritime Organization (IMO), the *ISM Code* were adopted by IMO at its 18th General Assembly on November 4, 1993 in the form of a resolution [No. A. 741 (18)]. On May 24, 1994, the *ISM Code* were included in the *SOLAS Convention* as an annex to the new Chapter IX, "Management for the Safe Operation of Ships". The 1994 amendment to the *SOLAS Convention* came into effect on July 1, 1998, making the *ISM Code* a compulsory international regulation for managing maritime safety and preventing pollution. After a transition period, the *ISM Code* was fully implemented on July 1, 2002, and has been amended several times[③]. China, as one of the Contracting States, has an obligation to strictly implement those rules.

2. Contents of the *ISM Code*

The *ISM Code* was included in the *SOLAS Convention* to establish an

---

② On page 121 of *Warranties in Marine Insurance*(Third Edition, published in 2017), it is mentioned that the UK courts have not expressed their judicial opinions on the impact of the *ISM Code* on seaworthiness. According to the final judgment in the CMA CGM Libra [2021] UKSC 51 Case, as recently made by the UK Supreme Court, it was ruled that a faulty navigation plan would make the ship unseaworthy. The responsibility for preparing the navigation plan seems to fall on the captain and the crew. However, if the defect in the navigation plan is the result of the carrier's failure to fulfill its duties, for example, failure to implement a suitable system, it will lead to the ship's unseaworthiness.

③ The *ISM Code* was amended by the resolution MSC. 104(73) in December 2000, the amendment entered into force on July 1, 2002. It was further amended in December 2004 by the resolution MSC. 179(79), the amendment entered into force on July 1, 2006. It was further amended in May 2005 by the resolution MSC. 195(80), the amendment entered into force on January 1, 2009. The *ISM Code* was also amended by the resolution MSC. 273(85) in December 2008, the amendment was adopted on January 1, 2010 and entered into force on July 1, 2010. In June 2013, the *ISM Code* was further amended by the resolution MSC. 353(92), the amendment entered into force on January 1, 2015.

international standard for the safe ship management and pollution prevention. The *ISM Code* was designed to ensure safety at sea, to prevent loss of life, and to avoid damage to the environment, especially the marine environment and property. The *ISM Code* appies to all ocean-going vessels of 500 gross tonnages or more, including passenger vessels, cargo vessels like oil tankers, chemical tankers, gas carriers, bulk carriers and mobile (self-contained) offshore drilling platforms. The *ISM Code* also apply to shipowners or management companies responsible for operating these vessels. The ships of the contracting parties must not set sail internationally if they have violated the *ISM Code* since the statutory date. Ships from non-contracting parties are not entitled to more preferential treatment over those from contracting parties.

The core of the *ISM Code* is to mandate the "Company" and④ its vessels to establish, implement and maintain a Safety Management System⑤(SMS) that fulfills the *ISM Code*'s criteria, and to establish, enhance and document a safety and anti-pollution management system. The *ISM Code* mandate the "Company" to establish a safety and environmental protection policy, clarify the methods for achieving objectives, and guarantee that this policy is enforced and upheld at all levels of the ship-shore institutions. If the entity operating the ship is not the owner, the shipowner must report the name and details of the operating entity to the relevant authority. To ensure the safe operation of the ship, a communication channel between the company and the ship must be provided. The company shall appoint one or more onshore personnel (the "designees") with direct access to top management. Their responsibilities and authority will include monitoring the safe

---

④ As defined in the *ISM Code*, the "Company" means the owner of a ship, or any organization or corporation, such as a manager or bareboat charterer, that has assumed the responsibility of the owner for the operation of the ship and, in the same time, agrees to assume all the responsibilities and obligations under the Code.

⑤ As defined in the *ISM Code*, "safety management system" means a structured and documented system that enables the Company's personnel to effectively implement the Company's safety and environmental protection policies.

operation and pollution prevention of ships, and ensuring that sufficient resources and onshore support are provided as needed. The Company shall establish procedures for identifying, describing and responding to emergencies that may occur on board. The safety management system must include measures for the Company's relevant departments to respond to dangers, accidents and emergencies that ships may encounter at all times. The safety management system shall include procedures to ensure that non-conformities, incidents and hazards are reported to the "Company". The procedure should investigate and analyze these circumstances in order to improve safety and prevent pollution. After an audit by the competent authority, ⑥ every incorporated shipping company that follows a safety management system will receive a Document of Compliance (DOC) if it meets the requirements of the *ISM Code*. Ships that pass the audit will be granted a Safety Management Certificate (SMC). However, the safety management system is not just a set of documents; it needs to be put into practice.

Ⅱ. The influence of the *ISM Code* on deciding whether a ship is "seaworthy"

The implementation of the *ISM Code* has changed previous ship conventions, which focused solely on technology without considering management. The implementation of the *ISM Code* will have a significant and wide-ranging impact on how we identify a ship's seaworthiness and the requirement for careful handling of it.

1. The traditional criteria for determing whether a ship is seaworthy

Although "seaworthiness" is a legal concept, domestic and foreign laws have not provided a complete definition of it. According to the attitudes of judicial organs in various countries, as reflected in numerous maritime cases, and research findings, "seaworthiness" refers to the ability of a ship to withstand all expected common risks during a specific voyage. The standards for ship "seaworthiness" are not fixed, but need to be identified on a case-by-case basis due to the various factors such as the

⑥ As defined in the *ISM Code*, "competent authority" means the government of the flag State.

type, class, navigation area, voyage, cargo nature, season and other requirements for seaworthiness.

The *Maritime Code* requires the carrier to excercise caution before and during the ship's voyage, ensuring the vessel is in a seaworthy condition. However, it does not provide a definition of what constitutes seaworthiness. In practice, seaworthiness is determined by assessing whether the ship's hull and structure can withstand the foreseeable risks during navigation and operation, whether the crew can meet the requirements of normal navigation and operation, and whether the ship is suitable for carrying and storing goods. Traditionally, judges have focused on technical issues that affect the "seaworthiness" of ships. ⑦

2. The concept of "seaworthiness" should be further developed with the times

The standards for a ship's "seaworthiness" are closely related to the typical risks of a specific voyage. Therefore, the requirements for "seaworthiness" need to stay up to date with the times. For instance, due to the ongoing advancement in navigation technology, international ships are now required to install new equipment. Failure to comply with these new regulations will result in the identification of the ships as unseaworthy. The implementation of the *ISM Code* has introduced new changes to the requirements for ship "seaworthiness" in statutory inspections, and has included these requirements in the management of shipping companies. Maritime justice should also consider this development. When assessing the "seaworthiness" of an international navigation ship, the focus should shift from the ship's technical aspects in the traditional way to the performance of both technology and ship management. Given that the *ISM Code* is part of the *SOLAS Convention* and mandatory international standards for international navigation ships, incorporating the ship safety management system into the criteria for determining the seaworthiness of ships aligns with the requirements of international conventions that

⑦ For specific technical questions, see Baris Soyer, *Warranties in Marine Insurance*, *Third Edition*, Routledge, 2017, p. 68 – 85.

China is a party to. It also reflects the international trend of enhancing public safety responsibilities in maritime navigation. It also clearly demonstrates China's commitment to fulfilling the obligations of the convention in the judicial field, helping China to portray a responsible international image in upholding international maritime safety and navigation order.

3. The ship's management violated the *ISM Code* lead to an unseaworthy condition

Under the *ISM Code*, a ship must be operated by a company that holds a "Document of Conformity" (DOC) for the ship. The ship's manager, MING JIN, holds a DOC certificate, and the ship should had been operated by MING JIN. However, the evidence indicated that, according to the ship-shore communication, the spare parts, repairs and cargo security of SAGAN, were managed by the ship owner EMINENCE. From maintaining the ship's engine to the rescue after drifting, the MING JIN never showed up. It was EMINENCE and the charterer who got in contact with the captain. The ship being operated and managed directly by EMINENCE without management qualifications was indicated by the absence of the ship manager in the ship management. The difference between the ship safety management system and its actual implementation posed a serious threat to the safe navigation of the ship, and resulted in the ship safety management system being unseaworthy. Due to the ship management company's absence in managing the ship, when the ship's engine broke down, EMINENCE was unable to provide adequate resources and onshore support as required by the *ISM Code*. Consequently, it could not respond effectively to the potential dangers, accidents and emergencies the ship might encounter, leading to the gradual escalation of the engine problem into a total loss through grounding. Therefore, there was a direct link between the ship's unseaworthiness and the grounding accident. Additionally, the ship owner EMINENCE and the ship manager MING JIN, who were also the insured, were aware of this. In summary, the insurer is not liable for compensation according to the law.

Ⅲ. The *ISM Code* has an impact on the burden of proof for the ship's "seaworthiness"

The *ISM Code* requires shipping companies to establish a documented management system for safety and pollution prevention. Under this system, records of decisions, actions, and communications are kept for future reference, making it extremely convenient for collecting judicial evidence. In previous cases, the ship or carrier typically provides a set of ship certificates to demonstrate that the ship is seaworthy. Since the crucial evidence demonstrating the ship's "seaworthiness" is usually held by the ship itself, other parties with doubts about this are unable to provide contradicting evidence, making it quite challenging to prove the ship's "unseaworthiness". The enforcement of the *ISM Code*, along with the "documentary evidence order"⑧ system under the *Interpretations on Civil Procedure Law* and the relevant supporting articles in the *Evidence Stipulations*, compels ships to provide evidence that may not be in their favor in the lawsuit, significantly reducing the burden of proof for the parties claiming that the ship is "unseaworthy". In this case, the evidence that the court ordered EMINENCE to submit according to the law, especially the communication between the ship and the shore via email during the accident, played a key role in establishing the facts of the case. By comparing the relevant evidence on the record, we can eliminate contradictions and distinguish the true from the false, in order to restore the accident as accurately as possible. These emails also proved that the ship was not fit for sailing according to the safety management system, and that there was a direct link between the unseaworthiness

---

⑧ According to Article 112 of the *Interpretations of the Supreme People's Court on the Application of the Civil Procedure Law of the People's Republic of China*, where the documentary evidence is under the control of the opposite party, the party who bears the burden of proof may submit a written application requesting the people's court to order the opposite party to submit it before the expiration of the time limit for adducing evidence. Where the grounds for the application are tenable, a people's court shall order the opposite party to submit. The expenses arising from the submission of documentary evidence shall be assumed by the applicant. Where the opposite party refuses to submit without justified reason, the people's court may identify that the contents of the documentary evidence adduced by the applicant are true.

and the total loss of the ship. The facts described above provided a solid foundation for determing the cause of the accident and accurately analyzing the compensation liability for the “total loss insurance” in the case.

(Written by YANG Chan, Proofread by WEI Xiaoxin)

【Case Index】

(2019) H72MC No. 463

2. Weilai Shipping Co., Ltd. v. PICC P&C for Dispute over Maritime Insurance Contract

—The Effect of Non-payment of Premiums on Time on the Assumption of Liability for Marine Insurance Claims

【Abstract】

Disputes over marine insurance contracts may arise when the policy holder or the insured fails to pay the insurance premium as agreed upon, however, they require the insurer to assume insurance liability by making up the insurance premiums after the insured accident occurs. Where it is specifically stipulated in an insurance contract that the insurer has the right to terminate or rescind the contract to the extent that the insurance premium is not paid, the party autonomy should be respected. Where an insurance contract only stipulates that the insurer will not assume insurance liability if the insurance premium is not paid, the obligation to provide reminders and explanations should be fulfilled in accordance with the relevant provisions of the *Insurance Law*, otherwise such clauses exempting the insurer from liability will not take legal effect. Where there is no special agreement or explicit agreement, the insurer generally shall not disclaim the insurance liability on the grounds that the counterparty has not paid the premium.

【Facts】

Plaintiff: Weilai Shipping Co., Ltd.

Defendant: PICC P&C Shipping Insurance Operating Center

On July 10, 2013, T&Z CONSULTANTS LTD., as an insurance broker, accepted the entrustment of EAST GRAND SHIPPING CO., LTD. (hereinafterreferred to as "EAST GRAND") with negotiation on insurance matters with the Defendant. On July 12, the Defendant issued an insurance policy stating that the policy holder, the insured and the ship owner were the Plaintiff, an insurance was taken out for the ship named "Grand Fortune 1", covering the total loss of ocean-going vessels, for the effective period from 00:00 July 13, 2013 to 24:00 July 12, 2014. The insurance policy is attached with a special stipulation: "...9. According to the *International Maritime Solid Bulk Cargoes (IMSBC) Code* (hereinafter referred to as the '*IMSBC Code*'), before shipments of easily liquid cargoes, the moisture content and Transportable Moisture Limit (TML) of the cargo must be checked, otherwise, ship safety accidents may arise. This insurance coverage excludes any losses, liabilities and expenses caused by shipment without inspection on the moisture content and TML, and the continued shipment of solid cargo with moisture content in excess of the TML despite inspection. 10. ... Payment of Insurance Premiums. Both parties agree as follows: The first installment... the second installment... the third installment of the insurance premiums will be paid on January 20, 2014... and that if the policy holder (or the insured) fails to pay the premiums on the agreed date, the insurer has the right to terminate this Insurance Contract from the breach of contract by the policy holder (or the insured). It shall not be liable for any losses and expenses incurred for accident since the breach of contract ... 12. EAST GRAND SHIPPING CO., LTD. is the co-insured of this policy."

The Defendant received the first and second installments of insurance premiums after the insurance policy was issued, but the third installment of insurance premiums payable on January 20, 2014 was not paid until April 4, 2014.

According to YNA's report quoted by CCTV International on April 4, 2014 and China Daily on April 11, 2014, the relevant ship sank in waters of the Republic of Korea in the early morning of April 4, 2014. On March 23, 2015, the complaint submitted to the Wuhan Maritime Court by the Beijing Branch of PICC Property and Casualty Company Limited (hereinafter referred to as the "PICC P&C Beijing

Branch") also confirmed the fact that the ship sank.

The ship's Registration Certificate indicated that the ship owner was the Plaintiff. The Minimum Safe Manning Certificate indicated a minimum manning of 8 persons, including 1 captain. There were 9 people on the crew list, excluding the captain. It was found on 6 copies of Crew Competency Certificates that the name and/or position did not match the crew list.

According to the confirmation letter from the DPRK Maritime Safety Administration that the moisture content of the iron ore carried by the ship was tested on March 14, 2014, and a transportable moisture limit certificate was issued on the March 15, 2014 respectively to the ship and Korea Ferrous Metals Export & Import Corporation (Shipper, hereinafter referred to as the "Trading Corporation"). The certificate stated that the transportable moisture limit is 8.11. The DPRK Maritime Safety Administration also confirmed that the Maritime Safety Supervision Office of Hamgyeongbuk-do had issued test reports on March 21, 23, 27, and 31, 2014 respectively corresponding to moitsture content of 7.32%, 7.74%, 7.93%, and 7.25%. According to the quality inspection certificate issued from the DPRK Commodity Inspection Bureau on April 1, 2014, the moisture content was 10.42%, the name of the consignor was the same as the shipper on the Plaintiff's bill of lading, the name of the consignee was the same as the notify party on the bill of lading and "to order" was marked for the consignee on the bill of lading.

On March 14, 2016, the Plaintiff specifically authorized two lawyers to represent the case. On March 29 of the same year, a complaint signed on behalf of the Plaintiff by one of the lawyers was submitted. On April 12, the complaint sealed by the Plaintiff was submitted. On October 25, 2016, EAST GRAND issued a confirmation letter stating that the Plaintiff and EAST GRAND were co-insureds, the Plaintiff was the ship owner, and EAST GRAND was the ship manager, and confirming that it would not hold the Defendant liable, but the Plaintiff would hold the Defendant liable for insurance indemnity. On December 10, 2016, the Plaintiff appointed the relevant appraisal center to issue the Appraisal Opinions on the Impact of the Weather and Sea Conditions in the Sea Area When the Grand Fortune 1 Wheel Sunk.

The Plaintiff argued that due to severe weather and sea conditions during the voyage, the ship at issue sank. The accident was caused by the risks covered by the Defendant, and the Defendant was required to pay insurance indemnity.

The Defendant argued that the Plaintiff had no evidence as to the authenticity and cause of the accident; the Plaintiff failed to pay the insurance premium as agreed upon in the policy, the moisture content of the cargo violated the special agreement, and the ship cannot be proved as seaworthy, therefore, the Defendant was not required to bear insurance liability; the lawsuit exceeded the limitation of action. The Defendant requested to dismiss the Plaintiff's claim.

【Judgment】

After hearing, the Shanghai Maritime Court held that this case was a dispute over a marine insurance contract. The insurance contract relationship between the Plaintiff and the Defendant was established in accordance with the law and both parties unanimously agreed that Chinese law should be applied. The co-insured EAST GRAND explicitly waived and confirmed that the Plaintiff independently exercised its right to claim under the insurance contract.

Regarding whether the ship at issue sank due to the risks specified in the insurance policy, the news report was made by the authoritative media CCTV and can be checked so far; PICC P&C Beijing Branch and the Defendant are both owned by the PICC Property and Casualty Company Limited. The PICC P&C Beijing Branch brought a lawsuit first, and the Defendant responded later without evidence evidencing the factual claim to the contrary, therefore, the fact that the ship had sank was confirmed. As for the cause of the sinking, the Plaintiff mainly relied on the appraisal report, however, the appraisal materials on which the report was based were produced or submitted by the Plaintiff on its own, and cannot be taken as valid evidence; the appraiser was an expert in maritime meteorology, and the report mainly analyzed the meteorological and hydrological conditions of the sea area where the ship sailed, excluding ship navigation data and cargo loading data, therefore, it can be concluded that the cause of the accident was not highly probable, and it cannot be proved that the ship sank due to the risks covered by the insurance policy.

Regarding whether the insurer can disclaim the liability for insurance compensation based on special agreement on the moisture content. According to the report from DPRK Maritime Safety Administration submitted by the Plaintiff, the moisture content of the cargo was less than the transportable moisture limit; however, it turns out just the opposite on the report from DPRK Commodity Inspection Bureau submitted by the Defendant. The inspection was carried out by the commodity inspection department, and the loading and shipping time and the inspection time reported by the Defendant were April 1, more in line with the provisions of the *IMSBC Code* that sampling and testing should be as close as possible to the loading time; The relationship between the Trading Corporation and the transportation parties at issue reported by the Plaintiff was unknown. The consignor and consignee recorded in the Defendant's report were the shipper and notifier respectively on the Plaintiff's bill of lading. Therefore, the Defendant's report was more relevant and confirmed the moisture content out of limits. Due to the Plaintiff's violation of the special agreement, the Defendant was not liable for insurance compensation.

Regarding whether the insurer can disclaim the liability for insurance indemnity based on special agreement on the insurance premiums. According to the special agreement, "If the policy holder (or the insured) fails to pay the premiums on the agreed date, the insurer has the right to terminate this Insurance Contract from the breach of contract by the policy holder (or the insured). It shall not be liable for any losses and expenses incurred for accident since the breach of contract." An insurance contract is both an aleatory contract and a bilateral contract under which both parties are bound by unequal payment obligations based on contingencies. The special agreement refers to the termination of the contract agreed upon by the parties based on the characteristics of the insurance contract; it is reached by the parties through consultation, not in violation of the prohibitive provisions of the law and binding on both parties to the contract. The Plaintiff had not paid the third installment of the insurance premium until the ship at issue sank in the early morning of April 4, 2014. If during the performance of the insurance contract, the applicant or the insured can receive compensation by making up the premium after the occurrence of the insured accident, it is obviously unfair to the insurer. Therefore, the Plaintiff violated the insurance contract not conforming to the basic characteristics of the insurance contract as an aleatory contract, and the Defendant has the right to claim the termination of the insurance contract and disclaim the liability for insurance compensation.

Regarding whether the insurer is not liable for insurance compensation because of the ship is unseaworthy. The burden of proof as to seaworthiness at the time of departure shall be borne by the Plaintiff,① while the burden of proof as to unseaworthiness shall be borne by the Defendant.② The Plaintiff's evidence cannot prove that a full set of ship certificates have been prepared as required, and that the ship has assigned qualified and competent crew members for each post according to the minimum safety manning certificate. According to the order of evidence, it was not inappropriate for the Defendant to point out the defects in the Plaintiff's evidence to prove that the ship was unseaworthy. The Plaintiff has not defended the matters excluded in Article 244 of *Maritime Code*, besides, the Plaintiff as the ship owner and EAST GRAND as the operator of the ship should have known that a full set of ship certificates and adequate manning should be in place at the time of departure,

---

① According to Article 22 of the *Insurance Law*, after an insured incident occurs, the insurance applicant, insured or beneficiary claiming indemnity or insurance benefits against the insurer under the insurance contract shall provide the insurer with all available certificates and materials related to the determination of the nature, cause, degree of damage, etc. of the incident.

② According to Article 244 of the *Maritime Code*, the insurer shall not be liable for the loss of or damage to the insured ship arising from unseaworthiness of the ship at the time of the commencement of the voyage, unless where under a time policy the insured has no knowledge thereof.

therefore, the exclusion provision was not applicable. In view of the aforementioned moisture content, the ship at issue was unseaworthy, and the Defendant shall not be liable for insurance compensation.

Limitation of Actions. According to the *Maritime Code*, limitation of actions shall be two years, counting from the date of occurrence of the insured event. The ship sank on April 4, 2014; on March 14, 2016, the Plaintiff specifically authorized two lawyers to represent the case. On March 29 of the same year, a complaint signed on behalf of the Plaintiff by one of the lawyers was submitted. On April 12, the complaint sealed by the Plaintiff was submitted. The complaint was brought effectively within the statute of limitations.

In summary, the Shanghai Maritime Court ruled against the Plaintiff's claim in the complaint.

After the first-instance judgment was made, the Plaintiff appealed to the Shanghai High People's Court, which rejected the appeal and upheld the original judgment. The judgment has now come into effect.

【Analysis】

Disputes over marine insurance contracts may arise frequently when the policy holder or the insured fails to pay the insurance premium as agreed upon, however, they require the insurer to assume insurance liability by making up the insurance premiums after the insured accident occurs. According to the *Interpretations on Maritime Insurance*, ③ it is necessary to distinguish and identify whether there is a relevant agreement on payment for premiums under an insurance contract according to the provisions of the *Maritime Code*, the *Insurance Law*, the *Contract Law* and

③ Article 1 of the *Stipulations of the Supreme People's Court on Several Issues in the Trial of Cases Concerning Dispute over Maritime Insurance* provides that, the trial of cases involving the disputes over marine insurance contracts shall be governed by the Maritime Code; if there is no such provision in the Maritime Code, the relevant provisions in the Insurance Law shall apply; and if there is no such provision in the Maritime Code and the Insurance Law, the relevant legal provisions in the Contract Law shall apply.

other relevant laws and their sequence relationship.

I. Where there is a special agreement, the insurance liability shall be distinguished according to the provisions of such special agreement

When there is a special agreement on premium payment and insurer liability under a marine insurance contract, the party autonomy should be respected. However, the agreement is sometimes subject to other legal provisions, in which case, it cannot be upheld by the court, with specific provisions taken into consideration.

1. Where it is specifically stipulated that the insurer has the right to terminate or rescind the contract to the extent that the insurance premium is not paid

As agreed in the marine insurance contract at issue that, "If the policy holder (or the insured) fails to pay the premiums on the agreed date, the insurer has the right to terminate this Insurance Contract from the breach of contract by the policy holder (or the insured). It shall not be liable for any losses and expenses incurred for accident since the breach of contract", in other cases, it is also agreed that "if the insured fails to pay the insurance premiums, the insurance company has the right to terminate the contract."④

i. Legal effect of termination or rescission of contract terms

The agreement that the insurer has the right to terminate or rescind the insurance contract if the premium is not paid is reached on a legal basis in compliance with general legal principles and should be deemed valid.

First, party autonomy takes precedence over marine insurance contracts. There is a legal basis for giving priority to party autonomy in the field of private law. In China, *General Provisions of Civil Law* and *Contract Law* both embody the basic

---

④ Ningbo Maritime Court (2013) YFZSCZ No. 154 Civil Judgment.

principle of respecting the autonomy of will. ⑤ The provisions on insurance contracts in the *Insurance Law* have put into practice and deepened the basic principles of the *General Provisions of Civil Law* and the *Contract Law*. Paragraph 2 of Article 11 of the *Insurance Law* stipulates that, "An insurance contract shall be concluded out of free will, unless the insurance is mandated by laws or administrative regulations" which shows that in the field of insurance contracts, civil subjects have broad freedom of conduct within the statutory scope to create, change, and eliminate civil legal relationships out of their free will.

Specifically in this case, (1) Whether it was agreed in the marine insurance contract that the insurer had the right to terminate the contract, the *Maritime Code* and the *Insurance Law* have no relevant provisions, and Article 91 of the *Contract Law* stipulates that: "The rights and obligations under a contract shall be terminated under any of the following circumstances: ... (7) Any other circumstances for termination as stipulated by the laws or agreed upon by the parties." Therefore, the parties have the right to agree on the circumstances under which the contract is terminated. In this case, the failure to pay the insurance premium as agreed upon falls into the circumstances stipulated for the termination of the contract. Under such circumstances, the insurer has the right to terminate the insurance contract in compliance with the provisions of the *Contract Law*. (2) Regarding whether it can be agreed in a marine insurance contract that the insurer has the right to terminate the contract, there is clear legal basis. For example, Paragraph 1 of Article 227 of the *Maritime Code* stipulates that, "Unless otherwise agreed upon in the contract, neither the insurer nor the insured may terminate the contract after the commencement of the insurance liability." Article 15 of the *Insurance Law* also

---

⑤ Article 5 of the *General Provisions of Civil Law* stipulates that when engaged in civil activities, all persons shall observe the principle of voluntariness, and establish, alter or terminate civil juristic relations according to their own free will. Article 4 of the *General Principles of Civil Law* stipulates that in civil activities, the principles of voluntariness, fairness, making compensation for equal value, honesty and credibility shall be observed. Article 4 of the *Contract Law* also stipulates that the parties have the right to enter into a contract out of their own free will in accordance with the law, and no unit or individual may illegally interfere therewith.

stipulates that, "Unless otherwise stipulated in this Law or agreed upon in the insurance contract, the policy holder may, but the insurer shall not, rescind the contract after it is formed." These provisions have reflected the legislative orientation that the insurer cannot rescind the insurance contract in principle and an exception for rescinding the insurance contract may be agreed. According to Paragraph 2 of Article 93 of the *Contract Law*, "The parties may stipulate the conditions for rescission of the contract by either party. When the conditions for rescission of the contract mature, the party with the right to rescind may rescind the contract", the insured's failure to pay the insurance premium was an agreed condition for rescission of the insurance contract. Once this condition is met, the insurer can terminate the contract, with the legal effect of refunding relevant insurance premiums as stipulated in Paragraph 2 of Article 27 of the *Maritime Code*.

Although the party autonomy is not limited unless otherwise provided for in laws or administrative regulations or contrary to mandatory legal norms, ⑥ for example, Paragraph 2 of Article 17 of the *Insurance Law* stipulates that for clauses that exempt the insurer from liability in the insurance contract, if the insurer fails to make a warning or explicit explanation thereof, those clauses shall not be effective. However, in current marine insurance practice, clauses stipulating that the insurer has the right to terminate or rescind the insurance contract are mostly based on special agreements or statements reached through negotiation between the parties. They are the true expression of intention between the insurer and the policy holder, and sufficient to attract the attention of the parties, without regard to invalid provisions. Paragraph 2 of Article 9 of the *Interpretation II of the Insurance Law* has special provisions on the clause of rescinding an insurance contract: The insurer shall be entitled to rescission due to the violation of statutory or agreed obligations by the policy holder or the insured. The clauses regarding rights of rescission do not fall within the "clauses exempting the insurer from liability" stipulated in Article 17 of

---

⑥ Annotated Edition of the Insurance Law of the People's Republic of China, Law Press, 2016, p. 12.

the *Insurance Law*, that is, the insurer is not obligated to make a warning or explicit explanation thereof. In judicial practice, there is a broader interpretation, such as the Paragraph 2 of Article 30 of the *Guiding Opinions of the High People's Court of Zhejiang Province on Several Issues Concerning the Trial of Disputes over Property Insurance Contracts* (Zhejiang High People's Court [2009] No. 296) which stipulates that *contra proferentem* does not apply to the insurer under the special terms of an individual insurance contract determined through negotiation between the parties to the insurance contract.

Secondly, this article conforms to the characteristics of a marine insurance contract as an aleatory contract. Under an aleatory contract, both parties are bound by unequal payment obligations based on accidental events. For the insurer, the compensation may be much greater than the insurance premium received, or it may only charge the insurance premiums without assuming liability; for the policy holder or the insured, he or she may receive benefits far greater than the insurance premiums paid, or may gain no benefits at all. In this case, the stipulation that the insurer has the right to terminate the insurance contract if the premium is not paid is precisely based on the characteristics of the marine insurance contract as an aleatory contract under the stipulated circumstances for the termination of the insurance contract. At the same time, as an aleatory contract is opportunistic and accidental, it is easy to violate public order and good customs, and even pose moral hazards. In order to prevent the parties from treacherous acts out of fluke mind, the terms agreed upon in the aleatory contract should be more strictly performed, and the effect thereof should not be easily denied.

Thirdly, it is unfair to receive insurance compensation through backpayment of insurance premiums. The basis for the existence of marine insurance contracts lies in the uncertainty of marine accidents. Certainly, the insurer is unwilling to insure the marine accident that has occurred; if it was fairly certain that a marine accident would not happen, the policy holder or the insured would not be willing to pay for it. Therefore, during the performance of a marine insurance contract, if the policy holder or the insured requires the insurer to bear liability for insurance compensation by making up the insurance premium after the accident, the uncertainty of whether the insured accident would occur no longer exists. The insurance contract has lost the basis for its existence, and the back payment of insurance premiums is of no practical significance. In addition, the policy holder or the insured violated the existing contract first. If during the performance of the marine insurance contract, the policy holder or the insured can receive compensation by making up the premiums after the occurrence of the marine accident, it is obviously unfair to the insurer.

Therefore, the clause of termination in this case was reached through negotiation between the insurance broker on behalf of the insured and the insurer, reflecting the true expression of intention of the parties, not in violation of the prohibitive provisions of the law and binding on the parties to the contract. In judicial practice, the effect of the clause of contract termination can also be recognized. For example, some courts have held that this clause is an agreement between the parties that in case of breach of the contract by the insured, the insurer has the right to choose to terminate the contract or request continued performance of the insurance contract, not in violation of the prohibitive provisions of the law, and shall be deemed valid. ⑦

ii. Termination or rescission of a marine insurance contract and exercise of rights

In the practice of marine insurance, the agreements on termination and rescission of contracts are relatively common, and sometimes they are similarly confusing. For example, in some cases, the insurance contract stipulates that "if... is unable... to pay..., the insured's insurance on all the insured ships taken out with the company will be terminated" which is summarized by the court as "if premiums are not paid when they become due ... the insurer has the right to

---

⑦ High People's Court of Zhejiang Province (2013) ZZ No. 95 Civil Judgment.

terminate the contract". [8] In fact, termination of a contract differs from rescission of a contract. Termination of a contract is an abbreviation for "termination of the rights and obligations under a contract" as stipulated in the *Contract Law*. According to Article 91 of the *Contract Law*: "The rights and obligations under a contract shall be terminated under any of the following circumstances: ...(2) the contract has been rescinded..."; It can be seen that "rescission of a contract" is one of the causes that lead to the termination of the contract, and termination of a contract is the result of the rescission of the contract.

According to Paragraph 1 of Article 96 of the *Contract Law*, a party demanding rescission of a contract in accordance with the provisions of Paragraph 2 of Article 93 and Article 94 of this Law shall notify the other party. The contract shall be rescinded upon the receipt of the notice by the other party, it can be seen that the right to terminate a contract needs to be exercised by means of notice, but either of the *Maritime Code*, the *Insurance Law*, the *Contract Law*, etc. has provided for the method and time of notice. In terms of marine insurance practice, the insurer has signed a large number of insurance contracts, most of which will be fully fulfilled upon expiration without occurrence of the insured accident. If an insurance contract must be rescinded explicitly, the requirement for the insurer to pay attention to the specific time points under each insurance contract is undoubtedly demanding. In fact, as for the agreement on the insurer's right to terminate the insurance contract, the choice lies with the insurance company, and the insured's failure to pay the insurance premium does not inevitably result in the rescission of the contract. [9] After the insured pays back the insurance premium, the insurer chooses to bear or disclaim the liability for compensation. Therefore, the insurer should not be required to issue an express notice of rescission to the insured. In fact, the insurer's refusal to make compensation clearly expresses its intention to rescind the contract without assuming

---

⑧ Ningbo Maritime Court (2014) YFSCZ No. 105 Civil Judgment.

⑨ Same as Note ④.

liability for compensation. Therefore, in judicial practice, it is not unreasonable to regard the refusal of compensation as a notice to exercise the right to rescind the insurance contract, and it is also in line with the status of the marine insurance industry.

Different from the rescission of the contract, the law does not provide for notification procedures for the termination of a contract falling under such circumstances as agreed upon by the parties. The agreement in this case was reached on contract termination circumstances by the parties based on the characteristics of the insurance contract. Under these circumstances, the insurer has the right to terminate the insurance contract. Since the termination of a contract does not require a valid notice sent to the counterparty like the rescission of a contract, and the insurer's refusal to indemnify clearly and unambiguously expressed its intention to terminate the insurance contract rather than continue performance thereof. Therefore, the insurer has the right to claim the termination of the insurance contract according to the special agreement without assuming insurance liability.

2. Clauses stipulating that the insurer will not be liable for compensation

Regarding the agreement that "when an insured accident occurs if the insured fails to pay the insurance premium as agreed, the insurer shall not be liable for compensation", it is argued that since this clause is concluded in case of the counterparty's breach of contract, "not be liable for compensation" means recession of the insurance contract without assuming insurance obligations in essence. [10] However, such view of point is suspected of expanding the interpretation. This clause is obviously different from the agreement that the insurer has the right to rescind the contract without assuming liability. In the latter, disclaimer of liability should be understood as the consequence arising from the insurer's choice for

---

⑩ See Zhang Hairong and Yang Jun, *Case of Xizhou Company v. PICC Zhouzhi Company Case Concerning Insurance Liability for the Insured Accident Occurring During the Coverage Period Extended for the Premium Payment Time*, in Zhu Mingshan, Typical Cases and Application of Law-Disputes over Insurance Contracts, China Legal Publishing House, 2004, p. 161.

rescinding the insurance contract. [11] However, rescinding a contract will also result in other consequences such as repristination, taking remedial measures, compensation for losses, etc. The agreement that the insurer will not assume liability only unilaterally exempts the insurer from liability without giving rise to the other consequences mentioned above. Moreover, if the specific time for premium payment is not determined for a one-time payment or the insured accident occurs before the due date of the last installment, it would be unfair if the insurer disclaims liability.

In fact, this type of clauses which exempting the insurer from liability are expressly regulated by Paragraph 2 of Article 17 of the *Insurance Law*. If the insurer fails to make a warning or explicit explanation, those clauses shall not be effective. On the contrary, Paragraph 2 of Article 9 of the *Interpretation II of the Insurance Law* stipulates that the insurer shall be entitled to rescission due to the violation of statutory or agreed obligations by the policy holder or the insured. The clauses regarding rights of rescission do not fall within the "clauses exempting the insurer from liability" stipulated in Article 17 of the *Insurance Law*. That is to say, only clauses that emphasize the rescission of the contract are not subject to the obligation of warning or explicit explanation. Therefore, a clause that only stipulates that the insurer will not assume liability shall be invalid if no warning or explicit explanation is given when the insurance contract is concluded.

3. Other agreements on premium payment

In insurance practice, there are also other special agreements that link the assumption of insurance liability with the payment of insurance premiums. However, whether such agreements are valid requires specific analysis on a case-by-case basis. Currently, the following two circumstances are more common:

First, the payment of premiums is a precondition for the contract to take effect. According to Article 14 of the *Insurance Law*, once an insurance contract is formed,

---

⑪ Same as Note ⑦.

the policy holder shall pay the premiums in accordance with the terms of the contract, and the insurer shall begin to undertake the insurance liability from the time agreed upon, it can be seen that the payment of insurance premiums does not affect the conclusion of the insurance contract, but the policy holder's performance after the insurance contract is concluded. According to Paragraph 3 of Article 13 of the *Insurance Law*, A legally formed insurance contract shall become effective upon its formation. The policy holder and insurer may attach conditions or a time limit on the effectiveness of the contract. In practice, sometimes the payment of premiums is agreed as a precondition for the validity of the insurance contract. [12] In this case, the payment of insurance premiums directly affects the validity of the insurance contract. If the premiums are not paid, the contract is established but has not taken effect for reasons attributable to the policy holder or the insured. If a covered accident occurs at this time, the insurer shall not be liable for insurance compensation due to the lack of a valid contract basis.

Second, an agreement on the recession of a contract has retroactive effect. For example, the agreement that "the insured will lose the insurance dating from the coverage and the company will not be responsible for any claims made under this policy for the insured vessel, regardless of whether the accident giving rise to such claim occurs before or after the termination of this insurance contract" is generally not recognized in judicial practice. Some courts have held that even if the insurer has the right to rescind the contract, it cannot exempt it from its obligation to indemnify or payment before the contract is rescinded, in which case, the contract is rescinded without retroactive effect, besides, an agreement that the insurer will no longer be liable for the insured accident that occurred before the recession after the contract is rescinded expands the insurer's rights, that is, a reduction in the scope of the insurer's liability under the insurance contract. Such agreement should be regulated by Article 17 of the *Insurance Law* by giving a warning or explicit

---

⑫ Same as Note ⑩.

explanation when the insurance contract is concluded, otherwise, it shall not take legal effect. ⑬

Ⅱ. Where there is no special agreement or explicit agreement, the insurer needs to bear the insurance liability

In the practice of marine insurance, sometimes, there is no special agreement on premium payment and insurer's assumption of liability. According to Paragraph 1 of Article 13 of the *Insurance Law*, an insurance contract is formed when a policy holder applies for insurance and the insurer accepts the application. Apparently, the insurance contract is a consensual contract founded on the mere unanimous agreement of interested parties.

Failure by the insured to pay insurance premiums or to pay insurance premiums on time after insurance liability has commenced generally does not constitute a valid defense based on lack of consideration. The reason is that both Paragraph 1 of Article 216 of the *Maritime Code* and Article 14 of the *Insurance Law* stipulate that the primary obligation of the insurer is to assume insurance liabilities as agreed after the insurance contract is concluded, while the primary obligation of the policy holder is to pay insurance premiums after the contract is concluded. ⑭ According to the terms of the insurance contract, payment for the insurance premium and assumption of the insurance liability are two obligations in parallel. In the absence of a contract, there is no overlap between the two obligations, whether the obligations are performed will not affect the assumption of insurance liability, nor will it in turn have a special impact on the conclusion and effectiveness of the insurance contract. ⑮

---

⑬ Same as Note ⑧.

⑭ Paragraph 1 of Article 216 of the *Maritime Code* stipulates that a contract of marine insurance is a contract whereby the insurer undertakes, as agreed, to indemnify the loss to the subject matter insured and the liability of the insured caused by perils covered by the insurance against the payment of an insurance premium by the insured. According to Article 14 of the *Insurance Law*, once an insurance contract is formed, the policy holder shall pay the premiums in accordance with the terms of the contract, and the insurer shall begin to undertake the insurance liability from the time agreed upon.

⑮ Same as Note ⑥, Page 17.

That is, the insurer cannot not disclaim the liability for insurance compensation merely on the grounds that the insured fails to pay the insurance premiums, on the contrary, the insured cannot not refuse to pay the insurance premium merely on the grounds that the insurer fails to assume the liability for insurance compensation. Such stipulation is clearly reflected in Article 5 of the revised *Interpretations of the Supreme People's Court on the Trial of Cases Concerning Dispute over Insurance* (*Draft for Comments*), which stipulates: "After the insurance contract is concluded, if the policy holder fails to pay the insurance premium as agreed, he shall bear liability for breach of contract; if an insured accident occurs, the insurer shall bear the insurance liability, unless otherwise stipulated in the Insurance Law or otherwise agreed upon in the insurance contract." Obviously, assumption of the insurance liability by the insurer shall be taken as the principle, and the provisions of the *Insurance Law* and the insurance contract shall be taken as an exception. Although these provisions cease to exist after the revision of the *Insurance Law*, the continuation of this legislative spirit can be seen from the current provisions of Article 36 of the *Insurance Law* on payment for personal insurance premiums by installments. [16]

In fact, no installment payment is involved in the relevant provisions of marine insurance contracts or property insurance contracts. The *Maritime Code* even grants to the insurer the right of "documents against payment", please refer to Article 234 of the *Maritime Code*: "Unless otherwise agreed upon in the insurance contract, the insured shall pay the premium immediately upon conclusion of the contract. The

---

⑯ Article 36 of the *Insurance Law* stipulates that, where a contract specifies payment of insurance premiums by installments and the policy holder has paid the first installment but fails to pay the current installment despite a lapse of over 30 days from a reminder by the insurer or over 60 days from the scheduled date of payment, the validity of the contract shall be suspended, or the insurer may, in accordance with the terms of the contract, reduce the insured amount, unless stipulated otherwise in the contract. Where an incident covered by insurance occurs to the insured within the time limit specified in the preceding paragraph, the insurer shall pay insurance benefits according to the contract, but may deduct the underpaid insurance premium from the insurance benefits.

insurer may refuse to issue the insurance policy or other insurance certificate before the premium is paid by the insured". This article undoubtedly reduces the possibility of defaulting on premiums. As long as the insurer has even the slightest doubt about the creditworthiness of the policy holder, it may refuse to issue an insurance policy before the insurance premium is paid. However, in practice, insurers generally accept deferred payments[17] or even payments by installment[18]. These payment terms obviously increase the insurer's risk of collecting premiums, and can be rejected by the insurer. The reason why such payment terms are accepted and become normal in insurance practice is simply to expand the scope of insurance business for the business purpose. At the same time, installment payment is only a payment mode which should not be interpreted as a division of insurance liability by segment. The insurer should bear all insurance liability for the insured subject matter under the same insurance contract, even if Article 36 of the *Insurance Law* only provides for debt offsetting for the unpaid premiums, rather than compensation in proportion to the paid premiums. Therefore, the insurer should have a clear understanding of the consequences arising from installment payment, and should not take this as an effective defense for disclaiming insurance liability.

In the absence of special provisions in an insurance contract, judicial practice also tends to require the insurer to continue to bear the insurance liability. For example, some courts have held that if it is not expressly agreed that non-payment of premiums is the reason for the rescission of the contract, non-payment of insurance premiums cannot be taken as the reason for the rescission of the insurance contract.[19] Some courts have held that if a covered loss occurs before the policy holder fails to pay the premium, the insurer cannot take the policy holder's failure to pay the premium as a reason to refuse compensation. Similarly, the policy holder cannot

---

⑰ For issuance of insurance policies or other certificates before payment, see Ningbo Maritime Court (2015) YFSCZ No. 791 Civil Judgment.

⑱ For installment payment, see Qingdao Maritime Court (2016) L72 MC No. 2041 Civil Judgment.

⑲ High People's Court of Zhejiang Province (2015) ZHZ No. 240 Civil Judgment.

avoid paying the insurance premium on the grounds that the insured loss has not occurred. ⑳

Where there is no clear declaration of intention under the agreed terms, since no such terms clearly set rights, obligations and liability limits, they should be deemed to be ineffective, and cannot be relied on by the insurer for exemption from its insurance compensation liability. For example, if it is agreed that "failure to pay premiums as stipulated in the insurance policy will result in the invalidation of the policy", some courts hold that "will result in the invalidation of the policy" can be understood as "may or will cause the policy to lose effect" rather than "automatic invalidation and cancellation". Whether a premium reminder would be sent by the insurer after the premium becomes due and whether a grace period would be granted for premium payment remain uncertain, not part of the restrictive clauses on rights, obligations and liabilities with clear declaration of intention, therefore, it was further determined that there was no agreement on "overdue premium payment would result in the automatic expiration of the insurance policy under the insurance contract at issue."㉑

(Written by ZHANG Liang and HU Qian,
Proofread by JIANG Shengpeng)

【Case Index】

(2016) H72MC No. 1783

---

⑳ Minhang District People's Court of Shanghai (2013) MMSi (S) CZ No. 358 Civil Judgment.

㉑ Same as Note ⑳.

3. Fidelidade-companhia De Seguros, S. A. v. Starr Property & Casualty Insurance (China) Company Limited for Dispute over Maritime Insurance Contract

—Elements of Review in Dispute over Double Insurance Contribution

【Abstract】

1. It is clear that the constituent elements of the claim for double insurance contributions are: (1) the first compensation insurer's compensation to the insured is reasonable and prudent; (2) the contribution insurer is obligated to make compensation for the insured under its insurance contract; (3) The compensation paid by the first compensation insurer exceeds its liability for compensation under the legal relationship of double insurance.

2. The contributory insurer can exercise the defense against the insured under the insurance contract, taking the occurrence of the insured accident as the time point to judge whether the contributory insurer is liable for compensation to the insured under the insurance contract and then under the obligation of contribution. However, the defense that the insured failed to provide proof as to the insured accident to the insurer conflicted with the right of the insured to claim compensation freely from other insurers and cannot be established.

3. Double insurance contribution is not predicated on claiming subrogation from the responsible party. The contributory insurer shall not refuse a contribution request on the ground that the first compensation insurer has not exercised its right of subrogation.

【Facts】

Plaintiff: Fidelidade-companhia De Seguros, S. A.

Defendant: Starr Property & Casualty Insurance (China) Company Limited

There was a reservation insurance contract between the Plaintiff and the insured, Asay Company. In April 2013, the Plaintiff taken out insurance from Asay Company for 70,200 kg of the welded pipes shipped from Xingang Port in China to Luanda Port in Angola under the insurance conditions including "Cargo Insurance-Clause A (C. E. 01)" at the insurance amount of USD 97,451.64. In February of the same year, the Defendant insured against the transportation risks for the same batch of goods. The insured, insured subject matter and insurance amount were consistent with the records on the insurance certificate issued by the Plaintiff. The insurance coverage was the All Risks and War Risks Clause of PICC Marine Cargo Transportation (1/1/1981). In addition, there was neither "prohibition of other insurance clause", "non-contribution clause" or "ratable proportion clause" under the insurance contracts for the Plaintiff and the Defendant, nor agreement on the consequences of violating the obligation to notify in case of double insurance.

The cargo at issue began to be unloaded at the Luanda Port on April 12, 2013. Asay Company found that the cargo was damaged and filed a claim against the shipowner on the same day. The insured promptly informed the Plaintiff and Defendant of the loss occurred. After inspection, the public estimate company entrusted by the Plaintiff determined that the cargo damage was caused by improper stowage, and the damage was determined to be USD 53,876.40, equivalent to approx EUR 42,973.22. The Plaintiff paid an inspection fee of EUR 2,536.47 and an insurance indemnity of EUR 42,973.22 in July and November 2013 respectively.

Beginning on February 27, 2014, the Defendant's attorney began to demand the charter party and a letter of authorization issued from the insured for recovering compensation from the carrier. In June 2014, the Defendant's attorney informed the insured: "Without a letter of authorization, the claim has been denied."

On April 3, 2014, the Plaintiff entrusted a lawyer with informing the Defendant that the cargo at issue was covered under double insurance and requiring the Defendant to share 50% of the insurance indemnity, i. e. EUR 21, 486. 61. The defendant failed to pay the shared indemnity, so the Plaintiff asked the Court to order the Defendant to share the insurance indemnity of EUR 21, 486. 61 and the inspection fee of EUR 1, 268. 24 plus the corresponding interest.

The Defendant claimed that the policy holder and the insured failed to provide the Defendant with proof and information related to the insured accident, that is why the Defendant refused to make compensation, and that the Plaintiff failed to prove whether it had exercised its right of subrogation, and the Plaintiff's claim for sharing inspection (assessment) fees and payment of interest on insurance benefits was made without merit, therefore, the Plaintiff's claim was requested to be dismissed.

【Judgment】

After hearing, the Shanghai Maritime Court held that there was a statutory double insurance relationship between the Plaintiff and the Defendant. The compensation that the Plaintiff has made to the insured was reasonable and prudent, the Defendant was also liable to the insured under its insurance contract, and the compensation made by the Plaintiff to the insured relieved the Defendant of its liability for compensation. Therefore, the Plaintiff's right to claim contribution was established. The contributory insurer may exercise contractual defenses against the insured except for those that conflict with the insured's right to freely pursue claims against other insurers. The exercise of the right to claim for double insurance contribution is not predicated on the exercise of the right of subrogation. Therefore, the Defendant's relevant defenses were not accepted. Regarding the Plaintiff's request for sharing inspection (assessment) costs, the Court held that it should not be supported due to a lack of legal basis. In summary, the Shanghai Maritime Court ruled on June 29, 2017 that the Defendant should pay insurance indemnity of EUR 21, 486. 61 plus interest to the Plaintiff, and rejected the Plaintiff's other claims.

After the first-instance judgment was made, both the Plaintiff and the

Defendant willingly accepted the judgment and settled the case, and the Defendant consciously fulfilled the payment obligations determined by the judgment. The judgment in this case has now come into effect.

【Analysis】

In China's maritime trial practice, disputes over double insurance contribution are a new type of disputes.

Ⅰ. China's legal provisions on double insurance

At present, China has only two direct legal provisions on double insurance-Article 225 of the *Maritime Code*① and Article 56 of the *Insurance Law*②. The two legal provisions differ from each other in the following respects:

(1) *Maritime Code* remains silent about the obligation to notify double insurance, but Paragraph 1 of Article 56 of the *Insurance Law* stipulates that: "The policy holder of double insurance shall notify each insurer of the relevant information about the double insurance." The author believes that double insurance should not fall into the circumstances materially affecting the insurer making a decision whether or not to provide the insurance or whether or not to increase the premium rate as

---

① If the insured repeatedly concludes contracts with several insurers for the same insured subject matter and the same insured event, making the total insured amount of the insured subject matter in excess of the value of the insured subject matter, the insured may, unless otherwise stipulated in the contracts, file a claim for compensation against any insurer. The total compensation received by the insured shall be limited to the damaged value of the insured subject matter. Each insurer shall bear liability for compensation at the ratio of the insured amount to the total insured amount. If the compensation paid by any insurer exceeds its liability for compensation, it has right to recover compensation from the insurer that failed to make compensation under its liability for compensation.

② The policy holder of double insurance shall notify each insurer of the relevant information about the double insurance. The total compensation from all the insurers for double insurance shall not exceed the insured value. Unless otherwise agreed in the insurance contract, each insurer shall be liable for compensation at the ratio of the insured amount to the total insured amount. The policy holder of double insurance may request each insurer to refund the insurance premiums in proportion to the portion where the total insured amount exceeds the insured value. Double insurance refers to the insurance in which the policy holder has entered into insurance contracts with two or more insurers for the same insurance subject matter, the same insurance interest, and the same insured event, and of which the total insured amount exceeds the insured value.

stipulated in Article 16 of the *Insurance Law*, because it will not increase the risk of the insured subject matter. On the contrary, it reduces operating costs because insurers in the legal relationship of double insurance are only required to share the risk of loss on the condition that insurance premium consideration is received in full. Therefore, insurers have no corresponding right to terminate the insurance contract.

(2) The *Maritime Code* does not provide for "same insurance interest". It is generally believed that double insurance occurs when the policy holder enters into multiple insurance contracts with two or more insurers, with the following constituent elements: (i) Same subject matter. (ii) Same assured. But it does not require that the policy holders be the same. (iii) Same interest. There may be different insurance interest on the same insured subject matter, representing different damages. Compensation for different damages does not go against the principle of compensation for loss. Legal allocation between insurance policies is only permitted if the insurable interest for the subject matter insured is the same or common[③]. (iv) Same risk. If the insurance interest is the same but the insured risks are different, the insurance does not constitute double insurance. (v) Same period of cover. When an insured accident occurs, two or more insurance contracts are valid. Therefore, "same insurance interest" should have the proper meaning in the name of double insurance. There seems to be some omissions in the provisions of the *Maritime Code*, and it is recommended that improvements be made during revision.

(3) The method for contribution in the *Maritime Code* is slightly different from the *Insurance Law*. From a legal perspective, if the insured makes a full claim against one of the insurers, and the insurer is aware of the existence of other insurers, it seems that such insurer is obligated to make compensation in proportion in accordance with the provisions of the *Insurance Law*. However, according to the provisions of the *Maritime Code*, full compensation should be made in advance.

---

③ This principle was established in North British McCatile v. Liverpool London GIobe (1877) LR3 App Case 279 in the United Kingdom in 1877.

In addition, both the *Maritime Code* and the *Insurance Law* adopt the narrow concept of double insurance, requiring the total amount of insurance in excess of the insured value. Therefore, the provisions of the two laws on double insurance are basically the same, with slight differences in details. According to the legal application principles of "special laws prevail over general laws" and "exhaustion of maritime code", the provisions of Article 225 of the *Maritime Code* should take precedence for disputes over double marine insurance.

There is scant research information on this provision. First, there is scant legislative information; second, there are no relevant judicial interpretations and enforcement opinions; third, there are no public relevant cases. It is generally believed that the "Maritime Insurance Contract" chapter of the *Maritime Code* was transplanted from the *Marine Insurance Act,* 1906 (UK), and that marine insurance practice is featured in significant international integration. For a long time, the legislation and judicial practice of British marine insurance have been widely used for reference in the world. In addition, reference has been drawn between the courts of Australia, an independent member of the British Commonwealth, and the courts of the United Kingdom. Therefore, the judicial precedents issued by the United Kingdom and Australia and the authoritative information generated from research on these judicial precedents have a strong reference effect on the understanding and application of Article 225 of the *Maritime Code*, and are also the research source for the evaluation of this case.

Ⅱ. Regarding the right of contribution for the first compensation insurer

The principle of contribution for double insurance has been established more than 250 years④. According to Lord Mansfield's proposal in Godin v. London Ass Co.⑤ in 1758, where the insurer (i. e. the first compensation insurer) bears the compensation in excess of its share of liability, it has the right to recover from other

---

④ See Merkin R., *Colinvaux's Law of Insurance,* 10th Edition, Sweet & Maxwell, 2014, p. 675.

⑤ Godin v. London Ass Co. (1758), IBurr. 489, p. 492.

insurers making compensation less than their share of the liability (i. e., contributory insurers).

1. Legal basis for the right to claim contribution

There is no legal relationship of contract or tort between the first compensation insurer and the contributory insurers, but according to the special provisions of the law, a double insurance relationship has arisen between both parties, so the right to claim contribution is a statutory right. The first compensation insurer paid the insured is the insurance indemnity in full, thus releasing the liability of other insurers in the double insurance relationship. Therefore, from a fairness perspective, the burden should be shared. In the concept of British law, it is called the equitable doctrine of contribution.

2. Requirements for the establishment of the right of request for contribution

According to Article 225 of the *Maritime Code*, on the premise that there is double insurance when the insured accident occurs, the constituent elements of the claim for contributions are: (1) The first compensation insurer's compensation for the insured is reasonable and prudent; (2) The contribution insurer is also obligated to make compensation for the insured under its insurance contract; (3) The compensation paid by the first compensation insurer exceeds its liability for compensation under the legal relationship of double insurance. Therefore, in the complaint of double insurance contribution, the first compensation insurer is under burden of proof. ⑥

3. Range of Contribution

The law does not explicitly stipulate whether the first compensation insurer has the right to claim share of the rescue costs, loss assessment fees, inspection fees and other expenses incurred for insurance claims. According to the provisions of Paragraph 2 of Article 57 of the *Insurance Law*, the insurer shall bear all necessary and reasonable expenses incurred by the insured in taking measures to prevent or

---

⑥ See Merkin R., *Colinvaux's Law of Insurance,* 10th Edition, Sweet & Maxwell, 2014, p. 675.

mitigate loss or damage of the subject matter insured. The amount of such expenses borne by the insurer shall be calculated separately from the indemnity for the loss of the subject matter insured. Therefore, the reasonable expenses such as rescue costs that are paid to the insured in addition to the insurance indemnity according to law also be considered a "compensation". Disputes may arise from the loss assessment fees and inspection fees incurred by the first compensation insurer. Supporters believe that the cost of inspection is incurred to determine the nature of the insured accidents and the amount of loss and to maintain the common interests of different insurers in double insurance. If the insured chooses to claim against the contributive insurers, contributive insurers will inevitably incur such costs. Therefore, the legal basis for claiming the share of the loss assessment fees is no different from the insurance indemnity. If sharing is not supported, insurers may pass the buck to avoid inspection costs and not actively settle claims. However, the author tends to believe that this part of the costs should not be shared. First of all, the *Maritime Code* stipulates that the first compensation insurer can claim that the compensation it pays to the insured be shared, therefore, the claim for sharing inspection costs lacks legal basis. Second, in the case of double insurance, the Plaintiff received the insurance premiums in full, and the loss assessment fees or inspection costs were part of the normal operating costs that the Plaintiff should bear in the event of an insured accident. Third, given that in cases of double insurance, the contributive insurers may also incur loss assessment fees or inspection costs. For the entire industry, an insurer may become the first compensation insurer or the contributive insurer. This rule applies to all insurers non-distinctively. If all are treated equally, a dynamic balance will be reached, even if contribution is allowed, new disputes may arise over whether these costs are reasonable.

Ⅲ. Common defenses of contributory insurers

1. Special agreements that may constitute an effective defense

The right to claim contribution can be modified or excluded through prior contractual agreement. Special agreements that need attention include:

(1) "Prohibitionof other insurance clause". In the case where there is a "prohibition of other insurance clause" under an insurance contract, if the insurer finds that the insured has double insurance without prior notice, it has the right to terminate the insurance contract without insurance liability, thereby withdrawing from the legal relationship under double insurance. (2) Non-contribution clause or ratable proportion clause. When there is a "non-contribution clause" or a "ratable proportion clause" under the insurance contract, the insured cannot claim all losses against one of insurers at its option. ⑦(3) Several special circumstances. If there is a "no-contribution clause" under two insurance contracts, according to the British law, the two clauses offset against each other, and the two insurers are jointly and severally liable for the insured's losses. If there is a "non-contribution clause" under one insurance contract and a "ratable proportion clause" under another insurance contract, according to precedents⑧, it is held that there is no essential difference between the two clauses and both insurers will be liable in proportion. The general principle is that the insured should neither be allowed to profit from double insurance nor be unable to receive compensation.

2. The time point to judge whether the contributive insurer is liable for compensation to the insured

There are two opinions on the time point to judge whether the contributive insurer is liable for compensation to the insured: when the insured accident occurs; and when the first compensation insurer makes compensation for the insured.

---

⑦ The precedent for a "non-contribution clause" was Steelclad Ltd. v. Iron Trader Mutual Insurance Co. Ltd. (1977) 1 Lloyd's Rep 1, which states that the loss is to be claimed first from other insurers. Compensation will not be made unless underpayment made by other insurers (for example, another double insurance policy has a compensation limit). "Ratable proportion clause", a common version of which can be found in the precedent Commercial Union Assurance Co. Ltd. v. Hayden (1984) SLT 304, agreeing that the insurer shall not be liable for compensation in excess of its share of coverage for double insurance. If the insurer makes in excess of the proportion, it shall be regarded as a voluntary compensation, and no other insurers shall be required to share the excess of compensation. See Merkin R., *Colinvaux's Law of Insurance*, 10th Edition, Sweet & Maxwell, 2014, p. 681; Yang Liangyi, *Marine Cargo Insurance*, Law Press, 2010, p. 511.

⑧ Austin v. Zurich General Accident and Liability Insurance Companies (1994) 2 All ER 243.

Australian courts hold that based on rule of equity, the right of contribution arises at the time of the insured loss and any defense arising after the loss occurs and before the first compensation insurer makes compensation is untenable. However, the British courts have taken a different view, for details, see representative cases: *Legal and General Insurance Society Ltd. v. Drake Insurance Co. Ltd.* ⑨ and *Eagle Star Insurance Co. v. Provincial Insurance Plc*⑩. Since then, in some cases, different judges have expressed different positions, which have not been unified. However, in the U. K. case *O'Kane v. Jones (The Martin P)* in 2005, the High Court held that since the right to claim for contribution could be exercised at the time of the loss, if the insured reached an agreement with one of the insurers on canceling the insurance contract after the loss has occurred, the right of contribution of the other insurer would not be affected. The above conclusion adopts the view of Legal and General Ins. In addition, an authoritative reference book, the 17th edition of *Arnould's Law of Marine Insurance Average* supported the decisions of The Martin P and Legal and General Ins. ⑪ The author agrees that the time point to judge whether the contributory insurer is liable for making compensation to the insured under its

---

⑨ See [1992] 1 All E. R. 283. Both the Plaintiff and the Defendant had provided motor vehicle insurance to the insured; The insured was injured in an accident caused by a third party; The Plaintiff claimed 50% of the insurance indemnity from the Defendant; The Defendant claimed that the insured failed to send a notice of the insured loss, resulting in the lapse of the insurance policy; In view of the fact that the Defendant was not required to bear insurance liability to the insured, the Defendant was bound by no liability for contribution. The Court of Appeal rejected the Defendant's defense and ruled that the Defendant could not defend against the contribution claim under the terms of its own insurance policy.

⑩ See [1993] 3 All E. R. 1. Both the Plaintiff and the Defendant had provided motor vehicle liability insurance to the insured; After the insured had suffered losses, it filed a claim against the Plaintiff; The insured made no claim against the Defendant, it meant that the Defendant can defend against the insured's claims according to the terms of loss advice under its insurance policy (not under the legislation). The Judicial Committee of the Privy Council challenged the judgment of *Legal and General Insurance Society Ltd. v. Drake Insurance Co Ltd.* and held that the date of determination of the claim for contribution should be the date on which contribution was claimed. However, due to the fact that the Judicial Committee of the Privy Council is not part of the British court system, its judgments are not binding on British courts.

⑪ Gilman J., Merkin R., *Arnould's Law of Marine Insurance and Average*, 17th Edition, Sweet & Maxwell, 2008, p. 1552.

insurance contract should be based on the occurrence of the insured accident, at which time the insurers in the double insurance have been under the expected contributory obligations. The contributory insurer may invoke the defenses against the insured under its insurance contract to take into account the freedom of contract, except for those in conflict with the right of the insured to claim compensation freely from other insurers as a result of failing to submit the claim information to the contributory co-insurer due to the decision to claim against the first compensation insurer, and the agreement on termination of the second insurance contract with the contributory insurer after the occurrence of the insured accident.

3. The relationship between the right to claim contribution and the right of subrogation

The Australian case of *Speno Rail Maintenance Australia Pty Ltd. v. Metals & Minerals Insurance Pte Ltd.* ⑫ in 2009 established such rule of law: The insurer against whom contribution was first claimed after the insured accident had no right of subrogation, and only the insurer who paid the insurance indemnity had the right of subrogation to claim against the third party. The author believes that such rule of law has its logical compatibleness, with judicial guidance on promoting the positive development of the insurance market, the insured will give priority to the insurer who accepts claims more conveniently, and each insurer is encouraged to actively participate in the claims settlement for the corresponding subrogation right.

---

⑫ See [2009] 253 A. L. R. 364. The Plaintiff contracted with a railroad grinding contractor named Hamersley. It was agreed in the contract that Hamersley shall provide services to the Plaintiff, and the Plaintiff warranted to Hamersley that if Hamersley caused any personal injury under common law to the Plaintiff's employees, it would compensate for Hamersley. In addition, a Zurich insurance policy covered the Plaintiff against liability (excluding personal injury) and extended to Hamersley as a co-insured. Two employees filed claims against Hamersley and got compensation. Zurich paid the compensation to Hamersley and asked the Defendant to share the compensation. The Defendant then brought subrogation proceedings against the Plaintiff in an attempt to exercise subrogation of Hamersley's compensation claim against the Plaintiff. The Court of Appeal, the Supreme Court of Western Australia, held that the Defendant was merely an insurer in the contribution without a right of subrogation. he case was later appealed to the High Court of Australia. The High Court dismissed the appeal, but for another reason: there was no double insurance at issue and Hamersley was only the beneficiary (not the insured) under the Zurich policy.

However, the author found in the research that the system under which the contributory insurer could not enjoy the right of subrogation after contribution is difficult to be generally accepted in China, and there is a prevailing view that the contribution made by the contributory insurer is also assumption of insurance liability. Therefore, each insurer with double insurance should have the right of subrogation within the scope of its own insurance liability. However, according to the provisions of the *Maritime Code*, it should be understood that the exercise of the right to claim contribution is not premised on the exercise of the right of subrogation, which should only belong to the first compensation insurer before the contributive insurer has paid the insurance indemnity to the first compensation insurer. ⑬

In addition, it is argued that the insurance contract relationship between the first compensation insurer and the insured should be thoroughly examined. The author believes that reasonable boundaries for the complaint of double insurance contribution should be defined during review with reference to the standards for the insurance contract relationship in the dispute over the right of subrogation in marine insurance, it is inappropriate to set too high legal threshold or impose too much burden of proof on the insurer acting in good faith who claims the right of contribution, otherwise, the right to claim contribution in double insurance stipulated in the *Maritime Code* would exist in name only.

After the abovementioned research and thinking, the train of thought on judgment was finally clarified, and the general provisions of Article 225 of the *Maritime Code* on "double insurance contribution" were clarified. It is made clear that the constituent elements of the claim for double insurance contributions are:

---

⑬ The Commonwealth [1907] P216 (CA) precedent under the British law is noteworthy, which stated that once the first compensation insurer received any indemnity by exercise of subrogation, such indemnity should be shared in proportion by and among the parties interested in the goods. Such rule of law can prevent the first compensation insurer from getting more compensation than its share of contribution from the third party after receiving the shared indemnity, therefore, it is worth learning when designing the double insurance share system in China.

(1) The first compensation insurer's compensation for the insured is reasonable and prudent; (2) The contribution insurer is obligated to make compensation for the insured under its insurance contract; (3) The compensation paid by the first compensation insurer exceeds its liability for compensation under the legal relationship of double insurance. In response to the two most controversial defenses at issue, namely, as to whether the insured's failure to provide supporting information on the insured accident resulted in the Defendant's refusal to make compensation and whether the Plaintiff's failure to exercise the right of subrogation affected the Plaintiff's right to claim contribution, it was made clear in the judgment as follows: The contributory insurer can exercise the defense against the insured under the insurance contract, taking the occurrence of the insured accident as the time point to judge whether the contributory insurer is liable for compensation to the insured under the insurance contract and then under the obligation of contribution. However, the defense that the insured failed to provide proof as to the insured accident to the insurer conflicted with the right of the insured to claim compensation freely from other insurers and cannot be established. Double insurance contribution is not predicated on claiming subrogation from the responsible party. The contributory insurer shall not refuse a contribution request on the ground that the first compensation insurer has not exercised its right of subrogation.

(Written by YANG Chan, Proofread by JIANG Shengpeng)

【Case Index】

(2015) HFSCZ No. 3049

4. Shipping Insurance Business Operation Center of China Pacific Property Insurance Co., Ltd. v. Shipping Insurance Center of Tianan Property Insurance Company Limited of China for Dispute over Maritime Insurance Contract

—Determination Criteria of the "Neglected to Make a Claim" of the Insured in the Liability Insurance

【Abstract】

Under liability insurance, if the insured "neglected to make a claim" to the insurer, the damaged third party can directly claim against the insurer for the payment of insurance indemnity. Judging whether "neglected to make a claim" is constituted should be considered from the form and the time of the claim. As for the form of the claim, after the liability for damages has been determined, the insured should and could have claimed indemnity from the insurer, but fails to make a claim or delays the claim; As for the time of the claim, when the third party files a lawsuit against the insurer, if the insured has not made a claim against the insurer to pay the insurance indemnity directly to the third party, it can be deemed to have "neglected to make a claim".

【Facts】

Plaintiff: Shipping Insurance Business Operation Center of China Pacific Property Insurance Co., Ltd. (hereinafter referred to as "CPIC")

Defendant: Shipping Insurance Center of Tianan Property Insurance Company

Limited of China (hereinafter referred to as "Tianan Insurance")

On November 1, 2015, CPIC issued an insurance policy covering all risks to Baosteel Zhanjiang Iron & Steel Co Ltd. (hereinafter referred to as "Baosteel") as the insured for the cargo on "New South 818". On November 4, 2015, the "Run Heng Da" collided with the "New South 818" in the waters of Pingtan, Fujian Province, resulting in the sinking of the "New South 818" and its cargo. After the accident, Baosteel made a claim for insurance indemnity to CPIC for the loss it has suffered as a result of the collision accident; CPIC gained the right of subrogation in accordance with the law after payment for compensation.

On June 7, 2016, CPIC filed a lawsuit with the Shanghai Maritime Court, requiring Qinzhou South Shipping Co., Ltd. (hereinafter referred to as "South Company"), the owner of the "New South 818", to assume compensation liability for the cargo damage at issue. Shanghai Maritime Court made (2016) H72MC No. 1675 Civil Judgment, determining according to law that the party to the collision accident, South Company, shall be liable for compensating for the cargo loss of RMB 280,635.09 to CPIC according to its liability for fault. Neither CPIC nor Nanfan Company appealed, The judgment went into effect on June 18, 2017. South Company failed to comply with the civil judgment.

On March 3, 2015, Tianan Insurance issued an insurance policy covering "shipowner's cargo liability insurance" to South Company in respect of the "New South 818". The liability insurance is capped at RMB 3,000,000, the absolute deductible per accident is RMB 30,000, commencing from 00:00 on March 4, 2015 and expiring at 24:00 on March 3, 2016.

On March 21, 2016, Tianan Insurance and South Company reached a settlement agreement on the damage to two ships caused by the collision between "New South 818" and "Run Heng Da" at issue, the sinking of "New South 818" and the cargo carried by the ship, and the oil spill, etc. Article 4 of the settlement agreement stipulated that Tianan Insurance agreed to pay RMB 9,900,000 to South Company in one lump sum for possible compensation liability under the insurance policy as a full and final settlement of all losses, damages, liabilities, costs and interest suffered by South Company as a result of the aforementioned collision accident (except for South Company's possible compensation liability for loss of cargo carried by the "New South 818").

On June 27, 2017, South Company sent an e-mail to Tianan Insurance and Lawyer Zhang Changtao, the agent *ad litem* of Tianan Insurance, saying: "Dear Mr/Mrs Wang and Lawyer Zhang, after forwarding to your company the judgment of loss of cargo on 'New South 818' last time, our lawyer has recently received the effective letter, and we have forwarded it to your company as well. This accident is an insurance accident, please arrange compensation according to the judgment as soon as possible."

CPIC claimed that according to the (2016) H72MC No. 1675 Civil Judgment, South Company should compensate CPIC for the loss of cargo of RMB 280, 635. 09 and the loss of interest. Tianan Insurance was the insurer of the "New South 818", covering "shipowner's cargo liability insurance", after the South Company failed to fulfill the judgment obligations, CPIC asked Tianan Insurance to pay insurance indemnity directly to it, but so far has not received any reply from Tianan Insurance. CPIC believed that South Company "neglected to make a claim" as stipulated in Article 65 of the *Insurance Law*, and CPIC had the right to ask Tianan Insurance to pay insurance indemnity directly to it. Therefore, the Court was requested to order Tianan Insurance to pay insurance indemnity of RMB 280, 635. 09 and the corresponding interest loss, as well as the case acceptance fee to CPIC.

Tianan Insurance argued that, (1) South Company had asked Tianan Insurance to pay insurance indemnity to CPIC, due to a lot of disputes between Tianan Insurance and South Company over the same policy for the same collision accident, South Company did not "neglect to make a claim"; (2) There was no legal relationship between CPIC and Tianan Insurance, and CPIC was not entitled to corresponding right of action; (3) CPIC had filed a lawsuit against South Company on the object of litigation at issue, for which the Shanghai Maritime Court had made an effective judgment. Based on the same object of litigation, CPIC filed a lawsuit against Tianan Insurance again, in violation of the basic principle of *non bis in idem* in civil litigation, which shall not accepted by the Court; (4) The basic legal relationship at issue was based on the contract of carriage of goods by sea, Tianan Insurance was not an eligible defendant; (5) South Company and Tianan Insurance reached a settlement agreement on insurance compensation for the collision accident, according to which, Tianan Insurance paid RMB 9,900,000 to South Company. However, breach of the settlement agreement by South Company subjected Tianan Insurance to a claim and lawsuit made by other third parties, since there are insurance disputes between South Company and Tianan Insurance, in which case, Tianan Insurance may exercise the right of setoff for the compensation for the cargo damage liability at issue; (6) CPIC failed to prove the amount of cargo damage in this case, its determination of cargo damage in accordance with the effective judgment shall not be binding on Tianan Insurance; (7) According to the policy issued by Tianan Insurance to South Company, Tianan Insurance was entitled to an absolute deductible of RMB 30,000.

【Judgment】

After hearing, the Shanghai Maritime Court held that this case was a dispute over marine insurance contract. In response to whether the Plaintiff was entitled to the right of action, and whether the South Company fell under the circumstances of "neglecting to make a claim" in Paragraph 2 of Article 65 of the *Insurance Law*, the Court clarified the applicable requirements for the exercise of the third-party insurance claim in Paragraph 2 of Article 65 of the *Insurance Law* and the determination criteria for "neglecting to make a claim", "after the determination of the insured's liability for compensation to the third party, the insured fails to perform the liability for compensation, and when the third party files a lawsuit against the insurer, the insured has not made a request to the insurer to pay the insurance indemnity directly to the third party". In this case, Tianan Insurance submitted e-mails to prove that South Company had required Tianan Insurance to pay insurance indemnity to CPIC. However, the Court held that, first of all, from the e-mails provided by Tianan Insurance, South Company did make an insurance claim against Tianan Insurance for the cargo damage at issue, but it was unclear whether the insurance compensation was made to South Company or CPIC; Second, as a result of the same collision accident, South Company and Tianan Insurance reached a settlement on the liability insurance under the Vessel Oil Pollution Liability Insurance Policy, and South Company had requested Tianan Insurance to pay for the liability insurance to it in advance. Therefore, in the case of semantic ambiguity, it should be determined that South Company did not explicitly require Tianan Insurance to pay insurance indemnity directly to CPIC for the liability of cargo damage at issue. Under the circumstances where South Company's liability for compensation to CPIC had been determined by the effective (2016) H72MC No. 1675 Civil Judgment, South Company had not fulfilled its liability for compensation, and prior to the lawsuit brought against Tianan Insurance by CPIC, the insured South Company did not explicitly require the insurer Tianan Insurance directly to pay insurance indemnity to the third party CPIC, it can be found that South Company "neglected to make a claim", and CPIC can directly require Tianan Insurance to pay insurance indemnity to it in accordance with Paragraph 2 of Article 65 of the *Insurance Law*. Therefore, CPIC was entitled to the corresponding right of action against Tianan Insurance in accordance with law.

The compensation liability for the cargo damage of RMB 280,635.09 to be borne by South Company had been determined in the effective (2016) H72MC No. 1675 Civil Judgment, Tianan Insurance shall assume the insurance liability under the insurance contract for the compensation liability for the cargo damage borne by South Company, less the deductible amount of RMB 30,000. Under the circumstance that South Company "neglected to make a claim", CPIC shall be entitled to the right to claim payment for the insurance indemnity from Tianan Insurance according to law.

In summary, the Shanghai Maritime Court ruled that Tianan Insurance shall pay CPIC RMB 250,635.09 as insurance compensation plus loss of interest. After the first instance judgment was pronounced, none of the parties filed an appeal. The judgment has now come into effect.

【Analysis】

According to Paragraph 4 of Article 65 of the *Insurance Law*, liability insurance is a kind of insurance in which the insurer bears the liability for compensation when the insured is liable for damages to a third party. Liability insurance is designed to make up for the loss of property sustained by the insured due to compensation made to the third party as required, since it objectively enhances the solvency of the insured, the liability insurance system has the institutional value of guaranteeing the third party to receive compensation in time. Therefore, the liability insurance system is of a considerable degree of third party benefits since its birth. In the revising of China's *Insurance Law*, the instances of legislation of insurance laws from relevant countries and regions were taken for reference, and the liability insurance was revised significantly. To clearly emphasize that the damaged third party has a direct right to claim the insurance indemnity in the legal sense on the original basis, it is of practical significance to safeguard the legitimate interests of the damaged third party, the concept of legal fairness and the interests of the general public. However, the exercise of the right of claim is conditional upon the insured's liability for compensation to the third party "being determined" and "the insured neglecting to make a claim". At the time of the judgment (November 2017), there were no specific and detailed criteria for determining and measuring the insured "neglecting to make a claim" in judicial practice, and the judicial discretion was not uniform. It was not until September 1, 2018, when the *Interpretation Ⅳ of the Insurance Law* was officially implemented, Article 15 thereof clarified the circumstances that "the insured neglects to make a claim". This case is of important reference value for better clarifying the judgment criteria for the insured "neglecting to make a claim" in the third-party liability insurance claim.

I. Basis for exercise of the right of the third party to claim insurance indemnity

1. Jurisprudential basis

The jurisprudential basis of the right of the third party to claim insurance indemnity directly lies in the right of subrogation under the contract law. As a sort of contract, insurance contract also applies to the relevant provisions of the general principles in contract law, and accordingly also applies to the provisions of subrogation right. When both the claim of the insured for payment of insurance indemnity against the insurer and the claim of the third party for damages against the insured become due and the insured neglects to exercise its claim to the extent detrimental to the claim of the third party, the third party is entitled to directly exercise the right of subrogation against the insurer in accordance with Article 73 of *Contract Law*, which means that, the damaged third party is entitled to directly sue the insurer in its own name requiring the insurer to pay the corresponding compensation. Paragraph 2 of Article 65 of the *Insurance Law* makes a provision on the direct claim of the damaged third party for insurance indemnity corresponding to Article 73 of *Contract Law*, that is, when the insured neglects to make a claim, the damaged third party is entitled to directly claim from the insurer for the part of the insurance indemnity that it deserves.

From a legislative point of view, for the circumstances where the insured is unable to compensate for the damage to a third party and neglects to claim compensation for the third party directly from the insurer, harmful to the interests of the third party, this provision is added by directly applying the concept of subrogation right①. Therefore, from the legislative purpose of this article of the *Insurance Law*, the exercise of the third party's claim hereof must be based on the

① An Jian (Ed.), Interpretation of the Insurance Law of the People's Republic of China (Amendment), Law Press, 2009, p. 107.

following prerequisites: (1) The insured's liability for compensation to the third party has been determined; (2) The insured fails to compensate the third party according to the established liability or fails to compensate in full; (3) The insured neglects to request the insurer to pay the insurance indemnity to the third party while it objectively could have made such a request.

2. Legal basis

Article 65 of the *Insurance Law* provides for different cases of payment for insurance indemnity, including: (1) The insurer directly pays insurance indemnity to a third party in accordance with the special provisions of the law; (2) The insurer directly pays insurance indemnity to a third party as explicitly agreed upon in the insurance contract; (3) The insured's liability for compensation to the third party has been determined, and the insurer shall pay insurance indemnity to the third party upon the request of the insured; (4) The insured's liability for compensation to the third party has been determined, but the insured neglects to make a claim, in which case, the third party may directly claim insurance indemnity from the insurer; (5) The insured may request the insurer to pay insurance indemnity after the actual payment for compensation to the third party.

In cases (1) and (2), the insurer pays the insurance indemnity directly to a third party②, and the jurisprudential basis for the obligation of direct payment for insurance indemnity in case hereof is the payment and acceptance on behalf of others under the law of obligation. From the original intention of the legislation and the provisions on payment on behalf of others, the subject of the claim should be the insured, and the third party cannot claim insurance indemnity directly according to this article. In case (3), the third party does not have the right to claim insurance indemnity directly from the insurer, where the insurer fails to pay insurance indemnity to the third party, it shall still bear the corresponding contractual liability

---

② Article 65 (1) of the *Insurance Law* Provides that, the insurer may, in accordance with the provisions of the law or the contract, directly pay indemnity to a third party for the damage caused by the insured of the liability insurance to such third party.

for the insured. Therefore, the legal basis for the direct claim made by a third party for insurance indemnity is "the situation in which the insured neglects to make a claim" in Paragraph 2 of Article 65 of the *Insurance Law*③.

Ⅱ. Determination criteria for "neglecting to make a claim"

1. Way to "make a claim"

The author considers that the determination criteria for "neglecting to make a claim" in liability insurance under the *Insurance Law* should be overall considered in combination with the relevant provisions of the *Insurance Law* and the requirements of insurance practice. According to Article 23④ of the *Insurance Law*, the insurer's claim for payment of insurance indemnity to the insured triggers the procedure for insurance settling, and the insurer has the right to conduct a corresponding audit on whether such claim falls under the scope of insurance liability, whether insurance indemnity is payable, and how much insurance indemnity should be paid. The

---

③ Article 65 (2) of the *Insurance Law* Provides that, where the insured of liability insurance causes damage to a third party and the liability of the insured to the third party is determined, the insurer shall, upon the request of the insured, pay indemnity directly to the third party. If the insured neglects to make a claim, the third party has the right to directly claim from the insurer for the part of the insurance compensation that it deserves.

④ Article 23 of the *Insurance Law* Provides that, the insurer shall, upon receipt of a claim for compensation or payment of insurance indemnity from the insured or beneficiary, make a timely verification; If the circumstances are complicated, verification shall be made within 30 days, except as otherwise agreed upon in the contract. The insurer shall notify the insured or beneficiary of the approval result; With respect to the insurance liability, the obligation of compensation or payment of insurance indemnity shall be fulfilled within 10 days after the agreement on compensation or payment of insurance indemnity is reached with the insured or beneficiary. If the insurance contract provides for the time limit for compensation or payment of insurance indemnity, the insurer shall perform the obligation of compensation or payment of insurance indemnity in accordance with the agreement. If the insurer fail to fulfill the obligation specified in the preceding paragraph in a timely manner, then, in addition to the payment of insurance indemnity, it shall compensate the insured or the beneficiary for any losses incurred thereby. No entity or individual may unlawfully interfere with the insurer's performance of the obligation to make compensation or pay insurance indemnity, nor may they restrict the right of the insured or beneficiary to receive insurance indemnity.

insurer may also refuse to pay insurance indemnity in accordance with Article 24⑤ of the *Insurance Law* if the insured accident falls out of the scope of insurance liability. After all, the right of the damaged third party in liability insurance is based on the right of claim of the insured, therefore, "neglecting to make a claim" under the *Insurance Law* means that the insured neither actively compensates for the damaged third party, nor actively requests and assists the insurer to compensate for the damaged third party after the occurrence of the insured accident, the point is that the insured fails to claim compensation at all or delay the claim under the condition that it should and could have claimed compensation from the insurer. Of course, litigation or arbitration is an effective way for the insured or insurer to defend against the third party's direct claim for insurance indemnity, but in judicial practice, as long as there is evidence proving that the insured has made a claim to the insurer triggering the insurance settling procedure, the insured did not "neglect to make a claim".

In order to avoid the circumstances where the insurer colludes with the insured and falsifies the evidence which has been produced to make a claim detrimental to the rights of the third party in practice, the author considers that when examining the relevant evidence as to "making a claim", it is not only necessary to examine the evidence indicating that the insured makes a claim for compensation to the third party against the insurer, but also to further examine whether the insured has submitted the information and proof required for the claim settlement, ⑥ whether the insurer issues a notice of ascertainment result or a notice of refusal to pay insurance

---

⑤ Article 24 of the *Insurance Law* Provides that, after the insurer has made the verification in accordance with the Article 23 of this Law, if the insured accident does not fall within the scope of the coverage, it shall, within 3 days after the ascertainment and determination are made, issue to the insured or the beneficiary a notice of declining compensation or payment of the insurance indemnity and explain the reasons.

⑥ According to Article 15 of *Interpretations of the Supreme People's Court on the Application of the Insurance Law of the People's Republic of China* (Ⅱ), the beginning of the insurance verification period for the insurer has two elements, namely, "request for compensation or payment of insurance indemnity" and "relevant proof and information".

indemnity to the insured within 30 days, etc., so as to comprehensively determine the authenticity of the evidence as to "making a claim" and whether the claim has really been made.

2. The criteria for defining the duration of "neglecting"

Where the insured could have claimed from the insurer to pay the insurance indemnity to the third party objectively but neglects to do so, there is a lack of specific and practical provisions from the perspective of law application, so the author considers that it is necessary to determine an objective time range, that is, to examine whether the insured "neglects to make a claim" during such period. The author considers that it is more appropriate for the objective time range to commence from "the determination of the insured's liability for compensation to the third party" and expire "when the third party files a lawsuit against the insurer". There are the following considerations:

First of all, "positively", "timely", "reasonable time" and other concepts are all flexible with completely different meanings judging from the divergent interests. For a third party, as long as the insured's liability for compensation to the third party has been determined, the insured should have made a claim to the insurer for compensation; for the insured, it is required to provide relevant proof and information, and even to make up the relevant evidence and information as required by the insurer, then to trigger the claim settlement, these preparations take a certain amount of time. In different cases, requirements are also different; case of complexity may also exists. Therefore, it is needed to be defined based on the objective time range for what is a reasonable time and during which time range a claim is made "actively".

Second, "neglecting" is a kind of reluctant and passive subjective will, which can be reflected by the insured's objective behaviors such as indifference to insurance compensation, negative conflict, evasion or delay. It presents a continuous state which constitutes an invisible injury to the interests of the third party. When the insured could and was able to make a claim but failed to do so for various reasons, there is a state of "neglecting to make a claim", however, it will not last forever, and may change through the active claim made by the insured. The objective standards for the time range is to clarify whether this negative state continues until the third party files a lawsuit against the insurer. If during such period, even though the insured is in the "neglecting" state, the negative state is changed for various reasons, through a claim made against the insurer, the "neglecting" state ends and the insured cannot be identified as "neglecting". The change of the insured from negative prevarication to active claim should also be supported and encouraged by legislation.

Third, time range expires "when the third party files a lawsuit against the insurer" is conducive to the parties to clarify what to proof, and to the judge's review and identification of "neglecting". There is no "neglecting" if the insured actively makes a claim or there is a justified reason during such time range, otherwise, the insured would be deemed to have "neglected to make a claim". In general, the third party requires the insured to make compensation several times after "the determination of the insured's liability for compensation to the third party", and will only claim compensation against the insurer after the insured made it clear that it would not make compensation or delay and prevarication. Even in some cases, the third party will directly file a claim against the insurer before filing a lawsuit with the insurer. A lawsuit is filed against the insurer only when neither of the two claims can be fulfilled, therefore, the time boundary is generally sufficient for the insured to file a claim against the insurer reasonably. If the third party "can hardly wait" to file a lawsuit against the insurer without allowing the insured to make a claim within a reasonable period of time, the Court still needs to examine whether the insured "neglected to make a claim" or there was delay and prevarication during such period, if the insured has put forward a justified reason, it shall not be deemed to have "neglected to make a claim".

Finally, the proposed criteria is conducive for the third party to actively "make a claim" against the insured and send corresponding *exigi facias*. Since the exercise of the third party's right to claim is based on the insured's claim, the claim enjoyed by the third party for insurance indemnity requires the insured to lodge a claim against the insurer, and requires the insured to provide proof and information such as the policy number, insurance type, subject matter and amount insured to trigger the claim settlement, and the third party can urge the insured to make a claim against the insurer within a certain reasonable period of time according to aforementioned standards; where the insured fails to make a claim after the expiration of the *exigi facias* period, the insured may be deemed to have "neglected to make a claim", in which case, the third party may directly file a claim to the insurer in its own name. The proposed criteria is conducive for the third party to change passivity into initiative in the insurance claims, so as to more effectively protect their legitimate rights and interests.

Therefore, based on the considerations aforementioned, the precondition for the review and identification of "neglecting to make a claim" is the determination of the insured's liability for compensation to the third party. The basic content of "neglecting to make a claim" is that the insured fails to perform the liability for compensation, and when the third party files a lawsuit against the insurer, the insured has not made a request to the insurer to pay the insurance indemnity directly to the third party. This determination is also in line with Article 15 of *Interpretations Ⅳ of the Insurance Law*.

(Written by WANG Huanjin, Proofread by LI Yuanhang)

【Case Index】

(2017) H72MC No. 2556

5. Heung-A Logistics (Shanghai) Co., Ltd., Lianyungang Branch v. PICC Property and Casualty Company Limited, Lianyungang Branch for Dispute over Maritime Insurance Contract

—Understanding of "Arrival" in PICC Warehouse to Warehouse Clause

【Abstract】

The word "arrival" in the PICC Warehouse to Warehouse Clause should be understood as the completed state of unloading and settling of the goods. The unloading process should be included in the insurance liability period under the PICC Warehouse to Warehouse Clause.

【Facts】

Plaintiff: Heung-A Logistics (Shanghai) Co., Ltd., Lianyungang Branch (hereinafter referred to as "Heung-A")

Defendant: PICC Property and Casualty Company Limited, Lianyungang Branch (hereinafter referred to as "PICC")

On August 1, 2017, Mando Hella Suzhou Co., Ltd. purchased a batch of electronic power steering system control units from Mando Hella Electronics Co., Ltd. (the Republic of Korea), which were transported by Heung-A Logistics Co., Ltd. (the Republic of Korea). Heung-A Logistics Co., Ltd. (the Republic of Korea) issued a multimodal transport bill of lading, B/L Number: HALCCN1708002, for the goods which were shipped from the Port of Incheon in the Republic of Korea to the Port of Lianyungang in China and arrived at the final destination, the consignee's warehouse in Suzhou. The above goods were first transported by sea from the Port of Incheon in the Republic of Korea to the Port of Lianyungang in China; after the goods arrived at the Port of Lianyungang, Heung-A was responsible for customs declaration, inspection and arranging transportation vehicles to deliver the goods to the warehouse of Mando Hella Suzhou Co., Ltd. After the above goods were transported to the consignee's warehouse in Suzhou, two pallets of goods (300 pieces in total) accidentally collapsed and fell to the ground when the container truck drivers Jin Tiecheng and Li Shan were unloading the goods at issue from containers to the ground. According to the loss adjustment report issued by Jiangsu Huishang Surveyors & Adjusters Co., Ltd., after investigation on site, it was found that the appearance of the insured subject matter at issue had no obvious deformation. However, these electronic control units were precision electronic products used in automotive electronic power steering systems. Non-standard parts must be returned to the original factory for inspection. The returned shipment must go through cumbersome procedures such as customs, commodity inspection, and national taxation. The inspection cost was far greater than the actual value of the electronic power steering system control units at issue, so the subject matter was presumed to be a total loss. The damaged goods were stored in the warehouse of Mando Hella Suzhou Co., Ltd.

When the goods at issue were shipped, Heung-Aapplied ocean transportation cargo insurance for 20 pallets of electronic power steering system control units from PICC specifying Mando Hella Suzhou Co., Ltd. as the insured. The policy number was PYII201732070000000299. The insurance coverage recorded in the policy was: Covering all risks as per sea carriage cargo insurance clauses (2009) of the PICC Property and Casualty Company Limited.

After the accident, Mando Hella Suzhou Co., Ltd. filed a claim application with PICC. In order to facilitate the claim, the claim rights under the policy atissue were transferred to Heung-A. At the same time, Mando Hella Suzhou Co., Ltd. requested compensation from Heung-A. Heung-A paid a total of RMB 255, 626. 58

as compensation to Mando Hella Suzhou Co., Ltd. from December 12, 2017 to August 6, 2018, covering the loss of the goods and related tax losses.

Due to the transfer of the claim rights, the Plaintiff Heung-A and the Defendant PICC could not reach an agreement on the liability for compensation under the policy, so the Plaintiff filed a lawsuit in court requesting the Defendant PICC to compensate for the loss of the goods.

【Judgment】

After hearing, Shanghai Maritime Court held that this case was a dispute over maritime insurance contract, focusing on: (1) Whether the cargo damage constituted an insured accident during the insurance liability period; (2) The amount of the claim and whether the Defendant should pay compensation to the Plaintiff.

First, whether the cargo damage constituted an insured accident during the insurance liability period. First of all, according to the surveillance video of the consignee, the cargo did indeed collapse during the unloading operation. The accident caused damage to the performance of the cargo and was one of the risks covered bythe insurance. Secondly, cargo damage caused by collapse will cause the quality of automobile products unable to meet the national mandatory requirements, and may trigger major losses of life and property. According to the insurance contract, constructive total loss means that the actual total loss of the insured goods is unavoidable, or the cost of restoring, repairing the damaged goods, and transporting the goods to the original destination exceeds the value of the goods at final destination. According to the loss assessment report, the goods at issue cannot be used, and the cost of returning the goods for inspection and the corresponding duties and taxes were far greater than the actual value of the goods. Therefore, the presumed total loss of the goods at issue was in line with the contract.

Plaintiff and the Defendanthave disputes as to whether the cargo damage occurred within the insurance liability period. The court held that the agreement on insurance liability period in the Ocean Transportation Cargo Insurance Clauses for

All Risks (2009), that is, the Warehouse to Warehouse Clause stated that: This insurance covers "Warehouse to Warehouse" liability, made effective from the time the goods hereby insured leave the warehouse or place of storage named in the Policy for the commencement of the transit and continues in force in the ordinary course of transit including sea, land and inland waterway transits and transport of barge until the insured goods are delivered to the consignee's final warehouse or place of storage at the destination named in the Policy or such other places of storage used by the Insured for distribution, allocation or abnormal transportation.

The Court held that, first of all, based on the existing video evidence and information from the consignee, the damage to the goods at issue occurred when the container truck arrived at the unloading platform of the consignee's warehouse and while the goods were being unloaded from the container truck to the ground. It can be seen from the surveillance video that although in the same confined space, the centralized storage location of the consignee's goods was about ten meters away from the unloading platform. The consignee's goods were stored uniformly in the final warehouse, and there were relevant checkpoints and locks between the warehouse and the unloading platform to prevent theft. The goods at issue must be carried forward with hydraulic trucks or forklifts from the unloading platform floor in the warehouse to the final storage location. Therefore, the unloading platform where the damage to the goods at issue occurred was not the "final warehouse or place of storage" of the goods. Second, the term "the arrival of goods at the final warehouse or place of storage" in this article should be understood as the process in which trucks arrive at the warehouse, move and unload the goods, and finally store the goods in the warehouse. The risks insured by the insurance company are distinguished only after the goods are unloaded from the container trucks to the warehouse floor and moved into the warehouse by forklifts. The cargo damage in this case occurred when the cargo was unloaded from the container truck to the ground. At this time, the cargo had not yet arrived at the warehouse, and the insurance liability period had not yet expired. Third, according to relevant provisions of the *Contract Law*, where a dispute arises over the understanding of a standard clause, the clause shall be interpreted in accordance with its common understanding. Where there are two or more interpretations of a standard clause, the clause shall be interpreted in a manner unfavorable to the party providing the standard clause. Due to a difference in understanding and disputes between the parties regarding when the liability period of the Warehouse to Warehouse Clause expires, an interpretation should be made unfavorable to the party providing the standard clause, that is, the insurer. In summary, the Court held that the cargo damage occurred during the insurance liability period as a result of the insured risks, so there was an insured accident. The Court did not accept the Defendant's defense that there was no insured accident and that the cargo damage occurred after the insurance liability period expired.

In addition, the amount of the claim and whether the Defendant should pay compensation to the Plaintiff. According to the loss assessment report, the damaged goods were part of the insured goods, a total of 300 pieces, with a unit price of USD 117.42 per piece, totaling RMB 236,479.18 (at an exchange rate of 1:6.7132). Since the inspection cost of the damaged goods was much greater than the value of the damaged cargo, the damage was a constructive total loss, in which case, the insurer shall make compensation after deducting the deductible. According to the insurance policy, the deductible was USD 2,000 or 5% of the loss, whichever was higher. Based on this calculation, the deductible was RMB 13,426.40, and the compensation to be made by the insurer was RMB 223,052.78. According to the relevant provisions of the *Maritime Code*, when the insurer pays insurance compensation, it can deduct the compensation that the insured has received from the third party from the compensation payable. The third party is usually understood to be the person responsible for compensation for the damage to the goods at issue. Existing evidence shown that Heung-A was the consignee under the ocean bill of lading, stating that it was responsible for the transportation of the goods at issue after arriving at the port to the actual consignee's warehouse. Accordingly,

Heung-A, as a branch of a wholly-owned subsidiary invested by the multimodal transport carrier, Heung-A Logistics Co., Ltd. (the Republic of Korea), was instructed by the multimodal transport carrier, Heung-A Logistics Co., Ltd. (the Republic of Korea) to work on corresponding freight forwarding and transportation at the port of destination, and should be recognized as the land segment carrier of the goods at issue, actually liable for compensation for any damage to the goods involved in the transport segment. The payment RMB 255, 626. 58 paid by Heung-A to the consignee Mando Hella Suzhou Co., Ltd. through Jin Tiecheng's account should be recognized as compensation for the damage to the goods at issue. Accordingly, the Defendant PICC Lianyungang Branch had the right to deduct the compensation that the insured Mando Hella Suzhou Co., Ltd. had received from Heung-A in accordance with law. The compensation received by the insured from Heung-A was higher than the amount payable by the insurer. Therefore, the Defendant PICC Lianyungang Branch was no longer required to make claims against the insured Mando Hella Suzhou Co., Ltd.

According to the relevant provisions of the *Maritime Code*, clauses or similar clauses of a contract for the carriage of goods by sea which transfer the insured interests of the goods to the carrier are invalid. Heung-A, as the land segment carrier, was responsible for compensation for the damage to the goods at issue; the consignee Mando Hella Suzhou Co., Ltd. transferred the claim rights for insurance benefits of the goods to Heung-A, and Heung-A accordingly filed a claim against the insurer, or resisted the insurer's subrogation claim, ultimately exempting itself from liability for damage to the goods and damaging the legitimate rights and interests of the insurer. This transfer of claim rights was similar to the situation stipulated in the above-mentioned laws and should be deemed invalid.

In summary, the insured Mando Hella Suzhou Co., Ltd. had suffered from no actual losses due to the cargo damage at issue, and it had lost the prerequisite for claiming compensation from the insurer. Heung-A's right to claim insurance benefits by compensating for cargo damage was invalid, and its request for the insurer to pay insurance indemnity was not supported by the Court. Shanghai Maritime Court ruled against the claims made by the Plaintiff Heung-A Logistics (Shanghai) Co., Ltd., Lianyungang Branch in the first-instance judgment according to law.

After the first-instance judgment, none of the Plaintiff and the Defendant filed an appeal. The judgment has now come into effect.

【Analysis】

"Warehouse to Warehouse" refers to the provisions on the beginning and end of the liability period in marine cargo transportation insurance, that is, when the risks covered by the insurer begin and end. This is an important provision that explains the coverage period of the insurer, highly controversial in judicial practice.

Ⅰ. Comparative analysis of ICC clauses and PICC clauses

The "Transit Clause" in Article 8 of the Institute Cargo Clause, I. C. C is the Warehouse to Warehouse Clause. The 1982 Institute Cargo Clause stipulates that insurance liability begins "from the time the goods leave the warehouse or place of storage at the place for the commencement of the transit", and the risks terminate at the earliest of the three situations specified in Sections 8. 1. 1 to 8. 1. 3 which terminates as the period of the risk coverage, including Section 8. 1. 1, that is, when the goods on delivery to the Consignees' or other final warehouse or place of storage at the destination. ①

The insured risks cover the entire transportation period, but some of cargo owners, as insured persons, believe that the protection during transportation period alone is not enough, and seek to insure the risks arising during loading and unloading in the cargo owner's warehouse or yard (such as loading in the seller's warehouse into the container). Therefore, the 2009 ICC "Transit Clause" has been

---

① 8. 1 This insurance attaches from the time the goods leave the warehouse or place of storage at the place named herein for the commencement of the transit, continues during the ordinary course of transit and terminates either 8. 1. 1 on delivery to the Consignees' or other final warehouse or place of storage at the destination named herein...

further extended to both ends, which is more beneficial to the insured and avoids some disputes. [2] The 2009 ICC provisions stipulate that the insured risks start from "the first movement of goods from a warehouse or place of storage in order to immediately load the goods onto the transport vehicle" and end with "the goods completely unloaded from the loading truck or other transport vehicle"[3], including loading and unloading at both ends. The term "on completion of uploading" is used in the wording of termination of insurance liability. "Uploading" is understood as moving and discharging, which means that the liability period will not expire until the goods have been moved to and settled in the warehouse.

The 2009 PICC Clause that are now more common stipulates that "Warehouse to Warehouse" liability starts from the time "the goods hereby insured leave the warehouse or place of storage named in the Policy for the commencement of the transit" until "the inured goods are delivered to the consignee's final warehouse or place of storage at the destination named in the Policy or any other place used by the Insured for allocation distribution of goods or for storage other than in the ordinary course of transit".

From the above comparative analysis, it can be seen that the 2009 ICC is the clearest as to whether the loading and unloading period at both ends is included in the liability period, specifying that the liability period includes the risks of loading and unloading at both ends. However, the provisions of the 1982 ICC and 2009 PICC Cargo Clause are not clear and are prone to lead to disputes.

Ⅱ. Understanding of "arrival" in PICC Warehouse to Warehouse Clause

The cargo damage involved in the dispute occurred precisely when the goods

---

② See Yang Liangyi, *Marine Cargo Insurance*, Law Press, 2010, p. 375.

③ 8.1 Subject to Clause 11 below, this insurance attaches from the time the subject-matter insured is first moved in the warehouse or at the place of storage(at the place named in the contract of insurance) for the purpose of the immediate loading into or onto the carrying vehicle or other conveyance for the commencement of transit, continues during the ordinary course of transit and terminates either.

8.1.1 on completion of unloading from the carrying vehicle or other conveyance in or at the final warehouse or place of storage at the destination named in the contract of insurance...

were unloaded at the consignee's warehouse, so the understanding of when the liability period of the PICC Clause ends became the key to the trial of this case.

First, the word used in the PICC Clause is "arrival". What is meant by "goods arriving at the warehouse"? We believe that based on common sense, the arrival of goods at the warehouse should be when the goods are removed from the transport vehicle and are finally stored in the warehouse. After the goods are delivered to the consignee, they should generally be unloaded first. If unloaded outside the warehouse, the goods should also be moved into the warehouse for storage through forklifts, hydraulic trucks and other transportation tools. In this case, the truck drove directly into the warehouse for unloading. We believe that although from the physical location, the goods have arrived at the warehouse, but they have not been removed from the transport vehicle and settled on the ground. After the goods were unloaded and "settled", "the goods have arrived at the warehouse". The unloading process is included in the liability period of the Warehouse to Warehouse Clause.

Second, from the perspective of contextual understanding, the purpose and function of the place where the goods arrive, whether it is a warehouse or a place of storage, are to keep the goods in a stable state, waiting for subsequent storage, distribution or allocation by the consignee except for normal transportation. Therefore, it is obvious that the continuous unloading after the truck has arrived at the warehouse should have occurred within the insurance liability period, because only after the goods have been unloaded can they be further stored, allocated or distributed by the consignee.

Third, judging from the literal meaning of the English version[④] of the PICC Clause, "delivery" means delivery and service. According to *China Artex Shanghai Import and Export Corporation v. China Pacific Insurance Shanghai Branch for*

---

④ In English Version: This insurance attaches from the time the goods hereby insured leave the warehouse or place of storage named in the Policy for the commencement of the transit and continues in force in the ordinary course of transit including sea, land and inland waterway transits and transit in lighter until the insured goods are delivered to the consignee's final warehouse or place of storage at the destination named in the Policy or ...

Dispute over over Maritime Insurance Contract for Carriage of Goods by Sea on the Gazette of Supreme People's Court, Shanghai High People's Court held that, the liability period of the Warehouse to Warehouse Clause in the Insurance Contract for Carriage of Goods by Sea should be understood as starting from the departure of the goods at the departure warehouse to arriving at the consignee's warehouse and legal delivery to the holder of the bill of lading, during which any insured accident that occurs shall be covered by the insurer. Although the above understanding may expand the insurance liability period at the receiving end, resulting in an expansion of the insurer's insured risks, at least "the period until legal delivery to the holder of the bill of lading" certainly included the unloading of the goods at the warehouse. Generally, the carrier can deliver the goods to the consignee only after unloading.

Fourth, according to relevant provisions of the *Contract Law*, where a dispute arises over the understanding of a standard clause, the clause shall be interpreted in accordance with its common understanding. Where there are two or more interpretations of a standard clause, the clause shall be interpreted in a manner unfavorable to the party providing the standard clause. Due to the difference in understanding and disputes between the parties regarding when the liability period of the "Warehouse to Warehouse" Clause expires, an interpretation should be made unfavorable to the party providing the standard clause, that is, the insurer.

Based on the above analysis, the goods at issue collapsed when unloading at the warehouse unloading platform, causing damage to the goods. At this time, the risks covered by the insurer had not been terminated. The word "arrival" in the PICC "Warehouse to Warehouse" Clause should be understood as the completed state of unloading and settling of the goods. The unloading process should be included in the insurance liability period under the PICC "Warehouse to Warehouse" Clause.

Ⅲ. Further discussion on the origin and end of liability under PICC Warehouse to Warehouse Clause

The Warehouse to Warehouse Clause solves the problem of the beginning and end of the insurance liability period in ocean cargo transportation. Although the wording of the PICC Clause is currently widely applied, the semantic expression is not clear, and easy to cause disputes when applied. The most obvious is whether to include both ends, that is, the responsibility at the loading and unloading ends during transportation.

We believe that from the perspective of coverage of marine cargo transportation insurance, it mainly covers transportation risks. The Warehouse to Warehouse Clause has extended cargo insurance from the original "port to port" to the entire process of transportation, including land, sea and other modes of transportation, forklift transportation to the consignee's warehouse mentioned above, etc. Therefore, the modes of transportation or who is responsible for the transportation does not matter, because the liability period of the insurance contract is not the same as the carrier's liability period. Therefore, the judgment of the beginning and end of risks is particularly important in insurance contract disputes. What we can rely on is the provisions themselves.

The above has analyzed the PICC Clause from the perspectives of semantics, common sense, contextual understanding, comparison in English version, and explanation of standard clauses, concluding that the PICC Clause should include the unloading of the goods arriving at the consignee. The insured risks will not be terminated until the goods are unloaded from the transport vehicles and settled on the warehouse floor. The analysis of this case is helpful to resolve disputes on this issue in practice. We also suggest that in order to avoid disputes, PICC should make modifications to the "Warehouse to Warehouse" Clause as soon as possible to read as follows: This insurance covers "Warehouse to Warehouse" liability, made effective from the first time the goods hereby insured are moved from the warehouse or place of storage named in the Policy for the commencement of the transit to immediately load the insured goods onto the transport vehicle and continues in force in the ordinary course of transit including sea, land and inland waterway transits and transport of barge until the insured goods are unloaded from the loading truck or other means of transport at the consignee's final warehouse or place of storage at the destination named in the Policy or such other places of storage used by the insured for distribution, allocation or abnormal transportation.

(Written by ZHANG Hong, Proofread by LIN Qin)

【**Case Index**】

(2018) H72MC No. 2900

6. PICC Property and Casualty Company Limited, Nanjing Branch v. China Continent Property & Casualty Insurance Company Ltd., Shanghai Branch for Dispute over Re-insurance Contract

—Accurate Distinguishment of the Legal Relationship Between Co-insurance and Re-insurance According to the Specific Form of Insurance

[Abstract]

As to whether the legal relationship in insurance belongs to co-insurance or re-insurance, China's *Insurance Law* remains silent. At present, only the relevant documents prepared by the China Banking and Insurance Regulatory Commission have elaborated on the concept and characteristics of co-insurance in details. Even if an insurance company issues a letter of confirmation for co-insurance to another insurance company, as long as there is no direct insurance contract relationship between the insurance applicant and an insurance company, and there is no evidence proving that the insurance applicant has known and agreed that the goods at issue have been jointly underwritten by different insurance companies, it should be determined that the insurance form does not conform to the characteristics of co-insurance. After another insurance company has accepted the insurance alone, part of the risk liability is transferred to an insurance company, more in line with the provisions of Article 28 of the *Insurance Law* on re-insurance.

【**Facts**】

Plaintiff: PICC Property and Casualty Company Limited, Nanjing Branch

Defendant: China Continent Property & Casualty Insurance Company Ltd., Shanghai Branch

On December 29, 2016, the Plaintiff issued an insurance policy for carriage of goods by sea from Nanjing, China to Liverpool by way of Shanghai, stating that the insured was an outsider, Nanjing Global Village Group Automotive Power Co., Ltd. (hereinafter referred to as "Global Village Company"), and the insured goods were used BMW engine production line equipment. The main coverage clause included the Institute Cargo Clause, I. C. C (B), and the additional clause included the On Deck Risk (2009 edition). Institute Cargo Clause, I. C. C (B), provided that "Loss of or damage to the subject-matter insured caused by 1. General average. 2. Jettison or washing overboard..." An exclusion clause was also provided that the insurance covered no "loss, damage or expense arising from inadequate or improper packing or preparation for the subject matter insured (for the purpose of this paragraph, 'packing' shall be deemed to include stowage in containers or pallets, but only if such stowage was done before the commencement of this insurance coverage or by the Insured or his employees)". On-deck Clause (2009 edition) stated that "This insurance shall cover, in addition to the provisions set out in this policy, the insured cargo stored on deck, including the risk of jettison or washing overboard."

On February 8, 2017, the Defendant issued a letter of confirmation for co-insurance to the Plaintiff, stating that it undertook 17% of the share from the coinsurer for the co-insurance business at issue. The applicant/insured, subject matter, term and terms of insurance were consistent with the policy agreement issued by the Plaintiff.

According to the inspection report provided by the Plaintiff, the power heads of the CNC multi-station combined machine tools at issue were damaged due to insufficient packaging in the transportation section from China to United Kingdom.

On September 26, 2018, the Plaintiff wrote to the Defendant attached with an adjustment report, stating that the insured held a letter of authorization from the seller and therefore enjoyed the right to insurance claims. Although the subject matter insured had not fallen into the water, it was an insured risk and the Defendant was required to share insurance liability. The Defendant wrote back the next day stating that the Plaintiff had not provided a complete set of claim materials, which could not be used as a basis for claim settlement, and according to the existing materials, the Defendant believed that the subject matter insured had not fallen into the scope of insurance liability. On November 30, 2018, the Plaintiff paid the insurance indemnity to the insured Global Village Company.

The Plaintiff claimed that in the transportation process of the insured goods at issue, some equipment was damaged due to the impact by wind and waves and hung on the side of the ship, falling into the scope of the insured risks stipulated by the main coverage clause, Institute Cargo Clause, I. C. C. The Plaintiff negotiated with the insured on a final compensation as 70% of the loss. According to the letter of confirmation for co-insurance, the Defendant should pay 17% of the share to the Plaintiff, but the Defendant had refused to make payment. The Defendant acted in violation of the agreement in the letter of confirmation for co-insurance and shall bear the liability for breach of contract.

The Defendant argued that the insured listed in the policy issued by the Plaintiff was not the consignee or shipper as shown in the bill of lading, and there was no evidence proving that the insured had the right to the goods at issue. The Plaintiff made compensation to the insured without insurance interest; therefore, the consequences of loss shall be borne by the Plaintiff itself. The accident in this case did not fall into the scope of the insurance liability agreed upon in the letter of confirmation for co-insurance, and the Plaintiff paid compensation to the insured without the consent of the Defendant, therefore, the loss shall be borne by the Plaintiff itself. The insured failed to prove the composition of its loss, and the compensation paid by the Plaintiff was unfounded. After the occurrence of the insured accident, the Plaintiff failed to inform the Defendant in due time, resulting in the disability of the Defendant to investigate and verify the accident, depriving the Defendant of the right to know and the right to investigate, therefore, it was hereby requested that the Court reject all the Plaintiff's claims according to law.

【Judgment】

After hearing, the Shanghai Maritime Court held that the case was a dispute over reinsurance contract. The Defendant's acceptance of 17% share of the marine cargo insurance contract between the Plaintiff and the insured Global Village Company by issuing a letter of confirmation for co-insurance was a genuine expression of intent between both parties, which was legal and effective in line with Article 28 of the *Insurance Law* on reinsurance. The reinsurance contract at issue was legally binding on both parties, and the Plaintiff and Defendant should perform their respective contractual obligations and claim contractual rights in accordance with the contract. The core dispute in this case lies in whether the insured has insurable interests; Whether the accident at issue is an insurance liability accident, and whether the basis for calculating the loss is sufficient; Whether the reinsurance assignee has the right to refuse to pay the claimed payment in the belief that the reinsurance assignor has paid an insurance loss without authorization.

As for whether the insured has insurable interests, only the cargo insurance policy provided by the Plaintiff recorded the insured as the Global Village Company, and relevant documents such as the bill of lading and customs declaration of the cargo transportation at issue cannot confirm the insured as the owner of the goods, and the Plaintiff cannot produce any other evidence, such as a sales contract, with the effect of proof in support. Therefore, the Global Village Company cannot be identified as the owner of the goods at issue or to have insurable interests. As for the accident at issue, according to the inspection report provided by the Plaintiff, the reason for cargo damage was finally concluded as "caused by insufficient packaging during transportation from China to United Kingdom". Therefore, the accident at issue fell into the scope of an exclusion under Institute Cargo Clause, I. C. C (B) and no compensation should be claimed. And the Plaintiff identified the total loss of the entire machine tool and confirmed the amount of damage accordingly only based on a statement of the insured, without factual and legal basis.

According to Paragraph 3 of Article 29 of the *Insurance Law*, "the reinsurance assignor shall not decline or delay fulfilling its own original obligations by reason of the non-performance of the obligations of reinsurance assignee", if the reinsurance assignee refuses to pay the amortized compensation due to different opinions on the compensation to be made by the reinsurance assignor, the reinsurance assignor shall not refuse or delay its obligation to indemnify the insured from loss on that ground. It can be seen that the Defendant, as a reinsurance assignee, can hold different opinions on the compensation decision made by the Plaintiff, the reinsurance assignor, and may refuse to pay the amortized compensation.

In summary, the Shanghai Maritime Court ruled that the Plaintiff's claim was not supported. After the first-instance judgment was pronounced, the Plaintiff appealed. After hearing, the Shanghai High People's Court ruled to reject the appeal and uphold the first-instance judgment. Thereafter, the Plaintiff applied to the Supreme People's Court for case-reopening, and the Supreme People's Court ruled to reject the reopening application. The judgment in this case has now come into effect.

【Analysis】

Reinsurance, also known as assignment of insurance, means the assignment by an insurer of part of its risks and liabilities under insurance to other insurers by signing a contract on the basis of the original insurance contract. Paragraph 1 of Article 28 of the *Insurance Law* stipulates that reinsurance means the assignment by an insurer of part of its underwriting to another insurer assuming the form of a contractor. Reinsurance is a further extension of the original insurance, it is usually referred to as "insurance of insurance" in the international community. The difference is that reinsurance is an insurance contract between the original insurer and the reinsurance assignee in order to disperse the former's business risks. In the legal relationship between primary insurance and reinsurance, the primary insurer is the reinsurance assignor and the reinsurer is the reinsurance assignee.

Ⅰ. Definition of reinsurance contracts

In practice, coinsurance is easily confused with reinsurance. Although the *Insurance Law* remains silent about coinsurance, it is clearly defined in Article 3 of the *Notice of the China Insurance Regulatory Commission on the Issues Related to Large-scale Commercial Insurance and Omni-policy Business* [CIRC〔2002〕No. 16], "Co-insurance is short for concurrent insurance which means that two or more insurance companies and their branches (excluding different branches of the same insurance company) insure the same subject object and the same insurance liability for the same insurance period and at the same insurance value under the same insurance contract." The *Notice on Strengthening the Management of Property Insurance Co-insurance Business Formulated by the China Banking and Insurance Regulatory Commission* [CBIRC〔2006〕No. 31] also stipulates that the standardized coinsurance business should meet the following requirements: the insured agrees to be coinsured by multiple insurers; The coinsurers issue the policy jointly, or the leading insurer issues the policy attached with a coinsurance agreement; The fees charged by the leading insurer to other coinsurers should be significantly different from the average handling charges for reinsurance.

According to the above definition, the three key differences between coinsurance and reinsurance can be summarized: First, on the party to the contract, the coinsurance contract is concluded by the insurance applicant and a coinsurer consisted of multiple insurers, reflecting the relationship between the insurance applicant and the insurers, while the parties to a reinsurance contract are two insurers, without the insurance applicant. Second, in terms of the terms of the contract, similar to the general insurance contract, a coinsurance contract is an agreement between the insurance applicant and the insurers on the insurance rights and obligations, while a reinsurance contract is a contribution agreement between the two insurers on the insurance business that has been insured by either party. Third, from the perspective of primary insurance and reinsurance, a coinsurance contract is still the primary insurance contract. For the applicant, all the multi-insurers are insurers, and their participation in the conclusion of the primary insurance contract cannot change the legal effect thereof. A reinsurance contract mainly stipulates that the two insurers share the insurance liability under the primary insurance contract, reflecting the relationship between the reinsurance assignor and the reinsurance assignee.

In this case, the Defendant issued a letter of confirmation for co-insurance on the policy issued by the Plaintiff, seemingly more similar to coinsurance in a literal sense. However, given the facts of this case, the Plaintiff first issued an insurance policy to cover the goods at issue, and then transferred the share of the insurance policy at issue to the Defendant, who issued the letter of confirmation for co-insurance to undertake 17% of the share. There was no insurance contract relationship between the Defendant and the Global Village Company, the insured of the policy at issue. The legal relationship between the Plaintiff and the Defendant does not conform to the characteristics of coinsurance from the formal appearance, but more in confirmity with the provisions of Article 28 of the *Insurance Law* on reinsurance, that is, the assignment by an insurer of part of its underwring to another insurer assuming the form of a contractor. Therefore, although the letter of confirmation was worded as "coinsurance", the Plaintiff and Defendant actually concluded a reinsurance contract.

Ⅱ. Contractual attributes of reinsurance

The reinsurance contract is concluded on the basis of the original insurance contract. Although the two contracts are related, they are independent in legal relationship and belong to different levels of legal relationship. The reinsurance contract is different from the original insurance contract in terms of the contracting parties, the subject matter covered and the insurable interest. In essence, they are two independent insurance contracts.

1. Subordination of the reinsurance contract

Compared with the original insurance contract, the reinsurance contract is subordinative to a certain degree. The existence of a reinsurance contract is premised on the original insurance contract. First of all, the request of the reinsurance assignor for the reinsurance assignee to perform the obligation of payment under the reinsurance contract is based on the occurrence of an insurance accident agreed upon in the original insurance contract. Secondly, the validity and period of liability under the reinsurance contract are consistent with the original insurance contract. If the original insurance contract is invalid, revoked or terminated, the reinsurance contract will also be invalid, revoked or terminated. Unless otherwise agreed upon by the parties, the period of liability under the reinsurance contract is the same as that of the original insurance contract. Finally, the liability on the part of the reinsurance assignee is part of the liability insured by the reinsurance assignor. In reinsurance disputes, a lawsuit brought for insurable interest is mostly not aimed at the insurable interest of reinsurance, but at the insurable interest of the original insurance. Whether the original insurer has an insurable interest depends on whether the insured under the original insurance contract has an insurable interest.

2. Independence of reinsurance contracts

The rights and obligations of reinsurance are established by the reinsurance assignor and the reinsurance assignee through the conclusion of a reinsurance contract, independent of the rights and obligations under the original insurance. First of all, insurance premium and benefit request are independent. According to the provisions of Paragraphs 1 and 2 of Article 29 of the *Insurance Law*, there is no equity relationship between the insured, beneficiary or applicant of the original insurance and the reinsurance assignee. The reinsurance assignor cannot exempt the applicant of the original insurance contract from the obligation to pay the reinsurance premiums due to the applicant of the original insurance contract in arrears with the insurance premiums, and the insured has no right to request the insurance benefit against the reinsurer. Secondly, the independence of the obligation to pay claims. The performance of the reinsurance contract has no effect on the performance of the original insurance contract. Paragraph 3 of Article 29 of the *Insurance Law* can be understood to mean that the reinsurance assignee has the right to refuse to perform the reinsurance obligation under certain circumstances.

(Written by SUN Ya'nan, Proofread by TANG Huizhi)

【Case Index】

(2020) H72MC No. 163

7. Mitsui Sumitomo Insurance Company, Limited v. COSCO Shipping Lines for Dispute over Multimodal Transport Contract

—Determination of the Governing Law for Dispute over Multimodal Transport Contracts

【Abstract】

In disputes over multimodal transport contract, if the parties unanimously choose to apply the laws of a certain country for the identification of liability and the methods of bearing liability in the railway transport section of the cargo at issue, and if the laws of the People's Republic of China are applied to the remaining disputes, the governing law shall be determined in accordance with the *Law Governing the Application of Laws on Foreign-Related Civil Relations*, instead of being directly determined in accordance with Article 105 of the *Maritime Code*.

【Facts】

Plaintiff: Mitsui Sumitomo Insurance Company, Limited

Defendant: COSCO Shipping Lines

In March 2015, the outsider, SONY EMCS Malaysia entrusted the Defendant with transport of a batch of LCD panels. The goods were shipped by sea from Port of Swettenham in Malaysia to Port of Piraeus in Greece and then by rail to Nitra in Slovakia. The Defendant issued four sets of non-negotiable clean multimodal transport sea waybills. During the transit, the cargo suffered damage due to a train derailment on the railway transport section located in Greece. As the insurer of the goods at issue, the Plaintiff settled the claim for SONY Company and obtained the right of subrogation.

During trial, it was also found that Greece is a member of the *Convention concerning International Carriage by Rail* (hereinafter referred to as "COTIF"), attached with the *Uniform Rules Concerning the Contract of International Carriage of Goods by Rail* (hereinafter referred to as "CIM") as Annex B. Greece made no reservation upon ratification of its accession to COTIF. At the hearing, both the Plaintiff and Defendant agreed that COTIF took precedence in Greece over its domestic law and confirmed the provisions of the Convention relevant to the case.

The Plaintiff claimed that the Defendant, as a carrier and multimodal transport operator, should have exercised its duty to take good and proper care of the goods in its charge and been responsible for the entire carriage of goods. The Plaintiff had the right to claim compensation from the Defendant for the damage to the goods that occurred during the period of the Defendant's liability in accordance with the insurance subrogation legally obtained by the Plaintiff, and therefore requested the Court to order the Defendant to compensate the Plaintiff for the loss of the goods and the corresponding interest.

The Defendant argued that the train derailment occurred due to the local continuous heavy rain during the liability period, which caused geological collapse and was a *force majeure* factor. After the accident, when the parties jointly counted the goods, a considerable part of the goods were confirmed to be intact, the Plaintiff's claim against the insured for the total loss was short of basis, so even if the Defendant needed to bear the responsibility, the Plaintiff had no right to subrogation to the Defendant according to the total loss of compensation, the amount paid by the Plaintiff was subject to a 10% plus, for which the Defendant would not make compensation. In addition, the Defendant was legally entitled to the carrier's unit limitation of liability.

【Judgment】

After hearing, the Shanghai Maritime Court held that Mitsui Sumitomo was registered in Japan, the transport destination was Slovakia, the accident occurred in Greece, the case was a dispute under a foreign-related civil legal relationship, in which case, the parties can choose the applicable law for dispute resolution. At the hearing, the Plaintiff and Defendant agreed to apply Greek law to the identification of liability and the way of bearing liability in the railway transport section of the goods at issue, and the law of the People's Republic of China to the remaining disputes, and the Court respected this choice.

The Defendant was the multimodal transport operator of the goods at issue and the accident occurred within the Defendant's liability period. The Plaintiff, as the co-insurer of the goods at issue, had settled the claim, and had the right to make a subrogation claim against the Defendant. As to whether the Defendant could be exempted from liability for the cargo damage at issue, the rainfall did not constitute a cause for the carrier's exemption, but the geological collapse caused by the geological change met the exemption requirements of "the carrier cannot avoid or prevent the occurrence of the accident", which can be taken an effective defense for the Defendant being exempt from the liability for cargo damage. As to whether the Defendant lost the right to enjoy limitation of liability, the occurrence of the accident could not be accurately predicted or effectively avoided under the cognitive and technical conditions prevailing at that time, therefore, it was difficult to determine that the railway carrier acted or failed to act recklessly knowing that loss or damage might occur. The provisions of Article 36 of *CIM* concerning the loss of the carrier's eligibility for limitation of liability did not apply in this case.

In summary, the Shanghai Maritime Court ruled against the claims made by the Plaintiff, Mitsui Sumitomo Insurance Company, Limited. After the first-instance judgment was made, the Plaintiff appealed to the Shanghai High People's Court. During the second instance, both parties reached a mediation agreement and applied to withdraw the appeal. The judgment in this case has now come into effect.

【Analysis】

This case was a dispute over multimodal transport contract involving maritime cargo transport and international rail transport. The goods at issue were transported to the landlocked countries of Central Europe via seaway of Mediterranean and railway in the mode of sea-rail combined transportation along the 21st Century Marine Silk Road. With the increasingly close trade between countries and regions along the Belt and Road Initiative, the demand for multimodal transport in international trade has also shown a rapid growth trend. In disputes over international multimodal transport contract that span multiple countries and involve different modes of transport, there is a lack of uniform understanding as to the relationship between network liability system and the law governing the determination of transport sections. In addition, the principle of proximate cause under the insurance system is well used in this case, providing a useful idea for the relatively complex determination of *force majeure* and a reference for the handling of such cases.

Ⅰ. Determination of the governing law for disputes at issue

When hearing disputes over foreign-related multimodal transport contracts, it is of importance to determine the governing law to adjust the multimodal transport contract. The special provisions of Section Ⅷ of Chapter Ⅳ of the *Maritime Code* on multimodal transport contracts do not contain those on compulsory application. According to the general principles of private international law and the relevant provisions of the *Law Governing the Application of Laws on Foreign-Related Civil Relations* and the *Maritime Code*, the party autonomy should be adhered to in determining the governing law of multimodal transport contracts with foreign factors, that is, the parties can choose the applicable law for multimodal transport contracts by reaching an agreement. If the parties made no such choice, the closest relationship doctrine shall apply to determine the governing law.

This case clarified a misunderstanding about the legal application of multimodal transport contracts, that is, it did not determine the governing law directly through the network liability system, but first found out the governing law under the rules of conflict, and then determined the specific law through the network liability system on the condition that the governing law provided for the network liability system, thus rationalizing the steps of determining the legal application in such cases. In a dispute over multimodal transport contract, the governing law shall first be determined in accordance with the *Law Governing the Application of Laws on Foreign-Related Civil Relations*, instead of being directly determined in accordance with Article 105 of the *Maritime Code*. The judge fully respected the party's choice of Greek law as the governing law for the land transport section, and finally taken the *COTIF* and *CIM*, which were concluded by Greece, as the basis for judging the liability for the loss of goods.

Ⅱ. Liability for compensation for the accident at issue

Countries and regions under the Belt and Road Initiative have great differences in natural climate conditions, geographical and hydrological conditions, uneven levels of infrastructure construction and maintenance, and complex situations in which multiple factors interweave and coexist in the occurrence of freight accidents. In this case, the method of causation force analysis was well used to evaluate the assumption of risk liability, which was fully demonstrated and thoroughly reasoned, providing a reference for resolving similar disputes.

1. The legal status of the Plaintiff and Defendant in the dispute at issue

The Defendant was the multimodal transport operator of the goods at issue who issued a through multimodal sea waybill, and was liable for the goods from the time of receipt of the goods to the time of delivery of the goods. Now there was an accident in the railway transport section within the Defendant's liability period, the Plaintiff claimed against the Defendant and such claim was justified by law. The Plaintiff was the co-insurer of the goods at issue, after the occurrence of the cargo damage, it had settled the claim for its insured share and the insured share of another co-insurer together and obtained the letter for transfer of interests, with the right to make a subrogation claim against the Defendant.

2. Determination of the loss of the goods and the scope of the loss for which the Plaintiff is entitled to claim compensation from the Defendant

(omitted)

3. Whether the Defendant could be exempt from liability for the cargo damage caused by the accident at issue

In accordance with the causes for carrier's exemption from liability set out in *CIM* Section 23. 2, the carrier is not liable for damage to the cargo arising from causes that cannot be avoided or prevented. As for the cause of the accident, the Plaintiff provided inspection reports issued from different institutions, and the joint investigation committee also prepared their own investigation reports. The inspection and investigation institutions varied from one to another in analysis of the cause of the accident due to different positions. Therefore, the cause of the accident should be determined on the basis of comprehensive analysis of the above multiple inspection reports and investigation reports.

As to whether rainfall can be a cause for exemption of the carrier from liability, the concern is whether the damage caused by rainfall can be avoided or prevented from occurring. Judging from this sense, only when the rainfall occurs suddenly, up to a disaster level and obviously different from the usual year, the damage may be unavoidable and unstoppable. The meteorological data provided in this case shown that the precipitation of the month was at the historical above-average level, there was no significant abnormality, and the precipitation before and on the day of the incident was far below the catastrophic precipitation level, therefore, the rainfall factor in this case was not enough to exempt the carrier from liability.

In addition, the train derailment in this case was not caused by the direct impact of rain, but the result of geological collapse caused by the geological action after rain erosion of the soil, due to the long-term interaction of the specific local meteorological environment and geographical conditions, was a process from quantitative change to qualitative change. When such accidents will happen is beyond human foresight and control, proper maintenance of railway drainage system may delay the process of such geological changes, but there is no evidence indicating that geological changes can be accurately predicted, controlled and absolutely avoided, or scientific basis which shows that such geological changes will inevitably lead to formation collapse.

In addition, regarding the fact that the track was found deformed for about half a month before the incident, both parties had failed to prove the specific situation and extent. The railway administration had taken speed limit measures and repaired it with special equipment. Under the cognitive conditions at that time, there was no evidence indicating that the deformation of the track was caused by the change to the underlying geological structure, and the treatment scheme of speed limiting and maintenance was a reasonable measure. The subsequent formation collapse cannot be foreseen in advance and then can be avoided and prevented, therefore, it was unrealistic to require the railway administration to take stoppage measures in advance.

As for overspeed of the train, it was indeed the fault of the railway carrier, but whether the carrier should bear the liability for compensation needed to be judged according to the causal relationship between the overspeed and the accident. In this case, the rail track settlement had happened before the arrival of the train, it was not caused by the excessive speed of the train; Even if the train was traveling at the speed limit of 20 km/h, due to the poor visibility at the time of the accident, the driver could not stop the train in time or at a safe speed enough to avoid derailment when he saw the rail settlement, therefore, speeding should not be considered as a cause of the derailment. Of course, the speed of the train at the time of the derailment may have different effects on whether the goods would be damaged and the extent of the damage, but there was no evidence indicating that the goods would not have been damaged if the train was traveling at a low speed at the time of the derailment, so there was no measurable basis for attributing the result and extent of the damage to overspeed.

In light of the above analysis, the rainfall was not enough to constitute the carrier's exemption from liability, but the formation collapse caused by the geological change met the exemption requirements of "the carrier cannot avoid or prevent the occurrence of the accident", which can be taken an effective defense for the Defendant being exempt from the liability for cargo damage.

4. Whether the Defendant had lost the right to enjoy the limitation of liability

(omitted)

The dispute bases on the premise that the Defendant was liable to the Plaintiff. In this case, there was no evidence to prove that the cargo damage was intentionally caused by the railway carrier, as mentioned above, under the cognitive and technical conditions prevailing at occurrence of the accident, it was difficult to determine that the railway carrier acted or failed to act recklessly knowing that loss or damage might occur. The provisions of Article 36 of *CIM* concerning the loss of the carrier's eligibility for limitation of liability did not apply in this case.

(Written by JIN Xiaofeng, Proofread by HAN Yunfei)

【Case Index】

(2016) H72MC No. 288

8. Nanjing Ka'an Auto Parts Co., Ltd. v. CNS Intertrans (Shenzhen) Co., Ltd., et al. for Disputes over Contract of Carriage of Goods by Sea

—Distinction of Responsibilities Between NVOCC and the Actual Carrier in Dispute over Delivery of Goods Without Bill of Lading in Brazil

【Abstract】

1. Although Brazilian law requires the actual carrier to deliver the goods to the places under the supervision of the Brazilian customs at the port, the carrier has not completely lost control over the goods due to the fact that Brazilian laws and regulations do not allow the carrier to release the goods without the original bills of lading.

2. When determining whether the carrier and the actual carrier bear joint and several liability for release of goods without a bill of lading, the specific actions during the release process should be ascertained by determining separately whether the NVOCC and the actual carrier meet the requirements for release of goods without a bill of lading under their respective transportation contracts.

【Facts】

Plaintiff: Nanjing Ka'an Auto Parts Co., Ltd. (hereinafter referred to as "Ka'an")

Defendant: CNS Intertrans (Shenzhen) Co., Ltd. (hereinafter referred to as "CNS")

Defendant: MSC Mediterranean Shipping Company S. A. (hereinafter referred to as "Mediterranean")

On July 7, 2016, according to the buyer's instructions under the trade contract, Ka'an entrusted CNS with the shipment of the goods at issue. CNS also confirmed that it was LFC Company, the agent at the port of destination who instructed it to transport the goods at issue. CNS is an NVOCC registered with China's transportation authorities.

On July 25, 2016, Ka'an sent an e-mail to CNS to inform CNS that it needed the original bill of lading, pointing out that the Brazilian customer had only made 30% of the payment for the goods at present, and Ka'an would only hand over the original bill of lading to the customer after the customer made payment in full, emphasizing that due to the disorderly release of goods without a bill of lading in Brazil, if goods were shipped without a bill of lading, it would reserve the right to sue.

On July 26, 2016, after the goods at issue were loaded on board, CNS issued a full set of original bills of lading No. SZ16070069 (hereinafter referred to as the "NVOCC bills of lading") to Ka'an, stating that the shipper was Ka'an, and the goods were received by MARILLIAM Import and Export Trading Company; the place of delivery was Nanjing, China, the loading port was Shanghai Port, China, the unloading port and delivery location were Navegantes, Brazil; the delivery agent at the destination port was LFC Company, etc. On July 28 of the same year, CNS sent an e-mail to Ka'an to inform Ka'an that it would send a full set of original NVOCC bills of lading to Ka'an that day, and asked Ka'an to notify it of releasing the master bills as soon as possible after receiving payment, otherwise, delay in pickup may be caused.

After CNS accepted the entrustment, it entrusted a third party with space booking with the Mediterranean. Mediterranean issued a complete set of original bills of lading numbered MSCUYR873061 (hereinafter referred to as the"Ocean bills of lading") to CNS, which stated that, the shipper was CNS, the consignee was

LFC Company; the name of the goods, container number, place of delivery, loading port, ship name, voyage number. and other information were recorded in consistency with the NVOCC bills of lading; the goods were delivered under "FCL-FCL"; the agent at the unloading port was MSC Mediterranean Shipping do Brasil Ltda Av. (hereinafter referred to as "Mediterranean Brazil"); freight collect; the terms on the front of the bills of lading stated that: "According to Brazilian customs regulations, the carrier's liability terminates after the goods enter into the customs supervision; the carrier is not responsible for delivery of the goods without bills of lading."

On August 22, 2016, according to the instructions of LFC Company, CNS applied to Mediterranean through the booking agent to "release the bills of lading at the port of destination". To this end, it returned the full set of original Ocean Bills of Lading accompanied by a Letter of Guarantee for Release of B/L not at the Port of Departure. In the letter of guarantee, CNS stated that as the shipper of the goods at issue, it gave up the bills of lading No. MSCUYR873061, making it clear that the bills of lading were not required to be issued at the port of departure. It asked Mediterranean Company to arrange for the bills of lading to be issued to LFC Company at the Port of Navegantes in Brazil, and stated that it would be liable for any loss, damage and any expenses incurred thereby (including reasonable legal fees). On August 24 of the same year, LFC Company also applied to Mediterranean Shipping Brazil to withdraw the previously issued bills of lading No. MSCUYR873061, and confirmed in writing that it had received another set of reissued bills of lading with the same number. The two sets of bills of lading issued successively were identical except for the signatures in the signature column.

On September 12, 2016, LFC Company applied to Mediterranean Shipping Brazil to pay the taxes and fees related to the Ocean bills of lading and release the goods under the bills of lading. Mediterranean Company confirmed that due to the fact that the taxes and fees on the goods at issue were settled and the holder of bills of lading, LFC Company, requested the release of the goods, Mediterranean

Company released the relevant goods via the Brazilian foreign trade cargo system (Siscomex-Cargo), without recovery of the original bills of lading No. MSCUYR873061.

The import declaration number of the goods at issue at the destination port was 16/1503123 – 7, the importer was MARILLIAM Company, the customs spot inspection channel was green channel, and the customs clearance date was September 26, 2016. The four containers at issue were loaded with heavy containers and shipped from the Port of Navegantes in Brazil on September 29, 2016, and returned to the Itajai yard in Brazil as empty containers on October 15. On May 4, 2017, Mediterranean Company confirmed in an e-mail to CNS that the goods at issue had been picked up from the terminal.

The Ministry of Commerce of the People's Republic of China issued the *Interpretation of Bureau of Fair Trade for Imports & Exports on Ministry of Commerce's New Regulations on Release of Cargo Without Production of the Original Bill of Lading in Brazil* on its official website on June 6, 2013, stating that the Brazilian Ministry of Finance will put the Decree No. 1356 into practice on May 6, 2013 with modifications made to some provisions of Decree No. 680 issued on October 2, 2006. According to this explanation and the attached excerpts of Decree No. 1356 and Decree No. 680, the customs clearance channels applicable to goods imported into Brazil are randomly selected and determined via the foreign trade system (Siscomex) based on a comprehensive analysis of the conditions and factors such as importer's tax payment records and trade behavior, the nature, quantity and price of the imported goods, import tax price or import taxation, the origin, export place and destination of the goods; the application of the green channels means that customs declaration goods and documents can be exempted from inspection and customs cleared automatically; After customs clearance, the importer can pick up the goods from the customs bonded area with the customs release certificate without presentation of the original bills of lading. In addition, Mediterranean Company confirmed that in addition to the goods release certificate from the customs, the importer also needs the carrier to unlock the relevant goods in the Brazilian foreign trade cargo system (Siscomex-Cargo) so as to pick up the goods.

According to the export cargo declaration forms, commercial invoices and packing lists, the value of the goods at issue should be USD 136,468.16 FOB Shanghai. Ka'an believed that it had received payment of USD 50,000. Ka'an still held the full set of original NVOCC bills of lading issued by CNS.

【Judgment】

After hearing, the Shanghai Maritime Court held that in this case, there were two registered bills of lading issued by CNS and Mediterranean Company regarding the transportation of the goods at issue, indicating that there were two mutually independent contractual relationships for the carriage of goods by sea between Ka'an and CNS, and between CNS and Mediterranean Company. CNS and Mediterranean Company shall deliver the goods to the holder of the original bill of lading issued by them respectively. (1) Under the legal relationship of NVOCC's bill of lading, the goods at issue had been released without a bill of lading. As CNS's delivery agent at the destination port, without taking back the full set of original NVOCC bills of lading, LFC Company paid off the collect freight under the Ocean bills of lading at issue and applied to Mediterranean Company's agent at the unloading port for release of the goods at issue, resulting in Mediterranean Company's unlocking of the goods at issue via the Brazilian foreign trade system. The consequences of LFC's release of goods should be borne by CNS. Therefore, CNS should bear the liability for breach of contract to Ka'an, the holder of the original bills of lading, for release of the goods without bills of lading. (2) With the original Ocean bills of lading issued by Mediterranean Company, CNS applied to Mediterranean Company for signing the documents at the port of destination instead; To this end, CNS returned the full set of original Ocean Bills of Lading accompanied by a Letter of Guarantee for Release of B/L not at the Port of Departure to Mediterranean Company. In the legal relationship under the Ocean bills of lading at issue, for Mediterranean Company,

CNS was the shipper stated on the bill of lading, and LFC Company was the consignee. The shipper CNS clearly instructed Mediterranean Company to issue the bills of lading to LFC Company, such instruction was a disposal of its own rights under the bills of lading, directly making LFC Company the holder of the original Ocean bills of lading. Mediterranean Company released the goods upon the request of LFC Company, which had the right to pick up the goods under the Ocean bills of lading, and did not meet the requirements for release of goods without a bill of lading. In addition, there was no evidence indicating that Mediterranean Company colluded with LFC Company and the actual consignee, therefore, Mediterranean Company was not required to bear joint and several liability for the losses suffered by Ka'an due to release of the goods without a bill of lading by CNS. In summary, the Shanghai Maritime Court ruled that CNS should pay the Plaintiff USD 86,468.16 as compensation plus loss of interest.

After the judgment of the first instance was pronounced, CNS appealed. The Shanghai High People's Court rejected the appeal and upheld the first-instance judgment. The judgment in this case has now come into effect.

【Analysis】

In maritime judicial practice, disputes over delivery of goods without a bill of lading are common in disputes over the contracts for carriage of goods by sea, and those disputes involving delivery of goods without a bill of lading in Brazil are unique and frequent. In these disputes, most of carriers invoke the provisions of Article 7① of the *Interpretations on Delivery of Goods Without Original B/L* to defend themselves from liability. For similar disputes, the rulings of different courts or even the same court are inconsistent. Judging from the public judgment

① Article 7 of the *Interpretations on Delivery of Goods Without Original B/L* stipulates that, if the carrier must deliver the goods to the local customs or port authority in accordance with the laws and regulations of the location of the unloading port specified in the bill of lading, it shall not bear civil liability for delivery of the goods without an original bill of lading.

documents, a few cases accepted the evidence submitted by the carrier regarding Brazilian law, adopted the carrier's defense opinions, and determined that the carrier was not responsible for delivery of goods without a bill of lading. From the aforementioned public cases, the judgment rarely discussed in detail the specific actions of the NVOCC and the actual carrier in the cargo release process, making the specific process of cargo release at Brazilian ports unclear. In this case, the NVOCC and the actual carrier involved in the transportation were co-defendants. Therefore, given the evidence produced by the two defendants, the Court was able to picture the cargo release process at the Brazilian port. On this basis, in accordance with the privity of contract, the Court distinguished between the NVOCC and the actual carrier from their counterparties and cargo release under their respective transportation contracts, concluding that the NVOCC should bear the liability for compensation for cargo release without a bill of lading, while the actual carrier's liability for cargo release without a bill of lading was not established. Such a conclusion has a certain degree of novelty and innovation and can serve as a reference for similar cases.

Judging from the ascertained facts, although Brazilian law requires the actual carrier to deliver the goods to the places under the supervision of the Brazilian customs at the port, the carrier has not completely lost control over the goods due to the fact that Brazilian laws and regulations do not allow the carrier to release the goods without the original bills of lading; The opinion that Brazil allowed the delivery of goods without documents was a misunderstanding of Brazilian laws and regulations.

According to the independent paragraph of Article 35 of Brazil's *Port Modernization Act* (Decree No. 8. 630/1993)②, "The reception and delivery of foreign goods can only be performed in bonded ports and terminals." Therefore, after the actual carrier's ship arrives at the port, it is indeed necessary to deliver the

② (2012) Civil Judgment No. 115 of Jin Gao Min Si Zhong Zi.

imported goods to the customs bonded warehouse under the supervision of the Brazilian Ministry of Finance. However, if it is believed that the actual carrier and NVOCC are therefore unable to control the release of the goods, it may be a misunderstanding of the above provisions and Article 3 of the *Carriage of Goods by Water Act* (116/1967)③ which stipulates that "The carrier's liability begins with the receipt of goods on board and is terminated at the time when the goods are delivered to the port or local terminal next to the ship at the destination port" by understanding "the carrier's release of goods" as a simple "physical delivery" in the belief that according to Brazil's cargo release process, the final delivery to the consignee must be made by the customs inspection authority (Bailee). Therefore, the carrier will inevitably lose control over the delivery of the goods after unloading the goods to the customs supervision site. After the carrier delivers the goods to the customs inspection authority in accordance with the laws of the destination port, it can be determined that its liability for damage to or loss of the goods has been terminated. However, whether the carrier's liability for "delivery of goods without a bill of lading" can be completely relieved depends on what role it played in the consignee's pickup process.

I. The key to "delivery of goods" in disputes over delivery of goods without a bill of lading is the control over the goods

Chinese laws and relevant regulations do not specifically define "delivery of goods", but judging from the relevant definitions in international conventions, "delivery" does not only refer to the physical delivery of goods. For example, Subparagraph 2 of Paragraph 2 of Article 4 of the *Hamburg Rules* defines three methods of delivery in the enumerated form: (1) Handing over the goods to the consignee; (2) The consignee does not receive the goods from the carrier, leaving the goods at the disposal of the consignee in accordance with the contract or the laws applicable to the port of discharge or specific industry practices; (3) Delivery of the

③ Ibid.

goods to the authorities or other third parties to which the goods must be delivered in accordance with the laws applicable to the port of discharge. The *Uniform Rules for a Combined Transport Document of 1973* defines "delivery" in Rule II (e): Handing over the goods to the party entitled to take delivery or placing the goods under its control. Such definition is consistent with the first two delivery methods defined by the *Hamburg Rules*. The *Multimodal Transport Documentation Rules of 1991* defines "delivery" as: (1) Handing over the goods to the consignee, or (2) Placing the goods under the control of the consignee in accordance with the multimodal transport contract or the applicable laws or special trade practices of the place of delivery, or (3) Delivery of the goods to the authority or third party to which they must be handed over in accordance with the applicable laws or regulations at the place of delivery. The wording of this definition differs slightly from the *Hamburg Rules*, but the substance is completely the same.

With reference to the above provisions, the determination of the carrier's delivery of goods in disputes over delivery of goods without a bill of lading should not be limited to the actual delivery by physical transfer, but should focus more on the examination of whether the control over the goods has been transferred, that is, the goods have been transferred from delivery under the control of the carrier to under the control of the consignee.

II. The civil and commercial laws in Brazil are consistent with the prevailing international practice, and the carrier is under the obligation to deliver goods against documents

According to relevant provisions of Article 749④ of the *Brazilian Civil Code* of 2009 and Article 519 of the *Brazilian Commercial Code*, the captain shall carefully keep the goods loaded on board and promptly deliver the goods at the port of destination within a reasonable period of time or at the agreed time against original

---

④ Xu Guodong, *Brazil's New Civil Code*, translated by Qi Yun, China Legal Publishing House, 2009, p. 105.

bills of lading. Brazilian law further confirms that a bill of lading is not only a proof as to receipt of the goods, but also an ownership certificate of the goods, and that the goods should be delivered to the consignee or the person who presents the endorsed bill of lading. According to Articles 519, 576, 580, 585, 586 and 589 of the *Brazilian Commercial Code*, a bill of lading is an important proof as to the claimant's right of action. The carrier may be sued if the claimant presents the bill of lading. Article 554 of *Brazil Customs Regulations* (Decree No. 6.759/2009) also reconfirms that a bill of lading is the document of title for the goods there under.

Ⅲ. Even under the cargo release procedures of Decree No. 1356 made effective in 2013, the carrier still has certain control over the cargo

Brazilian customs follows the general procedure of clearing customs first and then picking up the goods. According to Article 18 of *Brazil's Tax Law Decree 680/2006* (IN RFB 680/2006, hereinafter referred to as "Decree No. 680") issued on October 2, 2006: "The import declaration (DI) consists of the following documents: (1) Original bills of lading or equivalent documents; (2) Original commercial invoices signed by the exporter; (3) Packing lists; (4) Other relevant documents provided for in international practice or special laws..." According to Article 21 thereof: "After the importer registers with the foreign trade system, customs clearance will be carried out from one of the following channels: 1. Green: all customs declaration goods and documents can be exempted from inspection and automatically cleared... A. Based on the comprehensive analysis of the following conditions and factors, the customs clearance channel is selected via the foreign trade system (Siscomex): (1) Importer's tax payment records; (2) Importer's trade behavior; (3) Nature, quantity and price of the imported goods; (4) Import tax price or import taxation; (5) The origin, export place and destination of the goods; (6) Tariff rules; (7) Characteristics of the goods; (8) The importer's operational capabilities and economic strength; (9) Verification of the importer's other business activities..." When the consignee picks up the goods, he must submit a series of documents to the customs inspection authority to prove the import license, duty payment, etc. as to goods. According to Article 54 of Decree No. 680⑤, the importer needs to submit a series of documents, including the original bill of lading, to the customs inspection authority. Article 55 thereof further stipulates: "If the custodian of goods in the bonded zone needs to deliver the goods, he should: (1) Confirm through the Brazilian foreign trade system (Siscomex) whether the Federal Financial Secretariat approves the release of the goods; (2) Verify the documents submitted by the importing party in accordance with Article 54 thereof; and (3) Register the following information..." In summary, under Decree No. 680, the customs clearance channel applicable to the goods imported into Brazil is randomly selected and determined via the foreign trade system (Siscomex). Once the green channel is applied, it means that all customs declaration goods and documents can be exempted from inspection, and customs cleared automatically, while the original bills of lading or equivalent documents must be submitted for import declarations under other channels. In the final step of pickup, the importer must submit the original bills of lading or equivalent documents.

What shocked the shipping industry was that the Brazilian Customs' introduction of the *Tax Law Decree 1356/2013* (IN RFB 1356/2013, hereinafter referred to as "Decree No. 1356") made effective on May 6, 2013, deleting Articles 54 and 57, Item 1 and the independent paragraph of Article 59 of the Decree No. 680 which were consistent with relevant laws requiring the consignee to pick up the goods with the original bill of lading. The *Interpretation of Bureau of Fair Trade*

---

⑤ Quoted from the *Interpretation of Bureau of Fair Trade for Imports & Exports on Ministry of Commerce's New Regulations on Release of Cargo Without Production of the Original Bill of Lading in Brazil*, please see the website of the MOFCOM Trade Remedy and Investigation Bureau for details. According to Article 54 thereof, "When picking up goods from the customs bonded area, the importer needs to provide the custodian with the following documents: 1. The original bills of lading or equivalent documents, such as certificate of ownership or certificate of title to goods. 2. Certificates of payment for commodity circulation taxes, or tax exemption certificates under certain circumstances, except for the cases where an agreement is signed with a federal agency for bank withholding via the foreign trade system in accordance with the provisions of Article 53. 3. Commercial invoices payable to the importer or equivalent documents, unless exempted by state law. 4. Identity documents of the person picking up the goods."

for Imports & Exports on Ministry of Commerce's New Regulations on Release of Cargo without Production of the Original Bill of Lading in Brazil published by the Ministry of Commerce on its official website on June 6, 2013, pointed out that previously, the Brazilian customs stipulated that the importer or freight forwarder must provide the original bills of lading, original invoices, packing lists and other documents to the customs house. After the new regulations are promulgated, the importer (consignee) or freight forwarder needs to exchange D/O-Delivery Order from the shipping company with the original bills of lading, so as to go through the procedures for customs clearance with the customs house. After customs clearance, the goods are picked up against customs release certificates without presentation of the original bills of lading.

However, it should be noted that in order to implement Article 7 of the *Carriage of Goods by Water* 116/1967 (Decree-Law No. 116 of JANUARY 1967)[6], the shipping company has the right to detain the goods stored in the bonded warehouse before freight is paid or the payment for the general average is made. Article 40 of Decree No. 1356 stipulates that if the freight or shared expenses for general average are not paid in full, the shipping company (often the actual carrier) has the right to temporarily withhold the goods. Specifically, the actual carrier has the right to detain the goods in the Brazilian foreign trade cargo system (Siscomex-Cargo). Therefore, the actual carrier can require its holder of the corresponding original bills of lading to return the full set of original bills of lading at this stage to meet the legal requirements for delivery of goods against documents.

In summary, under Decree No. 1356, if the goods are not selected to go through the green customs clearance channel, the actual carrier may control the goods by reviewing the original bills of lading when the counterparty comes to exchange for the delivery orders, as part of the customs clearance documents. At the same time, it can detain the goods in the foreign trade system; but once the goods

---

⑥ (2017) Zhe Min Zhong Civil Judgment No. 864.

go through the green customs clearance procedure, the actual carrier may only control the goods in the second way. The NVOCCs can control the goods by controlling the bills of lading issued by the actual carrier, and control the release of goods by paying freight to the actual carrier and applying for the release of goods. Therefore, as to whether the carrier needs to be liable for compensation for delivery of goods without a bill of lading, a comprehensive determination must be made based on the specific delivery process and investigation on the specific actions of the carrier.

It should also be noted that in fact, as early as 2014, in response to criticism from the industry, the Brazilian customs issued the *Tax Law Decree 1443/2014* (IN RFB 1443/2014), of which Article 55 stipulates that the customs inspection authority may take measures or demand documents, including original bills of lading to make delivery and pickup of the goods in compliance with the requirements of the *Brazilian Civil Code*, so as to deliver the goods to the person entitled to pick up the same. In addition, the *Tax Law Decree 1759/2017* (IN RFB 1759/2017) was issued on November 14, 2017 to include the original bills of lading as one of the documents submitted by the consignee when requesting to take delivery of the goods in Article 54 of the original Decree No. 680, and to further stipulate that the customs Inspection authority shall keep the original bills of lading submitted by the consignee for 5 years. This provision balances local practice in Brazil and international practice to a certain extent. It should be noted in future trials of disputes over delivery of goods without a bill of lading in Brazil.

This case also exposed the problem that the CNS had an unclear understanding of being an NVOCC, without control over the agent at the destination port, and a weak awareness of the prevention of its own business risks. Although LFC Company at the destination port was appointed as the agent of CNS at the destination port in the freight forwarding bill of lading, since the business at issue was assigned by LFC Company, CNS always regarded itself as the agent of LFC Company in specific operations following LFC's instructions. After LFC took delivery of the goods for the consignee, it also produced false evidence to CNS, falsely claiming that the goods remained in the bonded warehouse, and eventually lost contact completely. CNS had to pay for its own carelessness in the release of the goods without a bill of lading. This case also sounded the alarm for domestic freight forwarders engaged in NVOCC business.

(Written by YANG Chan, Proofread by HU Qinyi)

【Case Index】

(2017) H72MC No. 554

9. Schindler (China) Elevator Co., Ltd. v. Rhenus International Freight Forwarding (Shanghai) Co., Ltd. for Dispute over Contract of Carriage of Goods by Sea

—Considerations as to Whether Fluctuations in Freight Rates in a Fixed-rate Fright Contract Constitute a Change of Circumstances

【Abstract】

Under fixed-rate fright contracts, the principle of the changed circumstances generally does not apply. However, whenever significant changes in the basic conditions of the contracts arise as a result of significant fluctuations in ocean freight rates, whether it constitutes the change of circumstances can be determined by taking into account the purpose of contracting, the degree of abnormal fluctuations in freight rates, whether the major changes exceed the foreseeable scope of the parties when they entered into the contracts, breakthrough business risks, and whether it is unfair for either party to continue to perform the contracts.

【Facts】

Plaintiff: Schindler (China) Elevator Co., Ltd. (hereinafter referred to as "Schindler")

Defendant: Rhenus International Freight Forwarding (Shanghai) Co., Ltd. (hereinafter referred to as "Rhenus")

On March 2, 2020, Schindler signed a one-year fixed-rate fright contract with Rhenus, agreeing that Rhenus would provide Schindler with maritime cargo transportation services from Shanghai, China to Genoa, Italy during the term of the contract. According to the contract, the freight rate was USD 1,650 for a 40GP/HQ container and USD 800 for a 20GP/HQ container. During the term of the contract, Rhenus shall not require Schindler to increase the price in order to book space due to any price fluctuations. The premium shall be borne by Rhenus itself. During the term of the contract, if Schindler issued a transportation notice, Rhenus shall not reject transportation for any reason and shall book the space within two weeks after receiving the transportation notice. If Rhenus failed to complete the shipment on schedule or refused transportation, Schindler would withhold 5% of the freight as compensation for sourcing new suppliers. If orders were rejected five times during the term of the contract, Schindler had the right to unilaterally terminate the contract, and Rhenus would bear 20% of the total contract price as liquidated damages and compensate for all related losses caused to Schindler. No matter if Rhenus refused to transport for any reason whatsoever, Schindler had the right to source a new supplier. If the new supplier's quotation was higher than the price agreed upon in the contract, Rhenus shall pay Schindler the difference in freight. If the new supplier's quotation was lower than the contract price, Rhenus had no right to make any claim against Schindler for the price difference.

On December 7, 2020, Schindler issued a cargo transportation request to Rhenus, involving nine 40GP/HQ containers and two 20GP/HQ containers. The freight totaled USD 16,450 as agreed upon by and between both parties. Rhenus requested an extension due to the impact of the epidemic, but no agreement had been reached by both parties. Schindler then arranged for an alternative supplier to transport the goods from February to March 2021 at a unit price of USD 7,050 per 40GP/HQ container, totaling USD 70,500.

Schindler claimed that the transportation contract at issue clearly stipulated the freight rates, but Rhenus refused to carry the goods or provide other alternative means of transport due to the impact of the epidemic. Rhenus should compensate Schindler for the freight difference of USD 54,050 for the entrusted shipment due to breach of the contract.

Rhenus argued that Schindler issued the transportation notice at the time when the international epidemic broke out, maritime cargo transportation capacity was tight and freight rates skyrocketed. After receiving the entrustment from Schindler, Rhenus discussed prices with Schindler and stated that transportation could not be done at the original price, but no agreement could be reached. This case constituted a change of circumstances, and Rhenus should not be liable for breach of contract.

【Judgment】

After hearing, the Shanghai Maritime Court held that the sharp increase in freight rates in this case has indeed constituted a major change in the objective situation, however, the agreement at issue was signed in March 2020, when the COVID-19 broke out, and the impact of the epidemic on the international shipping market was not unforeseen. The business conduct of Rhenus signing a fixed freight rate agreement with Schindler was inherently risky, and price fluctuations were the business research object and source of profit for Rhenus. The acceptance of the fixed freight rates by both parties by declaration of will meant that both parties should bear the fluctuation in freight rates during the term of the contract, Rhenus should bear the risk of rising freight rates and enjoy the benefits of falling freight rates under this contract. The key to distinguishing changes in circumstances from business risks in this case lays in the extent and speed of price increases. Judging from the freight rate data on export containers from Shanghai to the Mediterranean route provided by the Shanghai Shipping Exchange, the difference between the fluctuations in highest and lowest container freight rates from 2011 to 2020 reached nearly 10 times. The large fluctuations in freight rates within ten years were deemed normal. As for this round of epidemic, the freight rates for the routes at issue have continued to rise sharply since October 2020, with the highest increase reaching more than 10 times. December 2020 was only at the initial stage of a round of sharp rises in ocean freight rates, exposed to normal business risks, not to the extent that judicial intervention was required for equity, therefore, continued performance of the contract would not be apparently unfair to Rhenus. Once again, judging from the provisions of Article 533 of the *Civil Code*, a change of circumstances is a legal reason for the modification to or termination of the contract, but not a reason for the breaching party to be exempted from liability. Rhenus failed to produce evidence evidencing that it had renegotiated with Schindler before the expiration of the performance period of the agreement, or did it make a request to the people's court or arbitration institution before the expiration of the performance period. Instead, it directly refused to perform the contract on the grounds that shipping space could not be booked, therefore, Rhenus cannot claim to terminate the contract and be exempted from liability on the grounds of a change of circumstances.

In summary, given that Schindler took the initiative to lower its claims during the litigation process and confiscated Rhenus' performance bond of RMB 100,000 before the litigation, the Shanghai Maritime Court finally ruled that Rhenus should compensate Schindler for RMB 108,388.69.

Unsatisfied with the first-instance judgment, Defendant Rhenus appealed to the Shanghai High People's Court. The Shanghai High People's Court confirmed the facts found in the first instance, rejected the appeal, and upheld the first-instance judgment. After hearing, the Shanghai High People's Court held that fluctuations in the freight rates were not unforeseeable when Rhenus entered into the contract, and according to the clear provisions of the contract at issue, the fee rates for container transportation at a certain point in time cannot be used as the basis for judging whether fair or not. The continued performance of the contract was not obviously unfair to Rhenus. This case did not fall into the statutory applicable circumstances of change of circumstances. The appeal was dismissed and the first-instance judgment was upheld.

【Analysis】

The issue in this case is whether the large fluctuations in freight rates under fixed-rate freight contracts that are common in the shipping industry constitute a change of circumstances. The specific identification criteria for the principle of the changed circumstances have always been controversial in the theoretical and practical circles, and need to be further examined on a case-by-case basis.

Ⅰ. Legal basis for the principle of the changed circumstances

Change of circumstances is generally believed to originate from the German common law, similar to "frustration of contract" and "impossibility of performance" in the Anglo-American law system.

The principle of the changed circumstances in China was originally stipulated in Article 26 of the *Interpretation Ⅱ of the Contract Law*. On this basis, Article 533 of the *Civil Code* has adjusted and optimized the provisions on change of circumstances, abandoning the view that *force majeure* and change of circumstances are completely dichotomous. However, the constituent elements are relatively general and vague, and urgently need to be further explored in judicial practice. According to the *Guiding Opinions of the Supreme People's Court on the Issues of Properly Hearing Civil Cases Involving the COVID-19 Pandemic*, the Supreme People's Court provided principled guidance on the application of the principle of the changed circumstances under different circumstances of contract performance. Local courts have also provided specific guidance on the application of the principle of the changed circumstances in light of the needs of trial practice. For example, the Shanghai High People's Court issued the *Minutes of the Seminar on Knotty Problems in the Application of the Change of Circumstances System under the Civil Code* in August 2022, which systematically responded to the important issues as to the judicial application of the principle of the changed circumstances under the epidemic situation.

Ⅱ. The review of whether the large fluctuations in freight rates under fixed-rate freight contracts constituted a change of circumstances

The latest provisions of the *Civil Code* reflect the determination logic of the principle of the changed circumstances as follows: first, after the conclusion of a contract, the basic conditions of the contract have undergone major changes;

second, the major changes cannot be foreseen when the parties entered into the contract; third, the major changes are not a business risk; fourth, continuing to perform the contract is obviously unfair to either party.

First of all, there is no doubt that large fluctuations in market prices are a major change in objective circumstances and are not subject to the will of the parties involved. Regarding the understanding of significant changes in the basic conditions of a contract, with reference to relevant legislative data, they are summarized as "sufficient to shake the foundation of the contract. Assuming that such major changes occurred before the conclusion of a contract, the parties would not have concluded the contract if they were aware of such changes."① The authors agree with this view. The parties conclude a contract based on a relatively balanced consideration, which is the basis for the conclusion of the contract. In maritime transport transactions, it is not uncommon to sign fixed-rate freight contracts. Through long-term contracts, shippers or freight forwarders can obtain a relatively stable supply of goods in the foreseeable future, and fixed-rate freight can also reduce risks and ensure returns; while cargo parties can ensure that they have stable transportation orders to better estimate costs and ensure strict performance of trade contracts.② However, the epidemic and other factors have triggered a sharp increase in sea freight, which has obviously caused major changes in the basic conditions of the fixed-rate freight contracts, and the relatively stable state pursued by both parties has suffered a major impact. Therefore, in this case, the judge focused on the three key points of "unforeseeability", "limits of business risks" and "apparent unfairness".

1. Judgment standard of "unforeseeability"

Regarding the judgment standard of "unforeseeability", there are different views as to subjective theory and objective theory. The subjective theory emphasizes

---

① Zhou Hengyu, *Several Important Issues Concerning the Change of Circumstances System under the Civil Code*, China Journal of Applied Jurisprudence, Issue 6, 2022.

② See Wang Yu, *Under "Crazy" Freight Rates, Can Long-term Agreements Become a "Panacea"?* China Shipping Gazette, Issue 4, 2021.

that whether there is "predictability" should be judged based on the actual foreseeability of the adversely affected party, ③ while the objective theory believes that whether a reasonable person in the contracting situation of one party can foresee changes in the objective situation should be taken as the criterion, and that commercial entities should have higher foreseeability than civil entities. ④ In current trial practice, some views incorporate both subjective and objective theories. For example, the Beijing Third Intermediate People's Court held in a contract dispute that subjective and objective standards can be applied independently, but should be applied in combination in many instances. ⑤ It is believed that the judgment of "unforeseeability" should be kept moderate, and parties should be treated as economic and rational men rather than politicians and militarists. ⑥

In this case, we prefer to adopt objective judgment standards. The epidemic is extremely accidental, but the impact of the epidemic on the shipping market is not a sudden change that catches all market players off guard, but a process of gradual development and evolution. In the process of evolution, market players should have a certain degree of prediction and precautions. The fixed-rate fright contract between both parties was signed on March 2, 2020, when the COVID-19 broke out. As a company that has been engaged in the international shipping business for a long time, Rhenus should have certain prediction about the fluctuations in container freight rates under the special market background. On this basis, it signed a one-year fixed-rate freight contract to demonstrate its willingness to bear the risks of fluctuations in freight rates to a certain extent. Therefore, we believe that the current increase in sea freight rates was not a major change that was unforeseen by the

③ See Han Shiyuan, *General Theory of the Contract Law*, 4th edition, Law Press, 2018, p. 506.

④ See Zhu Guangxin, *Research on the General Principles of the Contract Law*" (*Volume* 2), China Renmin University Press, 2018, p. 474.

⑤ See Beijing No. 3 Intermediate People's Court (2015) San Zhong Min Zhong Zi Civil Judgment No. 09082.

⑥ See Cui Jianyuan, *Exploration of the Principle of the Changed Circumstances*, Contemporary Law Review, Issue 3, 2021.

parties when they entered into the contract.

2. Determine the boundaries of the changed circumstances and business risks

Business risks refer to all objective economic phenomena that bring opportunities or possibilities of profit or loss to business players due to uncertain factors in business activities. Business risks are inherent in commercial activities in line with the general rules of commercial transactions. The parties have certain foresight and can prevent business risks through commercial means or contractual agreements, and profits and losses coexist in business risks. Changes in circumstances are unexpected risks other than business risks, which are difficult for the parties to foresee and will fundamentally change the basis and intended purpose of a contract. ⑦ After the global financial crisis in 2008, the Supreme People's Court issued special guiding opinions to provide standard guidance on the definition of situation changes and business risks from the aspects of risk inherence, foreseeability, abnormality, preventability, and transaction nature. ⑧ In a gazette case in 2015, the Supreme People's Court held that business risks should be analyzed from the aspects of foreseeability, accountability, and consequences concerning contracts. ⑨

In cases concerning fluctuations in market prices, changes in objective circumstances are mainly manifested in the magnitude and speed of price fluctuations, which is a key factor in distinguishing changes in circumstances from commercial risks in our opinion. In case of exceptional price fluctuations which go beyond the general regularity of economic operation, and are objectively difficult for the parties to foresee and prevent, they may be considered to have exceeded the scope of normal business risks. According to the case search, cases that explore whether price fluctuations constitute a change of circumstances are mainly reflected

---

⑦ See Li Hao, editor-in-chief, *Force Majeure and Change of Circumstances: Academic Review, Judicial Cases and Legal Policies*, Peking University Press, 2021, p. 38 – 40.

⑧ See Article 3 of the *Guiding Opinions on Several Issues Concerning the Trial of Cases of Disputes over Civil and Commercial Contracts under the Current Situation*.

⑨ See Supreme People's Court (2015) Min II Zhong Zi No. 236 Civil Ruling.

in contracts for the purchase and sale of metal materials, construction project contracts, house leasing contracts, and other types of cases. As early as 1992, the Supreme People's Court pointed out in a reply that due to a sudden increase in the national pricing of aluminum ingots, the primary raw materials for the production of gas meter parts, the selling price for aluminum casings also increased significantly. In this case, the requirement for the performance of the original contract was unfair to the supplier and should be deemed to be a change in circumstances that cannot be foreseen and prevented between the parties. ⑩ In a case concerning a dispute over a house sales contract in 2017, the Supreme People's Court held that after four years after the parties signed the contract, the market price for the house was nearly three times higher than the agreed price. Although it may have exceeded the expectations of the parties, it was still a normal business risk. ⑪ In a dispute over a project construction contract in 2019, the Supreme People's Court held that this round of price increases was a business risk, that the increase in prices for building materials did not sit atop the peak, and that the circumstances at issue did not meet the standards for the application of the principle of the changed circumstances. ⑫ It can be seen that trial practice cannot abstract a quantitative standard in a statistical sense, if the increase ratio is taken as a basis, it will be affected by the absolute value of the increase and the number of targets. If the historical peak and valley values are taken as a basis, the standard will not be fixed, and it is difficult to exclude the values in extreme years. In summary, multiple considerations should be taken into account to accurately identify cases.

In this case, referring to the trends of freight rates for the routes at issue over the past ten years and the increase in freight rates after October 2020, it can be seen

---

⑩ See the Letter from the Supreme People's Court on the Applicable Legal Issues in the Case of Wuhan Gas Company v. Chongqing Testing Instrument Factory for Disputes over the Purchase and Sale of Gas Meter Parts under the Technology Transfer Contract for Gas Meter Assembly Lines.

⑪ See Supreme People's Court (2017) Supreme Fa Min Zai No. 26 Civil Judgment.

⑫ See Supreme People's Court (2019) Supreme Fa Min Shen No. 5829 Civil Ruling.

that it is normal for the freight rates for the routes at issue to fluctuate significantly within the past ten years, with the peak and valley difference being nearly 10 times. The freight rates for the routes at issue have continued to rise sharply since October 2020, with the highest increase reaching more than ten times. When the Plaintiff entrusted the Defendant with shipment in December, it was only the early stage of a round of sharp increases. Therefore, we believe that based on historical records and the current fluctuations in freight rates, the freight rate increase in December 2020 has not yet reached a level that exceeded the normal shipping market risks.

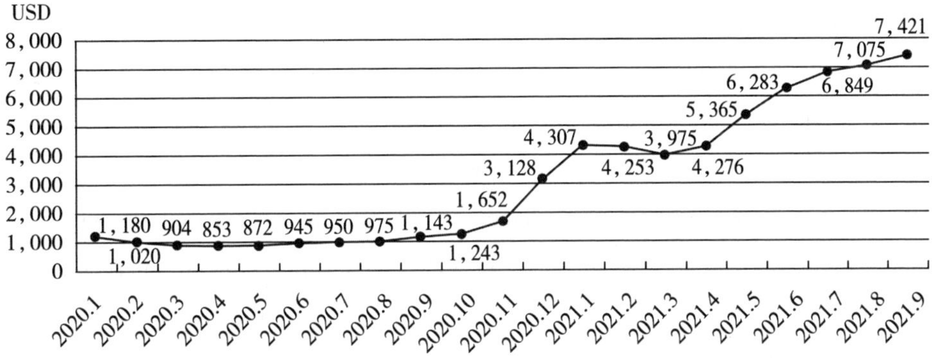

Fig. 1 Shanghai to Mediterranean Route from January 2020 to September 2021 Freight Rates for Export Containers

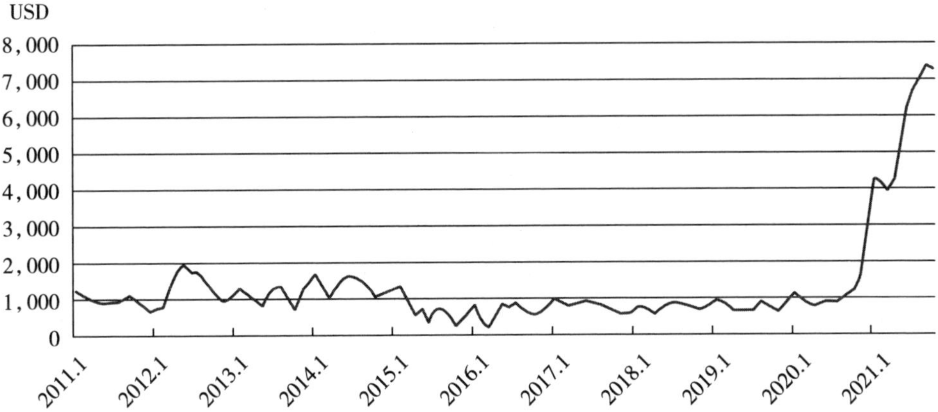

Fig. 2 Trend Chart of Freight Rates for Export Containers Along Shanghai to Mediterranean Route

3. Evaluation criteria of "apparent unfairness"

If the change in objective circumstances exceeding the normal business risk is the criterion for determining the "qualitative" nature of the changes in circumstances, then the apparent unfairness of continuing to perform the contract reflects the "quantitative" requirement. ⑬ Regarding the "apparently unfair" measurement standards, there are divergent views in theory and practice, which need to be sorted out and analyzed.

i. Academic analysis of "apparent unfairness"

From the analysis of economic theory, the parties entered into a contract based on the implied transaction basis. However, if both parties fail to reach a consensus on the actual situation as they did at the time of the contract due to subsequent events, risk allocation problems will arise. If both parties to a contract can predict the risks in advance, they will estimate and allocate the risks based on subjective understanding. However, if there is no such agreement, judicial intervention is required to help the parties redistribute risks. From the perspective of the contract law theory, some scholars believe that it should be considered within the framework of the balance between payment and treatment, fundamental changes in the balance of a contract are mainly manifested in a significant increase in performance costs or a significant reduction in or loss of the value of expected performance benefits, resulting in a serious imbalance between payment and treatment.

We believe that whether from the perspective of risk allocation or the consideration of payment balance, it is shown that "the contractual interests of both parties are obviously imbalanced" has significant reference value for judging whether it is unfair to continue to perform the contract. This is also confirmed from the perspective of judicial practice. For example, the Supreme People's Court pointed out in a dispute over shareholder capital contribution that "apparent unfairness"

---

⑬ See Chen Jielei, *Doctrine Interpretation of the Rules on Change of Circumstances under the Civil Code*, Journal of China University of Political Science and Law, Issue 3, 2022.

should mean that continuing to perform the contract will result in either party's serious lack of the ability to perform, make performance particularly difficult, continue to perform without benefit and cause significant damage to its interests, and obviously violate the principles of fairness and equal value exchange, etc. [14] It should be noted that judicial intervention in equity is essentially an interference of public rights in private rights, which should maintain its modesty and limitations, and should not excessively erode the liberty of contract.

ii. Evaluation criteria for "apparent unfairness" in disputes over fixed-rate freight contracts

Specific to disputes over fixed-rate freight contracts, it has been argued that when the seller/shipper issues a transportation notice, the freight rate on the agreed route has risen to several times the price agreed upon in the contract, and it is obvious that it will continue to rise rapidly and sharply if the contract continues to be performed at this time, it will be obviously unfair for the freight forwarder, constituting a change of circumstances in substance.

Others believe that maritime transport is a high-risk industry, and the business conduct of both parties signing a fixed-rate freight contract is inherently risky. Freight rate fluctuations are the business research object and source of profits for freight forwarders. By signing a fixed-rate freight contract in the context of the epidemic outbreak, freight forwarders should bear the risks of rising freight rates. If taking into account the freight rate fluctuations in recent years and the increase in freight rates during the epidemic, when the cargo owner issued a transportation notice, the freight rates were within a reasonable range, then continuing to perform the contract was not obviously unfair to the freight forwarder.

It is also believed that full attention should be paid to the nature of the contract and the agreement between the parties. If the contract at issue has an obvious price-locking nature, for example, it is stipulated that the freight forwarder shall not

---

⑭ See Supreme People's Court (2020) Supreme Fa Min Zhong No. 629 Civil Judgment.

require the seller/shipper to increase the price in exchange for the shipping space due to any price fluctuations during the contract period or that premium shall be borne by the freight forwarder, etc., then under this type of fixed-rate freight contract, it was not appropriate to take the price for container transportation at a certain time point as the basis for judging whether fair or not due to the fact that price changes were not unforeseeable for the freight forwarder, and continuing to perform the contract will not be obviously unfair to the freight forwarder, not constituting a change of circumstances.

We believe that under the fixed-rate freight contract in this case, both parties have a clear agreement on the contract price based on the business entity's risk judgment on price fluctuations when signing the contract. This type of price-locked contract originates from the parties' subjective understanding of market changes in the future. If the parties make a wrong judgment at the beginning of the contract, they will suffer from losses if they continue to perform the contract, in which case, it generally does not directly have a substantial impact on the fairness of the contract, and the judiciary should not generally intervene in such contracts. However, although maritime transport is a high-risk industry, the subject matter is not a speculator such as stocks and futures, but the transportation transactions among entities. Judicial expectations for the parties should be within a reasonable range, and the principle of the changed circumstances is not absolutely inapplicable to general fixed-rate freight contracts. If due to drastic changes in the market supply and demand, the amplitude and speed of freight increases in the short term fall under an extremely abnormal situation, exceeding the fluctuation trajectory of freight prices in the long term, and the amount of the subject matter at issue is huge, judicial consideration should be given to proper equity based on the principle of fairness.

Ⅲ. Guidance on hearing disputes over fixed-rate freight contracts

1. The principle of the changed circumstances should generally not be applied to disputes over fixed-rate freight contracts

When hearing relevant maritime transport disputes, to judge whether to apply the principle of the changed circumstances, we should strictly abide by legal provisions, maintain a cautious attitude, and adhere to the universality of the principle of strict compliance with contracts and the exceptionality of the principle of the changed circumstances. When considering the application of the principle of the changed circumstances, a comprehensive study and judgment should be made from the aspects of predictability, nature of the contract, degree of abnormality, etc. In disputes over fixed-rate freight contracts that are obviously price-locked, it is generally not appropriate to apply the principle of the changed circumstances, resulting in judicial intervention in business decisions. At the same time, it should be fully recognized that the impact of changes in circumstances is generally widespread and related to interlocking transport agreements. The trial of the case will cause a chain reaction, thereby affecting the transaction order and transaction security of international shipping.

2. The judiciary should respect contracts, reasonably protect and encourage integrity

As a mechanism for balancing profits and losses, changes in circumstances are to realize the value concepts of contract freedom, efficiency, and fairness. The application of the change of circumstances system does not mean giving up the protection of the non-breaching party, simply and crudely exempting the debtor from its obligations, and passing on the adverse consequences to the creditor. Instead, it should reasonably adjust the interest relationship between the parties when necessary based on the principle of fairness. Amid the violent market shocks, a large number of market entities insist on strictly abiding by contracts and performing contracts in good faith. However, some companies deliberately refuse to perform contracts on the grounds of the epidemic, temporarily preserving economic interests but losing business reputation. The judiciary should always give the market a correct value orientation, and actively guide parties to perform contracts in accordance with the law, so as to maintain a fair, stable, and honest market environment.

(Written by ZHANG Jian and YANG Xian, Proofread by CUI Xinkai)

【Case Index】

(2021) H72MC No. 717

10. Qingdao Homy INT'L Logistics Co., Ltd. v. Maersk Line Co., Ltd. and Shanghai Aonan International Logistics Co., Ltd. for Dispute over Contract for Carriage of Goods by Sea

—The party claiming alterations of a contract shall produce evidence proving that the contract has indeed been changed

【Abstract】

Before a carrier delivers the goods to the consignee, the shipper may request a change in the contract for carriage of goods by sea. Where the carrier claims a change in the period of liability for the carriage of goods, it shall produce evidence indicating that it has agreed with the shipper on the change. The actual performance of the consignee is insufficient to change the agreement on the contract for carriage of goods.

【Facts】

Plaintiff: Qingdao Homy INT'L Logistics Co., Ltd.

Defendant: Maersk Line Co., Ltd. (hereinafter referred to as "Maersk")

Defendant: Shanghai Aonan International Logistics Co., Ltd. (hereinafter referred to as "Aonan")

On September 22, 2015, the Plaintiff, entrusted with shipment of a batch of clothing by Mawei Trading Company, issued a multimodal transport bill of lading with the shipper as Mawei Trading Company. According to the bill of lading, the port of loading was Shanghai, China and the port of discharge was Lazaro

Cardenas, Mexico and the place of delivery was Mexico City. After accepting the entrustment, the Plaintiff entrusted Aonan with transportation, and Aonan issued its own bill of lading with the consignee as ILS Company, the agent of the Plaintiff at the port of discharge, and entrusted Maersk with actual carriage of the goods at issue. Maersk issued a sea waybill for the goods. The sea waybill stated that the shipper was Aonan and the consignee was IGC Company, Aonan's agent at the port of discharge.

The goods arrived at the port of discharge on October 12, 2015. After the arrival of the goods, the consignee refused Maersk's door-to-door delivery and delivered goods independently. During land transportation, a robbery occurred, and two containers and the cargo inside went missing. In March 2016, Maersk's employees had several e-mail exchanges with Aonan's employees about which company had arranged the inland transportation of the goods. Maersk's staff finally confirmed that Maersk arranged the land transportation. In May, the Plaintiff issued a statement, claiming that after the containers at issue arrived at the port of destination, the shipping company needed to arrange land transportation, as indicated on the bill of lading issued by Maersk.

In addition, it was found that Mawei Trading Company insured Marine All Risks to the insurance company for the goods at issue. According to the insurance policy, the insured was Mawei Trading Company, the loading conveyances of transport were indicated on the multimodal transport bill of lading at issue, covering from Shanghai to Mexico City via Lazaro Cardenas, Mexico. The insurance covered PICC P&C Marine All Risks. After the incident, the insurance company paid compensation to Mawei Trading Company. Then the insurance company filed a lawsuit with the Court, asking the Plaintiff to compensate for its losses. The Court made a judgment that the Plaintiff should compensate the insurance company for the loss of the goods. The Plaintiff appealed against the judgment. The court of the second instance rejected the appeals and upheld the original judgment.

The Plaintiff then filed a lawsuit against the two Defendants in this case, claiming that Maersk, as the actual carrier, was directly responsible for the unknown whereabouts of the goods at issue, and the Plaintiff, as a non-vessel carrier, had the right to recover compensation from the actual carrier after compensation was made. The Plaintiff entrusted Aonan with transportation, and Aonan shall bear joint and several liability for the Plaintiff's losses. Therefore, a request was hereby made to order the two defendants to jointly compensate for the goods damage and the case acceptance fees previously ordered for compensation.

The Defendant, Maersk, argued that: (1) Maersk was not the carrier of the land section of the goods at issue and that Maersk had released the goods to the named consignee indicated on the sea waybill, who had confirmed that the land transport section was not carried by Maersk; (2) PICC P&C Shanghai Branch did not make any claim against Maersk in the aforementioned effective judgment, and the Court did not find that Maersk was responsible for the land transport section from the port of destination to door during the transportation of the goods at issue, and the Plaintiff was under the burden of proof to prove that the goods were lost while in control of Maersk; (3) Even if the goods were indeed lost while in control of Maersk, according to the *Maritime Code*, if the goods are lost in a certain transport section in multimodal transport, the limitation of liability for the carrier shall be determined according to the relevant laws and regulations governing the section. According to Mexican law, road carriers are entitled to limitation of liability, which is calculated at the current minimum wage of Mexico for 15 days per ton. In this case, Maersk, as the actual carrier, was entitled to the limitation of liability for road transport under multimodal transport.

The Defendant, Aonan argued that: (1) The evidence available in this case showed that the transport of the goods at issue on the land transport section in Mexico was still arranged by Maersk, and was not delivered to the named consignee under the Maersk's seaway bill as claimed by Maersk in the defense. Aonan, as the shipper of Maersk's seaway bill, had never issued an instruction to Maersk to change the mode of transportation. Moreover, the evidence provided by Maersk also reflected that even if Maersk did not arrange transport on the land section, the goods at issue were only delivered to ILS Company, the receiving agent at the port of destination designated by the Plaintiff, and Aonan did not participate in the transport of the goods on the land section at the port of destination. (2) Maersk, as the actual carrier of the goods at issue should bear joint and several liability. (3) Regarding the defense against limitation of liability, Aonan agreed with Maersk, and the limitation of liability also applied to Aonan. (4) The litigation fees should not be borne by the Defendant, and the Plaintiff's claim had no legal basis.

【Judgment】

After hearing, Shanghai Maritime Court held that the case had foreign-related factors, and the parties may choose the applicable law for the settlement of disputes. During the trial, all parties chose to apply Chinese law for resolution of disputes, therefore, trial of this case should be governed by Chinese law. The contract for the carriage of goods by sea between the Plaintiff and Aonan was established. Entrusted by Aonan, Maersk issued the sea waybill and actually transported the goods at issue, and was the actual carrier of the goods involved in the transport. The core dispute between the parties focused on the subject of compensation liability for the loss of the goods at issue. The consignee in the bill of lading issued by Aonan to the Plaintiff was the agent of the Plaintiff at the port of discharge, and the consignee in the sea waybill issued by Maersk to Aonan was the agent of Aonan at the port of discharge. The mode of transportation in both cases was agreed to be yard to door. In the lawsuit, Maersk had not provided effective evidence to prove the fact that its alleged change to the agreed mode of transportation, and the consignee picked up the goods and arranged land transportation by itself. Combined with the confirmed reply sent by Maersk's employees to Aonan after the losses of the goods, the Court found that Maersk was the actual carrier of the goods at issue during the entire transportation. According to the available evidence, there were no circumstances in which the carrier could be exempted from liability for compensation, and no legal reasons or agreed reasons were sufficient for the other carriers to be exempted from liability for compensation. Aonan, the carrier, and Maersk, the actual carrier, failed to perform their respective obligations to carry out the duty of transport and storage of the goods reasonably and prudently, and therefore should be jointly and severally liable for compensation within the scope of liability for the loss of the goods. The court acceptance fees claimed by the Plaintiff for the first and second instance of the previous case were not necessary costs, and the recovery from the two Defendants had no legal basis and will not be supported.

Therefore, the two Defendants were ordered to jointly compensate the Plaintiff for the loss of goods, and the Plaintiff's other claims were not supported. After the judgment was made, Maersk filed an appeal on the grounds that the court of first instance made a mistake in finding that Maersk arranged for the Mexican land transport section of the goods and that "Mexican law cannot be ascertained and Chinese law should be applied". The court of the second instance rejected the appeals and upheld the original judgment.

After that, Maersk applied for a retrial on the grounds that there was new evidence sufficient to overturn the first trial, there was a lack of evidence to prove the basic facts identified in the first trial, and the law was mistakenly applied in the first instance. Maersk believed the negative fact cannot be proved by itself that the land transport was not arranged/commissioned by Maersk. Moreover, the consignee chose to change the transport service after arrival at the port, and the carrier should be no longer liable under the original liability period. Upon review, the Supreme People's Court ruled to reject the application for retrial.

【Analysis】

During the trial of this case, the focus of dispute between the parties was: Whether Maersk and Aonan changed the agreement on the contract for the carriage of the goods at issue, and whether Maersk was entitled to the limitation of liability under Mexican law.

Ⅰ. Change to the contract for the carriage of goods by sea and the proving of the change

According to Article 308 of the *Contract Law* (now Article 829 of the *Civil Code*), before a carrier delivers the goods to the consignee, the consignor may ask the carrier to stop transportation, return the goods, change the place of destination, or deliver the goods to another consignee, provided that the consignor shall compensate for the losses thus caused to the carrier. According to this provision, the contract for carriage of goods by sea can be changed, including the period of liability for the carriage of goods, but this right belongs to the shipper. Maersk, as the carrier, does not have the right to unilaterally change the period of liability for the carriage of the goods.

As to whether the period of liability for the carriage of the goods was changed by mutual agreement between the shipper and the carrier, Maersk failed to provide evidence in this case to prove that the shipper and the carrier had reached an agreement on the change to the period of liability for the carriage of the goods at issue. Where the carrier claims a change in the period of liability for the carriage of the goods, it should provide evidence indicating that it has reached an agreement with the shipper on the change. Therefore, the Court's judgment that Maersk, as the carrier, should bear the liability for compensation is not improper.

It is worth noting that Maersk cited the judgment (2015) MTZ No. 225 by Supreme People's Court in its application for retrial held that the consignee can change the agreement on the contract for carriage of goods through actual performance. However, this interpretation deviates from the actual gist of the judgment. It was stated in the judgment that "if the actual delivery of the goods does not correspond to the bill of lading, and the carrier fails to complete the delivery as the place stated on the bill of lading, but still keeps the goods in custody, then the period of liability of the carrier shall correspondingly extend until the completion of the delivery. Whether the carrier is liable for damage to the goods should be determined by the actual performance as to whether the goods have been delivered, rather than the records on the bill of lading alone." It should be interpreted as that as long as the carrier is still in charge of the goods, it remains responsible for the damage and loss of the goods, rather than the consignee can change the agreement on the contract for the carriage of the goods through actual performance.

Ⅱ. Determination of whether the carrier be entitled to the limitation of liability provided for by extra-territorial laws

According to the relevant provisions of the *Maritime Code* on multimodal transport of goods, the liability of the carrier and the limits on compensation shall be governed by the legal provisions regulating the mode of transport in the section where the goods was lost, namely the local road transport law of Mexico. Maersk claimed to invoke Paragraph 5 of Article 66 of the *Highways, Bridges and Federal Motor Transport Law of Mexico*, which provided that the limitation of liability can be applied only if the actual carrier of the Mexican road transport has a transport operation permit granted by the competent authority of Mexico when carrying the goods at issue. However, Maersk had no proof of compliance with this article, therefore, the first and second instance Courts did not support Maersk's claim for limitation of liability. At the time of the application for retrial, Maersk also failed to submit new evidence sufficient to overturn the original judgment. The parties concerned are obligated to produce evidence for their claims, otherwise they will bear the legal consequences of failing to provide evidence. If Maersk could not provide evidence to prove its claim within the time limit for adducing evidence, it should bear the corresponding responsibility for failure to provide evidence. In summary, the Court found that Maersk, as a carrier, could not be entitled to the limitation of liability under Mexican law.

(Written by ZHANG Shanshan, Proofread by ZHU Yutao)

【Case Index】

(2018) H72MC No. 929

11. Shanghai Jiexi International Freight Forwarding Co., Ltd. v. Chongqing Highway Engineering (Group) Co., Ltd. for Dispute over Contract for Freight Forwarding by Sea

—Division of Responsibilities and Risk-bearing under Freight Forwarding Contracts in Special Cases

【Abstract】

For an overseas project, where the contract payment cannot be made due to *force majeure* events such as political turmoil, war, strike, natural disaster or other unpredictable changes of circumstances, such reasons share no inevitable causal relationship with the payment of fees under the freight forwarding contract according to law, payment to the freight forwarder shall not be delayed due to inability to receive payment under the contract with an outsider.

【Facts】

Plaintiff: Shanghai Jiexi International Freight Forwarding Co., Ltd.

Defendant: Chongqing Highway Engineering (Group) Co., Ltd.

On November 12, 2014, the Plaintiff and the Defendant signed acontract of carriage of goods, agreeing that the Plaintiff would ship 161 units of vehicle equipment at issue on behalf of the Defendant. The port of loading was Shanghai, China, and the port of discharge was Hodeidah, Yemen. The time of shipment would commence from November 30, 2014 to December 5, 2014, and the carriage lasted 30 days. Under Article 3 "Fees and Settlement" of the contract, it was agreed that the Defendant shall pay the Plaintiff in full within 30 working days after receiving the bills of lading, the original customs declaration forms and the special invoices forwarded by the Plaintiff; The additional expenses incurred for reasons attributable to the Defendant shall be charged by the Plaintiff from the Defendant against the relevant documents upon confirmation by the Defendant. Subsequently, the goods at issue were actually loaded on the "HOEGH AFRICA" (Voyage No.: V.83) for shipment, and the Plaintiff delivered 17 copies of the on board bills of lading to the Defendant, which showed that date of shipment was December 7, 2014, the port of loading was Shanghai, China, and the port of discharge was Hodeidah, Yemen, with freight prepaid.

On February 4, 2015, the Defendant issued a letter of commitment for payment to the Plaintiff, stating that due to the unstable situation in Yemen and the sudden death of the King of Saudi Arabia, the Defendant could not receive the advance payment for the project from the Saudi fund within the agreed period of time, therefore defaulted on the fees due to the Plaintiff, committed to pay all the arrears by March 2, 2015, including USD 712, 172. 10 and RMB 379, 228. 99. At the hearing, the Defendant confirmed all costs claimed by the Plaintiff.

On February 5, 2015, the Plaintiff sent a reminder to the Defendant, stating that the ship at issue had arrived at the port on January 3, 2015, incurring sea freight of USD 712, 172. 10, fees of RMB 379, 328. 99 and late fees of USD 712. 1721, and informed the Defendant that the deadline of payment by the shipowner was February 15, 2015. On April 14, 2015, the Defendant paid RMB 300, 000 to the Plaintiff through an online bank transfer.

It was also found that the Plaintiff held two original export customs declaration forms at issue which had not been delivered to the Defendant. The Plaintiff stated at the hearing that if the Defendant was willing to pay all the costs, it agreed to deliver the two original export customs declaration forms mentioned above to the Defendant.

The Plaintiff claimed that up to the prosecution, the Defendant was in arrears of

USD 712, 172. 10 of sea freight, RMB 25, 388. 99 of late fees and terminal handing charges and other additional fees of RMB 53, 940. For this purpose, the Defendant issued a letter of commitment for payment to the Plaintiff, undertaking to pay off the above arrears by March 2, 2015, but so far only part of the port surcharges had been paid. The Plaintiff believed that the relationship of contract for freight forwarding by sea between the two parties had been established, and the Defendant should pay all costs to the Plaintiff according to the contract. Accordingly, the Plaintiff sought an order for the Defendant to pay the sea freight, port surcharges and additional costs and loss of interest.

The Defendant argued that, according to the contract of carriage of goods signed by the parties, since the Plaintiff had two original export customs declaration forms which had not been delivered to the Defendant, the Defendant's payment terms had not been fulfilled; Given that the parties had not agreed on the liability for breach of contract or loss of interest under the contract of carriage of goods, and other additional expenses except for sea freight and terminal handing charges agreed upon under the contract of carriage of goods shall not be paid by the Defendant unless confirmed by the Defendant, therefore, the Defendant shall not bear the loss of interest; As a war broke out in the Republic of Yemen, the port of destination, making it difficult for the Defendant to perform the contract, the Defendant may be exempted from liability due to *force majeure* in accordance with relevant laws and regulations. Accordingly, the Defendant requested to reject all of the Plaintiff's claims.

【Judgment】

After hearing, the Shanghai Maritime Court held that this case was a dispute over contract for freight forwarding by sea, and the relationship of contract for freight forwarding had been established between the Plaintiff and the Defendant. The core dispute between the parties was whether the Defendant should pay the Plaintiff arrears. The Plaintiff had successfully transported the goods at issue to the port of destination and fulfilled its main obligations under the contract. The Defendant shall perform the primary obligation under the freight forwarding contract to pay all the costs to the Plaintiff as agreed upon therein. The Defendant delayed the performance of the payment obligations on the grounds that the Plaintiff withheld part of the export customs declaration forms, which were invalid; and there was no necessarily legal causal relationship between the Defendant's failure to receive the advance payment for the project and whether the Defendant could pay the fees to the Plaintiff under the freight forwarding contract at issue. The Defendant could not default on payment to the Plaintiff on the grounds that it could not receive payment under the contract with an outsider. Therefore, the Defendant Chongqing Highway Engineering (Group) Co., Ltd. was ordered to pay to the Plaintiff Shanghai Jiexi International Freight Forwarding Co., Ltd. sea freight of USD 712, 172. 10, terminal handing charges of RMB 25, 388. 99, other additional fees of RMB 53, 940 and interest losses of the above expenses, while other claims made by the Plaintiff Shanghai Jiexi International Freight Forwarding Co., Ltd. were not supported.

After the first-instance judgment was made, the Defendant appealed to the Shanghai High People's Court, which rejected the appeal and upheld the original judgment in the second instance. The judgment has now come into effect.

【Analysis】

There are many countries under the Belt and Road Initiative, with complicated and diverse political, economic, ethnic, religious, legal, cultural and geographical conditions. From "going out" to participation in investment, cooperation and construction, it is inevitable to encounter political turmoil, war, strike, natural disaster and other *force majeure* events or other unpredictable changes of circumstances, this case is a typical example of disputes resulted therefrom.

In this case, the destination under the contract of carriage of goods by sea was Yemen, one of the countries under the Belt and Road Initiative, and the goods carried were used for major infrastructure construction projects undertaken by domestic enterprises through overseas bidding. The emergence of disputes was related to the sudden change of the situation in Yemen, therefore, accurate division of responsibilities and risk-bearing between contract parties under similar incidents is of practical significance for protecting the interests of enterprises in overseas investment according to law and encouraging and promoting enterprises to participate in the construction of the Belt and Road Initiative.

The judgment of this case made it clear that the client of the contract for freight forwarding by sea cannot be exempted from the contractual obligations to the entrusted person thereunder due to the failure of its investment project, so as to avoid the improper transfer of unexpected risks in the field of overseas investment and construction to the shipping industry chain providing logistics support services. This principle is also applicable to the performance of contracts of carriage of goods by sea and other related contracts that provide materials, financing, etc., for overseas investment projects, and can be taken as a reference for similar cases related to the Belt and Road Initiative in the future.

(Written by WANG Lei, Proofread by ZHU Zhangqian)

【Case Index】

(2015) HHFSC No. 1668

12. Third Branch of Shanghai People's Procuratorate v. Jiang Moucheng for Civil Public Interest Litigation on Ecological Environmental Protection

—The Determination of Additional Losses in Ecologically Sensitive Areas

【Abstract】

If the competent authorities or legally-stipulated organizations claim that infringers bear additional compensation for loss of special service functions in the ecological environment for illegal fishing in the ecologically sensitive areas resulted in the decline of the fished aquatic species, damage to the biological chain structure of the waters, degradation of ecosystem functions and other damage to ecological environment, the people's court may support such claim in accordance with the law based on the severity of the infringement.

【Facts】

Prosecutor of the public interest litigation: Third Branch of Shanghai People's Procuratorate (hereinafter referred to as "Third Branch of Shanghai Procuratorate")

Defendants: Jiang Moucheng and five other natural persons

From May 4 to 9, 2020, the Defendants, Jiang Mouping, Wang Mouyou, and Jiang Moujun, drove a boat to the waters outside Nanmen port in Chongming District at the Shanghai section of the Yangtze River for illegal fishing by setting up several deep-water nets with catches for a dozen times, totaling 1, 298. 55 kg, which were sold by the Defendants Jiang Moucheng, Zhou Mohua and others at an increased price after connection. On May 10 of the same year, Zhou Mouhua and

Xia Moujun were arrested by the public security organ who arrived after receiving the report while purchasing the catches that Jiang Mouping, Wang Mouyou, and Jiang Moujun illegally caught on that day at the Sansha Flood Gate, Chengqiao Town, Chongming District, Shanghai, in accordance with their prior agreement. The public security organs seized 10. 05 kg of Coilia nasus and 162. 30 kg of Coiliamystus on the spot. The above 1, 470. 90 kg of aquatic products illegally caught by the six Defendants included 1. 34 kg of Coilia nasus (medium size), 58. 56 kg of Coilia nasus (small size), 54. 15 kg of large Coiliamystus, 145. 90 kg of medium Coiliamystus, and 1, 210. 95 kg of small Coiliamystus.

On May 26, 2020, the East China Sea Fishery Research Institute, Chinese Academy of Fishery Sciences was entrusted by the Shanghai Branch of Yangtze River Shipping Public Security Bureau with evaluation of the types of fishing gear used by the Defendants in this case, and determined that the fishing gear used by the Defendants in this case was double-pole tent nets (in common name or local name: Deep-Water Net, or Deep Cube). The fishing gear was classified into the fishing gear completely prohibited in the mainstream of the Yangtze River from Qumalai County in Qinghai Province to the mouth of the Yangtze River from July 1, 2017 under the *Notice of the Ministry of Agriculture on Prohibiting Fourteen Kinds of Fishing Gear Including Single Boat Trawls in the Mainstream of the Yangtze River* (*Trial*) issued on January 18, 2017.

On May 29, 2020, the Chongming Development and Reform Commission issued the Price Determination Conclusion (Chong Fa Gai Jia Ding [2020] Zi No. 172), confirming that the 1, 470. 90 kg of aquatic products described above was valued at RMB 101, 673. 70. According to records of interrogation from the six Defendants provided by Shanghai Branch of Yangtze River Shipping Public Security Bureau, the six Defendants had no objection to the determination of the value of the catches and did not propose supplementary appraisal or re-appraisal. On December 10, 2020, Shanghai Railway Transport Court issued the (2020) Hu 7101 Xingchu No. 417 Criminal Judgment, determining the value of aquatic products based on the

Price Determination Conclusion from the Chongming Development and Reform Commission, and ruling that six Defendants were all guilty of illegal fishing of aquatic products. The criminal verdict has taken effect.

The Shanghai Railway Transport Procuratorate entrusted the Institute of Forensic Science, Ministry of Justice with quantifying the value of the damage to the ecological environment caused by the illegal fishing of aquatic products by the Defendants and putting forward suggestions for restoration of the ecological environment. On November 17, 2020, the Institute of Forensic Science, Ministry of Justice issued the Judicial Appraisal Opinions, concluding that direct loss of fishing resources of RMB 101, 673. 70, costs of fishery resources recovery of RMB 305, 021. 10 and additional losses to ecologically sensitive areas of RMB 406, 694. 80 were caused by illegal fishing of aquatic products, totaling RMB 813, 389. 60. The cost of this appraisal incurred for the Institute of Forensic Science, Ministry of Justice was RMB 4, 000.

The six defendants engaged in illegal fishing in the aquatic germplasm resource conservation area of Coilia nasus in the Yangtze River, a sensitive and fragile area of ecological environment within the scope of ecological redline for Shanghai. As one of national aquatic germplasm resource conservation areas, aquatic germplasm resource conservation area of Coilia nasus in the Yangtze River is designed to protect and rationally utilize aquatic germplasm resources and their living environment of important economic value, genetic breeding value or special ecological protection and scientific research value.

The prosecutor of the public interest litigation, the Third Branch of Shanghai Procuratorate, filed a lawsuit with the Shanghai Maritime Court, requesting a ruling to order the six defendants to: (1) publicly apologize to the society; (2) jointly and severally compensate for the costs of damage to ecological environment equivalent to RMB 813, 389. 60; (3) jointly and severally pay for the appraisal costs of damage to ecological environment equivalent to RMB 4, 000.

The six Defendants recognized all the facts alleged by the prosecutor of the public interest litigation and sincerely apologized to the whole society for their wrongdoing, except with a proposal that the value of the catches was too high, therefore, they appealed to the Court for leniency given the financial difficulties of their families.

【Judgment】

After hearing, the Shanghai Maritime Court held that this case was a civil public interest litigation concerning protection of ecological environment. The legal facts at issue occurred in May 2020 concerning civil disputes arising out of legal facts before the *Civil Code* came into effect. The provisions of the laws and judicial interpretations at that time should be applied. In this case, six Defendants violated Article 30 of the *Fisheries Law*, the *Notice of the Ministry of Agriculture on Prohibiting Fourteen Kinds of Fishing Gear Including Single Boat Trawls in the Mainstream of the Yangtze River* (*Trial*), and the *Notice of Shanghai Municipality on Implementing a Fishing Ban in Key Waters of the Yangtze River*, and were guilty of joint illegal fishing.

According to Article 64 of the *Environment Protection Law*, where any damage is caused by environmental pollution or ecological disruption, the tortfeasor shall assume tort liability in accordance with the relevant provisions of the *Tort Liability Law*. According to Article 8 of the *Tort Liability Law*, the six defendants formed a complete chain of infringement from organizing illegal fishing, actually engaging in illegal fishing to selling the catches obtained from illegal fishing, causing damage to the natural fishery resources and aquatic ecological environment in the Yangtze River, and constituting contributory infringement; therefore, they shall jointly and severally bear tort liability according to law.

Claim for Compensation of Ecological Environment Losses. According to Article 20 of the *Supreme People's Court Interpretation on Several Issues Regarding the Application of Law in Environmental Civil Public Interest Litigation* in 2015, if the environment cannot be completely restored, alternative restoration methods may be allowed. The people's court may, while ruling the defendant to restore the ecological environment, determine the costs of ecological environment restoration if the defendant fails to perform its restoration obligations, or may directly order the defendant to bear the costs of ecological environment restoration, including formulating and implementing restoration plans, monitoring and supervision during the restoration period, as well as inspection and acceptance after the restoration, and evaluation of post-restoration effects, etc. The Defendants at issue caused direct losses to natural fishery resources of RMB 101, 673. 70 due to illegal fishing. After authentication, the Institute of Forensic Science, Ministry of Justice believed that the costs of restoring fishery resources should be calculated at three times the direct loss of fishery resources, given the fact that the six Defendants illegally fished aquatic products in the aquatic germplasm resource conservation area of Coilia nasus in the Yangtze River, a sensitive and fragile area of ecological environment within the scope of ecological redline for Shanghai, it would be difficult to restore fishery resources in this area, besides, illegal fishing would not only cause the decline of the fished aquatic species, but also cause damage to the biological chain structure and degradation of ecosystem functions, therefore leading to the reduction of ecosystem service functions and disrupting the ecological balance. It was recommended to increase the additional losses in ecologically sensitive areas to one times the sum of direct losses of natural fishery resources and restoration costs. The prosecutor of the public interest litigation required the six Defendants to jointly and severally compensate for damage to ecological environment, equivalent to RMB 813, 389. 60, such claim was legal and well-founded and should be supported.

In summary, the Shanghai Maritime Court ruled to order the six defendants to publicly apologize to the society (done in court), and jointly and severally compensate for the costs of damage to ecological environment of RMB 813, 389. 60 and appraisal costs of damage to ecological environment of RMB 4, 000. After the first-instance judgment was made, none of the parties filed an appeal. The judgment in this case has now come into effect.

【Analysis】

In judicial practice, courts should accurately define the boundaries of illegal fishing and other infringements. Where damage to ecological environment is caused by illegal fishing and other activities within the ecological environment protection redline, additional losses of the ecologically sensitive areas should be considered when determining the damage to the ecological environment, and whether to support the claim for additional losses of the ecologically sensitive areas must be considered from multiple dimensions, mainly based on the illegality and seriousness of the infringement and the basis for calculation of the damage caused by the infringement. In the civil public interest litigation on ecological environment protection, the prosecutor of the public interest litigation usually claims against the defendant for the direct losses caused by the infringement and the recovery costs of fishery resources. In this case, in addition to direct losses and restoration costs, the prosecutor of the public interest litigation also claimed additional losses of the ecologically sensitive areas.

I. The significant value of the ecologically sensitive areas

Ecologically sensitive areas include statutory ecological protection areas, important habitats and other areas with significant ecological functions which are of significance for the protection of biological diversity. Statutory ecological protection areas include national parks, nature reserves, nature parks and other natural protection areas, world natural heritage, ecological protection redlines and other areas delineated or confirmed in accordance with laws, regulations, policies and other normative documents; important habitats include natural concentrated distribution areas and habitats of important species, spawning grounds, feeding grounds, overwintering grounds and migration pathways for important aquatic organisms, important breeding grounds, resting places, overwintering grounds for migratory birds and migration passages for wild animals, etc.

The Yangtze River Basin is home to the richest diversity of biological resources in China. About 2/3 of China's biological resources are distributed in the Yangtze

River Basin. Distributed in the Yangtze River Basin are a large number of ecologically sensitive areas of protection significance for the globe, whole country, river basins and regions. The planning, management, and protection levels of the ecologically sensitive areas at all levels within the Basin directly determine the ecological environment protection and sustainable development of the Yangtze River Basin. How to effectively protect the ecologically sensitive areas of the Yangtze River Basin is of strategic significance to maintaining the biodiversity of the Yangtze River Basin and safeguarding the ecological security of the Basin.

Ⅱ. Illegal fishing in the ecologically sensitive areas of the Yangtze River Basin will not only cause the decline of the fished aquatic species, but also cause damage to the biological chain structure and degradation of ecosystem functions. Therefore, the infringer shall compensate for the additional losses in the ecologically sensitive areas

Compared with the common civil public interest litigation on ecological environment protection caused by illegal fishing in the Yangtze River Basin, the significant difference lies in the large number of defendants. The six Defendants had formed a complete chain of infringement, from organizing illegal fishing to actual illegal fishing to selling the catches obtained from illegal fishing for profit, which lasted for a long time until they were caught. Besides, six Defendants used the prohibited fishing gear for illegal fishing of rare Coilia nasus and Coiliamystus during the closed fishing season and in the closed area, and sold them for profit in violation of the regulations on "Three Prohibitions". In particular, the closed area at issue was the aquatic germplasm resource conservation area of Coilia nasus in the Yangtze River. Illegal fishing in this area imposed a more serious impact on the ecological environment than in other non-protected waters, therefore, six Defendants broke the law on a serious scale.

First, the six Defendants' infringements involved the complete chain from fishing to sale. The six Defendants had formed a complete chain of infringement, from organizing illegal fishing to actual illegal fishing to selling the catches obtained from illegal fishing for profit, characteristic of organization and gang crime, and lasting for several days until they got caught, it was foreseeable that there would have continued such illegal and criminal behavior, causing more serious harm to the fishery resources in the Yangtze River Basin.

Second, six Defendants used the prohibited fishing gear for illegal fishing during the closed fishing season and in the closed area in violation of the regulations on "Three Prohibitions". Regarding the closed area, the six Defendants illegally fished Coilia nasus in the aquatic germplasm resource conservation area of Coilia nasus in the Yangtze River, one of the aquatic germplasm resource conservation areas published in the *Notice of the Ministry of Agriculture on the First Comprehensive Ban on Fishing in Aquatic Biological Reserves in the Yangtze River Basin*, part of key water areas of the Yangtze River where productive fishing is completely prohibited within the scope of ecological protection redline for Shanghai. Regarding the closed fishing season, the defendants engaged in illegal fishing from April to May 2020, in violation of the provisions of the Ministry of Agriculture and Rural Affairs of the People's Republic of China on productive fishing completely prohibited in aquatic biological reserves from 00:00 on January 1, 2020. The illegal fishing lasted for several days. Regarding the prohibited fishing gear, the fishing gear used by the Defendants for illegal fishing was double-pole tent nets, ordered to be banned by the State. The six Defendants materially violated the regulations on "Three Prohibitions" at a degree worse than other illegal fishing.

Third, the closed area at issue is the aquatic germplasm resource conservation area of Coilia nasus in the Yangtze River. Illegal fishing in these waters imposed a more serious damaging impact on the ecological environment including fishery resources, aquatic biodiversity, food chain integrity, etc. compared with other non-protected areas. The management of the water environment in the Yangtze River Basin needs to be based on ecological principles and ecosystems. From the perspective of ecological principles, the area at issue falls within the scope of ecological protection redline for Shanghai as a sensitive area of ecological environment. Illegal fishing of fishery resources in this area will seriously lead to the decline of biotic population, which will in turn cause damage to the biological chain structure of the protected area and degradation of the ecosystem functions. Considering the integrity and balance of the ecosystem, illegal fishing directly reduces fishery resources and changes its populative structure, eventually leading to the collapse of the entire ecosystem with serious damage to the ecosystem of the entire Yangtze River Basin due to the fact that fishery, as top consumers, play an important regulating role in the structure of the food cycle and ecosystem functions in the entire ecosystem; and changes in fish population will be transmitted along the food chain from the top down.

Therefore, the consequences of illegal fishing on the ecosystem arising from illegal fishing in ecologically sensitive areas such as nature reserves and aquatic germplasm reserves should be much more serious than similar actions in non-protected waters. There is a practical need for holding infringers engaged in illegal fishing in the nature reserves and aquatic germplasm reserves liable for additional losses of the ecologically sensitive areas.

Ⅲ. Measurement of additional losses in ecologically sensitive areas

In judicial practice before 2021, the provisions of the national standard *Calculating Methods on the Economic Loss of Fishery Pollution Accidents* (GB/T 21678 – 2018) (hereinafter referred to as the "*Calculating Methods*") are generally applied to calculate the economic loss of fishery resources due to pollution accidents or other reasons (such as illegal fishing). Since January 22, 2021, the *Measures of the Ministry of Agriculture and Rural Affairs for the Identification (Qualification) of Items Involved in Illegal Fishing and Assessment and Restoration of Damage to Aquatic Biological Resources (Trial)* (hereinafter referred to as the "*Measures*") has come into effect. As a result, there are two calculation bases in practice, both of which are currently in force.

The illegal fishing in this case occurred in May 2020, and the judicial appraisal was made in November 2020. By then, the *Measures* had not yet been officially enforced; therefore, the judicial appraisal took the *Calculating Methods* as the basis for calculating economic losses of fishery. According to the provisions of the *Calculating Methods*, where natural fishery resources are damaged due to environmental pollution and destruction of fishery waters, when calculating economic losses, the direct economic losses should be combined with the restoration costs of natural fishery resources, which shall be more than three times the direct losses. Three times is only the minimum multiple; The part above three times can be comprehensively determined in light of factors such as the type of illegal fishing, period, duration, region, local fishery resource conditions, etc. which actually leave a basis and space for the identification of ecological and environmental losses. They are also the basis for identifying additional losses in ecologically sensitive areas, fully reflecting that there should be a significant difference in the compensation for illegal fishing in the protected areas and non-protected areas.

Although the *Measures* have not come into effect until January 22, 2021, compared with the *Calculating Methods*, the *Measures* focus more on illegal fishing of aquatic products, with clearer, more direct and comprehensive provisions. According to the provisions of the *Measures*, if the prohibited fishing gear is used for illegal fishing, indirect damage assessment should be conducted based on the type, period, duration, region, local fishery resource conditions and other factors of the illegal fishing, specific to the impaired development, reproductive termination and habitat destruction of aquatic organisms. In principle, the damage caused by stunted growth and development and reproduction cessation of aquatic organisms shall be calculated as no less than three times the direct damage to aquatic biological resources; the damage caused by the destruction of aquatic life habitats shall, in principle, be calculated as no less than twice the direct damage to aquatic biological resources. It can be seen that the total amount of damage mentioned above is at least five times the direct loss of aquatic biological resources. Given that the actual illegal fishing within the ecological environment protection redline caused more damage to the stunted growth and development, reproduction cessation of aquatic organisms, and destruction of habitats, the amount of indirect damage would be calculated as higher. The identification of additional losses in ecologically sensitive areas in this case is also in line with the value orientation and legislative guidance of the measures on assessment of indirect damage.

The legal facts occurred in May 2020 concerning civil disputes arising out of legal facts before the *Civil Code* came into effect. The provisions of the laws and judicial interpretations at that time should be applied. Regarding the defendant's tortious acts, support for the claim for additional losses in the ecologically sensitive areas does not violate the relevant provisions of the *Tort Liability Law* and the *Environmental Protection Law*. Support for the claim for additional losses in the ecologically sensitive areas is also in line with the legislative spirit of relevant provisions of the *Civil Code*. Therefore, for the damage caused by illegal fishing to the ecosystem in nature reserves and aquatic germplasm reserves, there is a legal basis for holding the infringer liable for additional losses in the ecologically sensitive areas.

In summary, in this case, for illegal fishing in aquatic germplasm resource conservation area of Coilia nasus in the Yangtze River against the regulations on "Three Prohibitions" which resulted in serious consequences, the additional losses in the ecologically sensitive areas that should be compensated are reasonably determined in accordance with the law. This is of positive significance for severely punishing illegal fishing in the reserves, effectively distinguishing from the infringement of illegal fishing in the non-protected areas, traceable protection of the ecological environment of the Yangtze River Basin and the elimination of illegal fishing from the source.

The *Yangtze River Protection Law* which came into force on March 1, 2021 has pushed the ecological and environmental protection of the Yangtze River Basin to a new height. In judicial practice concerning civil public interest litigation, courts should accurately define the boundaries of illegal fishing and other infringements. Where ecological environment protection redline is involved, additional losses of the ecologically sensitive areas should be considered when determining the damage to the ecological environment. The Court supported the claim for additional losses in the ecologically sensitive areas, not only giving a message that infringers engaged in illegal fishing in the protected areas causing damage to the ecological environment should bear greater civil liability than those engaged in illegal fishing in the non-protected areas where fishing is prohibited, but also hoping that it served as a warning and deterrent to those who engage in or plan to engage in illegal fishing in the protected areas. The areas where redlines are drawn must be strictly protected. Where there is illegal fishing, where there are the most stringent judicial actions to protect the ecological environment of the Yangtze River Basin.

(Written by KE Yonghong and ZHU Zhangqian,
Proofread by JIANG Yinyi)

【Case Index】

(2021) H72MC No. 529

13. Third Branch of Shanghai People's Procuratorate v. Wang Mouqing et al. for Civil Public Interest Litigation on Marine Natural Resources and Ecological Environment

—Determination of Joint Infringement and Liability for Illegal Fishing in Civil Public Interest Litigation on Ecological Environment

【Abstract】

During the midsummer fishing moratorium, when tortfeasor participates in fishing without examining whether the organizer obtains qualification for licensed fishing, the tortfeasor did not raise any objections or ceased fishing, after he/she discovers or should have discovered that the actual harvested fishery product is obviously inconsistent with the licensed spices. It shall be presumed that the tortfeasor committed illegal fishing jointly with the organizer, and the tortfeasor shall bear the joint tort liability for damaging marine natural resources and ecological environment.

【Facts】

Prosecutor of the public interest litigation: Third Branch of Shanghai People's Procuratorate

Defendant: Wang Mouqing, et al. (nine natural persons in total)

In July 2020, Wang Mouqing organized Shen Mouxiang and other people(nine persons in total) to drive the "Chongyu No. 11127" fishing boat with a banner of Resources Monitoring during Midsummer Moratorium to the waters of the East

China Sea during fishing moratorium, catching fishery products with the prohibited truss, and deliberately shut down the Beidou Navigation Satellite System to avoid inspection by the fishing administration. Right after docking in port, the fully-loaded ship with a total of 17, 289 kg of swimming crab, coarse fish, shrimps and other catches, including 15, 939 kilograms of swimming crabs, 1, 155 kg of coarse fish, and 195 kg of shrimps, was captured red-handed by local law enforcement officers. The criminal judgment found all nine defendants guilty of illegal fishing for fishery products. The Shanghai Price Certification Center certidfied that the unit price of caught swimming crabs was RMB 106 yuan/kg, and the wholesale market price of 15, 939 kg swimming crabs was RMB 1, 689, 500 while the prices of coarse fish and shrimps cannot be decided due to the failure to determine their specific species. Academy of Forensic Science presumed that the direct loss of fishery resources shall be RMB 1, 689, 500, and the restoring cost of fishery resources shall be RMB 5, 068, 500.

Third Branch of Shanghai People's Procuratorate filed civil public interest litigation to Shanghai Maritime Court, requesting a judgment for nine Defendants to: (1) apologize to the society publicly; (2) jointly and severally compensate for the damage to ecological environment equivalent to RMB 6, 758, 000; (3) jointly and severally pay for the appraisal costs of damage to ecological environment equivalent to RMB 4, 000.

Nine Defendants jointly agreed the first and third claims, and argued that they felt regretful and sincerely apologized for their illegal fishing which led to ecological damage, and promised that they would never make the same mistakes in the future. On the other hand they believed that the amount of compensation of the second claim was too high.

Shen Mouxiang and other seven Defendants also argued that the fishing boat involved was registered under the name of Wang Mouqing who was also the holder of the fishing license. eight Defendants were employed by Wang and constituted personal labor relationship. If any damage was caused during the labor service,

Wang Mouqing who was the party receiving the labor service, should be solely held liable. Wang Mouqing argued that his significant subjective fault implicate his relatives and friends, and was willing to bear the liability for compensation on his own within his ability. Therefore, they requested Court to reject some of the claims from Plaintiff of public interest litigation.

【Judgments】

Given the fact that the illegal fishing was conducted in July 2020 before the implementation of the *Civil Code*, this case shall be subject to laws and judicial interpretations at that time. The Court hereby affirms that this lawsuit filed by Plaintiff of public interest litigation accords with Paragraph 2 of Article 89 of the *Marine Environment Protection Law*, and Article 1 and Paragraph 1 of Article 12 of *Interpretation on Compensation for Damage to Marine Natural Resources and Ecological Environment*, which came into effect on January 15, 2018.

The issue in this case is, in which way shall nine Defendants assume tort liability, and whether some of the Defendants shall be entitled to exemption.

Wang Mouqing, the owner of Huchongyu No. 11127, the initiator and organizer of the illegal fishing involved in this case, admitted that higher price of fishery products during midsummer fishing moratorium drove him to take a chance. Wang also admitted hanging a banner of "Resources Monitoring During Midsummer Moratorium" was to avoid inspection by the fishing administration. For the purpose of not being spotted, he deliberately kept the Beidou Navigation Satellite System off, only using the positioning of the collision avoidance system. With obvious subjective intention, Wang Mouqing organized the other eight Defendants to conduct illegal fishing in the waters of the East China Sea during midsummer fishing moratorium. Their fishing period was longer, caused much more damage to marine aquatic resources and led to more serious consequences vis-a-vis those who fish in non-marine water. The remaining eight Defendants, most of whom had been engaged in fishing or related work for a long time, so that they had a clear understanding that the midsummer fishing moratorium has been implemented in China since 1995. They had also clearly stated that they were well aware of the midsummer fishing moratorium during interrogation by public security organs or procuratorial organs. Although some of them argued that they followed Wang Mouqing to fishing because Wang claimed to obtain a special fishing license, which lack of evidence and go against common sense. Even if Wang claimed to have a special fishing license, the relevant defendants were obviously guilty of failing to verify such claim. Assuming that Wang Mouqing convinced the other eight defendants on board in the name of fishery resource monitoring, and began fishing after boarding the ship. As *bona fide* fishing practitioners, relevant defendants shall realize the obvious difference between the actual fishing and the scientific fishing for resource monitoring in a timely manner, and ceased illegal fishing. At present, there was no clear evidence demonstrating that the remaining eight Defendants were not at fault and were completely deceived.

With full awareness of the midsummer fishing moratorium system in the East China Sea, nine Defendants still engaged in driving boats, casting and collecting nets, picking, packing and weighing fish by division of work. They cooperated with each other, jointly committed illegal fishing of swimming crabs, trash fish, shrimps and other aquatic products(with a total weight of 17, 289 kg), which caused serious damage to the marine aquatic resources and marine ecology of the East China Sea, and shall constitute joint tort. Article 8 of the *Tort Liability Law* of 2009 prescribe "where two or more persons jointly commit a tort, causing harm to another person, they shall be liable jointly and severally." As nine Defendants committed joint tort, they shall jointly and severally assume tort liability in accordance with law. The 9 Defendants' defense that they should not be jointly and severally liable had no legal grounds and hereby shall not be taken by this Court. The other eight Defendants also argued that their employment with Wang Mouqing constituted labor service relationship between individuals, and the party receiving the service, namely Wang Mouqing, shall be solely held responsible. The Court held that in accordance with

Article 35 of the *Tort Liability Law* of 2009 which stipulates that if a labor relationship is formed between individuals and the party providing the labor service causes any harms to another person as the result of the labor service, the party receiving the labor service shall assume the tort liability, the labor service relationship referred to herein shall be based on legitimate labor services and damage referred to herein shall mean damage to the legitimate rights and interests of individuals instead of social public interests. Therefore, since nine Defendants in this case were at fault and jointly committed illegal fishing, it is self-evident that the existence of a personal labor relationship shall not exempt them from legal liability. Although Wang Mouqing argued that his significant subjective fault implicate his relatives and friends, and voluntarily expressed his willingness to assume the liability for compensation on his own within the scope of his ability, Wang's willingness shall not exempt other eight Defendants from legal liability. However, the fact that nine Defendants shall be jointly and severally liable externally shall not prevent Wang's full assumption, if Wang is willing to fully assume liability on his own, he can still negotiate with other eight on internal share and reimbursement.

According to the *Marine Environment Protection Law,* the *Fishery Law* and relevant judicial interpretations, all the claims brought up by the prosecutor of the public interest litigation shall be approved. After pronouncement of the first-instance judgement, no parties appealed, and the first-instance civil judgment has come to effect.

【Analysis】

There are several distinct characteristics of illegal sea-fishing in restricted fishing area during midsummer fishing moratorium vis-a-vis non-marine illegal fishing: (1) There are a number of people involved. Usually, the ship owner organizes a number of crew members to work on sailing boats, casting and collecting nets, picking, packing and weighing etc., they cooperate with each other to commit illegal fishing. (2) There are large quantity of catch involved, Fishing boats generally go sea-fishing for dozens of days which leads to a large quantity of fish catch. For instance, in this case, defendants caught 17, 289 kg of swimming crabs, trash fish, shrimps and other catch, including 15, 939 kg of swimming crabs, 1, 155 kg of trash fish, and 195 kg of shrimps, which has the largest quantity among similar cases during the same period. (3) There is serious damage dealt to the marine ecological environment which includes alternation of the original structure of biological community in the waters, destruction to the food chain and the stability of the aquatic ecosystem. The loss to ecological environment caused by illegal fishing is not only the fish caught, but also other damaged biological communities in the food chain of regional aquatic ecosystem. if tortfeasor who engaged in fishing without examining whether the organizer is qualified for licensed fishing, fails to raise any objections or immediately ceases fishing after he or she found out or should have found out that the actual fishing is significantly inconsistent with the licensed fishing, this tortfeasor shall be presumed to commit joint tort with organizer. This ruling not only embodied the specific application of tort law provisions in civil public interest litigation cases concerning marine natural resources and ecological environment, but also showed that the Court was actively performing its duties in accordance with law to achieve the organic unity of political, legal and social effects.

Ⅰ. Determination of joint tort in illegal fishing cases

1. Rules for determination of joint tort

Article 8 of the *Tort Liability Law* or Article 1168 of the *Civil Code* prescribe "where two or more persons jointly commit a tort, causing damage to another person, they shall be liable jointly and severally." This article stipulates the constituent elements of joint tort. Joint tort is an act committed by several persons to jointly and illegally harm the rights and interests of others. Joint tort in a broad sense refers to an act committed by two or more misfeasors that leads to the same damage, including four types respectively: subjective joint tort (joint intent or joint negligence), fictional joint tort (solicitation or assistance), quasi-joint tort (jointly hazardous act), and objective joint tort (joint act). In theory, the subjective joint tort and the objective joint tort are collectively called "joint acts of harm", which constitutes the joint tort in narrow sense. Domestic judicial practice has adopted two types of joint tort which is joint act and joint intents. Specifically, if several feasors have joint intents, and different damages arise from the sharing of acts which shall be reagarded commiting joint torts. Even though several feasors have no joint intents, but the acts committed by several persons causing the same damage objectively, it shall also be deemed as joint tort. Divided by joint act and joint intent, there can be three modes: (1) Joint intention to harm people. This is a typical joint tort, whose basic feature is joint intention through communication. Joint intention combines their own acts as a whole, thus exempting the victim from the burden of proof for separate causation between tortfeasors' respective acts and the consequences of damage. (2) Damage caused by joint negligence. Joint negligence requires that tortfeasors have knowledge of danger and risk, and have confidence to avoid damage, which eventually lead to consequences of damage in which case shall also be identified as joint tort. Early subjective theory requires collusion as the essential element, and does not recognize that the damage caused by joint negligence constitutes joint tort. But nowadays scholars who upheld the subjective theory generally believe that joint torts shall include joint intent and joint negligence. (3) Acts of concurrence causing damage to others. Although two or more persons have no joint intention or joint negligence, but the combination of their harm acts causing same damage, which also constitutes a joint tort. In general, domestic judicial practice has adopted joint subjective association and limited objective association in terms of constitutive requirements mentioned as rule of adjudication for joint torts.

With respect to specific cases, four requirements shall be met for joint tort: (1) Tort is committed by two or more persons; (2) Joint act of tort shall be out of joint intention, or joint negligence, or the combination of intention and negligence which leads to the same damage; (3) The damage shall be the same and inseparable;

(4) The causation shall be the same and inseparable.

2. Determination of joint tort in this case

In the trial of civil public interest litigation cases concerning marine natural resources and ecological environment caused by joint illegal fishing by two or more persons, deciding whether tortfeasor constitutes a joint tort is not only one of the difficulties in such cases, but also the prerequisite for deciding whether tortfeasor shall be liable.

As to whether the nine Defendants in this case committed joint torts, the Court also considered the above mentioned four requirements for joint torts, and concluded that the nine Defendants committed joint tort. (1) The tort shall be committed by two or more persons. In this case, there were nine persons engaged in illegal fishing, which self-evidently meet the requirements for number of subjects. (2) Joint act of tort shall be committed out of joint intention, or joint negligence, or the combination of intention and negligence which leads to the same damage. In this case, with full awareness of midsummer fishing moratorium in the East China Sea, nine Defendants caught more than 17 tons fishery products with prohibited truss in the waters of the East China Sea during midsummer fishing moratorium, causing serious damage to the aquatic resources and ecological environment in the East China Sea. Defendants went illegal fishing for their own profits. Their acts were committed out of joint intention through communication. Although some of Defendants stated that they followed Wang Mouqing because Wang claimed to obtain a special fishing license, such statement lack evidence and went against common sense. Even if Wang Mouqing claimed to have a special fishing license, the relevant Defendants had never verified such claim, they were obviously at fault. Assuming that Wang Mouqing convinced the remaining eight Defendants on board in the name of fishery resource monitoring, and began fishing after boarding the ship, as a *bona fide* fishing practitioner, relevant Defendants should have realized obvious difference between the actual fishing and the scientific fishing for resource monitoring, and immediately stopped illegal fishing. However, Defendants did not do so, they were at fault. Their subsequent act of illegal fishing shall be at least driven by the combination of intention and negligence. (3) The results of damage are the same and inseparable in this case, Wang Mouqing organized the other eight Defendants to work on sailing boats, casting and drawing in nets, fish picking, packing, weighing and other work by division of labor, sailing the fishing boat with the banner of "Resources Monitoring During Midsummer Moratorium" to sea for illegal fishing, causing serious damage to marine aquatic resources and marine ecology in the East China Sea, and harming social public interests. There was causation between the illegal fishing jointly performed by all tortfeasors and the harm to social public interests. The harm to social public interests arising from illegal fishing committed by 9 defendants was the same and inseparable. (4) The causation shall be the same and inseparable. Although the specific division of labor among the nine Defendants in this case was different, plus acts of a single person may not directly deal damage to social benefits to such a great extent. However, the acts of nine feasors have formed an illegal fishing chain, and jointly dealing damage to public welfare. which is called "Cumulative Causation Theory" in academic circles. There was the same causal relationship between the nine defendants' acts and the damage to public benefits.

Based on this, the Court held that although nine Defendants were fully aware of the midsummer fishing moratorium system in the East China Sea, they jointly engaged in illegal fishing, resulting in serious damage to the marine aquatic resources and marine ecology of the East China Sea, which meet the above mentioned four requirements, and shall be regarded as joint tort. It is vital to view act of the assistance, preparation, division of labor and cooperation as a whole, and each misfeasor shall be liable for damage within the scope of their joint intention.

Ⅱ. Liability for joint tort in illegal fishing cases

1. Provisions on joint sever liability for joint tort

Article 8 of the *Tort Liability Law* and Article 1168 of *Civil Code* stipulate the liability for joint tort. Joint sever liability is a kind of civil liability, which refers to that two or more parties bear all or part of their joint debts in accordance with the law or the agreement among parties, which leads to internal debt relationship. Joint sever liability for joint torts refers to those who shall be joint and several liable for joint torts.

2. Identification of joint sever liability in this case

In accordance with the above mentioned provisions and the Court's decision that the nine defendants committed joint torts, they shall be liable jointly and severally which was led by their act of joint torts. Assuming joint and several liability alleviates the victim's (in this case would be society where public interest was damaged or the plaintiff of public interest litigation) burden of proof for causation between tortfeasors' respective acts and damage to a large extent, enabling victims to claim more effectively against all of the tortfeasors who harmed the social public interest, thus more conducive to safeguard the social public interest.

Shen Mouxiang and other eight Defendants argued that their employment by Wang Mouqing shall be considered as personal labor service and the party receiving the labor service, namely Wang Mouqing, should be solely held responsible. The Court held that in accordance with Article 35 of the *Tort Liability Law* of 2009 which prescribe that if a labor relationship is formed between individuals and the party providing the labor service causes any harms to another person as the result of the labor service, the party receiving the labor service shall assume the tort liability, in which case, the labor service relationship referred to herein should be based on legitimate labor services and damage referred to herein should mean damage to the legitimate personal rights and interests of others instead of social public interests. Therefore, since nine Defendants in this case were at fault and jointly committed illegal fishing, it is self-evident that the existence of a labor relationship shall not exempt them from legal liability. It should be noted that each debtor who is under joint sever liability shall be liable for all the debt, and the debtor who has discharged all his debt shall be entitled to claim reimbursement from other debtors for the amount of their share, Because externally joint sever liability is joint on all tortfeasor, and internally each tort feasor shall be liable severally for their own part.

If some of Defendants in this case paid off all compensation, they shall be entitled to claim compensation from other Defendants. Article 1192 of *Civil Code* is more detailed vis-a-vis Article 35 of the *Tort Liability Law*, but its legislative intent and judicial logic are consistent, so the result wouldn't be altered with application of *Civil Code*.

Based on the presumption of above mentioned joint tort and joint sever liability, nine defendants, while fully aware of the relevant provisions of the midsummer fishing moratorium in the East China Sea, still illegally fished swimming crabs, trash fish, shrimps and other aquatic products weighing 17, 289 kilograms in total with the prohibited truss during such period, resulting in serious damage to the national marine aquatic resources and marine ecological environment. This court finally held that nine defendants had committed joint tort and shall assume joint sever liability.

To sum up, this case is a civil public interest litigation case concerning marine natural resourcesand ecological environment with exemplary significance. First, it is a vivid practice example and concentrated reflection that maritime justice is following Xi Jinping Thought on Ecological Civilization and Xi Jinping Thought on the Rule of Law demonstrating maritime justice's clear attitude and firm determination to protect the natural resources and ecological environment in the East China Sea with the strictest rule of law. Second, the case makes it clear that during the midsummer fishing moratorium, if a tortfeasor engages in fishing without examining whether the organizer possess special license for fishing, and fails to raise any objections and cease fishing after he or she found out or should have found out that the actual fishery product is significantly inconsistent with the licensed fishing, it shall be presumed that the tortfeasor and the organizer jointly committed illegal fishing, and shall bear the liability for joint tort which dealt damage to marine natural resources ecological environment. Third, the case has upheld public interest litigation on protection of marine natural resources and ecological environment filed by procuratorial organs in accordance with the law, which provided judicial support for procuratorial organs to play a vital role in marine environmental public interest litigation, and formed a co-governance pattern through case trials, reflecting the strength of maritime justice to protect marine fishery resources and ecological environment.

(Written by KE Yonghong, Proofread by LYU Yunkai)

【Case Index】

(2021) H72MC No. 1356

14. Guangdong Ruigao Shipping Logistics Co., Ltd. v. China Pacific Property Insurance Co., Ltd. Ningbo Branch for Dispute over General Average

—Examination of Fault Defense in General Average

[Abstract]

The fault in the contribution to general average shall be examined in accordance with the cargo transportation contract and the laws regulating the relationship of the cargo transportation contract. As for the general average in the coastal cargo transportation, it is required to determine whether the ship is at fault in accordance with the *Contract Law*. Disaster weather forecast is not equivalent to "foresight" in the legal sense. If the general average accident is caused by *force majeure*, it can be determined that the ship is not at fault and the cargo owner has no right to refuse contribution to the general average.

[Facts]

Plaintiff: Guangdong Ruigao Shipping Logistics Co., Ltd. (hereinafter referred to as"Ruigao")

Defendant: China Pacific Property Insurance Co., Ltd. Ningbo Branch (hereinafter referred to as "Pacific Insurance")

The Plaintiff was the owner and operator of the "Hengyu 9". In September 2016, Sinopec Guangzhou Branch entrusted the Plaintiff with transportation of the naphtha at issue from the petrochemical terminal at the Port of Huangpu in Guangzhou to Zhenhai, Ningbo. At 12:00 on September 11, the Plaintiff arranged for the "Hengyu 9" ship to be moored at the petrochemical terminal at the Port of Huangpu in Guangzhou for operation. At approx 12:00 on September 12, the ship unberthed after cargo loading and sailed away from the port of departure. At 12:00 on September 13, the ship sailed to the waters of Shanwei, Guangdong. On September 14, when sailing north to the waters of Quanzhou, Fujian, the ship entered Weitou Bay in Quanzhou to anchor and take shelter under the influence of Typhoon "Meranti". The anchor was dragging during avoidance of the Typhoon, and the engine stopped and lost power. The ship agrounded finally. The captain reported the ship's loss of control and grounding to the maritime sector. The ship was finally towed to the dock on September 16 for emergency unloading, and leaking stoppage and removal of pollutants was carried out. The shipowner later arranged for three transshipments to safely transport the unloaded cargo to the destination port, and the ship left the port for permanent repairs.

Regarding the movement and forecast route of the Typhoon "Meranti": On September 12, the center of the typhoon was located in the northwest Pacific Ocean, upgraded to a severe typhoon, and expected to be a super typhoon. It may land on the coast of Fujian and Guangdong in the daytime on September 15; on September 13, the typhoon has reached a super typhoon level, expected to gradually weaken after daytime on September 14, heading towards the coast of Fujian and Guangdong, and may make landfall (severe typhoon level) along the coast from Xiamen, Fujian to Shanwei, Guangdong from the early morning to the morning on September 15. It was speculated that the landing location would be near Shantou, Guangdong; on September 14, the typhoon centered in the sea south of Taiwan evolved into a super typhoon. It was expected to make landfall along the coast from Jinjiang, Fujian to Shantou, Guangdong from the early morning to the morning on September 15. In the early morning of September 15, "Meranti" passed through Kinmen, with the strongest winds in the waters of Weitou Bay reaching level 17, and then made landfall in Xiamen, Fujian Province. The wind force near the center was above level 13 – 16.

On September 16, 2016, the Plaintiff declared general average, and the Defendant, as the insurer of the goods at issue, issued a letter of guarantee for general average to the Plaintiff, agreeing to guarantee the payment to the shipowner of the general average or salvage expenditures that should be shared for the goods at issue in accordance with the law, and to pay in a timely manner the shared amount determined by Shanghai Average Adjustment Center. On December 15, 2017, the Shanghai Average Adjustment Center conducted a general average adjustment for the accident at issue in accordance with the *Maritime Code* and issued a Letter of General Average Adjustment of the "Hengyu 9". The cargo insurer shall pay RMB 2,236,094.52 for the shared amount of general average. The Defendant confirmed the general average sacrifice and expenditures, and the corresponding amounts determined in the adjustment letter.

According to the liability conformation of water traffic accident, this accident was a water traffic accident caused by the ship being hit by a super typhoon, it was a non-liability accident. The Plaintiff entrusted an insurance assessment company with issuance of an investigation and inspection report, which concluded that the reason for the accident of the "Hengyu 9" being attacked by the Typhoon "Meranti" was that the shipping company's disjointed shore-to-ship management, when the relevant weather warning showed that a typhoon was approaching in the sea areas where the ship was sailing, the shipping company failed to instruct the ship to take measures to avoid typhoon and prevent damages in time, missing the opportunity to avoid typhoon. As a result, the ship anchored on the path of the typhoon passively resisted the typhoon and was hit by the typhoon head-on.

It was also found that the owner and operator of the "Hengyu 9" were both the Plaintiff. The ship had been issued with all valid certificates, and equipped with 19 Chinese crew members, all of whom held valid certificates of competency. On September 12 and 13, 2016, a total of 42 ships departed from Guangzhou/Huangpu Port and passed through Fujian/Zhejiang waters, together with a total of 4 oil tankers/LPG carriers (including the "Hengyu 9" ship), and a total of 38 dry bulk carriers, container ships, ro-ro ships, etc.

【Judgment】

After hearing, the Shanghai Maritime Court held that this case was a general average dispute. The "Hengyu 9" encountered a super typhoon during its voyage, which caused the ship to aground, exposing both the ship and the cargo to the risk of loss and damage. In order to ensure the common security of the ship and cargo, the Plaintiff intended to take salvage measures. The Defendant had no objection as to the special sacrifices and special expenditures directly incurred therefore constituting the general average, and confirmed the specific items and amounts determined by the general average adjustment agency. The Plaintiff had the right to claim contribution to the general average. However, the establishment of and contribution to general average are two independent issues. The establishment of the general average does not mean contribution is a must. If the accident causing special sacrifices and expenditures in general average is caused through one party's fault, the non-negligent party has the right to refuse to contribute to general average for the relevant losses.

The judgment of negligence under the general average system should be based on the provisions of the cargo transportation contract and the legal provisions regulating the relationship under the cargo transportation contract. The transportation of the goods at issue took place between China's coastal ports, and the rights and obligations in relation thereto should be subject to the agreement or the *General Provisions of Civil Law*, *the Contract Law* and other relevant legal provisions. If no liability for loss caused by a particular cause needs to be borne according to law or as agreed upon, the parties concerned may be deemed have no fault under the general average if such cause resulted in the general average accident. The Defendant confirmed that the accident and loss at issue occurred as a direct result of the typhoon, but held that the Plaintiff was at fault for choosing to get underway and sail towards the typhoon track route despite that it knew or should have known the super typhoon was approaching, and could not be exempted from liability based on *force majeure*, and that the Defendant had the right to refuse contribution to the general average sacrifice and expenditures. Therefore, the focus of the dispute at issue was that the general average accident was a *force majeure* event.

According to legal provisions, regarding exemption from liability in case of *force majeure*, three legal requirements should be satisfied: unforeseen, unavoidable and insurmountable. These three elements are interrelated and should not be judged in isolation. Under the conditions of modern science and technology, natural hazards such as typhoons can be predicted to a certain extent and within a certain scope, but forecasting does not necessarily constitute "foresight" in the legal sense. Whether the Plaintiff had the ability to foresee the accident should be judged in light of the circumstances and conditions at the time. Before the "Hengyu 9" get underway, it was right in the geographic coverage of typhoon landing as indicated by weather forecasts, which meant that whether the ship sailed according to the planned route or berthed in nearby waters, it could not escape from the possible impact of the typhoon. Moreover, given the fact that more than one ship sailed northward along the coast that day, it can be proved that the ship sailing was not an exception. Therefore, when the ship was already within the possible influence range of the typhoon, it was unforeseen whether the captain would encounter the typhoon head-on when stopping sailing or starting sailing. During the voyage of the "Hengyu 9", on September 13, the ship had sailed to the waters of Shanwei, Guangdong, right in the forecast geographic coverage of the typhoon landing. In the prevailing circumstance, it was also difficult to judge whether a navigation decision would cause the ship to encounter the typhoon head-on or to stay as far away from the center of the typhoon as possible, therefore, it was difficult to determine that the captain made a mistake in decision to continue sailing north; On September 14, the ship had sailed to the waters of Quanzhou, Fujian. Affected by the typhoon, the ship entered Weitou Bay, Quanzhou to anchor and take shelter. The Defendant raised no objection to the decision on taking shelter from typhoon and the choice of location. In light of the existing facts, regarding the decision on the ship to sail on September 12 and to continue sailing north on September 13, it was difficult for the Court to determine that other qualified captains would have made more prudent and wise navigation decisions than the captain at issue. It can be found that the occurrence of the accident at issue cannot be foreseen by the Plaintiff.

At the same time, the stranding and grounding of "Hengyu 9" was caused by a super typhoon while avoiding the same, and was determined by the maritime department as a non-responsible accident. The Plaintiff and the maritime administration took effective rescue measures to avoid further expansion of losses. The consequences of the damage that had already occurred were unavoidable and insurmountable. Based on the above analysis, it can be determined that the accident at issue was caused by *force majeure*. The existing evidence is not sufficient to prove that the Plaintiff has violated other agreements or statutory obligations, and the Defendant has no right to refuse contribution to the special sacrifices and special expenditures for general average caused by the accident at issue. Therefore, the Defendant was ordered to pay general average expenditures of RMB 2, 236, 094. 52 and corresponding interest losses.

After the judgment of the first instance was pronounced, the Defendant appealed. The Shanghai High People's Court rejected the appeal and upheld the first-instance judgment. The judgment in this case has now come into effect.

【Analysis】

Ⅰ. The relationship between general average and negligence

General Average (G. A.) is one of the ancient and special legal systems, which originated from the rules of customary maritime law. In the early days, it was common when the ship suffered from natural hazards during navigation and the captain took measures such as partial dumping and cutting off the mast, in which case, all parties to the cargo would jointly bear the loss caused thereby; The basic principle is that the beneficiary parties shall share the general average sacrifice suffered by one (or more parties) in proportion to the value of their respective beneficiary properties. Generally speaking, the establishment of general average should meet four requirements: (1) the same voyage at sea; (2) common dangers; (3) intentional and reasonable measures (for common safety); (4) special sacrifices or expenditures. When judging whether general average is established, most countries① only consider whether the common danger is real. The reasons for the common danger, such as the negligence of the ship owner, etc., have no effect on the determination of general average. As long as the above four requirements are met, general average is established, and the injured party has the right to request other parties to share its losses, including guarantees, loss adjustment, lawsuits, etc.

Based on the principle of equity, if a general average accident is caused through the fault of one party, the laws of various countries confer on the non-negligent party the right to defend and refuse contribution to or claim compensation. For example, as stipulated in Rule D of the *York-Antwerp Rules* of 1994 that "rights to contribution in general average shall not be affected, thought the event which gave rise to the sacrifice or expenditure may have been due to the fault of one of the parties to the adventure, but this shall not prejudice any remedies or defences which may be open against or to that party in respect of such fault", Chinese *Maritime Code* also has similar provisions②. This provision does not specify the legal consequences of whether the defense is established or not, giving rise to a lot of controversy in practice. The author believes that this rule, which originated from the adjustment rules, is mostly considered from the perspective of general average adjustment to solve the problem that adjustment agencies do not need to consider

---

① The United Kingdom, China, the United States, etc. all share this opinion, but France, Belgium, the Netherlands and other countries stipulate that if the accident is caused through the fault of the ship owner, general average will not be established.

② The wording of Article 197 of the *Maritime Law of the People's Republic of China* in English version is consistent with the *York-Antwerp Rules*, but the expression of "the negligent party" is added in the proviso of the second half of the Chinese version thereof. Scholars believe that it was due to errors in English translation of the *Maritime Code*. See Hu Zhengliang, *the Maritime Code*, Peking University Press, 2009, p. 371 – 372.

factors such as the fault of the parties and acts of god during the adjustment stage. On the one hand, it will increase the difficulty of adjustment, and on the other hand, it is more appropriate to hand over the examination of the defense to the court. The common theory believes that general average and contribution to general average are two independent legal issues③. When judging whether general average is established and when adjusting general average, there is no need to consider the cause of the common dangers. Negligence is the basis for claim and defense by the relevant parties at the time of contribution to general average④. The "Hengyu 9" encountered a super typhoon during its voyage, which caused the ship to agrounded, exposing both the ship and the cargo to the risk of loss and damage. In order to ensure the common security of the ship and cargo, the Plaintiff intended to take salvage measures. The Defendant had no objection as to the special sacrifices and special expenditures directly incurred therefore constituting the general average, and confirmed the specific items and amounts determined by the general average adjustment agency. Therefore, general average has been established and adjusted in accordance with the agreement. Regardless of whether the Plaintiff was at fault for the accident, as the losing party, it has the right to claim contribution to general average against the Defendant, the beneficiary party. However, whether the Defendant should bear the liability for a contribution to general average requires an examination of the defense against negligence it has asserted.

Ⅱ. Basis for review of negligence in contribution to general average

The basis for review of negligence in the contribution to general average is not explicitly stipulated in Chapter 10 of the *Maritime Code*, and rarely stipulated in the general average systems of other countries. Major countries represented by the

---

③ According to Professor Si Yuzhuo, the term "general average" should include three elements: general average behavior, general average sacrifices and expenditures, and contribution to general average. The three elements in combination constitute a legal system for general average. See Si Yuzhuo, *Monograph on Maritime Code*, Third Edition, Law Press, 2015, p. 294, 305.

④ See Hu Zhengliang, *the Maritime Code*, Peking University Press, 2009, p. 293.

United Kingdom believe that general average arises from the transportation of goods by sea; Although the two are completely independent from each other in legal systems, they are closely related. Whether relevant parties on the same maritime voyage are at fault under the general average system shall be determined according to the contract for carriage of goods and the law regulating the contract for carriage of goods. ⑤ Since fault is usually not stipulated in the legal relationship under a cargo transportation contract, the understanding of "fault" should not be limited to the literal meaning, but judged from the perspective of liability. According to British precedents, if a party is not required to bear liability for losses caused by a certain cause under the law or a contract, the party exempted from liability will not be deemed to be at fault under the general average system due to the existence or occurrence of the cause; On the contrary, if there is no such agreement or provision on exemption of liability, the party is deemed to be at fault. ⑥ The United States holds a special view. In the 1897 *Irrawaddy case*, the U. S. court held that according to the *Harter Act*, the carrier can be exempted from liability for the negligence of the crew during driving, but it can no longer claim contribution to general average against the cargo owner. After several years of development, only those shippers going to U. S. ports who have signed the Jason Clause or New Jason Clause have the right to claim contribution to general average against the cargo owner as a result of such fault.

Chinese *Maritime Code* basically follows the content of British law. The judgment of negligence under the general average system should be based on the provisions of the cargo transportation contract and the legal provisions regulating the relationship under the cargo transportation contract. If a party violates the provisions or legal obligations of the cargo transportation contract causing a general average accident, it can be considered to be at fault. If no liability for loss caused by a

---

⑤ See Si Yuzhuo, *Monograph on Maritime Code*, Third Edition, Law Press, 2015, p. 305.

⑥ See Louis Dreyfus and Co. v. Tempus Shipping Co. [1931] A. C. 726.

particular cause needs to be borne according to law or as agreed upon, the parties concerned may be deemed not to have been at fault under general average if such cause resulted in the general average accident. Therefore, when dealing with a dispute over a cargo owner refusing contribution to general average by the defense against the ship's negligence, the key to determining whether the ship is negligent in the general average accident is to determine whether the carrier has general defenses under the contract for carriage of goods. For general average accidents that occur during international maritime transport of goods, whether the ship is at fault should be determined in accordance with Chapter 4 of the *Maritime Code* and other relevant laws. There is relatively unanimous opinion on this point of view. However, regarding general average accidents that occur during coastal transportation, it is argued since the *Contract Law* stipulates strict liability for the carrier and there are few general defenses, the judgment should not be based entirely on the laws regulating coastal transportation. [7] The author believes that it is far-fetched to rely solely on the general defenses under the *Contract Law* to determine the application of law. There are great differences between the legal systems for international transport and coastal transport. If the application of the *Contract Law* and the *General Provisions of the Civil Law* is denied for this reason, it will bring greater uncertainty to the judiciary. Such difference (or unreasonableness) should be resolved through legislative channels, and courts should follow the logic of legal application. For general average accidents that occur during coastal transportation, the judgment of negligence should be made under the *Contract Law* and other laws. The goods at issue were transported between China's coastal ports. The Plaintiff was the shipowner and also the carrier of the goods. Whether the Plaintiff was at fault should be judged according to the contract or the *General Provisions of Civil Law*, the *Contract Law* and other legal provisions to determine whether there are any general

---

⑦ See Si Yuzhuo et al., *Annotations on China's Maritime Code*, Peking University Press, 2019, p. 309.

defenses during the performance of the contract for carriage of goods.

Ⅲ. Determination of unforeseen elements in case of *force majeure*

According to Chinese laws, regarding exemption from liability in case of *force majeure*, three legal requirements should be satisfied: unforeseen, unavoidable and insurmountable. Compared with international conventions, laws or precedents of other countries⑧, the wording in Chinese law is relatively strict, with relatively conservative judicial practice. For this reason, some scholars had also suggested changes to requirements for the three elements to be met simultaneously in the compilation of the *Civil Code*⑨. The author believes that before the *Civil Code* is revised, the judiciary should follow the legislative logic by judging what constitutes *force majeure* from the perspective of three elements. However, at the same time, it should be noted that these three elements are interrelated and should not be interpreted or applied in isolation and mechanically. Like the "unforeseeable" at issue here, under the conditions of modern science and technology, natural hazards such as typhoons can be predicted to a certain extent and within a certain scope, but forecasting does not necessarily constitute "foresight" in the legal sense. According to the specific circumstances at that time, only if the parties can take reasonable measures to avoid or overcome the objective event, there will be a "foreseeable" effect in the legal sense. Take this case as an example. Before the ship got underway, the meteorological department had already predicted that the typhoon would make landfall within 2 - 3 days within the geographic coverage of the coasts of Guangdong and Fujian, including the port of departure and the first half route. In other words, at that time, it was possible for the ship to encounter a typhoon regardless of whether the voyage was stopped or started; the situation was similar

---

⑧ As stipulated in Article 79(1) of the *1980 United Nations Convention on Contracts for the International Sale of Goods*, "A party will not be liable for non-performance of its obligations if he can prove that such non-performance was due to some obstacle beyond his control and there is no reason to expect that he could have taken such obstacle into account or avoided or overcome its consequences when entering into the contract."

⑨ See Cui Jianyuan, *How to Design the Civil Liability System under the General Provisions of Civil Law*, Law Science Magazine, Issue 11, 2016.

during navigation. When the ship was heading north, the typhoon traveled further north than forecast, making the ship unable to predict what measures would avoid the typhoon. Therefore, it can be determined as "unforeseeable". Assuming that the other circumstances remained unchanged if the ship sailed south from the Port of Dalian, it would encounter the typhoon head-on at normal speed, and the ship could have taken effective measures for typhoon avoidance outside the landing range, in which case, it can be considered that the accident was foreseeable.

The criterion for the determination of "negligence" that "should have been foreseen but not foreseeable" is based on whether the actor has fulfilled his duty of care. The duty of care is a legal obligation performed by the civil subject carefully in all his actions (including actions and omissions), including among other things foreseeing and avoiding the harmful consequences of actions. ⑩ The measurement standards for the duty of care vary from different legal relationships, legal subjects, times and space conditions. Whether the actor can "foresee" the occurrence of a *force majeure* event must be judged based on reasonable and prudent standards. The captain is the top decision-maker during navigation responsible for the management and navigation of the ship. Whether the relevant navigation decisions made by the captain at issue were reasonable should be consistent with the common prudent judgment made by a professionally qualified captain. Although judging from the actual path and landing location of the typhoon afterward, it would have been safer if the "Hengyu 9" had chosen to berth in Guangdong waters for shelter on September 12 or 13, and it would have been able to avoid the center of the typhoon by speeding northward. However, the captain made the navigation decision based on objective circumstances and his own professional knowledge, and at that time he could not foresee what decision would take the ship far away from the center of the typhoon. Even with assistance of modern technology, navigation is exposed to special maritime risks. A captain will not put the cargo and crew in greater danger

---

⑩ See Qu Maohui, *On the Duty of Care under Civil Law*, Northern Legal Science, Issue 1, 2007.

on purpose during the normal performance of his duties. The captain's navigation decisions are limited by objective conditions and cognitive abilities. Judgment cannot be made apart from the objective conditions at the time of the accident, and the captain cannot be excessively required to make an accurate prediction consistent with the subsequent situation under the prevailing circumstances. In light of the existing facts, regarding the decision on the ship to sail on September 12 and to continue sailing north on September 13, it was difficult to determine that other qualified captains would have made more prudent and wise navigation decisions than the captain at issue. It can be found that the occurrence of the accident at issue cannot be foreseen by the Plaintiff.

(Written by LI Haiyue, Proofread by HU Qinyi)

【Case Index】

(2018) H72MC No. 3121

15. Korea Tumangang Shipping Company v. C. S. MARINE CO., LTD. for Dispute on Liability for Ship Collision

—Legal Application of Agreement Selection in Dispute over Foreign Ship Collision outside the Territory of China

【Abstract】

If foreign ships from different countries collide outside the sea areas under China's jurisdiction and the parties reach an agreement on choice over application of Chinese law in the proceedings of the Chinese courts, the court may respect the party autonomy and allow agreement on the choice of law application between the parties.

【Facts】

Plaintiff: Korea Tumangang Shipping Company

Defendant: C. S. MARINE CO., LTD.

Since September 21, 2015, the "Tu Ru Bong 3" has been engaged in fishing and processing operations in the eastern waters of the Korean Peninsula as an auxiliary vessel for fishing vessels under a charter contract with the outsider, Pioneer Institute. On October 1, 2015, the "Tu Ru Bong 3" dropped its sea anchor at 131° 31.26 ′E, 39°12.56′ N, with berth lights and fishing lights displayed at the bow and stern, and 12 working lights turned on to attract squid. At approx 00:45 CST, the watchkeeping personnel saw the stroke-side ship "HIGHNY" approaching and believed that the ship could spot their lights and avoid them. But nearly five minutes later, the "HIGHNY" did not change course, but approached closer and closer.

Then the watchkeeping personnel of "Tu Ru Bong 3" reported to the captain and sounded the alarm. The captain ordered the engine to be triggered at once and shouted to warn the fishermen on deck. A few minutes later, at 00: 55 CST, the "HIGHNY" struck at the port side of "Tu Ru Bong 3". After the collision, the captain of the "Tu Ru Bong 3" called the "HIGHNY" through VHF to inform the latter of ship collision, but did not receive a response. According to the sea protest signed by the captain of "Tu Ru Bong 3" after the collision and the Plaintiff's court statement, the collision actually occurred at 132°31.4′ east longitude and 39°12.9′ north latitude. On October 8, 2015, the DPRK Ministry of Claims and Communication conducted an inspection on the damage to the "Tu Ru Bong 3" ship and issued a preliminary inspection report. According to the report, the damage to the Tu Ru Bong 3 included "five crew members treated in hospital due to serious injuries; 20-m port bow plate damaged; 3-m port after bulwark panel damaged; 1.2-m bow bent; The bridge port ceiling, navigation lights, operation lights and navigation equipment antenna completely damaged; 20-m port bow fire pipes bent; and prow winch damaged." Due to personal injuries and damage to the hull, equipment and fishing equipment, the "Tu Ru Bong 3" returned to the Port of Chongjin together with the fishing boats after the collision.

On September 28, 2015, the ship registered in the Republic of Korea, "HIGHNY" transported coal from the port of Kholmsk in Russia to the Kaohsiung Port in China's Taiwan region. The Defendant stated that at the time of the incident on October 1, 2015, the second officer was on duty, the radar was on, and the ship was sailing at 10 knots. The crew on duty did not spot any vessel and were not aware of a collision. At 01:00 CST on October 1, 2015, the crew on duty received a VHF call from the "Tu Ru Bong 3", claiming that there had been a collision and requesting to speak with the captain of the "HIGHNY". The crew on duty, failing to confirm the collision, decided to continue sailing. After the ship arrived at Kaohsiung Port, the crew found fresh paint peeling marks on the starboard bow of the ship. On March 14, 2016, ROK's MBN reported that, "According to the investigation by the Coast Guard, the Jeju-registered cargo ship 'HIGHNY' collided with the DPRK Korean fishing ship 'Tu Ru Bong 3' on the DPRK side of international waters (190 nautical miles northeast of Jeongdongjin-ri, Gangneung-si, Gangwon-do) and sailed south on the morning of October 1 last year. The Coast Guard also learned from the captain that the accident was caused by the negligence of duty on the part of the Second Mate on duty. Since it was the middle of the night at the time of the accident, the captain did not recognize what happened at the time of collision."

Subsequently, the Plaintiff and the Defendant could not negotiate on the dispute at issue, and reached a jurisdiction agreement on March 20, 2017, agreeing that all disputes arising out of or in connection with the collision between the ships at issue would be submitted to the jurisdiction of the Shanghai Maritime Court.

The Plaintiff claimed that the "HIGHNY" was at fault such as not traveling at safe speed, no careful lookout and failing to take timely actions to avoid the risks of collision, and should be held fully liable for the occurrence of the collision accident, therefore, requesting a ruling to order the Defendant to compensate for the loss and expenses suffered by the Plaintiff from the collision accident, a total of USD 382,185 plus the corresponding interest.

The Defendant argued that the Plaintiff's ship did not find the Defendant's ship until the collision was about to happen, it only sounded the alarm, without taking reasonable measures to avoid the collision in violation of the *Regulations for Preventing Collisions at Sea* on lookout and collision avoidance, therefore, it should bear 70% of the liability for collision. The Plaintiff's vessel is neither a mooring vessel nor a fishing vessel, it is a power-driven vessel underway, as it is equipped with sea anchors and the vessel type is a refrigerated transport vessel.

【Judgment】

After hearing, the Shanghai Maritime Court held that both the Plaintiff and the Defendant were foreign legal persons, therefore, the case has characteristic of foreign-related factors. Both parties signed a jurisdiction agreement before the lawsuit was brought, agreeing to choose the Shanghai Maritime Court to exercise jurisdiction over the dispute at issue, and there was no objection during the trial. According to Article 8 of the *Maritime Procedure Law*, "Where the parties to a maritime dispute are foreign nationals, stateless persons, foreign enterprises or organizations and the parties, through written agreement, choose the maritime court of the People's Republic of China to exercise jurisdiction, even if the place which has practical connections with the dispute is not within the territory of the People's Republic of China, the maritime court of the People's Republic of China shall also have jurisdiction over the dispute". Shanghai Maritime Court confirmed the written agreement between the parties on choice of the jurisdiction of the Court. During the trial, both parties chose to apply the laws of the People's Republic of China to the dispute. The Shanghai Maritime Court confirmed the application of the laws of the People's Republic of China to the dispute. As special laws governing the disputes over liability for damage caused by collision of ships, the *Maritime Code* and its relevant provisions should take precedence. At the same time, the navigation rules to be observed by the vessels of both parties at issue shall be determined in accordance with the provisions of the *Regulations for Preventing Collisions at Sea* in this case. In light of the circumstances at the time of the incident and the degree of fault of both parties, the Court finally determined that the "HIGHNY" should be held 80% liable for the accident, and the "Tu Ru Bong 3" should be held 20% liable; according to Article 169 of the *Maritime Code*; Article 5 of the *Interpretations of Ship Collision*; Article 1, Article 3 (2), (3), Article 4, Article 7, Article 9 (4), (5), Paragraph 1 of Article 11, Paragraphs 2 and 3 of Article 13, Paragraphs 1 and 2 of Article 14 of the Provisions of the *Interpretations of Ship Collision*, the Defendant C. S. MARINE CO., LTD. was ordered to make compensation of RMB 1, 300, 971. 07 plus the corresponding interest to the Plaintiff, Korea Tumangang Shipping Company.

After the judgment, both the Plaintiff and the Defendant filed an appeal. After hearing, the Shanghai High People's Court held that the facts of the first-instance judgment were clearly established with the law correctly applied, and should be upheld. Therefore, the appeal was rejected and the first-instance judgment was upheld. The judgment in this case has now come into effect.

【Analysis】

Regarding the application of law in ship collision, Article 273 of the *Maritime Code* stipulates that, the law of the place where the infringing act is committed shall apply to claims for damages arising from collision of ships. The law of the place where the court hearing the case is located shall apply to claims for damages arising from collision of ships on the high sea. If the colliding ships belong to the same country, no matter where the collision occurs, the law of the flag state shall apply to claims against one another for damages arising from such collision. According to this article, the governing law in ship collision can only be determined based on the place where the collision occurred, including the laws at the place of tort, *lex fori* or the law of the flag state, excluding the agreement on the choice of law application between the parties. However, the *Law Governing the Application of Laws on Foreign-Related Civil Relations* which came into force in 2011 has different provisions on the application of law to acts of tort. Article 3 thereof stipulates that, the parties may explicitly choose the law applicable to their foreign-related civil relation in accordance with the provisions of this law. According to Article 44 of this Law, "Tortious liability is governed by the law of the place of tortious act. Where the parties have common habitual residence, the law of their common habitual residence shall be applied. Where the parties have chosen by agreement an applicable law after the tortious act occurs, the agreement shall be followed". In other words, if the parties reach an agreement on choice of the applicable law after the occurrence of tort, the law chosen under the agreement will prevail, and the principle of party autonomy in the field of tort liability is established.

The coordination of the application of law among the *Maritime Code* and other special laws in the commercial field and the *Law Governing the Application of Laws on Foreign-Related Civil Relations* has been clarified in the *Interpretations (I) on the Application of the Laws on Foreign-Related Civil Relation,* which came into force in 2013. Paragraph 1 of Article 3 of the Judicial Interpretation stipulates that, "If the *Law Governing the Application of Laws on Foreign-Related Civil Relations* is inconsistent with other laws on the application of the same law of foreign-related civil relations, the *Law Governing the Application of Laws on Foreign-Related Civil Relations* shall prevail, except for the special provisions of commercial laws such as the *Negotiable Instruments Law*, the *Maritime Code*, the *Civil Aviation Law* and the special provisions of the intellectual property law." According to the judicial interpretation, the rule of conflict stipulated in the *Maritime Code* should take precedence.

However, from the perspective of judicial practice, the situations differ greatly in application of the law, each has its own particularity. Through application of the regulations on ship collision conflict stipulated in the *Maritime Code* on a case-by-case basis, it is not rigorous to apply the law solely on the basis of the location of the collision. In this case, it is difficult to clarify the application of law by applying the above-mentioned conflict rules. First, the ships of both parties were not of the same nationality; Second, it was difficult to accurately identify the specific location and nature of the water areas in the collision accident at issue. The collision accident at issue occurred in the waters east of the Korean Peninsula, due to the departure of the Defendant's ship from the scene of the accident after the accident, the relevant maritime investigation could not be carried out on the two ships at the same time. There was a deviation between the latitude and longitude of the specific location of the collision stated by both parties, and the understanding of the nature of the sea areas, which were stated by the Plaintiff as the exclusive economic zone in DPRK and the Defendant as the high seas.

Given that both parties signed a jurisdiction agreement before the lawsuit was brought, agreeing to choose the Shanghai Maritime Court to exercise jurisdiction over the dispute at issue, and chose to apply the law of the People's Republic of China to the dispute after the lawsuit. As for how to correctly and prudently handle this case in the conflict between respect the party autonomy and the existing legal provisions, the collegial bench has conducted several rounds of studies and judgments, and invited relevant experts from the field of the *Maritime Code* and private international law for discussion; it finally chose to fully respect the party autonomy between the parties and allow the parties to reach an agreement on the choice of law application.

The judgment has sufficient theoretical and practical basis in terms of the tort nature of ship collision, the effect of an agreement on the choice of law application and the development trend of law application.

First of all, ship collision is a maritime tort dispute, governed by private law. The first principle of private law is freedom of contract and party autonomy. Tort law has been endowed with more attributes of public law since the Roman law era. However, compared with the public interest, modern theory lays more emphasis on the nature of tort under private law, as well as the compensation for victims' losses and the adjustment of interests between parties. Although ship collision occurs at sea, it is a special type of tort in essence, which is not divorced from the characteristics of general tort and falls into the scope of private law. ①

Second, the introduction of party autonomy in the field of ship collision has its advantages. The location of a ship collision is highly varied, and it is impossible for anyone to predict the sea area which the accident would occur before the ship collision. If the agreement on the choice of law application between the collided vessels is allowed, the parties can make their rights and obligations clear, so as to ensure the clarity of the laws applicable for the collided vessels. From the perspective of the judgment enforcement, the parties are more willing to be governed

---

① See Wang Guohua and Zhang Zhihong, *The Impact of the Implementation of China's Law Governing the Application of Laws on Foreign-Related Civil Relations on the Principles of the Application of Law in Foreign-related Maritime Relations*, Research on Chinese Maritime Law, 4th Edition, 2012.

by the law that they chose under an agreement. The tort liability and damage compensation between the parties are more easily clarified under the governing law determined by both parties through friendly negotiation, and the substantive judgment made by the Court according to the governing law is more likely to be supported and performed by both parties. Therefore, in the practice of choices over application of laws for ship collision, the court allows the application of the Chinese law chosen by the foreign-related parties under an agreement.

Third, with the increasingly frequent international civil and commercial exchanges, it is a development trend of private international law to adopt the party autonomy in the application of laws for torts. Such trend is reflected in Article 3 and Article 44 of the *Law Governing the Application of Laws on Foreign-Related Civil Relations*. In addition, Article 4 of the 1977 *Convention on the Unification of Certain Provisions Concerning Civil Jurisdiction, Choice of Law, Recognition and Enforcement of Judgments in Ship Collisions* provides that: "Unless otherwise agreed upon between the parties, the law of a State shall apply when the collision occurs in the inland waters or territorial waters of that State; If the collision occurs in waters outside the territorial sea, the law of the court receiving the case shall apply..." It can be seen that the Convention has already made an attempt to apply the party autonomy to the collision of ships. For the collision occurring in the territorial sea or internal waters of a State, the law chosen by the parties under an agreement shall first be applied. ② At present, the *Maritime Code* is in the process of revision, and the connection of the revised *Maritime Code* with the provisions of the *Law Governing the Application of Laws on Foreign-Related Civil Relations* is also taken into consideration to clearly stipulate that the parties can reach an agreement on the application of the law on maritime tort relationships.

Therefore, in the case of ship collision, the Court confirmed that the parties agreed to choose the application of Chinese law for the dispute at issue, at the same

---

② Ibid.

time, confirming the jurisdiction of the Chinese law has provided useful reference for maritime trial practice and the amendment to the *Maritime Code*.

(Written by ZHANG Shanshan, Proofread by ZHENG Zelan)

【Case Index】

(2017) H72MC No. 844

16. Shanghai Navigation Beacon Office of the East China Sea Navigation Support Center of the PRC Ministry of Transport v. Tangshan Jinfu Shipping Co., Ltd., et al. for Disputes over Liabilities for Damage Caused by Ship Collision

—Identification of the Nature and Claimant of Emergency Marking Costs

【Abstract】

The emergency marking fees incurred for ship collisions fall within the scope of losses caused by the collisions. Although the maritime authority arranges for emergency marking, the person directly responsible for setting warning signs for obstructions is the owner, operator or manager of the obstructions. The reasonable marking fees shall be borne by the relevant parties to the colliding ships. For non-sunken ships, emergency marking fees are losses of property related to ship operation and salvage operations, and the liability for compensation on the part of relevant entities of non-sunken ships may be limited.

【Facts】

Plaintiff: Shanghai Navigation Beacon Office of the East China Sea Navigation Support Center of the PRC Ministry of Transport

Defendant: Tangshan Jinfu Shipping Co., Ltd.

Defendant: Fang Mou

At 21:48 CST on July 15, 2020, the ship "Xin Jinfu" owned by the two Defendants collided with the ship "Ocean Collection 2" owned by an outsider in the waters of the Waigaoqiao Channel in the Shanghai section of the Yangtze River, causing the sinking of "Ocean Collection 2", the loss of the left anchor and damage in the middle of the stem above the waterline of the "Xin Jinfu". The maritime authority required the East China Sea Navigation Support Center of the PRC Ministry of Transport to set up emergency position indicators for sunken ships. On July 17, the Plaintiff dispatched the "Haixun 167" to the waters at issue to set up emergency position marks No. W229 and W230 for the shipwrecks. Upon the request of the maritime authorities, on July 21, the Plaintiff dispatched the "Hu Bao Wu Lao 5" to the operating waters, removing the No. 47 light buoy, and setting up a new No. 47 virtual AIS navigation buoy; on July 29, the Navigation Beacon Office dispatched the "Haixun 167" to the operating waters, removing the W229 and W230 sunken emergency position marks and the No. 47 virtual AIS navigation buoy, and resetting the No. 47 light buoy.

On August 13, 2020, the two defendants jointly applied to establish a maritime liability limitation fund for non-personal injury and casualty compensation claims on the "Xin Jinfu". The Shanghai Maritime Court issued a civil ruling on October 12 of the same year to approve the above-mentioned application. The Plaintiff did not apply to register claims regarding the establishment of the aforementioned fund. The Plaintiff filed a lawsuit against the person in charge of the "Ocean Collection 2" for the emergency marking fees at issue. Afterward, the parties reached a mediation agreement, and the person in charge of "Ocean Collection 2" paid RMB 140,000 to the Plaintiff.

On February 22, 2021, the Shanghai Maritime Court presided over a meeting for creditors. The creditors who had registered creditors' rights and participated in declaratory action reached a compensation agreement with the two defendants. The Court issued a civil ruling on the same day to confirm the above-mentioned compensation agreement. The maritime compensation limitation fund had already been allocated according to the agreement.

The Plaintiff claimed that on July 15, 2020, the "Xin Jinfu" owned by the two defendants collided with the "Ocean Collection 2" in the waters near Wusong No. 2

anchorage, resulting in the sinking of the "Ocean Collection 2". Wusong Maritime Affairs Bureau determined that the "Ocean Collection 2" bore the primary responsibility for the accident, and the "Xin Jinfu" bore the secondary responsibility. To ensure the safety of the waterway near the sunken ship, the Shanghai Maritime Safety Administration required the Plaintiff to set up sunken emergency position marks upstream and downstream of sunken ship "Ocean Collection 2", temporarily remove the No. 47 light buoy, and set up an AIS virtual navigation mark at the original location. Later, the Plaintiff was required to remove the original sunken ship emergency position marks and AIS virtual navigation mark and to reinstall the No. 47 light buoy. To complete the above operations, corresponding emergency marking costs were incurred, including the construction costs for the installation of the sunken ship position marks, the temporary removal of the light buoy, and the removal of the sunken ship position marks; the depreciation and maintenance costs of the sunken ship position marks, expenses for setup and usage/maintenance and management of the AIS system resources, totaling RMB 307,706.78. "Xin Jinfu" shall be held liable for 30% of the collision liability, in which case, Jinfu Company shall account for 60% of the share, and Fang Mou shall account for 40% of the share. Therefore, the Court was requested to order the two Defendants to bear the corresponding emergency marking fees and related interest losses.

The two defendants argued that they had set up a maritime liability limitation fund for non-personal injury and casualty compensation which had been allocated, the Plaintiff did not apply for the registration of claims in accordance with law, gave up the right to be compensated, and had no right to claim against the two defendants. The Plaintiff had reached mediation with the person in charge of the "Ocean Collection 2", in return, the latter paid RMB 140,000 to the Plaintiff and applied for 30% of the mediation amount to be paid from the fund established by the two Defendants, therefore, the Plaintiff had suffered from no loss. The two Defendants did not recognize the costs of preparing, closing, and ceasing ship shifts of "Haixun 167" on July 17, 2020, and July 29, 2020, claimed by the Plaintiff, and management fees claimed by the Plaintiff, but had no objection to other expenses.

【Judgment】

After hearing, the Shanghai Maritime Court held that upon the request of the maritime competent authority, the Plaintiff set up position marks for the shipwreck, moved the light buoy, and set up a virtual mark for the salvage of the shipwreck, incurring the emergency marking costs, which were part of the compensation for damage caused by the collision. Both ships were at fault for the collision, and the Plaintiff had the right to claim compensation for the emergency marking costs pro-rata against the person responsible for the "Xin Jinfu" according to the tort law. The mediation reached between the Plaintiff and the person responsible for the "Ocean Collection 2" in related case, in the absence of full compensation for losses, did not affect the Plaintiff's claim against the two defendants in this case for tort compensation liability in proportion. The two Defendants had no objection to the 30% collision ratio claimed by the Plaintiff and supported such claim.

As for the amount of emergency marking costs claimed by the Plaintiff, the Court found that the reasonable emergency marking costs at issue should be RMB 264, 602. 47. The amount payable by the two Defendants at 30% of the collision liability was RMB 79, 380. 74. The Plaintiff can choose to claim compensation against the sunken ship "Ocean Collection 2", or against "Xin Jinfu" as the other party, but for "New Jinfu", property losses were related to ship operation and salvage operations as provided for in Article 207 of the *Maritime Code*, the liability for compensation on the part of "Xin Jinfu" ship's liability party can be limited. The maritime liability limitation fund for non-personal injury and casualty compensation claims on the "Xin Jinfu" had been allocated. If the Plaintiff failed to apply for the registration of claims within the statutory time limit, according to Article 112 of the *Maritime Procedure Law*, a creditor who fails to register claims at the end of the announcement period shall be deemed to have abandoned the claims. In addition to the maritime liability limitation fund, the two Defendants were not required to pay the Plaintiff emergency marking costs, and the Plaintiff's claims should be rejected.

In summary, the Shanghai Maritime Court ruled against the claims made by the Plaintiff.

After the first-instance judgment was made, the Plaintiff appealed to the Shanghai High People's Court. The Shanghai High People's Courtrejected the appeal and upheld the first-instance judgment. The judgment in this case has now come into effect.

【Analysis】

The issue and difficulty of disputes at issue lie in the identification of issues related to emergency marking costs.

I. Identification of the nature of emergency marking costs

The emergency marking costs incurred for ship collision accidents were classified into the scope of property losses caused by collisions. Therefore, the nature of civil costs should be identified first. According to Paragraph 1 of Article 51 of the *Maritime Traffic Safety Law*, the person directly responsible for setting marks for a sunken ship is the owner, operator or manager of the sunken ship, the relevant parties to the collision who aware of the occurrence of the accident, responsible for compensating for the loss of obstruction to navigation, should actively set marks, reduce the subsequent expansion of losses, and the costs of setting marks are the property loss caused by the collision, also included in the compensation for damage to ships specified in the *Provisions of the Supreme People's Court on Dealing with Compensation for Damage to the Property Arising from Cases Involving Collision and Contact in Respect of Vessels*. Due to the public nature of the waterway and the professional requirements for setting marks, emergency marks are set by markers arranged by the maritime authority for most ship collision accidents. Such "arrangement" does not conflict with civil acts. The parties related to the ship in colliding accidents usually has little knowledge of the mark-setting industry in the place where the accident occurs, cannot independently find and negotiate with markers to conclude the mark-setting contract for operations in an emergency. In the emergency response organized by the maritime competent authority, the relevant parties to ships are responsible for taking actions, aware that they should set up marks for the shipwreck at their own expense, without objections to the arrangement made by the maritime competent authority and marks actually set by markers. In fact, they accept the results of the marking operation by the markers and benefit from warnings about the wreck position and reducing the expanded losses after mark setting. The actual civil legal relationship has been formed between the relevant parties to ships and markers, and the markers directly claim civil damages not detrimental to the legitimate rights and interests of the relevant parties to ships.

If the mark-setting costs is considered to be an administrative cost in nature, there must be a statutory basis and procedure. According to Article 26 of the *Provisions on Marine and Maritime Administrative Penalty*, "If a party commits any act in violation of Article 51 of the *Maritime Traffic Safety Law*, such party shall be ordered by the maritime administration authority to make corrections, and may be imposed a fine of no less than RMB 20, 000 but no more than RMB 200, 000; if corrections are not made within the regulated period, the maritime administration authority shall have the right to enforce performance on behalf of the party concerned by law at the expense of the owner, operator or manager of the obstruction." The maritime administration authority shall have the right to enforce performance on behalf of the party concerned after ordering corrections.

Ⅱ. Identification of the claimant

Disputes over the claimants for emergency cleanup and anti-pollution costs have been a long-standing and hotly debated problem. In almost every collision accident in which the maritime administration authority organizes emergency response, there is a dispute over the eligibility of the claimant. If a lawsuit is filed by the maritime administration authority at the time of emergency cleanup and prevention of pollution arranged by the maritime administration authority, the defendant will argue that the plaintiff is unqualified because the maritime administration authority did not participate in the action and has no right to claim by subrogation; If the clean-up and anti-pollution parties file a claim, the defendant argues that it has no contractual relationship with the clean-up and anti-pollution parties, and with no damage to the interests of the latter; Therefore, the clean-up and anti-pollution parties have no right to file a claim. Judging from current cases and judicial practice, the claims filed by maritime authorities were generally support by maritime courts. The claims filed by clean-up and anti-pollution parties were supported by Shanghai Maritime Court. However, they are not supported by some courts such as Wuhan Maritime Court and Hubei High People's Court. Among the more influential cases are the (2018) EMZ No. 664 of Hubei High People's Court, the "Zhongheng 9" case and the (2018) M72MC No. 335 of Xiamen Maritime Court, the "Xin Dong Yuan" case, which determined that the emergency cleanup by the clean-up and anti-pollution parties should be deemed as performed the duty on behalf of the the administrative authority, the clean-up and anti-pollution parties have no right to directly claim compensation against the parties involved in the ship collision. Article 151 of the *Minutes of the Second Conference for Work on Nationwide Foreign-Related Commercial and Maritime Trials* stipulates that: "In disputes over compensation for ship damage caused by oil pollution, the right holder's claim for pollution cleanup costs and other pollution damage compensation shall be satisfied in proportion to the amount of the creditor's rights determined by the Court", clarifying that cleanup and anti-pollution costs are civil liabilities. Article 82 of the *Minutes of the National Symposium on the Foreign-Related Commercial and Maritime Trial Work of Courts* stipulates that: "After the pollution cleanup party has completed the pollution cleanup operation as assigned by the maritime administrative authority, if the pollution cleanup party directly files a civil lawsuit against the person responsible for pollution for the pollution cleanup costs, the Court should accept the case." The author understands that this provision clarifies that the claimants are competent for pollution cleanup and prevention.

The ship-related parties' objection to the subject matter of the marker's claim is an objection to the reasonableness of the emergency marking fees. There is no unified industry standard for emergency marking fees that can be used as a reference. Especially for emergency marking after a collision, markers often have higher rates when claiming marking fees. The marking fees and rates claimed by the Plaintiff in this case are relatively reasonable based on the costs of ships, equipment, and labor invested in emergency marking in the waters near the Port of Shanghai. However, it should be noted that during the handover of loading and unloading equipment, work hours delayed due to the markers' scheduling should not be included in calculating the reasonable expenses. In addition, as a public institution responsible for maritime salvage, the Plaintiff should not charge management fees as for-profit legal persons do.

Ⅲ. Determination of limitation on compensation liability

In addition, it should also be determined that the marking fees for the colliding and sunken ships are legally restricted claims for the non-sunken ship-related parties. According to Article 17 of the *Interpretaions on Liability Limitation*, maritime compensation claims that can limit liability under Article 207 of the *Maritime Code* exclude claims for sinking, shipwreck, agrounding, or refloating, removal, destruction of the abandoned ship or rendering the abandoned ship harmless, or a claim for the removal, destruction of the cargo on board or rendering it harmless. Where a responsible person suffers a claim stipulated in the preceding paragraph due to a ship collision and seeks compensation from the other party's ship for the resulting losses, and the respondent claims to limit the liability for compensation by the provisions of Article 207 of the *Maritime Code*, the Court shall support such claim. This article should be understood as markers claiming to marking fees against the parties involved in the sinking, the claim for the party to the sunk ship for rendering the sunk ship harmless, not falling within the scope of the claims subject to limitation specified in Article 207 of the *Maritime Code*. Paragraph 2 applies when the party to the sunk ship claims the marking fees against the party concerned about the other ship. For the party concerned about the other ship, it is classified into a claim subject to limitation stipulated in Article 207 of the *Maritime Code*. The direct claim for the marking fees from the marker against the counterparty's ship is still classified as claims subject to limitation for the party concerned about the other ship.

It is common for ship-related parties to enjoy limited liability for damages caused by maritime accidents unless there are statutory circumstances that exclude the application of liability limitation. For those directly responsible for salvage, removal, and rendering harmless, China retains the relevant provisions of the *Convention on Limitation of Liability for Maritime Claims* 1976 to encourage salvage, removal, and rendering harmless, but for non-sinking parties who claim compensation against the not directly responsible person, it does not exclude specific provisions on the liability limitation for the non-sinking parties, without regard to issue of encouraging salvage, removal and rendering harmless. The purpose of encouraging mark setting has been taken into consideration in the limits of maritime liability for compensation on the part of the parties to the sunken ship. The limits of maritime liability for compensation on the part of the parties not involved in the sinking cannot be easily lifted due to the different solvency of the parties involved with the sunken ship and the non-sunken ship-related parties. In this case, non-sunken-ship-related parties had established a maritime liability limitation fund for non-personal injury and casualty compensation claims by law. The marker neither went through registration of creditor's rights or filed a declaratory action, nor participated in the distribution of the maritime liability limitation fund. Therefore, the marker's claim for the marking fees cannot be supported.

(Written by SHAN Dan, Proofread by CUI Xinkai)

【Case Index】

(2021) H72MC No. 471

17. Hudong-Zhonghua Shipbuilding (Group) Co., Ltd. v. Song Mouguang, et al. for Disputes over Liabilities for Damage Caused by Ship Collision

—Law Applicable to the Collision Between a Warship and a Civilian Ship

【Abstract】

In a dispute over ship collision where a party is a military ship, civil laws such as the *Tort Liability Law* should be applied, but not excluding the application of technical regulations such as the *Regulations for Preventing Collisions at Sea* and reference to the applicable. *Maritime Code* and relevant judicial interpretations to determine the proportion of collision liability and loss.

【Facts】

Plaintiff: Hudong-Zhonghua Shipbuilding (Group) Co., Ltd.

Defendant: Song Mouguang

Defendant: Lixin County Changsheng Shipping Co., Ltd.

Defendant: Song Mouliang

On February 15, 2019, when the ship "Wanli Xinhuo 0688" sailed along the entrance of Huangpu River to the area where the Plaintiff was located, it collided with a warship with hull number H1746A moored at the Plaintiff's dock in the Puxi side, causing damage to the warship. After investigation, the Yangpu Maritime Safety Bureau determined that the accident occurred due to the rudder of the "Wanli Xinhuo 0688" out of control. After the rudder was out of control, the ship failed to maintain a regular lookout, or respond to emergency properly. The ship should bear full responsibility for the accident without any responsibility on the part of the warship.

"Wanli Xinhuo 0688" was registered in Bozhou, Anhui, the registered ship owner was Song Mouguang, and the registered bareboat charterer and ship operator was Lixin County Changsheng Shipping Co. , Ltd. (hereinafter referred to as "Changsheng"). On August 28, 2018, Song Mouguang and Song Mouliang signed a ship sales contract, agreeing that the price for the "Wanli Xinhuo 0688" was RMB 1, 360, 000. Song Mouliang had paid RMB 1, 168, 000 but owed the balance of RMB 200, 000. Song Mouliang promised to pay the balance within one month after receiving the ship, and go through the registration procedures for transfer of the ownership of the ship after payment. Song Mouguang and Song Mouliang confirmed that the owner and *de facto* operator of the ship "Wanli Xinhuo 0688" was Song Mouliang. After the sales contract was signed, Song Mouguang had actually delivered the ship to Song Mouliang.

At the time of the accident, there were only two crew members on the "Wanli Xinhuo 0688", less than the three crew members required by the ship's minimum safety manning certificate. Thewarship was built by the Plaintiff and was in a mooring test state at the time of the incident. Based on the on-site inspection by the surveyor of the public surveying company and the maintenance list provided by the Plaintiff, besides the market conditions of the domestic warship maintenance, military spare parts and towing industry, it was believed that the reasonable maintenance costs of the warship incurred for the accident at issue totaled RMB 916, 270. 25.

The Plaintiff believed that Song Mouguang was the owner of the "Wanli Xinhuo 0688". Although the ship had been transferred to Song Mouliang at the time of the accident, the ownership of the ship still belonged to Song Mouguang; the accident at issue occurred due to poor maintenance of the steering gear and insufficient manning, Changsheng as the ship operator was responsible for management of the operation of the ship; Song Mouliang, as the *de facto* operator of the ship, was driving the ship at the time of the accident and shall be directly responsible for the accident. The three Defendants played a joint role in the accident and should jointly and severally compensate the Plaintiff for losses.

Song Mouliang argued that he was the owner of the ship "Wanli Xinhuo 0688". Since part of the ship's payment was owed to Song Mouguang, the parties had not registered the ship for change of ownership. All the responsibilities identified by Yangpu Maritime Safety Bureau were recognized, excluding the amount of losses claimed by the Plaintiff.

Song Mouguang argued that after the ship sales contract was signed with Song Mouliang, he had delivered the ship to Song Mouliang, but had not yet registered it merely due to the balance of RMB 200,000 owed by Song Mouliang. Since Song Mouliang recognized the responsibility for the accident and was willing to take responsibility, Song Mouliang should bear full responsibility.

Changsheng did not express any defense opinions.

【Judgment】

After hearing, the Shanghai Maritime Court held that this case was a tort liability dispute caused by the "Wanli Xinhuo 0688" collision with a moored warship. According to Paragraph 1 of Article 3 and Article 165 of Chapter 8 Ship Collision of the *Maritime Code*, the provisions of this law and relevant judicial interpretations on ship collision shall not apply to this case, which shall be governed by the general provisions of *Civil Code* on tort liability. The infringer shall bear the tort liability to the infringed. The accident at issue was caused by the "Wanli Xinhuo 0688" rudder out of control, improper lookout and emergency response after that. After the accident, the maritime administration department determined that the "Wanli Xinhuo 0688" should bear full responsibility for the accident. The ship "Wanli Xinhuo 0688" was occupied, used and driven by Song Mouliang at the time of the accident. Therefore, Song Mouliang was the infringer in this case and should bear infringement liability to the owner of warship, the Plaintiff in this case. The accident occurred due to the failure of key equipment and insufficient manning of the ship. Changsheng, as the registered ship operator and bareboat charterer of "Wanli Xinhuo 0688" which should have been responsible for the safe operation and management of the ship was also at fault for the accident and should bear joint and several liabilities with Song Mouliang as the infringer in this case.

Before the accident, Song Mouguang and Song Mouliang had entered into a ship sales contract, and after Song Mouliang paid most of the ship payment, Song Mouguang had delivered the ship to Song Mouliang for actual possession and use. According to the provisions of Article 23 of *Property Law*, the owner of the "Wanli Xinhuo 0688" should be identified as Song Mouliang. At the time of the accident, "Wanli Xinhuo 0688" was actually driven by Song Mouliang. There was no evidence on record indicating that Song Mouguang was also involved in the driving, operation, management or use of the ship. Song Mouguang was not at fault for the accident, nor did he commit any infringement, so he was not the infringer in this case.

As for the maintenance costs, although Song Mouliang argued that the costs were too high, he did not produce evidence to prove that the amount of maintenance costs determined by a third-party public surveying company should be adopted. The Plaintiff also claimed a loss of RMB 12,000 for the cable piles, but the claim was not supported due to a lack of proof. The scope of compensation for infringement should be limited to the market value of the Plaintiff's maintenance costs. The Plaintiff's request for interest was not supported due to a lack of factual and legal basis.

In summary, Shanghai Maritime Court ruled that Defendants Song Mouliang and Changsheng jointly and severally compensated the Plaintiff for financial losses of RMB 916,270.25.

After the judgment of the first instance was pronounced, none of the parties filed an appeal. The judgment has now come into effect.

【Analysis】

Paragraph 1 of Article 3 of the *Maritime Code* currently in force excludes the ships used for military and government affairs from the adjusted scope of ships, and Chapter 8 Ship Collision of the *Maritime Code* excludes such ships again from the adjusted scope of ship collision rules under the *Maritime Code*. Although the collision between a civil ship and a military vessel is appear to be relatively infrequent among ship collision cases, with the in-depth implementation of maritime power, maritime sovereignty and security have received increasing attention. Issues such as the legal relationship between military ships and other ships and relevant parties, and the application of law in civil disputes arising from legal facts such as collisions with military ships urgently need to be explored and resolved in the practice of maritime judicial adjudication. The establishment of adjudication rules for maritime disputes related to military ships and the proper resolution of such disputes in accordance with the law will also help faster a good image of China as a major maritime country and a maritime power, and enhance the soft power of shipping development in China.

Ⅰ. *Tort Liability Law* shall apply to civil disputes over ship collisions involving military ships

According to the provisions of Article 3 and Article 165 of the *Maritime Code*, ship collisions involving ships used for military purposes are not subject to adjustment by the *Maritime Code*. According to Article 1 of the *Interpretations on Ship Collision*, "The collision of ships as mentioned in these regulations refers to the collision of ships as mentioned in Article 165 of the *Maritime Code*..." Therefore, this judicial interpretation does not apply. Although the *Maritime Code* and relevant judicial interpretations do not apply to the civil dispute over ship collision where a party is a military ship, it is a tort dispute, therefore, the provisions of *Civil Code* on torts and liability should be applied. As for legal application in related collision cases, the following two points should be noted:

1. The ship of a colliding party must be a ship used for military purposes

According to Article 3 of the *Maritime Code*, ships are defined as "ships used for military purposes" instead of "military ships", "ships for military use" and other similar expressions. The legislation obviously focuses more on the state of the ship involved at the time of the accident rather than whether the ship appears or functions as a warship. In other words, even a warship in service engaged in commercial transportation or operations, it is also subject to the *Maritime Code*; conversely, if a merchant ship is requisitioned by the government or the armed forces for transportation or operations for military purposes, it is classified as a "ship used for military purposes" as stipulated in Article 3 of the *Maritime Code*, not subject to adjustment by the *Maritime Code*. The warship in this case was a warship built by the Plaintiff. It was in a mooring test state at the time of the incident, originally planned to be trialed after the accident. Although it had not yet been commissioned, it was used for military purposes, and there was no evidence indicating that the ship was engaged in commercial transportation or operations. Therefore, it was classified as a "ship used for military purposes", not subject to adjustment by the *Maritime Code*.

2. The collision must be a civil tort

The collision between a ship used for military purposes and another ship must be a ship collision in the sense of private law, that is, a civil tort dispute. Only then does it fall within the scope of cases accepted by the maritime court and involve the legal application discussed in this article. If a ship used for military purposes collides with another ship in military activities such as war, military conflict or exercise, or performing official duties (such as anti-drug on the water, anti-smuggling, investigation on illegally crossing the national border, other manhunt, hot pursuit or driving or expelling), such ship collision does not fall within the scope of adjustments under the private law, and there is no question of which civil laws apply. Collisions between ships used for military purposes during rescue, pollution clean-up, or rescue and disaster relief under orders from the government or the military are civil tort disputes. If the injured party requests the other party to bear civil tort liability, the *Tort Liability Law* will also apply.

Ⅱ. The application of the *Tort Liability Law* does not exclude the application of technical regulations such as the *Regulations for Preventing Collisions at Sea*

There is a variety of forms and types of torts and liability, ship collisions, including military ships, are just one of them. Ship collision is a tort based on the principle of liability for fault, and determining the fault of the ship involved is a professional activity that requires extensive navigation knowledge and experience. To determine the proportion of liability in a collision case, it is generally necessary to have a clear understanding of the collision process, ship profile, crew information, navigation trajectory, etc., and to review a large amount of evidence and information. But eventually, it is necessary to apply technical rules such as the *Regulations for Preventing Collisions at Sea* that directly regulate navigation, anchoring, collision avoidance and other behaviors to determine the proportion of responsibility or fault. Although civil disputes over collisions with military ships are different in terms of legal application, the determination of the proportion of fault should not be different from general ship collisions, but subject to the technical regulations on ship collision avoidance. In addition to the above-mentioned situations where the relevant ships are engaged in war, other military operations or exercise of public power, within the scope of public law, in civil cases involving collisions between ships used for military purposes and ordinary ships, the determination of the proportion of fault should still be subject to technical regulations such as valid the *Regulations for Preventing Collisions at Sea*. These rules include the *Regulations for Preventing Collisions at Sea,* to which China is a party, the regulations on routing of ships in waters issued by the transportation authorities, and the *Rules for Preventing Collisions in Inland Rivers of the People's Republic of China* issued by the Ministry of Transport in 1991, etc.

Ⅲ. The application of the *Tort Liability Law* does not exclude the reference and application of the *Maritime Code* and relevant judicial interpretations regarding liability and loss compensation for ship collisions

Ship collision is a type of tort, and the provisions on liability for ship collision in the *Maritime Code* are part of the broad term of the *Tort Liability Law*. In addition to the provisions of the *Maritime Code*, liability for ship collision shall be governed by the provisions of the *Tort Liability Law* in cases where the *Maritime Code* remains silent. Although the *Maritime Code* does not directly apply to collision cases involving ships used for military purposes, there is actually no essential difference between such collisions and collisions with other ships in terms of pattern and technology. Technical rules on navigation safety and collision avoidance should be applied uniformly. The *Maritime Code, the Interpretations on Ship Collision*, and the *Provisions of the Supreme People's Court on Dealing with Compensation for Damage to the Property Arising from Cases Involving Collision and Contact in Respect of Vessels* regarding collision liability and loss compensation may also be applicable by reference for military ship collisions. When dealing with civil disputes involving military ship collisions, although the provisions of the above-mentioned laws and judicial interpretations cannot be directly applied, they can be applied in adjudicative reasoning, liability and loss determination with reference to their specific contents.

Specifically, the provisions of the *Maritime Code* on liability for single-vessel negligence and mutual negligence specifically embody the provisions of the *Tort Liability Law* on general torts and the doctrine of liability fixation of negligence in ship collisions. Although the *Maritime Code* is not applicable to civil disputes over military ship collisions, it can be used as a reference when determining the liability of the colliding parties and the specific proportion of liability. The relevant provisions of the *Interpretations on Ship Collision* regarding disclosure of evidence, burden of proof, and acceptance and certification of investigation materials by the maritime administration authority can be applied as a reference. The Provisions of the *Supreme People's Court on Dealing with Compensation for Damage to the Property Arising from Cases Involving Collision and Contact in Respect of Vessels* are specific regulations for the determination of property losses in the trial of ship collision and contact cases, and can be applied as a reference to the determination of property damage in military ship collisions.

Ⅳ. The application of the *Tort Liability Law* to disputes over military ship collisions should reflect the principles of flexibility and fairness

After the *Tort Liability Law* is applied to a collision involving military ships, the legal application results will inevitably be different from the application of the *Maritime Code*. In judicial practice, we should try our best to ensure that such differences in results are in line with the general value pursuit of judicial fairness and efficiency, not only fully considering the characteristics of military ship collisions and reflecting their particularity, but also avoiding huge differences in the judgment results of such cases from ordinary ship collision cases. Diversified methods can be adopted to flexibly and equally protect the legitimate rights and interests of the parties involved in collision cases involving military ship.

1. The person responsible for the collision can be identified as the tortfeasor

The *Tort Liability Law* and the tort liability part of the *Civil Code* both stipulate that the tortfeasor shall bear tort liability. This provision applies to collision cases involving military ships. However, Article 4 of the *Interpretations on Ship Collision* which stipulates that "[t] he liability for compensation arising from a ship collision shall be borne by the owner of the ship. If the colliding ship has been registered during the bareboat charter in accordance with the law, the liability shall be borne by the bareboat charterer" does not apply to collision cases involving military ships. Therefore, the person responsible for the collision involving military ships can be flexibly identified as the tortfeasor, that is, the person who actually committed the collision tort, unlike ordinary ship collisions for which the person responsible is limited to the ship owner or the bareboat charterer.

2. Collision liability can be borne jointly and severally by joint tortfeasors

Different from ordinary ship collision cases for which the liability party is limited to the shipowner or the bareboat charterer. After the *Tort Liability Law* is applied to collision cases involving military ships, if the collision is caused by a tort jointly committed by two or more persons, the liability for collision will be jointly and severally borne by joint tortfeasors. For cases involving ship affiliation, where the affiliated person fails to perform obligations of supervision and management, or the ship operator or manager fails to perform obligations of safety management or a ship collision occurs due to unlicensed crew members, insufficient manning, overreaching the navigation area and other reasons that violate safety management regulations, the legal basis for determining that the affiliated person, ship operator, manager and other entities bear joint and several liability will be more sufficient.

3. Losses of collision can be calculated at the market price at the time of the loss or by other reasonable means

The *Tort Liability Law* has relatively principled provisions on the calculation of losses caused by infringement of property, that is, calculated at the market price at the time of the loss or by other reasonable means. However, this provision is very rich in connotation and can be applied flexibly on a case-by-case basis in practice. The specific losses caused by the collision can be calculated and determined with reference to the *Provisions of the Supreme People's Court on Dealing with Compensation for Damage to the Property Arising from Cases Involving Collision and Contact in Respect of Vessels* or by other reasonable means.

Applying the *Tort Liability Law* to collisions involving military ships in a more flexible and broader way to identify the responsible parties, liability forms and collision losses will be more in line with the particularity of such cases involving ships used for military purposes, and will help to resolve such disputes fairly and properly.

(Written by LIN Yan, Proofread by SUN Yanan)

【Case Index】

(2019) H72MC No. 1088

18. Zhu Moumou v. Pan Moumou for Disputes over Liability for Personal Injury at Sea

—The Personal Injury Incurred by Self-imposed Misconduct Shall be at Their Own Risk During Marina Production Activities

【Abstract】

When a ship is sailing away from the dock normally, it could not foresee the victim's sudden approach and pushing, in which case, there is no subjective fault. The victim should bear the consequences of the damage if it had foreseen that the ship would collide with his vehicle, but putting himself at risk anyway.

【Facts】

Plaintiff: Zhu Moumou

Defendant: Pan Moumou

On the morning of August 13, 2018, the Plaintiff drove a van to Pier 4 of Hengsha Fishing Port, Changxing Island, Chongming District, Shanghai to unload cargo from the fishing boat "Su Jingyu 03502". The van was parked close to the edge of the water side of the Pier. The Plaintiff said that there was no warning line set up on the Pier at that time, vehicles could be parked at random, and no staff on the Pier informed him that the parking location was unsafe.

At about 8 a. m. that day, the fishing boat finished unloading, and the fishing port management officer asked the fishing boat to get off the dock. Surveillance video from the Pier showed that the fishing boat and the van initially docked opposite each other, with the Plaintiff standing two meters behind the right side of the van (away from the fishing boat); while the fishing boat started up to leave the dock, the Plaintiff quickly ran from the right side of the van towards the front (also the stern) from the spot where he stood up, and then fell to the ground about 1 meter in front of the van. The Plaintiff was later sent for hospitalization, for which the Defendant paid RMB 10,000 for treatment in advance. According to judicial appraisal, the Plaintiff's loss of more than 25% (less than 50%) of the capacity for action on his right knee joint due to the injury in this accident constituted disability of Grade 10. Interviewed by the public security organ, the Plaintiff said that when he saw the fishing boat starting up that day, he thought that the anti-collision tire on the left rear side of the fishing boat might hit the van, so he ran to the front of the vehicle for check to call the boatmen on board, unluckily, his right leg was hit by the ship's anti-collision tire and he fell to the ground due to injury.

The Plaintiff claimed that he was injured due to a collision when the fishing boat was about to leave the port. The Defendant, the captain of the boat, should bear the liability for compensation for the personal injury. Therefore, The Plaintiff requested the Court to order the Defendant to compensate for his losses including personal injury, totaling RMB 240,000 or more.

The Defendant argued that the Plaintiff was injured for his own reasons. He did not park the van in the port security area, and not keep clear but approached in the collision and scratched between the fishing boat anti-collision tire and the van; therefore, the Defendant should not be held responsible.

【Judgment】

After hearing, the Shanghai Maritime Court held that since the Plaintiff claimed that the ship committed a general tort, he should bear the burden of proof on the facts of the elements constituting a general tort.

In terms of the objective elements, there was no causal relationship between the boat sailing away from the dock and the personal injury suffered by the Plaintiff. In terms of subjective elements, the ship was not at fault for the consequences of the personal injury suffered by the Plaintiff. Therefore, the ship did not commit tort of personal injury, it should not be liable for personal injury to the Plaintiff. Actions taken by the Plaintiff without regard to his own safety were inappropriate, the Plaintiff should bear the consequences of the personal injury.

After the first-instance judgment was made, none of the Plaintiff and the Defendant filed an appeal. The judgment in this case has now come into effect.

【Analysis】

Under the *Tort Liability Law*, the cause of exemption is put forward for the request to bear civil liability, also known as the defense cause; its basic theory consists of two parts: the tort liability is not established and the tort liability is established but exempted. As for exemption of liability, the former lies in the lack of the constituent elements of responsibility, while the latter lies in the value judgment of laws and policies and the measurement of interests. The defense proposed by the Defendant in this case contained the above two parts. On the one hand, the Defendant opposed the constitution of tort liability on the ground that its conduct was not a constituent element of the general tort; On the other hand, the Defendant argued that the victim was aware of the risk, but acted recklessly, resulting in personal injury, therefore, the Defendant should be exempted from liability.

Ⅰ. The principle of liability for fault requires that wrongful conduct is the necessary and final constituent element of the tort liability

The principle of liability for fault is the most basic and important doctrine of liability fixation in terms of tort liability. Paragraph 1 of Article 6 of the *Tort Liability Law* stipulates that a perpetrator who infringes upon the civil rights and interests of others through his fault shall bear the tort liability. Article 1165 of the *Civil Code* follows the above provisions. In this case, the Plaintiff claimed that the ship committed a general tort, falling under the circumstances of applying liability for fault in the *Tort Liability Law*, and the subjective fault of the actor was one of the essential elements of damage compensation liability. If the actor was subjectively not at fault, there was no tort liability. Moreover, the fault is the final and decisive element that determines the composition of tort liability, on the ground that "what holds a person liable for damages is not only damage, but the fault, plain and clear just like the principle of chemistry, what makes a candle burn is not light, but oxygen."①

Fault refers to the subjective psychological state that the infringer holds for the damage consequence when committing the tortious act, including intention and negligence. In this case, the ship had no intention of hoping or allowing the damage to occur. Objective criteria are generally adopted to measure whether there is fault based on whether the perpetrator can foresee the occurrence of damage in light of factors such as the perpetrator's age, ability and, the environment, time, and behavior type at that time. In this case, the vessel sailed away from the dock normally as instructed by the docker, and could not foresee the victim's sudden approach and push, moreover, the motion state of the fishing boat was not easy to change due to large inertia, even if the stern crew found the victim approaching, it could not have avoided the collision between the fishing boat after starting and the victim trespassing in the dangerous area. The ship could not foresee the consequences of personal injury to the victim; therefore, the ship has no fault. Therefore, the ship should not be liable for compensating for personal injury to the Plaintiff.

Ⅱ. Consequences come along assumption of risks

The so-called assumption of risks mean that "the victim could have foreseen the occurrence of damage but voluntarily take the risk of damage, eventually, the damage unfortunately happened".② In other words, the victim knows in advance

---

① Wang Zejian, *Research on Civil Code Theory and Case Law (Vol. 2)*, China University of Political Science and Law Press, 1998, p. 144 - 145.

② Zeng Shixiong, *Damages at Court*, China University of Political Science and Law Press, 2001, p. 261.

that an act may be associated with a risk, loss, or accident, but voluntarily takes such act; it should undertake the possible consequences of the act. Article 1176 of the *Civil Code* stipulates the system for assumption of risks, which defines assumption of risks as a waiver of liability, but limits the scope of assumption of risks to "volunteer to participate in recreational and sports activities with certain risks". The typical application of assumption of risks is indeed in sports activities, but there is also room for further interpretation and even expansion of the application.

In the trial practice, the situations applicable to taking risks willingly are more abundant: such as the victim taking a taxi knowing that the driver is drunk and a traffic accident occurs causing injury to the victim. The Court held that the victim's behavior constituted of risks, it should be properly responsible for the damage caused by the drunk driving to mitigate the liability on the part of the obligor③; Given that the victim picked arbutus on the tree without permission, fell from the tree and got injured, and died after the rescue failed, the Court finally held that the victim, as an adult with full capacity for civil conduct, should have fully anticipated the danger of climbing the arbutus tree to pick arbutus, instead, he violated the village regulations and public order and good customs detrimental to the collective interests. The village committee did not violate the security obligation and should not be liable for compensation. ④

In this case, the victim, as an adult engaged in production activities in the fishing port, should be the primary responsible person for his own safety. The victim had foreseen that the anti-collision tire on the tail of the fishing boat would come into contact with his van when the boat entered the space above the dock and naturally should have foreseen that anyone and anything near the van would be at

---

③ China Applied Jurisprudence Institute of the Supreme People's Court, *Selected Cases from the People's Courts (Series 66)*, p. 84.

④ Li Qiuyue et al. v. Hongshan Villagers Committee of Timian Town, Huadu District, Guangzhou City for breach of security obligations, Guiding Case No. 140 (2020).

risk of being collided, however, he took the risk to stop the boat, resulting in personal injury for fear that the fishing boat would collide the van. The victim's eagerness to protect his property is understandable, but actions taken without regard to his own safety are inappropriate. The victim took risks recklessly, putting himself in danger, and the risk caused damage due to his own behavior. In such a situation, although the behavior of others cannot be neglected, the behavior of others should be regarded as a kind of environment in which the incident occurred, and the result of damage should be borne by the victim himself.

The outcome of this case followed the public order and good customs of "Consequences Come Along Assumption of Risks", embodying the principle of assumption of risks and consistency of responsibility with action, reminding people to act cautiously in production activities to avoid risky behaviors, and also conveying to the society the position of not letting law-keepers pay for others' risky behaviors, conducive to the protection of people's normal production freedom.

(Written by LI Jian, Proofread by CUI Xinkai)

【Case Index】

(2020) H72MC No. 852

19. Series Cases of Liang Moumou, et al. v. Diamond Cruise International CO., Limited over Crew Labor Contract

—Handling of Group Cruise Crew Labor Contract Disputes

【Abstract】

In recent years, as the cruise industry has developed rapidly, protection of the rights and interests of cruise crew has become increasingly urgent. Compared with cargo ships, cruises have a larger number of crew members, more posts and items on board, higher costs of detention and maintenance, higher risks, greater difficulty in judicial auction and disposal with a longer cycle. Once the rights and interests of cruise crew are infringed upon, rights protection will face more obstacles. This case involved a large number of crew members, anmong which two-thirds were foreign nationals. The shipowner owed RMB 12,000,000 in wages to the crew and abandoned the ship after it was seized. To this end, the Court opened the "green channel" for the protection of the rights and interests of the crew, with overall coordination on filing, trial and enforcement. The Court required the crew labor dispatch company and the Shipowners Mutual Assurance Association to repatriate the foreign crew stranded on board at once, arranged the ship supervision company for management, and took countermeasures during typhoon to ensure the safety of the cruise around the clock. At the same time, the Court sped up the progress on case trial, incorporated the auction of ships in litigation into the management by means of enforcement filing, properly handled the objections of person other than involved in the case to the auction of ships through online and offline measures, formulated different disposal plans for the items on board and actively eliminated the adverse impact of Covid-19 on the disposal of cruise ship. This series of measures not only ensured that the judicial procedure was standardized and orderly in accordance with the law, but also avoided the further expansion of the cost and risk of detention, and effectively protected the legitimate rights and interests of the 196 crew members, fully reflecting the maritime justice's attention to the protection of the rights and interests of the crew and its support for the long-term sound development of the cruise industry, providing guidance and reference for handling such cases in the future.

【Facts】

Plaintiff/Applicant for enforcement: Liang Moumou, et al. (196 crew members)

Defendant/Party subject to enforcement: Diamond Cruise International CO., LTD. (hereinafter refer to as "Diamond Cruise")

According to the Crew Employment Agreement signed between the Plaintiff, and the shipowner's agent, 196 crew members worked as sailors, marine engineers, waiters and kitchen helpers on the Bahamian "GLORY SEA" ship owned by Diamond Cruise from 2017 to 2019. During such period, Diamond Cruise owed Liang Moumou and other crew wages of approx RMB 12, 000, 000. The crew made a request for property preservation before the lawsuit, requesting judicial seizure of the cruise at issue, in reply, the Shanghai Maritime Court ruled to grant such request. Diamond Cruise failed to provide a guarantee to the Court, and the ship had been detained at Wusongkou Anchorage of Shanghai port from March 7, 2019 to April 26, 2020. Due to the fact that Diamond Cruise abandoned the ship and refused to provide guarantee, the costs of maintaining the safety and berthing of the ship had been increasing, together with potential safety hazards in long-term detention. To this end, the crew applied to auction the cruise at issue in litigation process.

【Judgment】

Upon hearing the case, the Shanghai Maritime Court held that the Plaintiff Liang Moumou and other crew members established crew labor contract relationships with Diamond Cruise by signing the Crew Employment Agreement with the shipowner's agent, and working on the cruise at issue. Now the Plaintiff had performed the duties as a crew member, but the Defendant had not paid the labor remuneration, thus it should be liable for breach of contract to compensate for the loss. In accordance with Subparagraph 1 of Paragraph 1 of Article 22 of the *Maritime Code*, there were maritime liens on the claims for payment of wages, other labor remuneration, repatriation expenses and social insurance premiums incurred by the crew while on board. Therefore, the Defendant was ruled to pay the crew's wages of RMB 12, 000, 000 plus the loss of interest, and confirm that the crew's claims were entailed with maritime liens.

【Enforcement】

During the trial, on June 24, 2019, the Court made a Civil Ruling (2019) H72MC No. 566 to auction the cruise at issue moored at the Shanghai Port, China. After determining that the parties had not proposed a reconsideration and that there was no controversy over the right to disposal of the ship between the Dalian Maritime Court and the Court (the Dalian Maritime Court seized the cruise at issue before the Court), the Enforcement Department filed a case for enforcement on July 24, 2019.

After ship inspection, evaluation and publication announcements, the cruise at issue was first publicly auctioned on Taobao. com online platform for judicial auction on September 27, 2019. The first auction failed due to no bid. On October 24 of the same year, after adjusting the auction reserve price, the cruise at issue was auctioned for a second time. Buyer Xie Mou won the bid at a price of more than RMB 117, 000, 000. However, after the auction was over, the buyer did not pay the price. On November 21 of the same year, the cruise at issue was re-auctioned on the same platform, but the auction failed due to no bid.

Due to the unsuccessful auction, according to Civil Rulings (2019) H72MC No. 566, the cruise at issue entered the sale-off procedure. On December 16, 2019, the cruise at issue was sold on the aforementioned online auction platform, and the online judicial sale period lasted 60 days. Later, due to the outbreak of the Covid-19, the cruise market was bearish, and the ship sample inspection could not be carried out, two potential buyers who had seen the sample hoped to postpone the sale. After consideration, the Enforcement Department decided to temporarily suspend the sale process and issued a suspension notice on February 12, 2020.

For the resumption of the sale-off procedure, according to the usual understanding, if the sale-off procedure is suspended and then resumed, the Court only need to make up the remaining sale period, but the Taobao. com online platform for judicial auction believed that the resumption of the sale after the suspension was equivalent to re-sale, and the sale period should still be two months, which cannot be deducted or shorted. However, as the maintenance costs of the cruise were high and continued to increase, even without considering the natural disasters and risks of equipment mulfunction during the detention period, failure to promptly dispose the cruise would result in serious consequences of the maintenance costs greater than the ship price. Therefore, the first sale should be ended as soon as possible. At the same time, due to a greater negative impact on the cruise industry imposed by Covid-19, it would be impossible for the cruise at issue to be sold at the current price. In order to avoid further time consuming due to the recovery of the online sale, after the Court announced the resumption of the online sale of the cruise on March 5, 2020, it timely issued an announcement of canceling the online sale and turning to the traditional way of public sale offline on March 16, adjusting the sale price to RMB 69, 136, 000. After the first offline sale ended with no bid, the Court adjusted the sale price to RMB 39, 000, 000 in accordance with Article 14 of the *Stipulations of the Supreme People's Court on Several Law Applicaion Issues in the Trail of Cases Concerning Arrest and Auction of Ships* (hereinafter referred to as the "*Stipulations of Auction*"), but there was still no bid within the sale period.

After two unsuccessful sales, on April 2, 2020, the Court issued an announcement of application for debt repayment and extension of the current maintenance measures for the cruise at issue, but no creditors applied for debt repayment and no one asked for extension of the current maintenance measures for the cruise at issue. The company entrusted with management of the cruise at issue, said that under the huge pressure of advance funds, it would no longer advance funds for management, but may accept the cruise at issue as steel scrap at the price of RMB 19,000,000. The Enforcement Department believed that the above option was not feasible. In order to generate a competitive bidding effect, the selling price can be moderately reduced. On April 11, 2020, the Court launched the third offline sale of the cruise at issue at a price of RMB 28,000,000. At the same time, the announcement specified the reason for the third public sale, that was, the cruise at issue had incurred high ship maintenance costs, which were advanced by the company entrusted by the court with management of the cruise according to law. At present, the company entrusted by the Court had put forward relevant requirements for the expenses incurred for managing the cruise at issue under its custody. In order to safeguard the legitimate rights and interests of the ship manager, the Court had decided to launch the third public sale of the cruise at issue offline.

Finally, Guo Meng Cruise Investment Co., Ltd. (hereinafter referred to as "Guo Meng Investment") won the bid for the cruise at issue at a price of RMB 38,600,000. Guo Meng Investment paid the full price on April 22, 2020. On April 26, the Court handed over the cruise and lifted the arrest. On April 29 of the same year, the announcement of handover and the release of the arrest was issued, and the announcement of the transfer of ownership was issued on May 8. Subsequently, the Court appropriated the costs directly from the ship conversion price, and the enforcement has been completed.

【Analysis】

It was the first time that the Court implemented the means of enforcement filing to enforce the ship auction and sale during litigation. Different from the general enforcement cases, the subject matter of enforcement in this case was only the conversion price for the cruise and matters related to the conversion price, with a long time span involving multiple processes, including the bidder regretting to bid, resale, sale suspension, recovery, cancellation, and the conversion and application of the auction. During such period, the collegial bench managed to successfully auction the cruise to ensure that the value there of was realized to the maximum extent, and the legitimate rights and interests of the ship manager and 196 crew members were safeguarded after two rounds of auctions and three rounds of sales. At the same time, it was the cruise at issue that was to be sold, and there were no legal provisions and precedents for how to handle the cargo on board foreign cruise. The enforcement judge facilitated the parties to reach an agreement in accordance with the principle of equally protect the interests of the cargo owner and the buyer, which had achieved good effect.

Ⅰ. Incorporation of the auction and sale in litigation into the enforcement management by means of enforcement filing

Following the practice, if the enforcement number is same as the trial number which is used in the auction and sale rulings, the auction and sale operations cannot directly based on the provisions of the enforcement and is also adverse to protecting the rights of the parties and participants in the auction. In this case, the auction and sale in litigation were incorporated into the enforcement management by means of enforcement filing, so as to clarify the rights and obligations of the parties in the process of auction and sale.

The mechanism of incorporation of auction and sale in litigation into enforcement management ensured every step, procedure, and measure of the case to be timely input into the enforcement management system, so that the whole process can be traceable, conducive to strengthening the supervision over enforcement, the openness and justice, and the mechanism also improved the credibility of judicial enforcement. While further improving the level of enforcement in a fair, standard and civilized manner, the mechanism also further improved the enthusiasm of staff and enhanced the awareness of quality and effectiveness of them. It has laid a solid foundation for the high-quality development of enforcement.

Ⅱ. Timely conversion of sale-off methods to maximize the value of the cruise

At present, laws, judicial interpretations and documents of higher courts have not specified the sale-off period for ships to be sold in the traditional way. In this case, the first online sale was suspended due to the impact of the Covid-19. In order to avoid further time consuming due to the recovery of the online sale, it was most feasible to cancel the online sale and directly turn to the offline sale in the traditional way. The innovation of this program lied in the timely conversion of the way of sale, from online sale to offline sale. According to the current online sale regulations, the operation cannot be performed at one go, the specific operation of revoking the online sale would take several steps, therefore, the judge was cautious when implementing this program, with sufficient preparations in advance to ensure the smooth offline sale.

After the second offline sale which ended with no bid, the Court issued an announcement of application for debt repayment, as well as an announcement of extending current maintenance measures for the cruise at issue. As the maintenance costs continued to increase, the ship manager had made requests for the expenses incurred for managing the cruise, and indicated that it was unable to continue to advance the maintenance costs. If the current ship maintenance measures were cancelled due to the arrears on ship maintenance, the value of the cruise would be degraded and the interests of creditors would be seriously infringed. Therefore, the Court issued two announcements, limiting the right of creditors in debt repayment, and ensuring that the maintenance costs paid by the ship manager can be settled in priority, and ensuring the smooth progress on the auction and sale of the ship.

Ⅲ. Sale-off can be continued after failure in two rounds

Different from other movable property, the maintenance of ships is more expensive, long-term detention also poses risks such as natural disasters, equipment malfunction and other risks. Therefore, the law has special provisions for the disposal of ships, with the consent of more than two-thirds of the registered creditors, ships can be sold at a price less than 50% of the appraisal value. As to whether the ship that had not been sold twice must be released from arrest, Article 14 of the *Stipulations of Auction* stipulates that "the maritime court can release the arrest", so the Court can decide whether to continue the arrest in light of the actual situation.

In this case, if the cruise was released from arrest after two rounds of sales, or continued to be detained but cannot be realized, or although it was realized but at an extremely low price, the following problems will arise. First, who would bear the costs incurred for the auction. Since the arrest and auction of the cruise arose from a dispute over the crew labor contract, according to Article 4 of the *Stipulations of Auction*, the maritime claimant may not provide guarantee. In the absence of a guarantee, after the ship was released from arrest, who would bear the costs of announcement, evaluation, ship inspection, custody and maintenance during auction is not only a matter of legal judgment, but also a realistic financial issue. Second, who would be responsible for the handover of the ship after the arrest was released. The shipowner was in financial distress and had not fulfilled the ship management obligations for a long time, so it was impossible for the shipowner to organize the handover. In early April 2020, the company entrusted with management of the cruise at issue stated that it would no longer advance funds to resupply the cruise, and no one asked for an extension of the current ship maintenance measures after the Court's announcement. After the evacuation of the ship manager, the ship would be left unattended and cut off the water and oil supply, likely to cause equipment malfunction and lead to safety accidents, and even affect the safety of the waterway. Third, the crew's wages were unable to be compensated. According to Article 119 of the *Maritime Procedure Law* and Article 22 of the *Stipulations of Auction*, maintenance costs shall be paid in priority. If the cruise was released from arrest, who would bear the upfront expenses incurred was a problem, let alone the compensation for crew wages. Fourth, it is harmful to judicial authority and affects the judicial credibility of the Court. If the cruise was released from arrest after two rounds of sales, the upfront expenses incurred and the wages of the crew would not be compensated. Moreover, if the cruise was disposed as steel scrap, it was highly likely that the ship price would be insufficient to cover the maintenance costs and actual expenses incurred during the detention, and the Court was bound to face the thorny problem of paying relevant funds to the third party entrusted with management of the cruise. In such circumstances, the legitimate rights and interests of the enforcement applicant cannot be protected, the effectiveness of the Court's enforcement would be affected, and the legal order would be destroyed, detrimental to the judicial credibility, with adverse effects on the judicial auction by the Court, not conducive to the smooth judicial auction in the future.

To solve the above problems, continuing to sell the cruise was the only way out. In practice, there are generally two approaches, one is to re-evaluate and re-auction on the grounds that the situation has changed; The second is to launch the third round of sale directly on the grounds of covering the maintenance costs, and strive for a package solution to the problem. The latter approach has been adopted in this case for two reasons, including economic necessity and legal rationality. The economic necessity was that this approach cut loss in time to the maximum. The legal rationality lied in the fact that the third round of sale was actually triggered by the illegal abandonment of the cruise by the person subject to enforcement, and there was no legal basis for preserving the ownership of the ship for the person subject to enforcement in a way harmful to the interests of the State and the innocent third party. From the results of the enforcement of this case, the third round of sale was of practical significance to the actual manager who had advanced the maintenance costs, avoiding the loss of innocent third parties and common benefit creditors, and preserving the interests of the actual manager and 196 crew members. The third round of sale embodied the civilized enforcement by the Court in good faith, not against the prohibitive provisions of laws and regulations, and upholding the judicial authority.

Ⅳ. Disposal of items on foreign cruise

There were a considerable number of items on the cruise, and there were no legal provisions and precedents to follow on how to dispose these items after the overall handover of the ship. The disposal of items on foreign cruise is different from ordinary cargo ships. First of all, the scope of the right holder of the items on board was not clear, and the right holder's willingness on disposing the items was unknown. Second, if any unit or individual intends to transfer their own belongs or others' items deposited on a foreign ship to the home country, regardless of thereason whatsoever, formalities such as entry inspection and quarantine, import declaration, payment or advancement of related fees, are involved. Third, the Court cannot directly deal with the cargo on board, but if these items were not disposed, it would affect the auction.

In this case, at the same time as the announcement of successful bidding, the Court decided to announce the requirement for the parties involved in storing the items to submit a request for item retrieval and relevant evidence within a specified period of time. Informing the relevant parties of the obligation to take back their goods, as well as the right to get in contact with the Court for declaration is not only in line with the legal provisions but also efficient and convenient. Following the announcement, two companies filed applications to the Court to get their items back. The enforcement judge informed the parties of the relevant legal consequences of the removal of the items, clarified the risk liability, and promoted the parties to negotiate on an agreement on the continued sale of the goods on board in accordance with the principle of equally protect the interests of the cargo owner and the buyer of the ship. Besides, a small number of items on board of little value that were not claimed after the announcement or had been claimed with an application but without evidence were considered to be disposed of as castoff, which indirectly set the consequences of no application were, excluding the situation where the person subject to enforcement or a third party interfered with the sale and handover of the ship accordance with their ownership of the items on board. Finally, the Court announced the circumstances in which the buyers might dispose the items on board, and once again urged the interested parties to dispose the property in accordance with the law, and at the same time ensured that the utilization of the ship would not be affected due to the unknown owner of the items on board.

For the items on board claimed by no one, as suggested by the Court, the buyer of the cruise issued an announcement on foreign media before the removal of the items, and invited the notary office to notarize. Finally, the items on board were properly disposed and the utilization of the cruise of the buyer was ensured. This case determined the general operating procedures and methods for the disposal of ship-borne items. Objectively, the rights, responsibilities and risk consequences between the buyer and owner were clearly defined.

V. Handling of non-paying bidder

After the successful second round of auction, the buyer failed to pay the price on time constitutes a breach of auction. In accordance with relevant laws and regulations, the Court decided not to refund the auction deposit of RMB 5, 000, 000. The non-paying bidder interfered the enforcement, and the Court imposed a fine of RMB 100, 000 on the buyer. As to whether the buyer should bear the difference between the bid and the transaction price of the third sale, the collegial bench reached a negative conclusion after discussion. On September 28, 2020, the Court issued an announcement, stating that due to the fact that the cruise had not been sold after two rounds of auctions and sales, and no creditor was willing to accept the cruise for the debt repayment during this period, the case fell out of the "matters that the original buyer is ordered to make up" stipulated in Paragraph 2 of Article 25 of the *Provisions of the Supreme People's Court on Auction and Sale of Property in Civil Enforcement by the People's Cout*. As the interested parties can object to the decision of the collegial bench, the disposal of regretting auction and the sale of the cruise have been separated in the procedures, thus the case has come to closure.

(Written by ZHANG Jianchen and LU Peiyan, Proofread by LI Sirun)

【Case Index】

(2019) H72MC No. 566, (2019) H72Z No. 175, (2020) H72ZY No. 9, etc.

20. Winship Maritime Inc. v. China Shipping Industry Co., Ltd., et al. for Dispute over Shipbuilding Commission Contract

—Research on the Payment of Shipbuilding Commission in English Law

【Abstract】

This case is about the dispute over a shipbuilding commission contract under English case law. Under the English law, the commission received by the ship broker should be subject to the agreed conditions, if the conditions are not agreed upon, even if the broker has invested a lot of financial and energy costs for the performance of the contract, it cannot claim the principal to pay commission or make compensation.

【Facts】

Plaintiff: Winship Maritime Inc.

Defendant: China Shipping Industry Co., Ltd.

Defendant: COSCO SHIPPING Heavy Industry (Yangzhou) Co., Ltd.

On June 2, 2015, the two Defendants entered into three Shipbuilding Contracts with TTI Company, an outsider to the case, agreeing that the two Defendants would build three ships for TTI Company. The Shipbuilding Contracts began with TTI Company as "Buyer" and "Party A" and the two Defendants as "Seller" and "Party B".

On July 20, 2015, the two Defendants signed three Commission Agreements with the Plaintiff corresponding to the aforementioned three Shipbuilding Contracts.

For the purpose of the Commission Agreements, the two Defendants were collectively referred to as the "Seller" and the Plaintiff was referred to as the "Broker." TTI Company was described as "a company organized and existing under the laws of Panama, having its registered office located at No. 8 Rue Aquilino de la Gua, 5th floor, Egla Building, P. O. Box 87 - 1371, Panama 7, Republic of Panama, with a copy to: Icaza Gonzalez-Ruiz and Aleman, having their offices at Piraeus Street and Aktimia Uri 2, Greece (hereinafter referred to as the "Buyer"). It was agreed in the Commission Agreements that the Seller shall pay a brokerage commission to the Plaintiff in consideration of the Plaintiff's efforts and cooperation in assisting in the conclusion and performance of the Shipbuilding Contracts. The commission shall be paid in six installments within 30 days from receipt of the Buyer's payment for each installment of the Shipbuilding Price. If the Shipbuilding Contracts fail to become effective for any reason, or are cancelled and/or rescinded by the Buyer/Seller for any reason during shipbuilding, the Seller shall immediately be exempt and released from its obligation to pay the remaining unpaid commission. These Agreements shall be governed by and construed in accordance with English law.

After the Effective Date of the Shipbuilding Contracts, the initial performance was normal. Since August 2016, TTI Company entered bankruptcy reorganization in the United States court due to financial reasons, without paying the Shipbuilding Price for the three ships at issue on schedule. The Plaintiff had got in contact with relevant banks, leasing companies, etc., in an effort to seek financing solutions for the continued performance of the Shipbuilding Contracts at issue, but in vain. On March 30, 2018, the United States Bankruptcy Court made an Asset Sale Order whereby TTI entered into Resale Agreements with the three new buyers respectively, in which it was agreed that TTI transferred all of its rights, title, interests and equity under the Shipbuilding Contracts to the new buyers. Latter, the two Defendants received full payment from the new buyers and the ships were successfully delivered.

As the two Defendants paid only the first two installments of commission, the Plaintiff sought an order for the two Defendants to pay the balance thereof amounting to USD 2, 456, 500 plus interest.

The two Defendants jointly argued that: First of all, according to the Commission Agreements, the two Defendants would pay the commission under the condition that the prices for the ships were paid by the Buyer TTI Company, however, the current ship payment was actually made by the new buyers, so, the conditions for the Plaintiff to receive the commission were not met. Second, due to the transfer of the Shipbuilding Contracts, the contracts between the two Defendants and the TTI Company introduced by the Plaintiff had in fact ceased to exist, in line with the agreement in the Commission Agreements that once the Shipbuilding Contracts were terminated, the obligation of the two Defendants to pay the commission would also be relieved. Third, the contracts with the new buyers was concluded independent of the Plaintiff. The subsequent smooth delivery of ships and the full payment for the ships to the two Defendants were irrelevant to the Plaintiff.

【Judgment】

After hearing, the Shanghai Maritime Court held that the legal relationship in dispute was a foreign-related civil legal relationship. The parties agreed in the Commission Agreements to apply English law, which was respected by the Court.

The interpretation of the Commission Agreements shall first be based on their expressagreement. The parties in this case agreed that "If the Shipbuilding Contracts fail to become effective for any reason, or are cancelled and/or rescinded by the Buyer/Seller for any reason during shipbuilding, the Seller shall immediately be exempt and released from its obligation to pay the remaining unpaid commission". The wording of "cancelled" and "rescinded" here is clear, with other additional expression excluded, therefore, the transfer of the Shipbuilding Contracts is an exception to the circumstances in which the Commission Agreements agreed upon by the Plaintiff and the Defendants became invalid.

Although the Commission Agreements had not expired, under English law, a broker's commission shall first be subject to the fulfillment of the conditions stipulated in the commission contract (terms) and other agreements. In this case, it was agreed that the Plaintiff would receive the commission on the condition that the Shipbuilding Contracts were concluded and the two Defendants received the payment for ships from the Buyer, with each installment of ship payment corresponding to one installment of commission. The Buyer herein shall be limited to TTI Company (or a person acting on behalf of TTI Company). If the subsequent payment under the Shipbuilding Contracts was not made by TTI Company, introduced by the Plaintiff, but by a new buyer introduced by others, in which case, the Plaintiff was no longer a party thereto as the Original Broker.

Under English law, the principal is free to make appropriate business decisions, including rescission or variation of a contract, without giving priority to the payment for the broker's commission. Therefore, after the transfer of the Shipbuilding Contracts, the conditions for the Plaintiff to receive the commission cannot be satisfied, which means the two Defendants were not at fault and not obligated to assume responsibility for the Plaintiff's losses.

Although the Plaintiff invested money and energy, but ultimately what made the Shipbuilding Contracts "back to life" was the bidding process organized bythose who was not a party to the case for brokers. Therefore, in the case that the new buyers were not introduced by the Plaintiff, the Plaintiff would not automatically receive a commission reward for previous hard work.

Accordingly, the Shanghai Maritime Court ruled against the Plaintiff's claim in the first-instance judgment. After the judgment was made, none of the parties filed an appeal.

【Analysis】

This case is about a rare dispute over a shipbuilding commission contract in which the parties agreed to be bound by English law. English law (common law) differs from Chinese law and judicial practice in the terms of interpretation and validity of contracts, especially in the special field of shipbuilding commission contracts. Under the English contract law, the party autonomy is highly emphasized, and there is basically no space for the application of the implied terms if the parties have agreed on express terms. Therefore, in the interpretation of contracts, the literal meaning is often highlighted to avoid different interpretations of the contracts due to different understandings, in case that the true meaning of the parties thereto is in the risk of uncertainty. This interpretation, seemingly mechanical, actually requires the parties to a contract to draw up the terms as clearly as possible at the time of conclusion, in order to avoid potential disputes in the future. This case follows this philosophy and resolves the following issues:

Ⅰ. The investigation of English law

According to Paragraph 1 of Article 10 of the *Law Governing the Application of Laws on Foreign-Related Civil Relations*, if a party chooses to apply a foreign law, it shall provide the law of that country. Therefore, the parties in this case should provide the Court with relevant precedents under English law. Subject to the degree of familiarity of Chinese judges with precedents under English law and the ability of the parties to search for precedents, it is difficult to guarantee that the law in this case will be applied as if it were tried by English judges in English courts. For this reason, in the court trial and in the final judgment, the Court specifically clarified that each party should confirm that the precedents under English law and relevant statutory articles provided to support their own views and claims have been searched exhaustively, and at the same time, they have not challenged or contradicted the authenticity, completeness and validity of the precedents and articles provided by the other party. Therefore, the Court takes those precedents and articles as the basis to review and make a judgment on the dispute at issue.

Ⅱ. Whether the "transfer of the contracts" invalidated the Commission Agreements

The Commission Agreements expressly stipulated that the shipbuilding contracts were "cancelled" and "rescinded", excluding "assign" or "transfer". Although the transfer of the Shipbuilding Contracts at issue resulted in the elimination of the rights and obligations of TTI Company and the two Defendants under the original contracts, which seemed to have the same effect as the cancellation or rescission of the contracts, however, a series of other legal rules for the cancellation or rescission of the contracts do not necessarily apply to the occasion of transfer or change thereto. Treating these terms and concepts as the same lacks of the legal basis and the consent of the parties. If the two Defendants, when entering into the Commission Agreements with the Plaintiff, intended to list the transfer or even alteration of the Shipbuilding Contracts as the cause of the invalidity of the Commission Agreements or equivalent to the cancellation or termination of the Commission Agreements, such intention shall be recorded in clear and unambiguous words in the Commission Agreements. Seen from the content of the present agreements, it cannot be interpreted that the parties have reached an agreement on this respect.

Ⅲ. Whether the conditions for receiving commission in the Commission Agreements have been met

Under English law, a broker's commission shall first be subject to the fulfillment of the conditions stipulated in the commission contract (terms) and other agreements. Such rule seems to have been established and followed without controversy for a long time. This is clearly reflected in several precedents, such as Howard Houlder & Partners, Lim. v. Manx Isles Steamship Co., Lim.① In particular, the case stated that "brokers have no right to recover commissions unless they can prove that the conditions set out in the written agreement have been

① [1923] 1 K.B. 110.

fulfilled." If they cannot, they lose the lawsuit. The conclusion of the Shipbuilding Contracts does not guarantee that they will be successfully performed, and "linking" the broker's actual right to receive commission to the progress on the performance of the shipbuilding contracts means that the broker's contribution to a transaction is not only to get the contracts signed and effective, but also to coordinate and maintain the transaction until the final completion. When the new buyers intervened, the role of the original broker in this regard had been blocked. In popular terms, the original broker made no contribution to the smooth performance of the contract, therefore, it cannot receive subsequent commissions, unless the Commission Agreements explicitly stated that in this case the Plaintiff still received a commission.

Ⅳ. Whether the efforts actually made by the Plaintiff should be considered

Since the conditions of commission payment are affected by uncertain factors, the broker may make a lot of efforts in vain, but this is also in line with the rich "returns" equal to high "risks", unless the broker and the principal agreed on remuneration "according to labor" rather than "according to performance". This is, of course, again a matter of the freedom of contract and consensus *ad idem*, which is not the case here. As also stated in the Howard Houlder & Partners, Lim. v. Manx Isles Steamship Co., Lim. that "unless brokers can prove that the conditions set out in the written agreement have been fulfilled." If they cannot, they lose the lawsuit. On this basis, it was held that "there is no compromise, and it doesn't matter if the broker proved that he had spent time, money and skill."

It is worth noting that under the commission relationship, generally, there is no need to investigate whether the conditions of commission payment are not met for reasons attributable to the principal's reasons or through its faults, unless with malicious fraud or expressly agreed upon in the Commission Agreements. Seen from the whole case, it can be found that the freedom of contracting and strict interpretation of contract under English law are the fundamental principles to resolve contract disputes. Whether Chinese parties "go out" to participate in investment and transaction at international market, or Chinese courts and judges apply English law (common law), they should enhance their awareness of this aspect. The conclusions drawn here may seem unreasonable, but they contain reasonable commercial logics, and have nothing to do with whether it "applies the law mechanically".

(Written by JIN Xiaofeng, Proofread by ZHENG Zelan)

【Case Index】

(2019) H72MC No. 2560

21. Universal Concord CO., INC. v. A. S. I. Logistic for Dispute over Contract for Freight Forwarding by Sea

—The Legal Nature of the "Withholding Documents" by Freight Forwarders and "Third Party Settlement"

【Abstract】

The act of "withholding documents" by freight forwarders is a remedy against the breach of freight forwarding contract by the counterparty, which can prevent the breach of law. The act of "withholding documents" does not target the party not under the contract relationship of freight forwarding, even if the business interests of the above party are objectively affected, but due to the fact that there is no intention and illegality of "coercion", it does not constitute "coercion" to the party.

Where a third party pays off the debts to creditors for the benefit of others knowing that such debts have nothing to do with it, it constitutes unjust enrichment of the "third party settlement" type in the tripartite relationship. When the debts are legal and effective, although the creditor has been repaid, its creditor's right is therefore eliminated without additional interests, so the creditor receives no unjust enrichment.

【Facts】

Plaintiff: Unibersal Concord CO., INC.

Defendant: A. S. I. Logistic

In January 2017, after accepting the consignee's commission, the Plaintiff booked with the outsider, Jeeselong Shenzhen, for 5 batches of goods shipped from the Port of Shanghai in China to the Port of Artesia in the United States. Jeeselong Shenzhen had successively provided 5 sets of NVOCC telex release bills of lading, indicating that the consignee was "ORANGE OCEAN LINE" (Chinese Name: 橙洋公司①) and the bills of lading were issued by "JCL TRANSPORT AND LOGISTICS LTD." (i. e. Jeeselong Hong Kong) as the signing agent on behalf of the carrier. The delivery agents listed on the 5 bills of lading are the Plaintiff. After accepting the Plaintiff's commission, Jeeselong Shenzhen entrusted the Defendant with shipment of the said goods, and the Defendant subsequently booked with Evergreen Company for shipment. Evergreen Company issued 5 sets of non-negotiable OCEAN bills of lading for the goods at issue, stating that the consignor was "A. S. I. Logistic Co., LTD. O/B ORANGE OCEAN LINE LIMITED", that is, "the Defendant acting on behalf of ORANGE OCEAN LINE", and the consignee was the Plaintiff.

Jeeselong Hong Kong entered into a forwarding agreement with the Defendant under which Jeeselong Shenzhen was referred to as a "branch" of Jeeselong Hong Kong,② both of which acted as one party to the agreement and were referred to as "JCL". It was agreed that if JCL fails to comply with the agreement between the parties regarding payment, the Defendant shall have the right to detain the marine bills of lading. On February 16, 2017, the Defendant claimed that it had outstanding billings with Jeeselong Hong Kong and Jeeselong Shenzhen, therefore, multiple shipments were "retained". Jeeselong Shenzhen informed the Plaintiff that containers were detained. Thereafter, the Plaintiff took the initiative to contact the

---

① The registered company name of 橙洋航运有限公司 is Orange Ocean Line LIMITED, which was incorporated in Hong Kong on April 7, 2006 and was formerly known as JCL AIR-SEA Limited。

② The registered company name of 捷世隆深圳公司注册 is Jeeslong International Freight Forwarding (Shenzhen) Co., Ltd., and the registered company name of 捷世隆香港公司 is JCL Transport and Logistics Limited. Jeeselong Hong Kong established Jeeselong Shenzhen with investment, as the sole shareholder of Jeeselong Shenzhen. The legal representative of Jeeselong Shenzhen is Patrick Michel MEYRAT, who is also the sole director and representative of Jeeselong Hong Kong (hereinafter referred to as "Patrick"). In January 2017, Patrick, the co-head of Jeeselong Shenzhen and Jeeselong Hong Kong, suddenly cannot be reached out。

Defendant and suggested that the four containers under the two bills of lading be released first to ensure that the Defendant received all the due payments before the arrival of the other 7 containers on February 25. On February 17 of the same year, Jeeselong Shenzhen settled with the Defendant the business payment including the 11 containers at issue. On February 20 of the same year, the Defendant sent two telex releases of ocean bills of lading to the Plaintiff. On February 21, 2017, Jeeselong Shenzhen requested the Defendant to release the goods under the three bills of lading that were about to arrive at the port. The next day, the Defendant sent a statement to Jeeselong Shenzhen, stating that the containers could not be released until the corresponding payment was received. Jeeselong Shenzhen subsequently replied that: "Upon verification, please note that the following charges payable by ASI to JCL are not included in the statement. Please update the statement accordingly and send the same again." After offsetting the charges noted by Jeeselong Shenzhen, the resulting statement showed that the amount owed was USD 17, 725. 38.

On February 23 of the same year, the Plaintiff informed the Defendant that the 7 containers would arrive at the port on February 24, 2017, and asked the Defendant to arrange the release of the goods as soon as possible, stating that if there were accounts due from Jeeselong Company, please inform the details by e-mail, and the Plaintiff would urge payment. The Defendant replied that there were indeed outstanding receivables from Jeeselong Company and had sent an updated statement yesterday, copied to the Plaintiff. The Plaintiff said they would do everything they can to urge Jeeselong to pay the Defendant USD 17, 725. 38. After that, the Plaintiff had sent an e-mail again, stating that it had not received a reply from Jeeselong Company, as the goods were about to arrive, it would transfer USD 17, 725. 38 to the Defendant on February 23, 2017, U. S. time, and asked the Defendant to arrange telex release as soon as possible. On the same day, the Plaintiff remitted USD 17, 725. 38 to the account of A. S. I. LOGISTICS LIMITED (hereinafter refer to as "A. S. I. Hong Kong") designated by the Defendant. The Defendant sent telex releases of two other bills of lading to the Plaintiff before receiving the remittance from the Plaintiff.

On March 30 of the same year, the Plaintiff sent an e-mail to the Defendant claiming that after re-examination, it was found that the statement did not contain the information about sea transport between the Jeeselong Company and the Plaintiff, and asked the Defendant to refund USD 17, 725. 38.

The Plaintiff claimed that the disputed payment was wrongfully made by the Plaintiff under the coercion of the Defendant, and the payment can be revoked; Even if there was no coercion, the money received by the Defendant constitutes unjust enrichment and should be refunded to the Plaintiff.

The Defendant argued that there was no coercion on the part of the Defendant, the money received by the Defendant was based on the creditor's rights against Jeeselong Shenzhen, that the Plaintiff voluntarily repaid the debts to the Defendant on behalf of Jeeselong Shenzhen knowing that the disputed money had nothing to do with it, constituting an effective debt accession, and that the Defendant's benefit did not constitute unjust enrichment. The Plaintiff asked the Defendant to make a refund one month after the smooth delivery of the goods, such requirement was illogical and contrary to good faith, therefore, it requested the Court to reject the Plaintiff's claim.

【Judgment】

After hearing, the Shanghai Maritime Court held that although the forwarding agreement at issue was entered into by Jeeselong Hong Kong and the Defendant, Jeeselong Shenzhen and Jeeselong Hong Kong were independent from each other at law, cooperating with the Defendant in the name of the same or common entity, namely Jeeselong Company; given that there was a special shareholding structure between the two companies and the same natural person was actually responsible for the operation, although Jeeselong Shenzhen did not stamp on the forwarding agreement, the Defendant had reason to believe that the forwarding agreement was concluded to reflect the true intention of Jeeselong Shenzhen, and was actually performed by both parties. Therefore, the forwarding at issue was binding upon Jeeselong Shenzhen. The Defendant performed reconciliation with Jeeselong Shenzhen on the details of the disputed amount, during which, Jeeselong Shenzhen only proposed that the disputed amount should be offset against its claims against the Defendant, without an objection that the disputed amount was not a debt owed from Jeeselong Shenzhen, with reference to the relevant e-mails, it can be determined that USD 17, 725. 38 was a business payment owed to the Defendant from Jeeselong Shenzhen. Moreover, even if, as claimed by the Plaintiff, the disputed money was owed to the Defendant from Jeeselong Hong Kong, as Jeeselong Hong Kong was also bound by the forwarding agreement at issue, such claim had no impact on the outcome of the case. The Defendant's withholding documents before the Plaintiff made payment was a self-relief against the breach of contract by Jeeselong Shenzhen, it did not constitute coercion; The Defendant's acceptance of the repayment made by the Plaintiff extinguished its creditor's rights against Jeeselong Shenzhen, it did not constitute unjust enrichment. Therefore, the Plaintiff's claim lacked legal basis and was not supported by the court. In conclusion, the Shanghai Maritime Court ruled against the Plaintiff's claim.

After the first-instance judgment, none of the Plaintiff and the Defendant filed an appeal. The judgment has now come into effect.

【Analysis】

In the dispute over a freight forwarding contract, when the consignor defaults on the fees payable to the freight forwarder, the freight forwarder often exercises its relief by "withholding goods" (lien on the consignor's goods) or "withholding documents" (refusal to deliver documents) to safeguard its own rights and interests, but it is also easy to cause new disputes, that is, who should be held liable for the losses caused by withholding goods or documents. The principle of dispute resolution is to balance the relationship between the freight forwarder's legal right of self-relief and the consignor's legitimate interests. In shipping practice, it is difficult for freight forwarders to measure the scale for protecting their rights and interests according to law. If the freight forwarder protects its rights and interests according to law, it does not have to bear the liability for compensation, but there are cases in judicial practice that show that the legality of the freight forwarder's rights protection has not been supported by the courts[3], as result, it is not only unable to protect its rights and interests, but also required to bear the compensation liability arising therefrom.

This case was also a dispute arising from the rights protection by the freight forwarder. As to whether the Defendant's rights protection is to withhold goods or documents, the understanding of the parties may not be accurate. According to the e-mails exchanged at the time of the incident, the parties expressed rights protection as "lien", "container seizure", etc., but in light of the case, the Defendant did not legally possess the goods at issue during the transportation, there were no realistic conditions for the lien on the goods. Since the goods at issue were arranged for telex release and the actual carrier did not issue the bills of lading, the Defendant's refusal to give telex release instructions to the actual carrier was equivalent to refusal to deliver the marine bills of lading to the consignor, and the relief exercised by the Defendant was withholding documents in nature, rather than withholding goods. What is new in this case was that both the Plaintiff and the Defendant were freight forwarders, but there was no direct freight forwarding relationship between the parties. It is a common phenomenon in the industry that freight forwarders delegate entrusted affairs layer by layer, therefore, there are not a few disputes arising from the withholding of documents between freight forwarders without contractual relationship. In the case of the absence of freight agents connecting both parties for some reason, it is the responsibility of judges to resolve similar disputes with legal evidence and respect for industry practices and to maintain an honest and healthy

③ See Dong Min, *Analysis on Whether Freight Forwarders Can Claim to Exercise Liens due to arrears Other Than Transportation Costs and Storage Fees*, published on March 13, 2014, Shanghai High Court's website "Research on Trial of Maritime and Commercial Cases".

business environment.

The Plaintiff, as the forwarder of the consignee, entrusted the outsider, Jeeselong Shenzhen, with the transportation at issue, and Jeeselong Shenzhen, in turn, entrusted the Defendant with the transportation. A freight forwarding relationship was established respectively between the Plaintiff and Jeeselong Shenzhen, and the Defendant and Jeeselong Shenzhen. Although the Plaintiff and the Defendant were recorded as the consignee and the shipper on the marinebills of lading, they actually performed the NVOCC bills of lading, and there was no direct contractual relationship between the parties. In the process of handling the business at issue, Jeeselong Shenzhen was operating abnormally. The Defendant claimed that Jeeselong Shenzhen and Jeeselong Hong Kong settled debts owed to the Defendant, and according to the forwarding agreement between the Defendant and Jeeselong Shenzhen, the Defendant refused to instruct the actual carrier to telex release the goods at issue before Jeeselong Shenzhen paid off the debts, however, the Plaintiff was eager to fulfill its fiduciary obligations to directly negotiate with the Defendant after fruitless communication with Jeeselong Shenzhen on a promise to urge Jeeselong Shenzhen to make payment. Finally, on the eve of the arrival of the last shipment of goods, the Plaintiff paid USD 17, 725. 38 to the Defendant in exchange for the Defendant's telex release order. More than a month later, the Plaintiff claimed that the disputed money had nothing to do with the business at issue, and asked the Defendant to make a refund, the Defendant made no response, therefore, the lawsuit was brought. The Plaintiff claimed that the Defendant's act constituted duress and unjust enrichment, while the Defendant argued that the Plaintiff's act constituted a voluntary debt accession, and breach of good faith for going back on what it did after attaining its goal. This case involved the determination of coercion and unjust enrichment in economic exchanges.

Ⅰ. Whether the Defendant's behavior constituted coercion

Coercion means declaration of intention not out of freedom. In accordance with Article 150 of the *General Provisions of Civil Law*, the perpetrator has the right to request a people's court or an arbitration institution to rescind a civil juristic act committed against his true will by means of coercion.

1. The elements of "coercion" under civil law

The constituent elements of "coercion" under civil law generally include: first, the coercer has the intention of subjectively coercing, that is, making others entrapped in fear to make declaration of will in fear through intentional coercion. Second, the coercer objectively committed coercion, that is, to threaten the coerced person with a certain act of harm, so as to make the coerced person entrapped in psychological fear. This kind of harm can be done to the coerced person, or to the coerced person's relatives and friends or even others related thereto in the form of personal injury, loss of property or damage to rights and interests, objectively, making the coerced person entrapped in psychological fear. Third, coercion must be wrongful, including the wrongfulness of means or purposes; otherwise, coercion is not established. Fourth, the coerced person expresses its intention based on the fear of coercion, that is, there is a causal relationship between the coerced person's declaration of intention and coercion.

2. The difference between coercion and commercial pressure

Coercion is a threat, but threat itself is an uncertain concept. What kind of threat constitutes coercion?

In this regard, the American *Restatement (Second) of Contracts* adopted both qualitative and enumerative criteria, holding that a threat of coercion is an improper threat, including: "(1) Threatening with crime or infringement; (2) Crime or infringement; (3) Threatening with criminal liability; (4) Threatening to commence civil proceedings in bad faith; (5) Threatening to breach the obligations of good faith and fair dealing in the contractual relationship." However, in the judicial practice in the United States, cases are not tried in full compliance with the American *Restatement (Second) of Contracts*, there is no consensus of opinions among different states and different courts. In France, due to the influence of the Roman law tradition, French law believes that only illegal threats can lead to the defect in the expression of will and legal sanctions. Therefore, the threat made by a party with exercise of its rights does not constitute a cause of invalidation of the contract. In order to enforce their rights, parties can threaten to bring civil and criminal proceedings. But this attitude has not been consistently enforced by the courts; the difficulty lies in how to identify the threats "against the law". In Germany, as long as the means of threat are illegal, regardless of "the legality of the purpose, it can may result in cancellation of a contract... Similarly, in principle, if one party to a contract makes a threat with breach of contract forcing the other party to make concessions, it constitutes an unlawful threat. The threat made by a party with an interest that is not causally related to the contractual rights also constitutes coercion." In short, in determining the elements of coercion, the key is how to define inappropriate behavior. In this regard, no satisfactory conclusion or solution has been given by the legislative, judicial or academic circles④, determining the elements of coercion require judges to exercise discretion.

The author believes that in economic disputes, attention should be paid to the distinction between "coercion" under civil law and normal commercial pressure, and the focus of determination of "coercion" lies in the illegal purpose or means, and the exercise of contract rights or right of actions is aimed at preventing illegal rights protection, even if it brings pressure to the other party resulting in a reluctant expression of intention, such action should not be considered "coercion".

3. The legality of the Defendant's withholding documents

The Defendant claimed that it withheld documents in accordance with Article 8 of the forwarding agreement, "reconciliation shall be conducted on the 15th day of each month, and the statement shall include all invoices of the previous month from both parties." Objections and explanations should be made within 7 days from the reconciliation date. The amount verified by both parties as accurate shall be settled

---

④ See Li Mei, *Discussion on the Elements of Coercion in Contract Law,* published on Jinan Journal (Philosophy and Social Sciences Edition), 5th Edition (148 in total), 2010.

no later than 15 days after the reconciliation date... if JCL fails to comply with the agreement between the parties regarding payment, ASIL CN (the Defendant) shall have the right to detain the marine bills of lading. According to Paragraph 1 of Article 7 of the *Interpretations on Freight Forwarding*, "The maritime freight forwarding contract stipulates that the delivery of the documents obtained by the freight forwarders from the maritime freight forwarding is conditional on the payment of relevant fees by the consignor, where a freight forwarder refuses to deliver the documents on the grounds that the consignor has not paid the relevant fees, the people's court shall support it", the above-mentioned agreement under the forwarding agreement was not contrary to the law.

It can be seen that the forwarding agreement between the Defendant and Jeeselong Company stipulated the order in which the parties performed their respective obligations, that is, Jeeselong Company paid the business expenses for the previous accounting period before the delivery ofocean bills of lading obtained from the commission business of Jeeselong Company by the Defendant. Therefore, when "Jeeselong Company was in debt", the nature of the Defendant's withholding documents was to exercise the Counterpleaing Right of Later Execution stipulated in Article 67 of the *Contract Law*. Although a part of the debts of the USD 17,725.38, the disputed money, had not fallen due when the Defendant withheld documents, due to the loss of contact of Jeeselong Shenzhen's person in charge, the salaries of employees in arrears for more than a month, and a lawsuit brought by the senior management for termination of the labor relationship, there was serious abnormality in business making it possible for Jeeselong Shenzhen to lose the ability to pay off debts. Therefore, the Defendant also had the right to exercise the "unsafe right of defense" stipulated in Article 68 of the *Contract Law* and suspended the performance of the Contract. In addition, the Defendant withheld documents against Jeeselong Shenzhen, as the Plaintiff's interests were objectively affected, the Plaintiff took the initiative to negotiate with the Defendant, therefore, the Defendant was not intended to "coerce" the Plaintiff. Before the payment made by the Plaintiff was received, the Defendant released the ocean bills of lading for the first four shipments and only withheld the bills of lading for the last shipment, therefore, it was not excessive or improper rights protection. To sum up, in light of the constituent elements of "coercion" and the facts of the case, the Defendant's act of withholding documents was aimed at preventing illegal rights protection; it was neither intentional nor illegal, not constituting "coercion" against the Plaintiff. The Defendant's withholding documents was a remedy against the breach of contract by Jeeselong Shenzhen, which should be protected by law.

However, it should be pointed out that the debts owed from Jeeselong Hong Kong to A. S. I. Hong Kong were different from the disputed money, not the business payment formed under the forwarding agreement, and A. S. I. HongKong was not a party to the forwarding agreement, therefore, the Defendant was not entitled to withhold documents.

Ⅱ. Whether the Defendant's receipt of the disputed money constituted unjust enrichment

1. The constituent elements of unjust enrichment

According to Article 122 of the *General Provisions of Civil Law*, there are the following elements to constitute unjust enrichment: First, one of the civil subjects is unjustly enriched. Obtaining an interest means the interest is increased. It includes both positive increases, that is, the increase in the total property; and negative increases, that is, the total property which should have been reduced has not been reduced, such as fees that should have been paid are not paid. Second, other civil subjects suffer losses. Suffering of loss refers to the reduction of property interests. It includes both positive losses, that is, the reduction of total property; and negative losses, that is, the benefits that should have been increased are not increased. Third, there is a causal relationship between the benefits obtained by one party and the losses suffered by the other party. Fourth, there is no legal basis. As described above, the requirement for "obtaining an interest" is particularly closely related to this case.

2. Payment of unjust enrichment in a three-party relationship

Unjust enrichment is divided into payment type and non-payment type. Payment-type unjust enrichment mostly occurs between two parties, and falls into most cases in judicial practice. If one or both parties have a contract concluded or debts performed on its or their behalf, such case constitutes a payment relationship between the two parties. The so-called "unjust enrichment in a three-party relationship" (or "unjust enrichment in a triangular relationship"), *i. e.* unjust enrichment that occurs due to the participation of a third party in the payment relationship, has been the focus of research on the law of unjust enrichment in recent years, with an immense number of related treatises. There are eight types of cases: (1) Payment chain; (2) Shortening of payment; (3) Directed payment relationship; (4) Third party interest contract; (5) Transfer of creditor's rights, and assumption of debts; (6) Guarantees; (7) Third party settlement; and (8) Wrongful repayment of another's debts. ⑤

The disputed money in this case was a debt owed by Jeeselong Shenzhen to the Defendant. The Plaintiff has received a detailed statement of the payment structure sent by the Defendant before payment, the former also repeatedly urged Jeeselong Shenzhen to make payment. Therefore, the Plaintiff was fully aware that it had nothing to do with the debt. Therefore, the dispute at issue in this case was a form of unjust enrichment in a three-party relationship from the "third party settlement", that is, the third party decided on its own to pay off the debt of others to the creditor knowing that it had nothing to do with the debt.

3. Determination of "obtain an interest" in unjust enrichment

Unjust enrichment resulting from the repayment of a third party will have different legal consequences depending on whether the debt objectively exists.

When the debt repaid by a third party objectively exists, although the creditor

---

⑤ See Wang Zejian, *Unjust Enrichment, Volume 2 of Principles of Obligation Law*, China University of Political Science and Law Press, 2002, p. 76 - 77.

receives payment, its creditor's rights are therefore extinguished, and not benefiting from the repayment, not established or appropriate. That is, starting with the "obtaining an interest" element to identify the party who is unjustly enriched, it is required to accurately determine unjust enrichment established from which parties. When the debts paid by a third party are legal and valid, although the creditor has been repaid, its creditor's right is therefore eliminated without additional interests. The third party who has paid off the debts on behalf of others is the impaired person, and the debtor who has eliminated the debts due to the repayment is the beneficiary. For example, in this case, due to the Plaintiff's repayment, the Defendant's creditor's rights against Jeeselong Shenzhen Company were eliminated, without an increase in property interests. However, Jeeselong Shenzhen had its property interests increased due to nonpayment of the fees that should have been paid. Therefore, It was Jeeselong Shenzhen, not the Defendant, who was unjustly enriched.

When the debts which do not exist to be paid off by a third party, it is tricky whether the claim for unjust enrichment against the creditor or the debtor should be exercised (controversial in German law). Mr. Wang Zejian believes that claims should be made against creditors. ⑥

Ⅲ. The legal nature of the Plaintiff's repayment

1. The nature of the Plaintiff's repayment relative to the debtor

In the unjust enrichment relationship among three parties, the relationship between the third party who has paid off the debt and the debtor should also be determined depending on the circumstances: Where the third party makes a gift for repayment, the third party has no right to claim; Where a third party repays the debt based on an entrustment relationship, subject to the entrustment contract; Where a third party repays the debt based on *Negotiorum gestior,* subject to the legal system of *Negotiorum gestior*. ⑦

---

⑥ Ibid., p. 108.

⑦ Ibid., p. 106 - 107.

In this case, compared with the debtor Jeeselong Shenzhen, the Plaintiff paid off the debts on the behalf of Jeeselong Shenzhen without Jeeselong Shenzhen's entrustment, thus avoiding the stowage fees of the goods at issue and container demurrage and other losses which might give raise to the corresponding liability on the part of Jeeselong Shenzhen. Such repayment constituted *Negotiorum gestior*, under which in addition to the right to claim unjust enrichment against Jeeselong Shenzhen, the Plaintiff also had the right to claim that Jeeselong Shenzhen refund the necessary expenses incurred by the Plaintiff based on *Negotiorum gestior*.

2. The nature of the Plaintiff's repayment relative to the creditor

Compared with the Defendant as a creditor, the Plaintiff, as the third party in the creditor-debt or relationship, took the initiative to repay the debt to the Defendant after its failure in urging Jeeselong Shenzhen to pay off its debts to the Defendant, constituting a unilateral promise to the Defendant made on behalf of Jeeselong Shenzhen to repay debts, and debt accession. The Plaintiff should be allowed to revoke the promise before actual repayment. However, after the Plaintiff made a promise and then actually kept its promise, the Defendant continued to perform its obligation to deliver the ocean bills of lading under the forwarding contract based on the Plaintiff's debt accession, making it impossible to restore the rights and obligations between the parties to the time when the Defendant "withheld documents". Therefore, based on the principle of good faith, the Defendant's reliance interest should be protected, and the Plaintiff cannot revoke the promise or demand the refund of property, otherwise it would be detrimental to the stability of the legal relationship.

(Written by YANG Chan, Proofread by JIANG Shengpeng)

【Case Index】

(2017) H72MC No. 2381

22. Hengshun Shipping Co., Ltd. v. Shanghai Pudong Development Bank Co., Ltd. for Dispute over Guaranty Contract

—Claiming *Culpa in Contrahendo* Cannot Exclude the Application of An Arbitration Clause

【Abstract】

The validity of an arbitration clause under a shipbuilding contract as the main contract does not necessarily extend to the disputes over a guaranty contract. After the occurrence of a dispute, the creditor commencing arbitration in accordance with the arbitration clause under the Letter of Guarantee unilaterally issued by the guarantor indicates the creditor's willingness to accept the arbitration clause and the parties have reached an agreement on arbitration. A valid arbitration clause under the contract still applies to a dispute between the parties over *culpa in contrahendo*.

【Facts】

Plaintiff: Hengshun Shipping Co., Ltd.

Defendant: Shanghai Pudong Development Bank Co., Ltd.

On December 6, 2006, Chinese-Tanzanian Joint Shipping Company (hereinafter referred to as "SINOTASHIP") signed a shipbuilding contract with Nantong Huigang Shipbuilding Co., Ltd. (hereinafter referred to as "Huigang Company"). It was agreed in the contract that during the shipbuilding, SINOTASHIP shall pay the shipbuilding price to Huigang Company in installments at time nodes, and Huigang Company apply to the Defendant for a Letter of Guarantee for refund, that the

Defendant shall issue a Letter of Guarantee for refund to SINOTASHIP, that was, when the shipbuilding contract was terminated according to the terms of the contract, if Huigang Company failed to repay the shipbuilding price to SINOTASHIP within a certain period of time, the Defendant shall bear the liability for guaranteeing repayment. Thereafter, SINOTASHIP transferred the shipbuilding contract to the Plaintiff in the form of renewing agreement. The Defendant issued a Letter of Guarantee for refund on September 11, 2008, which was subsequently amended on March 16, 2010. As recorded on the Letter of Guarantee, if the Seller failed to repay the money within 15 workdays from receipt of the Buyer's written request for repayment, the Defendant shall irrevocably, absolutely and unconditionally pay the amount as the principal debtor but not only as the guarantor; The Letter of Guarantee shall come into force on the date of receipt of the first installment by Huigang Company; Any dispute arising out of or in connection with the Letter of Guarantee shall be subject to arbitration in London in accordance with the London Maritime Arbitrators Association (LMAA) Terms. The Plaintiff paid the first installment of USD 10,390,000 to Huigang Company on November 30, 2009, and the second installment of USD 3,837,000 on April 22, 2010. Due to Huigang's failure to deliver the ship within 180 days after the original delivery date, i.e. June 30, 2011 as agreed upon the contract, it constituted a delay in delivery, the Plaintiff issued a notice of cancellation on January 10, 2012, requiring Huigang Company to refund all the money and interest paid by the Plaintiff, but Huigang Company did not make a refund. On February 17 of the same year, the Plaintiff sent a refund request to the Defendant, but the Defendant failed to repay.

On March 16, 2012, the Plaintiff sent an arbitration application to the Defendant, stating that they had already applied for arbitration with the LMAA in accordance with Clause 10 of the Letter of Guarantee for refund. The Plaintiff hold that they had made a refund request under the terms of the Letter of Guarantee for refund, however, the Defendant, as a guarantor, whose failure to pay the installments and interest to the Buyer constituted a breach of contract. Therefore, the

Plaintiff requested the Defendant to repay the debts of USD 14, 227, 000, as well as the corresponding interest and fees.

The arbitral tribunal held that the shipbuilding contract and the Letter of Guarantee were unenforceable and ruled on July 8, 2013 to rejected the Plaintiff's claim. The reasons were as follows: (1) The Plaintiff knew that the signing date of the shipbuilding contract (i. e., December 6, 2006) was falsely recorded, and the actual date was from the end of 2007 to the beginning of 2008; (2) The Plaintiff knew or should have known through the new shipbroker that the purpose of backdating the contract was to circumvent the PSPC Standard; (3) The PSPC Rules were officially adopted by the International Maritime Organization on December 8, 2006, which meant that the shipbuilding contracts signed after December 8, 2006 should be subject to the PSPC Rules. The contract at issue was actually signed right after the adoption of the PSPC Rules, so the new shipbroker proposed to backdate the shipbuilding contract so that the ship would not be subject to the PSPC Standard and coud be able to get certification from the Classification Society. In light of the above facts, it can be found that the Plaintiff did intentionally mislead the Defendant as to the signing date of the shipbuilding contract. The arbitral tribunal held that the PSPC Standard was intended to enhance safety by reducing vessel's structural damage due to excessive corrosion, therefore, the Plaintiff's circumvention of the PSPC Standard was a serious matter. There were fraudulent representations in the shipbuilding contract that misled third parties contrary to public policy, therefore, it was unenforceable. In addition, according to the terms of the Letter of Guarantee for refund, the Defendant's obligation to make payment to the Plaintiff was based on the fact that the Plaintiff had the right to obtain the refund under the shipbuilding contract. However, it was not the case, so the Letter of Guarantee for refund was not a demand guarantee, which meant if the shipyard's refund obligation under the shipbuilding contract was unenforceable; the Defendant's payment obligation under the Letter of Guarantee for refund was also unenforceable.

The Plaintiff claimed that the Defendant had committed negligence when issued the Letter of Guarantee for refund, and requested the Defendant to compensate for the repayment determined in the Letter of Guarantee for refund of USD 14,227,000.

The Defendant raised an objection to the jurisdiction, saying that the dispute at issue had been settled by arbitration in London; therefore, the Court should not accept it. Even if the Plaintiff filed a lawsuit for *culpa in contrahendo*, the dispute which was also a contractual dispute, was still an arbitration issue under the arbitration agreement, therefore, the Court should not accept it. The Plaintiff filed a lawsuit in bad faith which should be rejected.

【Judgment】

Upon hearing the case, the Shanghai Maritime Court held that the Plaintiff's lawsuit was based on the Letter of Guarantee issued by the Defendant on September 12, 2008. Clause 10 of the Letter of Guarantee provided that, this Letter of Guarantee shall be interpreted and governed by English law and any dispute arising out of or in connection with this Letter of Guarantee shall be subject to arbitration in London in accordance with the London Maritime Arbitrators Association Terms. The Plaintiff confirmed that it applied for arbitration in London on May 17, 2012 under the arbitration clause, and the claim was rejected by the London Tribunal. Although the Plaintiff in this case claimed that the gross negligence of the Defendant while signing the Letter of Guarantee caused loss to the Plaintiff, the content of the claim was also a dispute related to the Letter of Guarantee and should be submitted to arbitration for settlement. The Plaintiff's choice of applying arbitration in London not only confirmed the validity of the arbitration clause, but also indicated that the Plaintiff accepted the arbitration clause, not a unilateral declaration of intention made by the Defendant as the Plaintiff stated in the lawsuit. According to the law, if the parties have reached an arbitration agreement and one party files a suit to a Court without declaring such arbitration agreement, after the Court has accepted the case, the other party submits the arbitration agreement before the first hearing, the Court should reject the suit. The dispute at issue had been settled by the LMAA through arbitration and the Court had no jurisdiction over the case.

In summary, the Shanghai Maritime Court ruled to reject the Plaintiff's lawsuit. The Plaintiff appealed against the ruling of the first instance. After hearing, the Shanghai High People's Court determined that the facts were clear and the law was correctly applied in the original ruling. Therefore, the appeal was rejected and the original ruling was upheld. The ruling in this case has now come into effect.

【Analysis】

This case was a common dispute over Refund Guarantee under a shipbuilding contract. With the vigorous development of domestic shipbuilding industry in recent years, it has been common for domestic shipyards to contract shipbuilding business around the world. Generally, due to the influence of supply and demand, during the process of concluding a entursted shipbuilding contract, the entrusting party often holds the discourse power over the content of the contract, including the decision on the dispute resolution, a significant contract clause. Under the contract for shipbuilding commissioned by a foreign party, disputes are generally resolved by arbitration, and London, Singapore and Hong Kong are primarily chosen as the places of arbitration and arbitration institutions. Refund Guarantee, whether in the form of a guaranty contract or a Letter of Guarantee, is essentially a guarantee for the shipbuilding contract under a principal-ancillary relationship.

I. The arbitration clause under a shipbuilding contract does not necessarily extend to a Refund Guarantee

As to whether the arbitration clause under the shipbuilding contract as the main contract applies to the Refund Guarantee, we believe that the Refund Guarantee, as a guaranty contract, is the accessory contract of the shipbuilding contract and is different from the shipbuilding contract in terms of the parties①, the purpose and the nature of legal relations. Therefore, from the perspective of the voluntary and independence of the arbitration agreement, the arbitration clause under the shipbuilding contract cannot bind the parties involved in the Refund Guarantee unless there is evidence indicating that the parties involved in the Refund Guarantee agree in writing to be bound by the dispute resolution clause under the shipbuilding contract. ②

In this case, although there was an overseas arbitration clause under the shipbuilding contract, the parties to the contract were the Plaintiff and Huigang Company, and there was no evidence proving that the Plaintiff and the Defendant agreed to be bound by the arbitration clause under the shipbuilding contract. Therefore, the dispute between the Plaintiff and the Defendant under the Refund Guarantee cannot be resolved by the arbitration clause under the shipbuilding contract, and it should be determined whether the parties expressed their intention to resolve the disputes under the Refund Guarantee by arbitration based on whether there was an arbitration clause between both parties or whether the parties signed an arbitration agreement separately.

Ⅱ. The arbitration clause under the Refund Guarantee shall be effective unless be withdrawn by the contracting parties

The arbitration clause under the Refund Guarantee at issue was a clause for

---

① The party issuing the Refund Guarantee is usually a financial institution authorized to operate foreign guarantee business or a non-financial legal person with compensation capacity; The entities guaranteed usually include domestic enterprises, foreign-invested enterprises, wholly-owned subsidiaries registered overseas by domestic institutions and enterprises with Chinese shares; The beneficiaries usually include overseas institutions and domestic foreign-funded financial institutions.

② The Supreme People's Court has expressed the same point of view in the Huizhou Weitong Real Estate Co., Ltd. v. Huizhou People's Governmen [(2001) MEZ No. 177] and the Reply of the Supreme People's Court for the Inquiry about the Application Made by Chengdu Ubang Stationery Co., Ltd. and Wang Guojian for the Cancellation of the Arbitration Award of Shenzhen Arbitration Commission (2011) SZC No. 601. The same view was expressed in the application made by Chongqing Guohong Construction Engineering Co., Ltd. for the cancellation of the Arbitration Award [(2015) YYZFMT No. 01133] and other cases.

dispute resolution. Article 19 of the *Arbitration Law* stipulates that, "an arbitration agreement shall exist independently, and the validity of the arbitration agreement shall not be affected by the amendment, rescission, termination or invalidation of a contract." The *New York Convention* provides that, "Each Contracting State shall recognize an agreement in writing under which the parties undertake to submit to arbitration all or any differences which have arisen or which may arise between them in respect of a defined legal relationship, whether contractual or not, concerning a subject matter capable of settlement by arbitration." As a State party to the *New York Convention*, China should strictly comply with the relevant provisions. In this case, the independent arbitration clause under the Letter of Guarantee had legal effect from the beginning. The Plaintiff's choice of arbitration in London also confirmed the validity of the arbitration clause, indicating that the Plaintiff accepted the binding effect of the arbitration clause. If the Plaintiff had not previously chosen arbitration in London, but directly file a lawsuit to the Court, and the Defendant waived the right to arbitration and respond to the lawsuit, it may be deemed that the Defendant waived the relevant rights of the original arbitration clause. However, this was not the case, the Plaintiff and Defendant had reached an arbitration agreement, the dispute between the parties arising from the Letter of Guarantee should be submitted to arbitration in accordance with the agreement, and the Court had no jurisdiction over the corresponding dispute.

Ⅲ. The application of arbitration shall not be excluded by claiming *culpa in contrahendo* in contracting the Refund Guarantee

In this case, the Plaintiff applied for arbitration in London, requesting the Defendant to fulfill the refund guarantee obligation set out in the Letter of Guarantee, and the arbitration request was eventually rejected by the LMAA. Subsequently, the Plaintiff filed a lawsuit in an attempt to exclude the application of the arbitration clause by claiming *culpa in contrahendo* in contracting the Letter of Guarantee, arguing that the negligence in contracting the Letter of Guarantee was a breach of the pre-contractual obligation, which was not a dispute under the contract and should not be bound by the arbitration clause under the Letter of Guarantee.

The judgment clearly pointed out that the claim for *culpa in contrahendo* could not exclude the application of the arbitration clause. First of all, according to relevant laws and regulations, in most cases, the reslut of *culpa in contrahendo* is that the parties fail to conclude a contract. If the parties have reached a legal and effective arbitration clause during contract negotiation, the clause is an independent clause of the dispute resolution between the parties, and of course, valid for both parties. In other cases, if a party intentionally conceals material facts or provides false information in the conclusion of a contract, resulting in the invalidation or cancellation of the contract, the party at fault shall be liable for compensating the loss of the other party based on reliance during the valid period of the contract. In this case, Article 57 of the *Contract Law* shall be applied, which states that "the invalidity, cancellation or termination of a contract shall not affect the validity of the dispute resolution clause that independently exists in the contract". Therefore, no matter whether the contracting negligence results in the non conclusion, invalidity or revocation of a contract, it does not affect the validity of the legally established arbitration clause. Second, as agreed in the contract, the arbitration clause under the Refund Guarantee at issue stated that "Any dispute arising out of or in connection with the Letter of Guarantee shall be subject to arbitration in London in accordance with the LMAA Terms". Disputes arising from the negligence of the Defendant in concluding the Letter of Guarantee were also referred to as "any dispute arising out of or in connection with the Letter of Guarantee" in the aforementioned arbitration clause, which of course shall be bound by the arbitration clause.

In the case that both parties had reached an arbitration agreement, the dispute at issue had been resolved through arbitration in London, one party filed a lawsuit to the Court without mentioning there was an arbitration agreement, the other party submitted the arbitration agreement and raised an objection, the Shanghai Maritime Court rejected the Plaintiff's lawsuit. It not only reflects the correct application and understanding of the *New York Convention* and relevant domestic laws, which comply with the legal principle and common sense, but also upholds the parties willingness to arbitrate, and demonstrates the open and transparent image of the Chinese courts that respect and support maritime arbitration.

(Written by ZHANG Liang, Proofread by LI Sirun)

【Case Index】

(2015) HHFSC No. 1755

23. Elim Spring Marine (Hong Kong) Limited v. Shanghai Zunwen Industrial Co., Ltd. for Dispute over Property Preservation

—The Review of Applicant for Property Preservation Measures Submitted by the Parties in Hong Kong Arbitration Proceedings

【Abstract】

This is the first case in the China's mainland to grant an application for property preservation measures in arbitration proceedings in Hong Kong under the *Arrangement Concerning Mutual Assistance in Court-Ordered Interim Measures in Aid of Arbitration Proceedings by the Courts of the Mainland and of the Hong Kong Special Administrative Region* (hereinafter referred to as the "*Arbitration Preservation Arrangement*"). When reviewing the application for preservation measures submitted by the parties in the Hong Kong arbitration proceedings, the maritime court should first clarify whether the case falls in the scope of the jurisdiction of the maritime court, and then examine whether the claimants applying for preservation measures are eligible according to the double determination standards of "locality of the arbitration + specific administrative institution", and then examine whether the procedures for the claimants to apply for preservation measures in arbitration proceedings conform to the provisions of laws and judicial interpretations.

【Facts】

Claimant: Elim Spring Marine (Hong Kong) Limited (hereinafter referred to as

"Elim Spring Marine")

Respondent: Shanghai Zunwen Industrial Co., Ltd. (hereinafter referred to as "Shanghai Zunwen")

In May 2018, the Claimant Elim Spring Marine signed a voyage charter-party with the Respondent Shanghai Zunwen, agreeing that the Claimant, as the lessor, would lease M. V "WANTONG STAR" to the Respondent for transport of a batch of coal from Indonesia to Shanghai. Later, the Respondent cancelled the lease without justified reasons, resulting in heavy losses for the Claimant. The Claimant initiated arbitration on November 30, 2018 as agreed upon in the lease. During arbitration, the parties reached a settlement and signed a settlement agreement on May 10, 2019, stipulating that the Respondent would pay a settlement amount of USD 180,000 to the Claimant within 30 days from signing the settlement agreement to resolve the dispute. Under Article 13 of the settlement Agreement, the parties agreed that "Any dispute arising out of this Agreement shall be referred by arbitration administered by the Hong Kong International Arbitration Centre (HKIAC) under the arbitration rules in force when the Notice of Arbitration is submitted".

After the settlement agreement was reached, the Respondent failed to pay the settlement amount by June 9, 2019 as agreed upon therein, so the Claimant initiated arbitration with HKIAC on July 16, 2019 and the arbitration request was accepted. In order to ensure the realization of its rights, the Claimant forwarded the application for preservation measures in arbitration proceedings to the Court on October 2, 2019, applying for freezing the Respondent's bank deposit of USD 268,600 or sealing, seizing and freezing other equivalent assets of the Respondent. On October 8, 2019, the Court received the letter of transfer and relevant application materials from HKIAC, with the guarantee from Shanghai Branch of PICC Property and Casualty Company Limited.

【Judgment】

Upon hearing the case, the Shanghai Maritime Court held that the Claimant Elim Spring Marine was a party to arbitration proceedings in Hong Kong, before the arbitration award was made, the application for property preservation filed in accordance with the relevant provisions of the *Arbitration Preservation Arrangement* complied with the provisions of the law. Therefore, an order was made to freeze the bank deposits of USD 268, 600 of the Respondent Shanghai Zunwen Industrial Co., Ltd. or to seal, seize and freeze other equivalent assets of the Respondent.

【Analysis】

The *Arbitration Preservation Arrangement*, which came into force on October 1, 2019, was the first document signed by China's Mainland with other jurisdictions in respect of preservation measures in arbitration, promulgated in the form of judicial interpretation on China's Mainland, signifying closer judicial assistance between China's Mainland and Hong Kong Special Administrative Region under the "One Country, Two Systems" policy, and providing specific and operable rules and regulations for the parties of the two places to serve the purpose of arbitration and safeguard their legitimate rights and interests. The provision of assistance of preservation measures in arbitration can help to ensure the enforcement of final awards through preventive remedies, and to fully enable arbitration to play an important role among multiple dispute resolution mechanisms. On October 8, 2019, Shanghai Maritime Court accepted the case of property preservation in Hong Kong arbitration proceedings pursuant to the *Arbitration Preservation Arrangement*, and made a ruling on the same day to grant property preservation measures. This case was the first case of interim measures in Hong Kong arbitration proceedings accepted and awarded by a Mainland court under the *Arbitration Preservation Arrangement*. From the perspective of the trial practice in China's maritime courts, the *Arbitration Preservation Arrangement* has opened up a new path for the parties in Hong Kong arbitration proceedings to apply to the Mainland maritime courts for property preservation, which is significant for guiding and regulating China's maritime courts in examination of the application for property preservation in foreign-related arbitration proceedings.

Ⅰ. Jurisdiction of the Case

Paragraph 1 of Article 3 of the *Arbitration Preservation Arrangement* stipulates that the competent court in China's Mainland shall be the Intermediate People's Court of the place of residence of the respondent or the place where the property or evidence is situated. At the same time, in order to ensure the smooth execution of the final arbitration award, the court accepting the application for preservation measures in arbitration proceedings should be the same as the court accepting the application for the enforcement of arbitration award, so as to better fulfill the role of preservation. The maritime cases are subject to the exclusive jurisdiction of the maritime courts in China's Mainland. Pursuant to the Provisions of the *Supreme People's Court on the Scope of Cases Accepted by Maritime Courts*, cases over the application for recognition and enforcement of maritime arbitration awards in the Hong Kong Special Administrative Region and cases over the application for property preservation in maritime disputes before proceeding are subject to the jurisdiction of maritime courts. The *Notice of Shanghai High People's Court on the Adjustment of Jurisdiction over Cases Concerning Judicial Review of Arbitration in Shanghai Courts* also specifies that the cases over the application for recognition and enforcement of maritime arbitration awards in the Hong Kong Special Administrative Region shall be accepted by the Shanghai Maritime Court.

In this case, the dispute between the Claimant and the Respondent resolved by arbitration was a dispute over a voyage charterparty, a maritime case. Due to the fact that the Respondent Shanghai Zunwen's domicile was in Shanghai, the Shanghai Maritime Court had jurisdiction over this case.

Ⅱ. The qualifications of the applicants for property preservation

Paragraph 1 of Article 3 of the *Arbitration Preservation Arrangement* stipulates that the person entitled to file an application for interim measure in arbitration proceedings is a "party to arbitration proceedings in Hong Kong", and the so-called "arbitration proceedings in Hong Kong" shall meet the following two requirements: First, the locality of the arbitration is in Hong Kong. This is the primary requirement for determining arbitration proceedings in Hong Kong, also the standard adopted by the Hong Kong Special Administrative Region in determining the nationality of arbitration proceedings. Article 5 of the *Hong Kong Arbitration Ordinance* provides that "this Ordinance applies to arbitration under an arbitration agreement, whether or not the agreement is entered into in Hong Kong, if the place of arbitration is in Hong Kong." Second, the arbitration proceedings shall be administered by a relevant institution or permanent office. Paragraph 1 of Article 2 of the *Arbitration Preservation Arrangement* enumerates the requirements for "a relevant institution or permanent office" and stipulates that "The list of such institutions or permanent offices referred to above is to be provided by the HKSAR Government to the Supreme People's Court and be subject to confirmation by both sides." The criteria of the relevant institutions or permanent offices are severely restricted to prevent the parties from abusing the preservation procedures and damaging the legitimate rights and interests of the respondent. The arbitration institutions in Hong Kong currently recognized by the Supreme People's Court and the Department of Justice of the Government of the Hong Kong Special Administrative Region include HKIAC, the China International Economic and Trade Arbitration Commission Hong Kong Arbitration Center, the International Court of Arbitration of the International Chamber of Commerce-Asia Office, the Hong Kong Maritime Arbitration Group, the South China International Arbitration Center (HK) and the eBRAM International Online Dispute Resolution Centre. Therefore, the Arrangement actually clarifies the double identification standards of "locality of the arbitration + specific administrative institution".

In this case, the parties to the contract agreed in the arbitration clause that "the place of the arbitration shall be in Hong Kong" and agreed to submit to the Hong Kong International Arbitration Centre (HKIAC) for arbitration; HKIAC is one of the arbitration institutions in Hong Kong recognized by the Government of the Hong Kong Special Administrative Region and the Supreme People's Court. Therefore, the claimant applying for preservation measures in arbitration proceedings in this case was a "party to arbitration proceedings in Hong Kong" under the *Arbitration Preservation Arrangement*, qualified for application.

Ⅲ. The procedure for applying for preservation measures in arbitration proceedings and the entry into force of the Arrangement

Paragraph 2 of Article 3 of the *Arbitration Preservation Arrangement* provides for the procedure for applying for preservation measures during the arbitration, which refers to the provisions of Article 272 of *Civil Procedure Law* on the preservation measures during the arbitration. Given that the locality of the arbitration was in Hong Kong, it would take a long time to submit the application materials by the arbitration institution in Hong Kong, which was inconsistent with the urgency of preservation measures and is not conducive to the protection of the rights and interests of the parties. Therefore, parties to Hong Kong arbitration proceedings should be allowed to submit the application together with the institution's letter of transfer to the Mainland courts. The Mainland courts can verify the information with the arbitration institutions or the offices.

With regard to the entry into force of the *Arbitration Preservation Arrangement*, in order to maximize the function of judicial assistance and facilitate the enforcement of arbitration awards, the Supreme People's Court has made it clear that parties to arbitration proceedings that have commenced before the *Arbitration Preservation Arrangement* takes effect and have not yet concluded may also apply to the Mainland courts or the Hong Kong Special Administrative Region courts for preservation measures pursuant to the *Arbitration Preservation Arrangement*.

In this case, the Claimant Elim Spring Marine filed arbitration with the Hong Kong International Arbitration Center on July 16, 2019. Although the *Arbitration Preservation Arrangement* had not yet come into effect by then, after which came into force on October 1, 2019, the arbitration was still in the trial stage when the

Claimant applied for property preservation on October 8, 2019. It complied with the provisions of Article 3 of the *Arbitration Preservation Arrangement* regarding the procedure and the entry into force of the application for preservation measures that the claimant submit the application for preservation measures and the letter of transfer issued by the Hong Kong International Arbitration Center to the Shanghai Maritime Court. Therefore, the Shanghai Maritime Court, after duly examining the application, decided to accept and grant the application for preservation measures.

(Written by WEI Yang and TENG Le, proofread by YANG Xian)

【Case Index】

(2019) H72CB No. 298

24. China Ping An Property Insurance Co., Ltd. Shanghai Branch v. China CPIC Co., Ltd. Zhenjiang Central Branch et al. for the Objection to Enforcement by a Person Which is Not a Party to the Case

—Validity of the Claiming Period Clause under NVOCC Deposit Liability Insurance

【Abstract】

Most NVOCC Deposit Liability Insurance (hereinafter referred to as "NVOCC Insurance") includes claim period, which means the claimant must sue the insured and obtain a valid judgment within the insurance period. Such clauses, which unreasonably exempt the insurer from primary liability, impose excessive liability on the claimant, but exclude the primary rights of the claimant, are contrary to the principle of good faith and should be declared invalid.

【Facts】

Plaintiff: China Ping An Property Insurance Co., Ltd. Shanghai Branch (hereinafter referred to as "Ping An")

Defendant: China CPIC Co., Ltd. Zhenjiang Central Branch Company (hereinafter referred to as "CPIC")

Third Party: Shanghai Wangjia International Freight Forwarding Co., Ltd. (hereinafter referred to as "Wangjia")

Ping An, as the insurer, has successively issued two NVOCC Insurance policies for Wangjia, in which both the policyholder and the insured were Wangjia, valid from September 25, 2013, to September 24, 2014, and from September 25, 2014, to September 24, 2015, respectively, covering the NVOCC deposit liability, with a cumulative liability limit of RMB 800,000. Article 3 of the insurance clauses stipulates that, if, during the insurance period or the retroactive period as stated in the insurance contract, the insured causes the loss of the principal due to non-performance of the carrier's obligations or improper performance of the obligations, the insured shall be liable for financial compensation after a judicial judgment or an arbitral award made by a judicial ruling. Suppose it is necessary to request assistance from the competent transport department under the State Council for execution through judicial procedures during the insurance coverage period. In that case, the insurer shall be liable for compensating at the amount agreed upon in this insurance contract after receiving a written payment order from the competent transport department under the State Council.

On January 25, 2014, Jiangsu Fanhua Export-Import Co., Ltd. (hereinafter referred to as "Fanhua"), as the insured, insured the consigned cargo to CPIC, covering all risks, at the insured amount of RMB 1,539,560. The cargo was loaded and transported by the vessel "HONG HAO V.1401" which set sail on January 26, 2014, on a route from Shanghai to the Port of BANDAR ABBAS, Iran. On January 26, 2014, Wangjia as the carrier issued the original bills of lading for the relevant cargo. On February 20, 2014, due to severe weather and sea conditions, the cargo containers of Fanhua fell into the sea from the "HONG HAO". On August 5, 2014, Fanhua received an insurance indemnity of RMB 1,399,600 and issued a subrogation receipt to CPIC.

In another case, on March 9, 2015, CPIC filed a lawsuit concerning its dispute with Wangjia and HONG UNION SHIPPING LIMITED ("HONG HAO" time charterer) over a contract of carriage of goods by sea, the Shanghai Maritime Court rendered a Civil Judgment [(2015) HHFSC No. 389] on August 24, 2015. CPIC appealed against the Civil Judgment. On June 29, 2016, the Shanghai High People's Court made the final judgment [(2015) HGMSZZ No. 111], ordering that

Wangjia should compensate CPIC for the loss of goods of RMB 1399, 485. 20 and the loss of interest.

CPIC applied for enforcement of the final judgment, and after the Shanghai Maritime Court accepted the case, it issued a notice of assistance in enforcement and an enforcement notice to Ping An Insurance, requiring Wangjia to transfer the NVOCC deposit liability limit of RMB 800, 000 to the Court's escrow account, along with the debt interest during the delayed performance period. Ping An transferred the corresponding amount to the escrow account of Shanghai Maritime Court as required by the notice of assistance in enforcement, and raised an enforcement objection, believing that CPIC failed to file a claim within the coverage period falling under the conditions of claim settlement, therefore, requesting to revoke the notice of assistance in enforcement issued by Shanghai Maritime Court in the Case [(2016) H72Z No. 436]. On June 29, 2017, the Shanghai Maritime Court issued the Enforcement Ruling [(2017) H72ZY No. 6], rejecting the enforcement objection raised by Ping An.

It was also found that in January 2012, Ping An provided the Ministry of Transport with the business license, organization code certificate, filing forms with the China Banking and Insurance Regulatory Commission, and underwriting commitment letter required for underwriting NVOCC Insurance. Under the underwriting commitment letter, Ping An promised to undertake NVOCC Insurance in strict accordance with the requirements of the Ministry of Transport under the *Notice on the Operational Measures for the Deposit Liability Insurance System for NVOCC*, to ensure the authenticity and effectiveness of the issued insurance policies, insurance premium invoices and related documents. In the case of claims made by NVOCC requesting judicial assistance, where the competent transport department under the State Council has approved that compensation should be made, the compensation shall be transferred to the account designated by the judicial organ within seven working days after a written notification letter of compensation is sent, and Ping An shall not refuse to make compensation on the grounds of non-performance of the obligations by NVOCC stipulated in the insurance clauses.

Ping An claimed that it was agreed in the terms of insurance at issue taken out by Wangjia from Ping An that: "If, during the insurance period or the retrospective period specified in the insurance contract, the insured fails to perform the obligations as the carrier or improperly performs its obligations in the course of its NVOCC Business, resulting in losses to the principal, the insured shall be liable for financial compensation after a judicial judgment or an arbitral award made by a judicial ruling. Suppose it is necessary to request assistance from the competent transport department under the State Council for execution through judicial procedures during the insurance period. In that case, the insurer shall be liable for making compensation as agreed upon after receiving a written payment order from the competent transport department under the State Council." In this case, given that CPIC applied for enforcement and the Court issued a notice of assistance in enforcement to Ping An after the expiration of the insurance period, therefore, Ping An should not make compensation. Ping An accordingly objected to the Court, and the Court ruled to reject such objection. Ping An hereby requests confirmation that it is not required to assist in the enforcement of the Case [(2016) H72Z No. 436] in the Shanghai Maritime Court, and to an insurance indemnity of RMB 800,000 be paid to CPIC.

CPIC argued that, first, Wangjia did not apply for withdrawal from NVOCC Business operation according to the provisions of the competent transport department, therefore, Ping An was not eligible for being exempt from its insurance payment obligations; Second, NVOCC Insurance was taken out in replacement of the original NVOCC deposit, actually a guarantee of RMB 800,000 provided by Ping An for the benefit of Wangjia; Third, the insurance clauses at issue concerning the exemption of Ping An from its obligations made by Ping An unilaterally invalid were invalid, contrary to the NVOCC deposit system, infringing on the legitimate rights and interests of CPIC; Fourth, according to the provisions of the competent transport department, the insurer cannot be required to perform the liability for compensation unless the effective judgment is passed by the judicial organ. CPIC sued Wangjia for compensation during the insurance period, however, the valid judgment was not issued until June 2016 after the trial of such lawsuit brought by CPIC. It was objectively impossible for CPIC to request compensation from Ping An during the insurance coverage period. To sum up, a request was made to the Court to reject the claims made by Ping An.

【Judgment】

After hearing, Shanghai Maritime Court ruled that the case involved a lawsuitover objection to enforcement by a party not involved in the case. The main focus was whether Ping An could claim compensation under Article 3 of the insurance clauses, as the court had not requested its assistance during the insurance coverage period. As a result, it refused to pay compensation. The claim made by Ping An was not supported by evidence. The terms of the insurance contract at issue were prepared in advance by Ping An for repeated use as part of the standard terms. From the perspective of the agreements in the insurance policies and insurance clauses at issue, the insurance was a liability insurance in nature. Article 3 of the insurance clauses not only requires the person owed money by the insured to submit a claim while the insurance is still in effect and to receive a valid judgment within that timeframe. The insurer was also required to help with enforcement through legal procedures. This agreement was a special clause created by the insurer, contradicting the standard industry practice and general understanding of insurance.

In this case, the insurance contract at issue was concluded between Ping An and Wangjia, but the insurer's primary responsibility was to make compensation to the right holder of Wangjia. In this case, CPIC as the creditor of Wangjia was also the claimant of the insurance contract at issue. Ping An entered into the contract with Wangjia through negotiation, they shall not only follow the principle of autonomy of will but also the principle of equality to determine the rights and obligations of both parties. When the terms of the contract at issue involved the rights and obligations of a claimant, who was an outsider, especially those restricting the rights of the claimant, and the claimant at the time of the conclusion of the contract was a potential non-specific object ineligible for negotiation, it was more necessary to put forward higher requirements for the rationality of the relevant terms and required the contract parties to draw up the contract terms in the principle of good faith. In this case, since CPIC made a claim against Wangjia, filed a lawsuit and received the first-instance judgment within the term of the insurance contract, there was no neglect in the exercise of rights. Since the case has gone through the trials of the first and second instance, the effective judgment has been issued beyond the term of the insurance contract. The trial time of the Court is an uncertain factor beyond the control of CPIC, therefore, Ping An's refusal to pay compensation on this basis is unfair and unreasonable to CPIC.

In summary, Article 3 of the insurance clauses at issue, "the insured shall be liable for financial compensation after a judicial judgment or an arbitral award made by a judicial ruling. If it is necessary to request assistance from the competent transport department under the State Council for execution through judicial procedures during the insurance period..." exempted Ping An from the primary liability unreasonably, imposed excessive liability on CPIC, and excluded the primary rights of CPIC, contrary to the principle of good faith, it should be declared invalid. Ping An's claim that no compensation should be made by invoking this clause was short of evidence.

In conclusion, the Shanghai Maritime Court ruled to reject the claims made by Ping An. Ping An was unsatisfied with the first-instance judgment and appealed to the Shanghai High People's Court, which rejected the appeal and upheld the original judgment. The judgment in this case has now come into effect.

【Analysis】

I. Development of NVOCC deposit liability insurance system

NVOCC Business refers to the international maritime transport business in which a NVOCC accepts the consignment from shippers as a carrier, issues bill of lading or other transport documents in its name, and collects freight from the shipper to complete the international maritime transport through the operator of international vessel transport during performance of the responsibility as a carrier. In recent years, China's NVOCC Business has grown quickly. According to the list of NVOCC published by the Ministry of Transport in 2014, the number of registered NVOCC has exceeded 5,000. Since NVOCC does not transport goods by sea with their own vessels, in the event of a breach of contract during business operations, the rights of relevant stakeholders such as shippers cannot be guaranteed. To this end, for the operation of NVOCC Business in China, such as the application to the Ministry of Transport for the B/L registration, it is required to submit a written application to the Ministry of Transport and to pay RMB 800,000 as a deposit as required by the Ministry of Transport. If a NVOCC fails to perform the obligations as a carrier or improperly performs the obligations, the RMB 800,000 deposit may be offset against compensation by the judgment instrument in force made by the judicial organ or the award of the arbitral institution ruled by the judicial organ to be enforced.

To improve the NVOCC management system and ease the financial burden on NVOCC, the Ministry of Transport issued the *Notice on Trial Implementation of Deposit Liability Insurance Concerning NVOCC* in 2010. It was decided to introduce the deposit liability insurance system on a trial basis, alongside the existing deposit options for NVOCC to choose from. Since November 1, 2010, NVOCC has been able to become NVOCC operators by insuring NVOCC Insurance. On September 30, 2013, the Ministry of Transport released *the Notice on the Operational Measures for the Deposit Liability Insurance System for NVOCC*. It mentioned that NVOCC Insurance, NVOCC deposit, and NVOCC guarantee letter can be used as proof of financial liability by NVOCC qualification applicants, and they exist concurrently for the applicants' selection. If a NVOCC fails to perform the obligations as a carrier or improperly performs the obligations, and the liability for compensation should be made according to the judgment already made in force by the judicial organ or the award of the arbitration institution ruled by the judicial organ, deposits shall not be used for the performance of liabilities other than compensation. The judiciary will directly oversee property preservation and the enforcement of valid judgments and arbitration awards through the insurance institution. The Ministry of Transport will be promptly notified of the results in writing.

At the same time, according to the relevant provisions of the Ministry of Transport, the insurance institution that underwrites NVOCC Insurance must be registered in the territory of the People's Republic of China and recognized by the China Insurance Regulatory Commission, with the relevant insurance products recognized by the Ministry of Transport and submitted to the China Insurance Regulatory Commission for approval or filing.

Ⅱ. Characteristics of insurance liability clauses under NVOCC deposit liability insurance

Where PICC, Ping An, Yongcheng, and other insurance institutions are engaged in the business of NVOCC Insurance, they shall adopt the same form of insurance clauses, in which the insurance liability column stipulates that, if, during the insurance period or the retrospective period specified in the insurance contract, the insured fails to perform the obligations as the carrier or improperly performs its obligations in the course of its NVOCC Business, resulting in losses to the principal, the insured shall be liable for financial compensation after a judicial judgment or an arbitral award made by a judicial ruling. Suppose it is necessary to request assistance from the competent transport department under the State Council for execution through judicial procedures during the insurance period. In that case, the insurer shall be liable for compensating at the amount agreed upon in this contract after receiving a written payment order from the competent transport department under the State Council. These clauses are featured in three ways:

First, set unreasonable restrictions on insurance claims. These clauses not only establish a deadline for the claims made by the insured's creditor but also mandate the court and arbitration institution to deliver a valid judgment or award within the insurance period. Additionally, the insurer is required to provide compensation through enforcement procedures within the same timeframe. Under the above conditions, except that the time for filing a claim can be met by the insured's creditor through the timely exercise of rights, the other conditions are uncertain factors beyond control which cannot be decided by human factors. According to the judicial proceedings, a judgment can be made after the first instance, the second instance, and other procedures. The time required depends on factors like the complexity of the case and the actual conditions of the trial, which are beyond an individual's control. In other words, no matter how actively the insured acts, they are likely to fall below the restrictive conditions of the insurance clauses at issue, and such restriction on rights is obviously unreasonable.

Second, such clauses substantially exempt the insurer from primary liability, imposing excessive burden on the claimant and excluding the essential rights of the claimant. Although such clauses are not listed in the "Disclaimer of Liability" under the insurance clauses, they essentially serve as a special agreement to exempt the insurer from liability. The insurer would not have to provide compensation if the claim conditions deviate from the standard practice and general cognition of the insurance industry. Similarly, the clauses imposed unreasonable restrictions on the claimant directly resulting in the exclusion of some of the principal rights from the claimant to claim compensation according to the insurance contract.

Third, such clauses that deviate obviously from the purpose of the contract may make the liability insurance mechanism for NVOCC ineffective. The Ministry of Transport requires enterprises applying for NVOCC Business qualifications to pay a deposit. This is because NVOCC does not transport goods with their own vessels, and in case of a breach of contract, the ability of NVOCC to bear the responsibility may be insufficient. A deposit not only helps protect the interests of shippers, but also serves as the basis for shippers to trust and choose NVOCC. NVOCC Insurance system is an alternative form of NVOCC deposit. It not only frees up NVOCC's cash flows but also serves a similar purpose as the deposit. The carriage of goods by sea often brings greater risks, NVOCC may face large amounts of compensation in the performance of their obligations as carriers and are often unable to continue as a going concern due to their inability to make compensation in the face of compensation lawsuits. Under such circumstances, liability insurance is one way for the stakeholder to protect their rights and enforce the creditor's rights. The limitation on the claim conditions of NVOCC creditors set in the insurance clauses at issue weakens or even vacuums the above functions of NVOCC Insurance in essence, thus arousing the public's doubts as to the value and significance of this product. Therefore, these clauses contradicted the purpose of the contract.

Ⅲ. Validity of theclaiming period clause under NVOCC deposit liability insurance

Most liability insurances adopt the accident occurrence system to determine the insurer's insurance liability period, that is, as long as the insured accident occurs within the insurance period, the insurer will be responsible for the agreed-upon insurance liability. Some of insurance contracts also adopt the claim-made basis, such as Article 3 of the *China Insurance Industry Association Medical liability Insurance Model Clauses* (Section A Claim-Made Basis) which states that: "If, during the insurance period and the retrospective period specified in a insurance policy, the insured and the medical personnel specified in the insurance policy cause personal injury to the patient due to negligence during the diagnosis and treatment activities consistent with their diagnosis and treatment subjects and the professional qualifications of the medical personnel, during the insurance period, the patient shall, for the first time, file a claim for damages against the insured..." As can be seen from the above clauses, the claim-made basis in liability insurance means that if the insurer's creditor files a claim for damages against the insured for the first time within the insurance period or the retroactive period agreed upon in the insurance contract, the insurer shall make compensation in accordance with the agreement, rather than requiring the insurer's creditor to make a claim to the insurer during the insurance period. The clauses under which the claimant must sue the insured within the insurance period in NVOCC Insurance are not part of the accident occurrence system or the claim-made basis in the ordinary sense.

In the standard liability clauses of the insurance institution that provides NVOCC Insurance, the claimant must not only file a lawsuit against the insured during the insurance period but also obtain a valid judgment and apply for enforcement within the same period. No compensation will be provided until the enforcement court notifies the insurance company. The claimants only have control over claiming their rights against the insured in time, while the timing of the final effective judgment is out of control. In this case, the claimant filed a lawsuit against the insured during the insurance period. The first-instance judgment was issued during the same period, but the second-instance judgment was made after the insurance period had ended. The occurrence of this situation is not within the control of the claimant, it is determined by the characteristics of the lawsuit, the claimant can only decide when to commence a lawsuit in the court, but can not decide when an effective judgment will be made.

In conclusion, the claim limitation specified in the NVOCC Insurance is not generally understood by the public in terms of insurance products. The obviously unreasonable restrictions set for insurance claim settlement essentially exempted the insurer from the primary liability, imposed excessive liability on the claimant, and excluded the primary rights of the claimant, in obvious deviation from the purpose of the contract, substantially weakening or even vacuuming the above functions of NVOCC Insurance in essence; thus, arousing the public's doubts as to the value and significance of the product, and rendering the liability insurance mechanism for NVOCC useless. The declaration of the insurance clauses at issue invalid can not only safeguard the legitimate rights and interests of the claimant in the case but also guide and correct the management of social public affairs through judicial judgment; it is of positive significance for the NVOCC Business management and the sound and orderly development of NVOCC deposit liability insurance.

(Written by ZHANG Jian, Proofread by JI Ruhan)

【Case Index】

(2017) H72MC No. 2203

25. Jiangsu Ruida Marine Food Co., Ltd. v. the People's Government of Dafeng District, Yancheng City and the Bureau of Natural Resources and Planning of Dafeng District, Yancheng City for Disputes over Administrative License for the Right to Use Sea Areas

—Identification of Validity When Administrative Agreements are in Conflict with Laws and Regulations

【Abstract】

If any supplement or change to an administrative agreement or exclusion of the relevant laws and regulations from an administrative agreement forms an apparent "conflict" resulting in disputes over validity, reference to administrative law and contract law should be made to examine whether the administrative agreement violates the mandatory provisions and whether the intention of the parties to the agreement is true. Article 26 of the *Sea Areas Administration Law* provides that the holder of the right to use sea areas has the right to apply for renewal before the expiration of the term, but if there is an administrative agreement between the government and the right holder that the term of the right to use sea areas will not be renewed after the expiration thereof, the agreement is an agreed waiver of the holder's right to apply for renewal, not in violation of the mandatory provisions of laws and regulations, and shall be deemed valid.

【Facts】

Plaintiff: Jiangsu Ruida Marine Food Co., Ltd.

Defendant: People's Government of Dafeng District, Yancheng City (hereinafter referred to as "Government of Dafeng District")

Defendant: Bureau of Natural Resources and Planning of Dafeng District, Yancheng City (hereinafter referred to as "Bureau of Natural Resources of Dafeng District")

In August 2015, the Plaintiff signed a contract with the Defendant Bureau of Natural Resources of Dafeng District, through bidding for the transfer of the right to use the porphyra farming sea area in Dongsha, for a term of three years, and the contract stated that: "The right to use the sea area is terminated upon the expiration of the Contract, and will not be renewed." In May 2018, the Plaintiff received a reply on the non-renewal of the right to use the sea area from the Bureau of Natural Resources of Dafeng District, stating that its report on the application for the renewal of the right to use the sea area has been received, but that the contract for the right to use the sea area has clearly stipulated that the right to use the sea area will not be renewed upon the expiration of the term. After that, the Bureau of Natural Resources of Dafeng District issued a notice on cleaning up porphyra farming in Dongsha to the Plaintiff, requiring the holder of the right to use the sea area to immediately stop porphyra farming and dismantle all artificial facilities and equipment upon the expiration of the term.

The Plaintiff claimed that the above contract violated the provisions of Article 26 of the *Sea Areas Administration Law*, which stipulates that the owner of the right to use the sea area has the right to apply for renewal before the expiration, and the application for renewal shall be approved unless it is necessary to recover the right for the public interests or national security. Therefore, the Plaintiff sued for judgment of the two defendants to perform their statutory duties and renew the right to use the sea area for the Plaintiff according to law.

The Defendant, Government of Dafeng District, argued that the contract for granting the right to use the sea area at issue and the certificate of the right to use the sea area stated that the right to use would not be renewed upon the expiration of the term, and the application for renewal should not be applied to the right to use the sea area obtained through bidding. Given the fact that the porphyra farming sea area in Dongsha overlaps with or is adjacent to the Yancheng Wetland Rare Birds National Nature Reserve, porphyra farming in this area goes against the relevant laws and regulations on the administration of the nature reserves, besides, the aquaculture in the experimental areas of the nature reserves cannot be done without the approval of the management departments ofthe nature reserves. The Dafeng District Government once applied to the management departments of the nature reserves, but got denied. Therefore, porphyra farming is not allowed within the scope of reserves. During 2018, the application for Yancheng Yellow Sea Wetland as a World Natural Heritage was in progress, while the Dongsha farming area overlaps with or is adjacent to the nominated site of the Yellow Sea Wetland applied for World Natural Heritage, therefore, the continuation of porphyra farming in the area is not conducive to the protection of the heritage site. The Defendant never said that it would ban the porphyra farming, except for the areas prohibited from aquaculture development according to the legal provisions, which certainly cannot be transferred for farming; for other sea areas, an decision shall not be made until expert argumentation. Therefore, the Plaintiff's claim was requested to be dismissed.

The Defendant, Bureau of Natural Resources of Dafeng District, argued that the Plaintiff had applied for renewal, it gave a reply not to renew the term for the right to use, which was in accordance with the law. We agree with all the arguments of the Defendant, Bureau of Natural Resources of Dafeng District.

【Judgment】

After hearing, Shanghai Maritime Court held that the main dispute over the case lied in whether the Plaintiff had the right to apply for renewal, and whether the two Defendants had factual and legal grounds for refusing to renew the application.

The contract for granting the right to use the sea area made it clear that: "The right to use the sea area is terminated upon the expiration of the contract, and will not be renewed." There was no fraud or coercion in the signing of the contract. The Plaintiff should have been aware of and understood the meaning of the contract terms. By participating in the bid and signing the contract, Ruida Company accepted the restrictive conditions of the bidding scheme. Article 26 of the *Sea Areas Administration Law* is a provision on the application for renewal of the right to use sea areas under normal circumstances, which is not mandatory, and does not exclude the government authorities and the holder of the right to use sea areas from deciding whether to renew the right to use after the expiration of the right as clearly agreed upon in the contract. Due to the scarcity of the national natural resources, the transfer of the right to use sea areas by the government organs through regular bidding is designed to promote the optimal allocation of natural resources by the market-oriented means, maximize the protection and reflection of the value of the state-owned assets in a competitive way, manifesting the government's exercise of the management power in the transfer of the right to use sea areas in a more open and transparent manner. In particular, considering that the sea area at issue is adjacent to the national nature reserve, Yancheng Yellow Sea Wetland and the marine ecological redline, it is uncertain whether the sea area at issue is continuously available for cultivation and development. It is reasonable for the government to make certain restrictions on the transfer of the right to use the sea area with this provision, not in violation of the mandatory provisions of laws and regulations. In conclusion, Shanghai Maritime Court ruled against the Plaintiff's claim.

After the first instance judgment was made, none of the parties filed an appeal. The judgment in this case has now come into effect.

【Analysis】

I. The concept and identification of validity of administrative agreements

Administrative Agreements Combine Administrative and Agreements Characteristics, and is an administration mode in combination of contractual administration and negotiated administration. In judicial practice, there are four elements to define the administrative agreement: First, the subject, that is, one party must be the administrative organ, the other party must be the administrative counterparty; Second, the purpose, that is, for achieving the goal of administrative management or public service; Third, the content, the content of the agreement must contain rights and obligations in administrative law; Fourth, the meaning, that is, the parties must reach a consensus through consultation. Article 1 of the *Stipulations of the Supreme People's Court on Several Issues in the Trial of Cases Concerning Administrative Agreement* (hereinafter referred to as "the *Stipulations of Administrative Agreement*"), which came into effect on January 1, 2020, specifically defines administrative agreements, that is, for the purpose of Paragraph 1(11), Article 12 of the *Administrative Procedure Law*, "administrative agreement" means an agreement containing the rights and obligations under the administrative laws which an administrative organ concludes with a citizen, legal person, or any other organization through consultation, in order to achieve the goals of government administration or public services, which makes the definition of the administrative agreement finally clear after several years. Given that the contract for granting the right to use sea areas in this case was concluded between the administrative organ performing its duties and the administrative counterparty, the subject matter and content thereof contained the rights and obligations under the administrative laws for the purpose of achieving administrative management objectives and public services, it was an administrative agreement.

In accordance with Article 12 of the *Stipulations of Administrative Agreement*, where there are major and obviously illegal circumstances in the administrative agreement as provided for in Article 75 of the *Administrative Procedure Law*, the people's court shall confirm the administrative agreement as invalid. The people's court may confirm the invalidity of an administrative agreement under civil legal norms. In the administrative agreement litigation, in order to ensure that an administrative agreement achieves the purpose of administrative management, reference shall be made to the "significant and obvious" standards for determining the invalidation of an administrative agreement①: First, for the administrative act reflected in the form of an administrative agreement, the provisions of Article 75 of the *Administrative Procedure Law* on invalid administrative acts should be fully applied; Second, for the application of civil laws to regulate the invalidity of contracts, attention should be paid to the characteristics of administrative litigation, and an administrative agreement is only confirmed to be invalid to the extent that the "significant and obvious" illegal standards are reached; Third, the effectiveness of the administrative agreement should be promoted as much as possible, and the administrative agreement should resume its validity by correcting the defects as much as possible. On this basis, the determination of whether an administrative agreement is invalid starts from the following aspects: (1) Whether the administrative agreement falls into any significant and obvious illegal situations as stipulated in Article 75 of the *Administrative Procedure Law*, such as "the implementing subject is unqualified as the administrative subject or has no basis". (2) Whether the administrative agreement can be deemed invalid in accordance with the provisions of the contract law, including whether one party concluded the contract by means of fraud or coercion, detrimental to the interests of the state or through malicious collusion, detrimental to the interests of the state, a collective or a third party; or concealed illegitimate purposes under the guise of legitimate acts; caused damage to the public interest; or violated the mandatory provisions of laws and administrative regulations.

II. The administrative agreement at issue not in violation of the mandatory provisions of laws and regulations

In this case, the Plaintiff claimed that the agreement on "not to renew after expiration" of the administrative agreement at issue was contrary to Article 26 of the *Sea Areas Administration Law*, "in violation of the mandatory provisions of laws

---

① See Liang Fengyun, *Several Rules for the Trial of Validity Confirmation of Administrative Agreements*, available at the "Administrative Law Enforcement and Administrative Trial" Wechat Public Account, published on July 8, 2019, visited on June 9, 2020.

and administrative regulations" and should be deemed invalid.

The so-called "mandatory provisions", as opposed to arbitrary provisions, cannot be changed or excluded from application at will. Mandatory provisions require that the parties must engage in or not engage in a certain act, within the scope of the code of conduct. To determine whether a provision is mandatory, reference can be made to formal standards to determine whether it is mandatory based on such words as "should", "must", "shall not" and "prohibit" contained in the provision, but not simply based on formal standards. Specifically, a certain legal provision may involve regulations on the behavior ofdifferent subjects, and whether it is a mandatory provision needs to be analyzed in the light of different subjects. A legal provision may set rights for one subject but obligations for another subject, and it cannot be generally judged as mandatory for both different subjects.

Article 26 of the *Sea Areas Administration Law* provides that when the term for using the sea area expires, the right holder may, if he needs to continue the use of the sea area, shall apply to the people's government that approved the use of the sea for renewal no later than two months prior to the expiration. Unless for public interest or the security of the state which necessitates the withdrawal of the right to use the sea areas, the people's government that made the approval shall approve the renewal. The word "shall" appears twice in this article, is to be understood as a mandatory provision. But mandatory provisions cannot be understood in general terms. Under the above provisions, if the holder of the right to the use sea areas has the right to apply for renewal, and makes an application within the statutory time limit, as long as the above two conditions are met, the government shall "mandatorily" grant the renewal unless for special reasons. On this occasion, the provision is mandatory for government authorities. However, for the holder of the right to use the sea area, whether to apply for renewal is a right rather than an obligation, he can choose whether to apply for renewal at his own discretion, or choose to give up the right to apply for renewal in advance. The provisions on the right to apply for renewal are not mandatory provisions. In fact, what needs to be discussed in this case is the validity of the stipulation in the administrative agreement on waiver of the right to apply for renewal of the right to use sea areas. In the case that the holder of the right to use the sea area has given up the right to apply for renewal, Article 26 of the *Sea Areas Administration Law* should have not been applied to the case, and naturally there was no administrative agreement in violation of the mandatory provisions.

Whether the agreement on waiver of the right to apply for renewal of the right to use sea areas is valid in the administrative agreement at issue is the focus of the case. Application for renewal is a right, which can be waived, and there are no legal circumstances under which the waiver of a right should be rendered invalid. As to whether the agreement on waiver of the right is manifestly unfair, seriously misunderstood, etc., it is revocable. The administrative agreement at issue was concluded under the condition that after the announcement of the bidding scheme, the Plaintiff participated in the bidding according to the bidding scheme, free from fraud or coercion in the conclusion of the relevant contract. The Plaintiff should have known and understood the meaning of the relevant terms of the contract, that is, upon expiration of the right to use sea areas, it would not be renewed, bidding and tendering would be re-organized, in consistency with the objective transfer of the sea area at issue through bidding and tendering, therefore, the administrative agreement was of certain rationality.

Ⅲ. Judicial discretion in the identification of validity of administrative agreements

Administrative agreement is featured in administration (under public law) and agreement (under private law). Administration is the fundamental attribute that distinguishes an administrative agreement from a civil contract, while an agreement requires the freedom of negotiation and autonomy of will between administrative authorities and administrative counterparties. The so-called "administration" in the administrative agreement is a kind of contractual administration or negotiated administration, if all the behavior of both parties is regulated in accordance with laws and regulations, there is no need to sign an administrative agreement. In other words, the characteristics and value of administrative agreements determine that they have the functional characteristics of supplementing, changing or even excluding the provisions of laws and regulations at the time of their emergence. An administrative agreement is different from traditional administrative act, it can not copy the relevant provisions of administration completely, otherwise, there may be system confusion and even system violation. ② In judicial trial, an administrative agreement should be prudently reviewed where the administrative agreement is inconsistent with the provisions of administrative laws and regulations, unless against the mandatory provisions of law and obviously detrimental to the legitimate rights and interests of the counterparty or the interests of the state, the collective or a third party, the administrative agreement should not be easily determined to be invalid. In this case, the considerations for confirming the validity of an administrative agreement are as follows:

First, the administrative counterparty has the right to dispose of some of its substantive or procedural rights under the administrative agreement. Of course, the Court needs to examine whether the right at disposal of the administrative counterparty is a legitimate right, and whether the disposal of such right violates the mandatory provisions of the law or goes against social order and good customs. In addition, whether the intention as to the disposition of rights is true or not should also be examined, such as whether the government organ forces the administrative counterparty to give up rights by taking advantage of its dominant position, or whether there is a major misunderstanding, unconscionability and so on. In this case, it was not the first time the Plaintiff participated in the bidding for the right to use the sea area at issue; it has previously obtained the right to use the sea area through bidding, and regained the right to use the sea area in the same way upon the

---

② See Ma Jinliang, *Administrative Agreement Entangled Between Administration and Agreements*, China Law Review, Issue 1, 2017.

expiration of the three-year period. The Defendant has clearly indicated in the tender announcement and other public documents before bidding and tendering that the term of the right to use is three years and will not be renewed after the expiration. Therefore, there was no fraud, duress, or other circumstances that would have rendered the declaration of intention to be untrue.

Second, government authorities have the right to enhance the efficiency and profitability of natural resource management in a lawful manner. Government authorities, on behalf of the state, exercise the functions and powers of administration over the state's natural resources, and the proceeds from the compensated transfer of the right to use sea areas shall be owned by the state. It is the responsibility of government authorities to maximize the benefits from the use of natural resources on a lawful and reasonable basis. Management of national natural resources through bidding and tendering is not only conducive to efficient utilization of resources, but also conducive to the improvement of the profits from resource utilization; it is a management way worthy to be affirmed. In the case of the transfer of the right to use sea areas through bidding and tendering, there is no clear provision on whether the right of use can be renewed through application after the expiration of the term. However, considering that the price for natural resources is increasing year by year, the method for transfer in installments and bidding and tendering at maturity is obviously more in line with market demand, andthe three-year period has also taken into account the stability of sea area use. In addition, the use of offshore waters is often affected by changes in national marine environment protection, regional planning and other policies, laws and regulations, it is of a certain degree of uncertainty. It is reasonable to limit the period for use of sea areas, helpful for improving the efficiency of administrative management and reducing a series of problems such as management difficulty and costs as a result of changes in policies and laws.

Third, respecting for the administrative agreement is conducive to maintaining the credibility and stability of the government, and is also the embodiment of the principle of good faith in the administrative agreement. Respecting for the provisions of the administrative agreements is not only a requirement for the administrative counterparty, but also an obligation binding on the administrative authorities. We can either manage marine resources in the traditional way of authority or in the form of an administrative agreement. However, once a contract is adopted, relief should be sought under the framework of the contract, and no claim that the agreement is invalid should be made due to inconsistency with the legal provisions. The bidding scheme for the right to use the sea area at issue is publicized to the public, including individuals and enterprises with potential intention to use the sea area, and the sea area at issue has been operated in this way for years, with a common understanding reached among relevant enterprises and individuals in the local area. Easily dismissing the validity of the administrative agreement is not only a blow to the public trust of the government, but also an injury to social integrity. At the same time, the limitation on the term for use of the sea area is necessarily reflected in the tender price, and removal of such limitation is clearly unfair to those who have used the sea area under this agreement and to others who have not obtained the right to use the sea area.

(Written by ZHANG Jian and BAO Haiyue, Proofread by SUN Yanan)

【Case Index】

(2019) H72XC No. 19

26. Tao Moumou v. Shanghai Baoshan Water Bureau and Shanghai Baoshan People's Government for being Dissatisfied with the Administrative Penalty and Reconsideration

—Identification of Joint Illegal Sand Minging & Applicant of Law on Penalty

【Abstract】

The four subjective and objective elements should be comprehensively considered when it comes to identification of joint illegal sand mining. If there is evidence indicating that the sand transporting ship cooperated with the unlicensed sand mining ship on sand mining, the sand transporting ship should bear the burden of proof as to no subjective intention to violate the law jointly with the sand mining ship. Article 25 of the *Implementation Measures for the Management of Sand Mining in the Yangtze River Channel* remains valid for the definition of joint and illegal sand mining; however, the penalty thereon should be subject to Article 91 of the *Yangtze River Protection Law*.

【Facts】

Plaintiff: Tao Moumou

Defendant: Shanghai Baoshan Water Bureau (hereinafter referred to as "Baoshan Water Bureau")

Defendant: Shanghai Baoshan People's Government (hereinafter referred to as "Baoshan Government")

In the early morning of March 14, 2021, law enforcement officers of the Baoshan Maritime Bureau found the "Huaqing 6766" sand carrier loaded with river sand during a law enforcement inspection in the waters near the Baoshan South Anchorage in the Shanghai section of the Yangtze River, without legally sand transport documents; the ship was suspected of illegal sand mining in the Shanghai section of the Yangtze River, stopped by the law enforcement officers from the Baoshan Maritime Bureau in the waters near Baoshan South Anchorage and asked to drop anchor for subsequent process. The case was transferred to the Defendant Baoshan Water Bureau the next day. After boarding inspection by the administrative law enforcement group of Baoshan Water Bureau on the sand carrier on the afternoon of March 15 found that the actual owner and operator of the ship, the Plaintiff Tao Moumou, and the captain, Tao Moulin, said in the interrogation records that around 21:30 on March 13, 2021, an unnamed sand mining ship was sanding for them in the waters north of Wusongkou No. 10 anchorage. During the period from January 1 to March 16, 2021, no sand mining license for the Yangtze River channel had been issued from Shanghai, and there were no sand mining licenses for the Yangtze River channel in valid during this period. On June 4, 2021, the Defendant Baoshan Water Bureau made a decision on the disputed penalty against the Plaintiff, finding that the Plaintiff organized the sand carrier for illegal sand mining in the waters north of Wusongkou No. 10 anchorage at Shanghai section of the Yangtze River, and made a decision on a fine of RMB 500,000 and confiscation of the river sand and sand carrier in accordance with the *Yangtze River Protection Law*. After the Plaintiff received the disputed decision of penalty, he was dissatisfied with the decision, filing an administrative reconsideration, however, the Defendant, Baoshan Government, made a disputed reconsideration decision on August 10 of the same year, upholding the disputed decision of penalty.

The Plaintiff Tao Moumou claimed that: (1) The facts of the disputed decision of penalty were wrongly identified. The purchase of sand was on the spur of the moment, without knowing that the sand was illegally mined; "Huaqing 6766" sand carrier was not equipped with any sand mining tools and equipment, making it impossible for the Plaintiff to carry out "illegal sand mining". (2) Wrongful application of the law in the disputed decision of penalty. Article 28 and Article 91 of the *Yangtze River Protection Law* are about penalties for illegal sand mining, but the Plaintiff did not participate in illegal sand mining, except for a regular purchase. Even if the Plaintiff knowingly purchased the sand illegally mined, constituting a violation of Article 25 of the *Implementation Measures for the Management of Sand Mining in the Yangtze River Channel* (hereinafter referred to as the *"Implementation Measures for the Management of Sand Mining"*), the Plaintiff should be punished in accordance with the provisions of Article 18 of the *Implementation Measures for the Management of Sand Mining* (hereinafter referred to as the *"Regulations on Sand Mining"*). There is no provision in the *Yangtze River Protection Law* that imposes penalties on the movement or purchase of sand. (3) The disputed decision of penalty was not reasonable. The Plaintiff purchased and shipped the river sand for the first time, however, the Defendant directly confiscated the ship on which the Plaintiff depended for his livelihood, obviously unreasonable. Therefore, the Court is requested to revoke the disputed penalty decision and the reconsideration decision.

The Defendant Baoshan Water Bureau argued that the Plaintiff cooperated with a nameless sand mining ship on sand mining operations. The nameless sand mining ship failed to obtain the sand mining license for the Yangtze River channel. The Plaintiff headed to the upstream direction of the Yangtze River after sand mining operations, and then was stopped by the Baoshan Maritime Bureau at Baoshan South Anchorage. The Plaintiff violated the provisions of Paragraph 1 of Article 28 of the *Yangtze River Protection Law* through sand mining described above. Given that the Defendant's law enforcement subject was eligible, the facts of the disputed penalty decision were identified as clear, the law enforcement procedure was legal, and the application of law was correct, therefore, it requested the Court to rule against the Plaintiff's claim.

The Defendant, Baoshan Government, argued that the procedure for the disputed reconsideration decision was legal, and requested the Court to reject the Plaintiff's claim.

【Judgment】

Shanghai Maritime Court held that the focus of dispute in this case was: (1) whether the Plaintiff's behavior constituted illegal sand mining; (2) whether the application of the law to the disputed penalty decision was correct; and (3) whether the disputed penalty discretion was appropriate.

I. Whether the Plaintiff's behavior constituted illegal sand mining

The Plaintiff's shipment has objectively conformed to the requirements for the joint illegal sand mining with illegal sand mining vessels as stipulated in Article 25 of the *Implementation Measures for the Management of Sand Mining in the Yangtze River Channel*. The Plaintiff alleged that he intended to purchase engineering sand and knew nothing about whether the sand carrier was licensed. First of all, the Plaintiff provided no proof of purchase, and whether the parties purchased and obtained the river sand at issue had no effect on the identification of joint and illegal sand mining. Second, the Plaintiff did not purchase river sand at the open market; instead, it sailed from the Liuhe River for several hours to Wusongkou No. 10 anchorage, and got in contact with the sand mining ship for on-site mining. Finally, the *Regulations on Sand Mining* and the *Implementation Measures for the Management of Sand Mining* have been implemented for nearly two decades, and the planning and licensing system for sand mining in river channels in the Yangtze River basin has been widely known to the public, moreover, the Plaintiff, as the actual operator of the sand carrier at issue, should have a better understanding in this regard. Even if, as the Plaintiff stated, he got in contact with the sand mining ship for on-site sand mining without knowing whether the other party has obtained permission, subjectively, there was a willful indulgence for the joint and illegal sand mining.

Ⅱ. Whether the application of the law on the disputed penalty decision was correct

First of all, When Article 91 of the *Yangtze River Protection Law* and Article 18 of the *Regulations on Sand Mining* both impose penalties on illegal sand mining in the Yangtze River basin, in accordance with the principle that the provisions of the legislation of lower levels is more effective than that of the lower levels, the provisions of Article 91 of the *Yangtze River Protection Law* shall be applied to make administrative penalties. Second, according to the provisions of Article 92 of the *Yangtze River Protection Law,* as for illegal acts such as damage to the ecological environment of the Yangtze River basin, the *Yangtze River Protection Law* does not provide for administrative penalties, if other laws and administrative regulations do, other laws and administrative regulations shall apply; Where the *Yangtze River Protection Law* has already provided for administrative penalties, the *Yangtze River Protection Law* shall apply, without regard to the punishment provisions of other laws and administrative regulations. Third, the application of the laws providing special provisions and the laws providing general provisions is mainly aimed at the same level of legal norms, however, the *Regulations on Sand Mining* and the *Yangtze River Protection Law* are neither formulated by the same organ, nor the same level of legal norms, so there is no priority over application of the laws providing special provisions. In accordance with Article 25 of the *Implementation Measures for the Management of Sand Mining*, Baoshan Water Bureau characterized the Plaintiff's shipment as illegal sand mining, subject to the provisions of Article 91 of the *Yangtze River Protection Law* concerning penalties for illegal sand mining, therefore, there was nothing wrong about the application of the law.

Ⅲ. Whether the discretion in relation to the disputed penalty decision was appropriate

Administrative penalties must be set and imposed based on facts, with reference to the facts, nature, circumstances and harm to society of the illegal act. Based on the value of the sand illegally mined, Baoshan Water Authority determined the penalty amount capped at such amount as stipulated in Article 91 of the *Yangtze River Protection Law* with reference to the detailed discretion standard formulated by the Yangtze River Water Resources Committee, therefore, the penalty dicision was not improper. The Plaintiff's claim that he was a first-time offender in need of repaying the loan for the purchase of the ship, and that the penalty dicision was excessive, was neither a consideration factor of penalty dicision nor a legal cause for a lesser punishment or a mitigated punishment.

In conclusion, the Shanghai Maritime Court ruled against all the claims made by the Plaintiff, Tao Moumou. After the first-instance judgment was made, none of the parties filed an appeal. The judgment in this case has now come into effect.

【Analysis】

As the first law designed for river basin in China, the promulgation and implementation of the *Yangtze River Protection Law* not only provide a new path and legal basis for the governance of Yangtze River Basin, but also inevitably pose new challenges in practice. For example, as for illegal sand mining, the new law provides for more severe penalties, but remains silent about joint and illegal sand mining. Sand mining often involves mining, leasing, transportation, sales, etc.; From the view of objective performance, there are self-owned (chartered) ship mining, self-owned (chartered) ship transport, direct sales on self-mining (transport) sand ship, on-site (dock) sales, etc. From the view of subjective state, there are prior collusion, temporary combinations, and even on-site "teamwork", and so on. The Plaintiff raised objections to the legality of the disputed penalty decision based on two grounds: no joint illegal sand mining was committed and the *Yangtze River Protection Law* was not applicable.

Ⅰ. Connotation and key components of joint and illegal sand mining

1. The definition of joint offence in administrative penalty

The administrative penalty laws of China were dominated by the *Administrative Penalty Law*, but no matter before and after the amendment thereto, the Law does not directly stipulate the definition of and identification criteria for joint offence. Paragraph 1 of Article 25 of the *Criminal Law* stipulates that "A joint crime refers to an intentional crime committed by two or more persons jointly". Given the fact that "administrative penalty is the most severe administrative act, inextricably linked with the Criminal Law", it can be said that the constitution of administrative violation is the most similar to the elements of a crime under the Criminal Law. [①] Therefore, with reference to the elements of a crime under the Criminal Law, the joint offence in administrative punishment should be defined as the intentional violation of the norms of administrative laws committed by two or more persons. [②]

2. Key components of joint offence

It is generally assumed that, a criminal crime consists of subject, subjective, object and objective elements. According to this theory, the responsibility for administrative punishment should also consist of these four elements. Although the constitution of the four elements is not clear in certain specific regulations, it does not mean that the four elements are denied. [③] The constituent elements of joint offence include: first, the subject elements, the offenders must be two or more persons, who are able to bear administrative illegal responsibility. [④] Second, the subjective elements, the offenders got involved in the illegal acts on purpose, "they got in contact with the criminal intent, that is, there must be a mutual intention or determination to violate the law, knowing that a illegal act will cause harmful consequences, they still determined to jointly commit the illegal act. If some of the offenders are at fault, it does not constitute joint offense." [⑤] Third, the object

---

① See Ma Huaide, *On Administrative Punishment*, Qinghai Social Sciences, Issue 1, 1991.

② See Yang Xiejun, *Order, Power and Legal Control—A Study on Administrative Penalty Law*, Sichuan University Press, 1999, p. 228.

③ See Yang Xiaojun, *Research on Administrative Penalties*, Law Press, 2002, p. 154 – 155.

④ See Zhang Zexiang, *Separate Punishment Methods in Administrative Penalties*, Law Science Magazine, Issue 6, 1994.

⑤ Industry and Commerce Sub-Bureau of Yuyao, Zhejiang, Regulation Research Group, *Analysis of Penalties for Joint Violations of Law*, China Business Administration Research, Issue 9, 2008.

elements, that is, the joint illegal act infringes on the specific administrative order. Fourth, objective elements, offenders must jointly commit two or more interdependent illegal acts, that is,⑥ interrelated and cooperative illegal acts were committed by offenders for the same illegal result with regard to the same illegal fact, and there was a causal relationship between the illegal act and the illegal result.

3. Factors taken into consideration about whether the sand carrier constituted joint and illegal sand mining

In this case, the reason why the sand carrier was identified to have cooperated with the sand mining ship on "illegal sand mining" is due to the following considerations: First, as the targets subject to punishment for illegal sand mining, that is, the *de facto* operators and controllers of the sand mining ship and the sand carrier, whether as a natural person or business entity, or whether the ship was owned or chartered, have full capacity to fulfill administrative responsibility under normal circumstances. Second, objectively, only by combining sand mining with sand transport can the purpose of illegal sand mining be achieved. Without coordination and cooperation from the sand transport ship owner, it is difficult to achieve the ultimate purpose of sand mining. In reality, the sand carrier is often berthing directly beside the sand mining ship, which is directly loaded onto the sand carrier after sand suction from the Yangtze River, therefore, the sand mining via the sand carrier and the sand mining ship serves as two links of a behavior, and the sand carrier is also a precondition for the illegal sand mining. Third, the so-called common intent, including prior collusion, and the consensus reached by the parties during the event, as long as transportation is conducted knowing that the other party has engaged in sand mining against the law, constituting a common intent. Fourth, the sand in the Yangtze River channel is part of mineral resources, protected by laws including the *Yangtze River Protection Law*, and the illegal sand mining carried out

---

⑥ See Yang Xiejun, *Order, Power and Legal Control—A Study on Administrative Penalty Laws*, Sichuan University Press, 1999, p. 228 - 229.

by sand mining vessels and sand carriers through cooperation have constituted an infringement on the national mineral resources and compromised the licensing management system for Yangtze River channel.

Ⅱ. Doctrine of liability fixation for penalties for joint and illegal sand mining

Among the four elements of joint offense, the subject, object and objective aspects are generally clear after the investigation and collection of evidence by the maritime law enforcement department. For example, in this case, the Plaintiff, as the *de facto* owner and controller of the sand carrier, took the initiative to contact the sand mining vessel without a license for sand mining on the spot in the Yangtze River channel, objectively completing the illegal sand mining together. However, in view of the concealment and instability of individual psychological activities, it is difficult to identify the subjective state of the lawbreakers, that is, common intent. In this case, the Plaintiff claimed that he did not know whether the sand mining ship had obtained permission, and that he was merely purchasing river sand, not aimed at illegal sand mining.

1. The intention of joint and illegal sand mining

The so-called "joint intent" means that every lawbreaker holds the subjective mentality of hoping it happens or allowing the result to happen despite realizing that the act jointly committed with others will cause harm to the society. First, realize that such act is not committed alone, but through cooperation with others; Second, realize that one's own actions and those of others will lead to the same result; Third, recognize the correlation and causality between their respective actions. Specific to the joint illegal sand mining, the operators of sand carriers should realize that they communicate and cooperate with sand mining vessels in the division of labor as indispensable transport bodies, and actively pursue or allow the consequences of illegal sand mining.

2. The principle of presumption of fault shall apply to the determination of joint intent

Liability fixation is the determination of responsibility. The principle of presumption of fault means that as long as the offender has violated the legal obligation, the administrative organ can assume that the violator of the obligation is subjectively at fault. Only when the actor proves that he has no subjective fault can he be exempted from legal responsibility.⑦ Compared with the objective doctrine of liability fixation without regard to the subjective state of the parties and the subjective doctrine of liability fixation that excessively demands the administrative organ to prove the subjective fault of the relative person, the principle of presumption of fault has become the mainstream of the academic circle for "striking a value balance between social fairness and administrative efficiency"⑧, and has been adopted by the revised *Administrative Penalty Law* in 2021. The fact of malfeasance in this case and the administrative punishment occurred before the amendment to the *Administrative Penalty Law*, although there was no specific doctrine of liability fixation at that time, the presumption of fault was obviously more tailored to the needs of "Great Protection of the Yangtze River".

First, the special requirements for the high efficiency of maritime law enforcement. "Justice delayed is justice denied", efficiency is both a public requirement and an administrative principle. The illegal acts in waters are characteristic of strong concealment, high mobility and temporary cooperation. Illegal sand mining vessels often adopt a "guerrilla" *modus operandi*, by randomly selecting sand mining points, and quickly separate evacuation after sand mining, which poses considerable challenge to law enforcement and supervision. Until the trial of this case, the sand mining ship at issue has not been brought to justice, if the

---

⑦ See Jiang Bixin, *On the Constituent Elements of Acts subject to Administrative Penalties,* Application of Law, Issue 6, 1996.

⑧ Li Xiaomeng, *Doctrine of Liability Fixation for Subjective Fault and Administrative Penalties—Theory and Practice*, Journal of the East China University of Politics & Law, Issue 6, 2007.

administrative organs are required to find out what kind of subjective mentality the parties held before making a penalty decision, it is neither in line with administrative efficiency nor feasible.

Second, it is necessary to crack down on the increasingly rampant illegal sand mining in the Yangtze River Basin. In administrative proceedings, the administrative organ should bear the burden of proof for the legality of administrative acts, but the principle of presumption of fault assigns the burden of proof as to lack of joint intent to the sand carrier, not only increasing the burden of proof on the part of the administrative counterpart, but also conforming to the urgent need of cracking down on illegal sand mining and strengthening the ecological protection of the Yangtze River.

Third, in line with the licensing management system for mining in the Yangtze River channel. Although the *Yangtze River Protection Law* is newly adopted, the *Regulations on Sand Mining* and the *Implementation Measures for the Management of Sand Mining* have been implemented for nearly two decades. The planning and licensing system for sand mining in the Yangtze River basin has been widely known to the public, therefore, the operators of sand carriers should have a better understanding and pay attention to it. Thus, even if, as alleged by the Plaintiff in this case, the sand was shipped without knowing whether the sand mining ship was licensed, it can be presumed that the Plaintiff had an indirect intention to allow the consequences of illegal sand mining.

3. The requirements for proof of no subjective fault in joint intent

When the law enforcement department finds that the subject, object and objective state meet the constitutive requirements of joint offense, it can be presumed that the parties have the subjective intention of joint offense, unless the parties can produce counterevidence proving that they are subjectively not at fault. There are three scenarios: First, the offender is deceived or coerced by others; Second, violation of law is caused through the fault of others; Third, violation of law is caused to avoid the occurrence of *force majeure* events endangering the interests of the state, the collective, others or personal interests. Given the limitation on the capacity of adducing evidence of the administrative counterpart, the standard for proof may be lower than the standard requirements for the burden of proof on the administrative organ, but at least more convincing and evidentiary than the evidence produced by the administrative organ, that is, up to the standard for preponderance of the evidence.

Specifically in this case, the Plaintiff claimed that it had no subjective fault, for this purpose, it should prove that it had fulfilled the duty of care to verify whether the sand mining ship had been licensed, or it was deceived to ship the sand, etc., however, the Plaintiff's claim that it sailed to pull goods from Gongqing Wharf, and the river sand at issue was purchased unknowingly does not constitute an exemption from fault. Due to failure to provide corresponding evidence, he clearly failed to fulfill his burden of proof as to lack of subjective fault.

Ⅲ. Application of law for penalties for joint and illegal sand mining

Concerning illegal sand mining, Article 18 of the *Regulations on Sand Mining* stipulates that the illegal sand mining ship shall be seized or confiscated under serious circumstances; Article 91 of the *Yangtze River Protection Law* requires all vessels used for illegal activities be confiscated, with fines significantly increased, thus, significantly increasing the cost of illegal activities, therefore, the Plaintiff strongly advocated exclusion of the *Yangtze River Protection Law*.

1. The implementation of the *Yangtze River Protection Law* does not invalidate the relevant abolished laws

The demand for Yangtze River legislation first comes from the legislative status of multi-agency administrative management. [⑨] The *Yangtze River Protection Law*, based on the national conditions, transcends the "departmental" and "local" structure in the existing legislation, creatively coordinates control over multiple river basins,

---

⑨ See Lü Zhongmei and Chen Hong, *Reflections on the Legislation of the Yangtze River*, Environmental Protection, Issue 18, 2016; Qiu Qiu, *Coordination of Multiple River basins—Innovation of Management System for River basins under the Yangtze River Protection Law*, Environmental Protection, Z1, 2021.

and proposes a new solution for the Yangtze River basin to break the traditional administrative management systems, by removing the "barriers between different departments and regions" such as the multi-agency administrative management and "fragmented governance". In relation to the protection of ecological security in the Yangtze River basin, the *Yangtze River Protection Law* is not designed to overturn the original laws and regulations, but serve as a supplementary legislation that inherits from and breaks through the existing ones. ⑩ In fact, there are laws related to river administration and protection in China, including the *Water Pollution Control Law*, the *Environment Protection Law*, the *Water Resource law*, the *Flood Control Law*, and so on directly related thereto. The implementation of the *Yangtze River Protection Law* does not invalidate the relevant repealed provisions. On the contrary, the contents of the original laws and regulations that have been adjusted are not the legislative focus of the *Yangtze River Protection Law*, and both are formulated to serve the supervision purpose in different fields. It is precisely out of this legislative arrangement that Article 92 of the *Yangtze River Protection Law* provides for the following: "Where no administrative penalty is provided for in this Law for illegal acts such as destruction of the natural resources, pollution of the environment or damage to the ecosystem of the Yangtze River Basin, the provisions of relevant laws and administrative regulations shall apply."

2. The definition of the penalty clause that does not conflict with the upper law is still valid

It is worth noting that the provisions on administrative penalties in China's administrative laws are often expressed in the form of "illegal acts in violation of the provisions of this law/regulations + subject of administrative penalties + types of penalties", that is, including two parts of the definition and penalties, of which the former provides for the expression of illegal acts, while the latter is the specific

---

⑩ See Wang Hongwei and Wang Shuyi, *The Construction of the Yangtze River Law and the Reform of Watershed Management System*, Journal of Hohai University (Philosophy and Social Sciences Edition), Issue 2, 2011.

penalty. After the *Yangtze River Protection Law* has come into force, the legal effect of Article 25 of the *Implementation Measures for the Management of Sand Mining* should be considered from two aspects: on the one hand, the *Yangtze River Protection Law* provides for no special provisions on joint and illegal sand mining, therefore, the definition of joint and illegal sand mining in Article 25 of the *Implementation Measures for the Management of Sand Mining* does not conflict with the upper law, and remains valid; However, the penalty part of Article 25 thereof, which refers to Article 18 of the *Regulations on Sand Mining*, shall no longer apply since Article 91 of the *Yangtze River Protection Law* has made new provisions on penalties for illegal sand mining. On the other hand, as mentioned above, illegal sand mining manifests a significant feature of division of labor by and among multi-party subjects of violation; since the whole chain of illegal sand mining includes sand mining, transportation, sales and other links, if the application of the relevant provisions of the *Implementation Measures for the Management of Sand Mining* is excluded on the grounds that the *Yangtze River Protection Law* provides for no provisions on penalties for sand transportation, there will be consequences of limiting the scope of cracking down on illegal acts. Obviously, it is not conducive to the comprehensive control over illegal sand mining in the Yangtze River Basin, and also runs counter to the legislative purpose of building the system for "Great Protection of the Yangtze River".

3. The "Rule According To Upper Law" shall be applied preferentially

As an administrative regulation specifically regulating sand mining in the Yangtze Riverbasin, the *Regulations on Sand Mining* is part of the "laws providing special provisions" compared with the *Yangtze River Protection Law*, however, enacted by the Standing Committee of the National People's Congress, the *Yangtze River Protection Law* comes into effect as the upper law. When the provisions of the same matter between the upper law as the "general law" and the lower law as the "special law" are inconsistent, the "Rule According To Upper Law" should be applied preferentially. According to the relevant provisions of the *Legislation Law*, the "special laws prevail over general laws" has an indispensable necessary condition: applicable to the laws formulated by the "same organ", without regard to the conflicts of laws between different organs or at different levels. In other words, unless the general law as the upper law authorizes the lower law to modify its established legal norms with the special law, any lower law that conflicts with the upper law should not be recognized as the special law. Accordingly, Baoshan Water Bureau characterized the Plaintiff's shipment of sand as joint and illegal sand mining, subject to the provisions of Article 25 of the *Implementation Measures for the Management of Sand Mining*, therefore, there was nothing wrong about the application of the law when administrative punishment was imposed according to Article 91 of the *Yangtze River Protection Law*.

(Written by SHAN Yuchi, Proofread by ZHENG Zelan)

【Case Index】

(2021) H72XC No. 1

27. Zhang Mou et al. v. Shanghai Oceanic Administration for Dispute over Government Information Disclosure Reply and Administrative Decision Reconsideration of the Ministry of Natural Resources, PRC

—Standards for Procedural Information &
Review of Exemption from Disclosure

【Abstract】

The judgment of procedural information inthe judicial review should be defined from three aspects: scope of effect, time standards and content attributes. The exemption from disclosure of procedural information is not absolute. Except for those to be disclosed according to special provisions, the court should examine the scope of exemption from disclosure for procedural information based on the principle of balance of interests and severability.

【Facts】

Plaintiffs: ZhangMou, Ye Mou, Huang Mouting, and Zhao Mouping

Defendant: Shanghai Oceanic Administration

Defendant: Ministry of Natural Resources, PRC (hereinafter referred to as "Ministry of Natural Resources")

In July 2018, the State Council issued the *Notice of the State Council on Strengthening the Protection of Coastal Wetlands and Strict Control of Reclamation* (Guofa〔2018〕No. 24), requiring the Ministry of Natural Resources to work with relevant departments on a nationwide survey on the current developments of reclamation, in order to provide basis for issues left over from the history of reclamation. In September 2018, the Shanghai Oceanic Administration organized a survey on the current developments of reclamation in Shanghai in accordance with the *Notice of the General Office of the Ministry of Natural Resources on Conducting a Nationwide Survey on the Current Developments of Reclamation* [Natural Resources Office Letter 〔2018〕 No. 1050]. In order to report work progress to the Ministry of Natural Resources, the Shanghai Oceanic Administration prepared the *Report on Submitting Survey Data on Current Developments of the Yangtze River Estuary Region* [Hu Ocean 〔2018〕 No. 40] in December 2018, and the *Report on Submitting the Investigation Report on the Current Developments of Tuban in Shanghai (Hangzhou Bay)* [Hu Ocean 〔2018〕 No. 9] in March 2019. The Ministry of Natural Resources stated that the survey report on the current developments of nationwide reclamation was prepared to compile a list of issues left over from the history of reclamation and treatment methods and to provide a basis for decision-making to further strictly control reclamation and properly deal with the issues left over from the history of reclamation. The final conclusion has not yet been drawn.

On July 12, 2019, the four Plaintiffs and outsiders submitted the Shanghai Municipal Water Authority (Oceanic Administration) Government Information Disclosure Application Form (Supplement and Correction) to Shanghai Oceanic Administration via e-mail, applying for the disclosure of the investigation report on the current developments of reclamation in Shanghai. On July 29, the Shanghai Oceanic Administration issued a Notice (No. 2019 - Letter Application 005), believing that the information applied for disclosure by the four Plaintiffs was the procedural information developed during the performance of administrative functions by administrative authorities, and therefore made a decision on refusing to disclose the information. The four Plaintiffs were dissatisfied with the above-mentioned administrative actions and filed an application for administrative reconsideration with the Ministry of Natural Resources on August 21, requesting to revoke the Notice issued by the Shanghai Oceanic Administration. The Ministry of Natural Resources issued an administrative reconsideration notice on August 23, and received a reply for administrative reconsideration from the Shanghai Oceanic Administration on September 12. On October 17, the Ministry of Natural Resources made the Administrative Reconsideration Decision [Natural Resources Reconsideration 〔2019〕 No. 1121 (Decision)], deciding to revoke the Notice issued by the Shanghai Oceanic Administration on July 29, 2019, on the grounds that the reply for administrative reconsideration exceeded the statutory time limit. On October 18, the four Plaintiffs and the Shanghai Oceanic Administration received the reply for administrative reconsideration. On November 7, Shanghai Oceanic Administration issued a Notice (No. 2019 - Letter Application 005) again, indicating that the information applied for disclosure by the four Plaintiffs was the procedural information developed during the performance of administrative functions by administrative authorities, and therefore made a decision on refusing to disclose the information, and sent the Notice to the four Plaintiffs on November 19 via e-mail. The four Plaintiffs proposed administrative reconsideration to the Ministry of Natural Resources on November 29. The Ministry of Natural Resources made the Administrative Reconsideration Decision [Natural Resources Reconsideration 〔2019〕 No. 1409 (Decision)] on January 20, 2020, deciding to maintain the Notice issued by the Shanghai Oceanic Administration on November 7, 2019.

The four Plaintiffs claimed that the investigation report on the current developments of reclamation in Shanghai that was applied for disclosure reflected the relevant records and processing results of data statistics from the Shanghai Oceanic Administration. Generally, there would be no new changes; the report was not procedural information. The two Defendants' reasons for withholding information were against the law. The four Plaintiffs requested an order to revoke the Notice (No. 2019 - Letter Application 005) issued by the Defendant Shanghai Oceanic Administration on November 7, 2019, and an order for it to be reissued; to revoke the Administrative Reconsideration Decision [Natural Resources Reconsideration

〔2019〕No. 1409 (Decision)] issued by the Defendant Ministry of Natural Resources on January 20, 2020 and an order for it to be reissued.

The Defendant, Shanghai Oceanic Administration, argued that the investigation report on the current developments of reclamation in Shanghai applied by the four Plaintiffs was prepared based on comparison, screening and verification of the pattern spots on the reclamation survey maps issued by the state, and by sorting out and summary of the data in accordance with relevant requirements, as a request for instruction made to the Ministry of Natural Resources for the first phase of the work task on the issues left over from the history of reclamation; it was part of procedural information not falling within the scope of government information disclosure according to law.

The Defendant, the Ministry of Natural Resources, argued that the investigation report on the current developments of reclamation in Shanghai that was applied for disclosure by the four Plaintiffs was part of the procedural information developed during the performance of administrative functions by administrative authorities. The Shanghai Oceanic Administration had performed the obligation to respond to information disclosure after having informed the four Plaintiffs of the decision not to disclose the report and explained the reasons. The Notice issued by the Shanghai Oceanic Administration on November 7, 2019, was based on clear facts, conclusive evidence, correct basis, legal procedures, and appropriate content. The Administrative Reconsideration Decision made by the Ministry of Natural Resources was based on legal procedures, clear facts, and correct application of law.

【Judgment】

After hearing, the Shanghai Maritime Court held that the procedural information was developed during the performance of administrative functions by administrative authoritiesin discussion, research or review period. The Ministry of Natural Resources was conducting a survey on the current developments of reclamation across the country in accordance with the requirements of the Notice from the State Council, in order to provide a basis for dealing with issues left over from the history of reclamation. The Shanghai Oceanic Administration organized an investigation into the current developments of reclamation in Shanghai in accordance with the Notice from the Ministry of Natural Resources, during which the investigation report on the current developments of reclamation in Shanghai at issue was prepared as a periodic report. Although the Shanghai Oceanic Administration has completed this work, the information has not been compiled and confirmed by higher-level administrative authorities. According to the Ministry of Natural Resources, after the reports from provinces and municipalities have been compiled, the survey report on the current developments of nationwide reclamation will be produced, and a list of issues left over from the history of reclamation and treatment methods will be compiled accordingly. At present, the final treatment scheme is being formulated; therefore, the investigation report on the current developments of reclamation in Shanghai applied for disclosure by the four Plaintiffs is part of procedural information.

According to Article 17 of the Provisions of *Shanghai Municipality on the Disclosure of Government Information*, procedural information should be disclosed if it has a direct impact on the rights and obligations of citizens, legal persons and other organizations and serves as the basis for administrative management by administrative authorities. However, based on the existing evidence, it cannot be concluded that the procedural information has directly affected the rights and obligations of the four Plaintiffs, nor can it be proven that the administrative authorities have taken it as a basis for administrative management. In addition, the report is the basis for the central government's decision-making with a significant social impact. Before relevant decisions are made, the disclosure of the report may have an impact on the decision-making. Therefore, the decision not to disclose the report made by the Shanghai Oceanic Administration and the Ministry of Natural Resources' decision to uphold the decision are correct in applying the law.

In summary, the Shanghai Maritime Court rejected the claim of the four

Plaintiffs.

After the first-instance judgment was made, the four Plaintiffs appealed to the Shanghai High People's Court, which rejected the appeal and upheld the first-instance judgment. The judgment in this case has now come into effect.

【Analysis】

The substantive dispute in this case focused on whether the investigation report at issue was procedural information and whether it could be exempted from disclosure. There are diverging views in trial practice regarding the standards for judging procedural information and the review and definition of exemption from disclosure, which require further examination.

Ⅰ. Legal basis for exemption from disclosure

In the field of government information disclosure, "disclosure is the principle and non-disclosure is the exception", which is a basic principle generally followed by modern countries governed by the rule of law. Procedural information is included in certain exemptions from disclosure limited by law. Procedural information generally refers to the information developed during the performance of administrative functions by administrative authoritiesin discussion, research or review period. In view of the significant impact of government decision-making on public interests, procedural information is characteristic of non-finality and uncertainty. In particular, there may be some erroneous information. Hasty disclosure will mislead the public and also affect the public decision-making process. The exemption of procedural information from disclosure is a consensus, Hong Kong, China and most countries have made it clear through legislation.

In China, the regulations on exemption of procedural information from disclosure first appeared in the *Guangzhou Municipal Government Information Disclosure Regulations* in 2002, but practices are not consistent in other parts of the country[①]. The *Regulations on Government Information Disclosure* promulgated in 2007 have no explicit provisions on the exemption of procedural information from disclosure. In 2009, the Supreme People's Court also tried to standardize the regulations on the exemption of procedural information from disclosure while formulating relevant judicial interpretations, but ultimately failed.[②] In 2010, the *Opinions of the General Office of the State Council on the Disclosure of Government Information upon Application* (hereinafter referred to as the "*Opinions*") were published for the first time as a national general document for disclosure of government information[③], and in 2019, the revised *Regulations on Government Information Disclosure* (hereinafter referred to as the "*Regulations*") formally regulated the disclosure of government information from the level of legislation. Article 16 of the *Regulations* stipulates that: "Procedural information such as discussion records, process drafts, consultation letters, request reports, and documents of administrative law enforcement cases generated during the performance of administrative functions by administrative authorities may not be disclosed." At the same time, this article gives priority to exceptions to special legal norms, that is, if laws, regulations, and rules stipulate that the above information should be disclosed, such laws, regulations, and rules shall prevail. Article 17 of the *Provisions of Shanghai Municipality on the Disclosure of Government Information* which came into effect in 2020 further clarified on the basis of the *Regulations* that "Procedural information must be disclosed if it already has a direct impact on the rights and obligations of citizens, legal persons and other organizations and serves as the basis for administrative management by administrative authorities." Through

---

① The *Provisions of Shanghai Municipality on the Disclosure of Government Information* in 2004 also clearly included "information under investigation, discussion, and processing" into the scope of non-disclosure, but this was deleted in subsequent revisions. Jiangsu, Zhejiang, Hebei and other places have similar regulations, while Shandong, Hubei, etc. remain silent.

② Article 11 of the *Regulations of the Supreme People's Court on Several Issues Concerning the Trial of Administrative Cases Concerning Government Information Disclosure (Draft for Comments)*.

③ Article 2 of the Opinions.

legislative linkage, a legal system for exemption of procedural information from disclosure with the *Regulations* as the core and supplemented with departmental regulations and local legislation has been established, as the basic legal basis for judicial review of disclosure of government information.

Ⅱ. Standards for procedural information

Although the promulgation of the *Regulations* has filled the legislative gap, the provisions are rules of principle. Judging from the content of the clause, it does not clearly define procedural information from the perspective of legal requirements and characteristics, but only enumerates common forms of procedural information. The content follows the provisions of the *Opinions*, with no substantive changes basically. The author believes that the definition of procedural information can refer to the following aspects:

1. Standards for scope of effect

In judicial practice, it is confusing how to determine whether it is procedural information or information on the internal affairs of administrative authorities. The first and second instances of this case also had difference in understanding of the characterization of the investigation report at issue. According to the *Regulations*, information about internal affairs, including information on personnel management, logistics management, internal work processes, etc., may not be disclosed. The author believes that the key to judging the attributes of information lies in whether it has external administrative effect, specifically including two aspects:

On the one hand, procedural information is developed during the performance of administrative functions by administrative authorities. This process is not only internal but also external, while the effect of information about internal affairs is limited to the interior of administrative agencies. On the other hand, procedural information will have an impact on public interests after the administrative authorities have made a decision andare likely to have direct legal effects on the rights and obligations of administrative counterparts or serve as a management basis for administrative authorities, while the information about internal affairs mainly involves personnel management, logistics management, internal work processes and other matters that have nothing to do with public interests. This type of information has no actual impact on the decision-making of administrative authorities, and will not affect citizens' supervision of administrative power if not disclosed.

2. Time standard

The judgment of procedural information requires an understanding of the meaning of "process", and there are different points of view in the theoretical circle. One view is that this process refers to the formation process of information reflecting the unformed state of the information. It has nothing to do with the administrative action and depends on whether the information is in the process of processing.④ Another view is that this process does not refer to the formation process, but to the formation process of the administrative action served by the information.⑤ The author believes that although the focus of the above two views are different, they both emphasize that procedural information is obtained or produced by administrative authorities before administrative decisions are made. The wording of "in..." under Paragraph 2 of Article 16 of the *Regulations* and "under..." under Paragraph 2 of Article 2 of the *Opinions*, "in the process of" under the regulations on disclosure of local government information, and similar expressions reflect the emphasis on the time node of information, that is, the information should be generated when the administrative action is immature or uncertain.

The extended question is, after an administrative decision is made, may the original procedural information be exempted from disclosure? The author believes that, on the one hand, from the perspective of legislation purposes, Article 1 of the *Regulations* is designed to improve the transparency of government work, not only referring to the transparency of administrative decision-making conclusions, but also

④ See Yang Dengfeng, *On the Essence of Procedural Information—Taking Shanghai's Series of Government Information Disclosure Cases as an Example*, The Jurist, Issue 3, 2013, p. 49.

⑤ See Yang Xiaojun, *Disclosure and Non-disclosure of Procedural Government Information*, Journal of National Prosecutors College, 2012, p. 75.

to the transparency of administrative decision-making process, then it is required that the procedural information generated from the administrative process can be obtained by the outside world. On the other hand, from the perspective of conceptual attributes, the "processuality" of procedural information granting exemption from disclosure of procedural information before administrative decisions are made is to avoid misleading the public or affecting the public decision-making process. There is no informal and changeable characteristic of information after an administrative decision is made. Therefore, even if an administrative decision has been made, the information generated before the end of the administrative procedures is part of procedural information. There is also similar view in judicial practice. ⑥

3. Standards for nature of the content

In terms of content, the *Regulations* lists four common types: discussion records, process drafts, consultation letters, and request reports which are only distinguished between the form, but not defined in the content and nature of procedural information. The identification through formal appearance is simple and easy. As long as the information conforms to a certain form, it can be identified as procedural. However, the shortcomings of form in place of content are also obvious. In practice, these four carriers manifest themselves in various forms and carry different contents, which will lead to unscientific decisions on government information disclosure.

From the content point of view, there are three basic characteristics of procedural information that need to be noted: First, it has the basic elements of information, produced or obtained by administrative authorities as records of the formation process of administrative actions. The second is informality. Compared with formal information fixed in legal form after the administrative process has been completed, procedural information has not formally fixed the content in an

---

⑥ Li Jialai v. People's Government of Luyang District, Hefei City, Anhui Province for the Case Concerning Government Information Disclosure, Administrative Ruling of the Supreme People's Court, (2020) Supreme People's Court Administrative Application Case No. 13479.

appropriate form, since it is under discussion, research or review, the information content is uncertain. The third is incompleteness. On the one hand, procedural information may contain erroneous information and is not necessarily accurate; on the other hand, there may be a "too large" gap between procedural information and objective conditions, public access to the procedural information will not only fail to provide guidance on production and living, satisfying the right to know, but also may mislead the public into wrong judgments, and be of no usefulness to the public. ⑦

In this case, the investigation report at issue should be identified as procedural information. First, the investigation report was prepared by the Shanghai Oceanic Administration during the performance of its duties. Since this work involved public interests with an impact on public interests after administrative decisions had been made, it did not belong to the information about internal affairs. Second, although the work has been done by Shanghai Oceanic Administration, the information remained to be compiled and confirmed by higher-level administrative authorities, and the final administrative decision has not been made, therefore, the content of the report was both informal and incomplete.

Ⅲ. Principle of review of exemption from disclosure

According to the provisions of Paragraph 2 of Article 16 of the *Regulations*, the wording is expressed as "may not be disclosed", and it stipulates that if laws, regulations, and rules stipulate that the above information should be disclosed, such laws, regulations, and rules shall prevail, meaning that the disclosure of procedural information is not absolute. In addition to the information specifically required to be disclosed, the court should review the scope of exemption from disclosure of procedural information according to certain principles and standards.

1. Follow the principle of balance of interests

On the premise of "on the principle of openness", there are two general

---

⑦ See Zhang Yong, *Re-questioning the Definition of the Concept of "Procedural Information"—Administrative Process or Its Own State*, Journal of Gansu Administration Institute, Issue 4, 2015.

exceptions to the exemption of government information from disclosure in the *Regulations*: First, government information involving state secrets, prohibited from being disclosed by laws and regulations, and which may endanger national security, public security, economic security and social stability after disclosure shall not be disclosed; Second, the government information involving trade secrets, personal privacy and which will cause damage to the legitimate rights and interests of third parties once disclosed, shall not be disclosed (except to the extent that the third party agrees to disclose such information or the administrative authorities consider that non-disclosure of such information will have a significant impact on the public interest).

The author believes that procedural information, as government information, should also follow the above provisions, and discretion shall be exercised as to disclosure or non-disclosure of procedural information during judicial review according to the principle of balance of interests reflected in the provisions. Procedural information is exempt from disclosure only when the interest in non-disclosure outweighs the interest in disclosure. Benefits can be measured from the following two aspects:

First, analyze whether the disclosure of procedural information will have an impact on individual interests and public interests, and procedural information should be disclosed if it has a direct impact on individual rights and obligations or serves as a basis for administrative management or has a significant social impact.

Second, compare the degree of influence of citizens' right to informed supervision over government information on administrative decision-making power. If disclosure of information affects the outspoken exchange of views within the government and the administrative decision-making, and may impair the integrity and scientificity of administrative decisions and the effective implementation of subsequent administrative management, or premature disclosure will cause misunderstanding and speculation among the public, then procedural information can be exempted from disclosure.

2. Pay attention to the principle of separability

The *Regulations* provide for common procedural information by enumeration, but fail to distinguish between factual information and opinion information according to the content nature of procedural information, and adopt different rules for exemption from disclosure.

Through legal researching, the author finds that in current judicial practice in China, administrative counterparts often raise a plea on the grounds that procedural information belongs to factual information and should be made public. However, most courts do not mention the details to classify procedural information into factual information, opinion information or mixed information during their review of procedural information, but generally define whether it is procedural information, and identify whether it can be exempted from disclosure under the upper concept of procedural information. Of course, there are a small number of courts[⑧] classify procedural information into different categories during review, and hold that opinion information generally should not be disclosed, while factual information should generally be disclosed.

The author believes that according to the principle of proportionality, the basic principle of administrative law, specifically in the field of government information disclosure, the divisibility principle established in Article 37 of the *Regulations*, in China's legislative and judicial review, procedural information can be divided into factual information and opinion information according to the different content of information, and dealt with based on the information content for distinguishing when determining the exemption from disclosure. As for factual information, due to its objective and mature existence and relation to the performance of the functions of administrative authorities, it can generally be disclosed, whether it is disclosed will not make a difference. As for the opinion information, for being uncertain and

⑧ See the (2020) J7102XC No. 1, (2019) J0182XC No. 30, (2017) Z0784XC No. 3 Administrative Judgment.

immature in the process of discussion, research and review by administrative authorities, it is generally not disclosed. For mixed information, if the factual information in the mixed information can be distinguished from the opinion information, the factual information in the mixed information should be disclosed. Of course, administrative authorities should also follow the principle of balance of interests when deciding whether to exempt factual information from disclosure during judicial review, and exercise discretion on the interests of disclosure and the interests of non-disclosure.

In this case, according to the available evidence, on the one hand, it cannot be concluded that the investigation report has directly affected the rights and obligations of the Plaintiff, and has been taken by the administrative authorities as a basis for administrative management. On the other hand, although the map spot data on reclamation in Shanghai involved in the investigation report exists objectively as factual information, the publication of spot data will arise public speculation, and the investigation report is the basis for the central government's decision-making with a significant social impact. Before relevant decisions are made, the disclosure of the report may have an impact on the decision-making. Therefore, on the basis of following the above two review principles, the investigation report at issue can be exempted from disclosure as procedural information.

(Written by LI Haiyue and ZHONG Haibo, Proofread by HU Qinyi)

【Case Index】

(2020) H72XC No. 1

28. SPAR Shipping AS v. Grand China Logistics Holding (Group) Co. Ltd. over Application for Recognition of the Foreign Judgment

—Determination of Reciprocal Relationship in the Recognition and Enforement of Foreign Civil and Commercial Judgment

【Abstract】

The determination of reciprocal relationship does not take the prior recognition and enforcement of the civil and commercial judgments made by the people's courts in China by relevant foreign courts as precondition. If according to the laws of the country where the foreign court that made the judgment is located, the civil and commercial judgment passed by the people's court can be recognized and enforced in the court of that country, it can be determined that there is a reciprocal relationship between China and that country in the recognition and enforcement of civil and commercial judgments.

【Facts】

Applicant: SPAR Shipping AS (hereinafter referred to as "SPAR")

Respondent: Grand China Logistics Holding (Group) Co. Ltd. (hereinafter referred to as "Grand China Holding")

In March 2010, SPAR signed three time charter contracts with Grand China Shipping (Hong Kong) Company Limited, for this purpose, Grand China Holding issued a letter of guarantee for the performance of the charter contracts by Grand China Shipping (Hong Kong) Company Limited. Later, disputes arose over the performance of the contracts, and SPAR initiated arbitration against Grand China Shipping (Hong Kong) Company Limited in London, the United Kingdom. As Grand China Shipping (Hong Kong) Company Limited applied for liquidation, the arbitration proceedings were suspended. For this reason, SPAR filed a lawsuit against Grand China Holding in the High Court of Justice in London. The High Court of Justice in London made a judgment of Spar Shipping As v. Grand China Logistics Holding (Group) Co., Ltd. [2015] EWHC 718 (Comm), ruling that Grand China Holding should bear liability to SPAR. Dissatisfied with the judgment, Grand China Holding appealed to the British Court of Appeal. The British Court of Appeal made a judgment of Grand China Logistics Holding (Group) Co., Ltd. v. Spar Shipping As [2016] EWCA Civ No. 982, rejecting Grand China Holding' appeal. However, Grand China Holding did not fulfill its obligations determined in the judgment.

The Applicant, SPAR, claimed that as Grand China Holding is an enterprise registered in the People's Republic of China with residence and property within the territory of the People's Republic of China, and believed that the High Court of Justice in London had previously recognized the judgment and ruling made by the Chinese court in the case of the Plaintiff Spliethoff's Bevrachtingskantoor B. V. (hereinafter referred to as "Spliethoff") v. the Defendant Bank of China Co., Ltd. (hereinafter referred to as "Bank of China")[①], Case No.: [2015] EWHC 999 (Comm), therefore, on the basis of the principle of reciprocity, it requested the Court to recognize the Judgment No. [2015] EWHC 718 (Comm) of the High Court of Justice in London, Judgment No. [2016] EWCA Civ 982 of the British Court of Appeal, and a series of related court orders.

The Respondent stated that: neither international treaty on the mutual recognition and enforcement of court judgments and rulings nor corresponding

① Spliethoff's Bevrachtingskantoor B. V. v. Bank of China Ltd. [2015] EWHC 999 (Comm) (17 April 2015).

reciprocal relationship has been concluded or established between China and the UK. SPAR's claim that the recognition of Chinese judgments by High Court of Justice in London in the Case No. [2015] EWHC 999 (Comm) only authenticated the judgments and rulings of Chinese courts as evidence, notthe recognition after trial through recognition and enforcement procedures. Moreover, although the Case No. [2015] EWHC 999 (Comm) recognized the judgments and rulings of Chinese courts, the final ruling was a substantial denial of the content in judgments and rulings of the Chinese court. The principle of reciprocity should mean that the conditions for British courts to recognize the judgments made by Chinese courts are basically the same as the conditions for Chinese courts to recognize the judgments made by British courts. As there is an anti-suit injunction system under British law, judgments obtained by litigants in China against anti-suit injunctions will not be recognized and enforced in the UK. That is, the conditions under which British courts recognize Chinese court's judgments are more stringent. Furthermore, the British judgment applied for recognition by SPAR contained manifest errors in the application of Chinese law. In addition, both the United Kingdom and China are a party to the *Hague Convention on Choice of Court Agreements* which excludes punitive damages in excess of actual losses from recognition and enforcement. The interest rate in the British judgment that SPAR applied for recognition was obviously punitive, and there was also a penalty, which should not be recognized.

【Judgment】

After hearing, the Shanghai Maritime Court held that China has not yet concluded or participated in an international treaty on the mutual recognition and enforcement of civil and commercial judgments and rulings of courts with the United Kingdom, therefore, the principle of reciprocity should be taken as the basis for review of recognition of judgments made by British courts.

Subject to judicial review, the judgment of Case No. [2015] EWHC 999 (Comm) made by the High Court of Justice in London was not an action for the recognition and enforcement of foreign court judgments under British law. The "recognition" of the relevant judgments and rulings of Chinese courts does not constitute a precedent for the recognition of the judgment of Chinese courts. Despite this, the principle of reciprocity stipulated in the *Civil Procedure Law* of China is not limited to the requirement that the relevant foreign courts first recognize and enforce the civil and commercial judgments of Chinese courts. Under British law, the relevant treaties are not a necessary condition for the recognition and enforcement of civil and commercial judgments of foreign courts. Civil and commercial judgments made by Chinese courts can be recognized and enforced by British courts; and Grand China Holding has not proven that British courts have refused to recognize and enforce civil and commercial judgments of our courts due to a lack of reciprocal relationship. In the dispute at issue, the disputed letter of guarantee between SPAR and Grand China Holding contained an agreement to submit the dispute to the jurisdiction of the British court. Grand China Holding also appeared at the High Court of Justice in London and the British Court of Appeal to make a full defense. Now the High Court of Justice in London and the British Court of Appeal have made final rulings, not in violation of the basic principles of Chinese laws or detrimental to national sovereignty, security, and social and public interests. Therefore, the British court judgments at issue can be recognized based on the principle of reciprocity.

In summary, the Shanghai Maritime Court ruled to recognize the judgment No. [2015] EWHC 718 (Comm) made by the High Court of the United Kingdom of Great Britain and Northern Ireland on March 18, 2015, and its orders made on April 27, 2015 and October 3, 2016, the final costs certificate issued on November 1, 2016 and the amendment order made on May 17, 2018; and the judgment No. [2016] EWCA Civ 982 made by the Court of Appeal of the United Kingdom of Great Britain and Northern Ireland made on October 7, 2016, and its orders made on October 7, 2016 and May 8, 2017.

The ruling became legally effective upon service.

【Analysis】

According to the provisions of Article 299 of the *Civil Procedure Law*, the people's court shall examine, in accordance with the international treaties which China has concluded or acceded to, the application or request for recognition and enforcement of a legally effective judgment or ruling which a foreign court has rendered. The people's court shall act according to the international treaties which China has concluded or acceded to or in accordance with the principle of mutual reciprocity. For a long time, the understanding and command of the principle of reciprocity in judicial practice have been based on whether the foreign country has ever recognized and enforced the judgment of our court. Reference to this practical standard has objectively resulted in most of judgments of the courts in the countries under no international treaty on judicial cooperation with China not be recognized and enforced by Chinese courts. In recent years, judging from the few cases in which Chinese courts have recognized and enforced foreign court judgments (excluding divorce judgments in foreign courts), except in accordance with treaties, all foreign courts have recognized and enforced Chinese court judgments first.② However, under reciprocity relations in international justice, if recognition and enforcement of the judgments made by the courts of one party are taken as the precondition, then in fact there is little possibility of achieving a reciprocity relation. As China expands its opening up to the outside world and implements the Belt and

---

② Intermediate People's Court of Nanjing City, Jiangsu Province (2016) S01XWR No. 3, recognizing and enforcing the judgment of the High Court of the Republic of Singapore; Intermediate People's Court of Wuhan City, Hubei Province (2015) E Wuhan ZhM SWZ No. 00026, recognizing and enforcing the judgment of the High Court of Los Angeles County, California, U. S. A.; Intermediate People's Court of Ningbo City, Zhejiang Province (2018) Z02XWR No. 6, recognizing and enforcing the judgment of the High Court of Stanislaus County, California, U. S. A.; Shanghai No. 1 Intermediate People's Court (2019) H01XWR No. 17, recognizing and enforcing the judgment of the Seoul Southern District Court in the Republic of Korea; Intermediate People's Court of Wenzhou City, Zhejiang Province (2017) Z03XWR No. 7, recognizing the judgment of the High Court of the Republic of Singapore; Intermediate People's Court of Qingdao City, Shandong Province (2018) L02XWR No. 6, recognizing and enforcing the judgment of the Suwon District Court in the Republic of Korea.

Road Initiative in depth, the actual demand for mutual recognition and enforcement of civil and commercial judgments by and between international courts will be on the rise. In this context, the theoretical flaws and practical shortcomings in taking the other party's prior recognition and enforcement as the basis for determining reciprocal relationships have increasingly become prominent. Actively contributing to reciprocal relationships has gradually provided guidance on judicial policies for the recognition and enforcement of judgments in foreign courts. ③ The Minutes of the National Symposium on the Foreign-related Commercial and Maritime Trial Work of Courts issued on December 31, 2021 (hereinafter referred to as the "Minutes") also expressed clear opinions on the judicial determination of reciprocal relations, marking a major shift in judicial practice from "factual reciprocity" to "legislative reciprocity". This was the first case in which a foreign court judgment was recognized after review in accordance with the principle of reciprocity after the issuance of the Minutes. Through analysis and interpretation of this case, we hope to provide useful reference for similar cases in the future.

I. The prior recognition and enforcement of civil and commercial judgments of Chinese courts by foreign courts is no longer an essential condition for determining a reciprocal relationship

According to Paragraph 1 of Article 44 of the Minutes, "When hearing a case involving an application for the recognition and enforcement of a judgement or ruling

---

③ *Several Opinions of the Supreme People's Court on Providing Judicial Services and Safeguards for the Construction of the Belt and Road by People's Courts* in 2015 (Fafa [2015] No. 9) stipulates that, "6... Under the circumstance where some countries along the Belt and Road Initiative have not concluded judicial assistance agreements with China, on the basis of the international judicial cooperation and communication intentions and the counterparty's commitment to offering mutual judicial benefits to China, the people's courts of China may consider the prior offering of judicial assistance to parties of the counterparty, positively promote the formation of reciprocal relationship, and actively initiate and gradually expand the scope of international judicial assistance. According to the Nanning Statement of the 2nd China-ASEAN Justice Forum in June 2017... if there is no precedent for refusing to recognize and enforce civil commercial judgments on the grounds of reciprocity in the judicial process of recognizing and enforcing the country's civil and commercial judgments, to the extent permitted by the law in China, it can be presumed that there is a reciprocal relationship between each other."

of a foreign court, a people's court may determine that there is a reciprocal relationship under any of the following circumstances: (1) According to the laws of the country of the foreign court, the civil and commercial decisions made by people's courts can be recognized or enforced by the courts of the country; (2) China has reached an understanding or consensus on reciprocity with the country of the foreign court; and (3) The country of the foreign court gives an undertaking as to reciprocity to China through diplomatic channels, or China gives an undertaking as to reciprocity to the country of the foreign court through diplomatic channels, and there is no evidence that the country of the foreign court refused to recognize and enforce the judgements and rulings of people's courts for want of a reciprocal relationship." Obviously, foreign courts' prior recognition and enforcement of civil and commercial judgments of Chinese courts are not explicitly stated. In this regard, we can gain a better understanding of this provision accurately from the following two aspects. On the one hand, in the draft for comments in the Minutes, a reciprocal relationship is determined under four circumstances: "there is a precedent for the country where the foreign court is located for the recognition and enforcement of civil and commercial judgments of the people's court in China", however, item (1) was deleted from the officially issued Minutes, it can be seen that it is quite clear not to require prior recognition and enforcement by foreign courts. On the other hand, it does not mean that prior recognition and enforcement by foreign courts of civil and commercial judgments of the court in China is totally meaningless when determining a reciprocal relationship, instead, this situation can be replaced with the first situation stipulated in Paragraph 1 of Article 44 of the officially issued Minutes, "According to the laws of the country of the foreign court, the civil and commercial judgements made by people's courts can be recognized or enforced by the courts of the country." As stated in the ruling of this case, "the principle of reciprocity stipulated in *Civil Procedure Law* is not limited to the requirement that the relevant foreign courts firstly recognize and enforce the civil and commercial judgments of Chinese courts, Of course, if there is a precedent for the foreign court to recognize and enforce the civil and commercial judgments of the Chinese courts, it can be taken as strong evidence that the civil and commercial judgments made by the Chinese courts can be recognized and enforced by the courts of that country."

II. Whether a foreign court refused to recognize and enforce the decisions and rulings of people's courts for want of a reciprocal relationship is an important consideration to exclude the recognition of reciprocal relationships

In this case, after concluding that the civil and commercial judgments of the Chinese courts could be recognized and enforced by the British courts, the Court further considered whether the British courts had ever refused to recognize and enforce the civil and commercial judgments of the Chinese courts for want of reciprocal relationship, that is, whether the Case No. [2015] EWHC 999 (Comm) proposed by Grand China Holding in defense was a refusal to recognize and enforce the judgment of the Chinese court. It is believed that since a reciprocal relationship can be determined in this case under the first situation stipulated in Article 44 of the Minutes, it is unnecessary to consider the third situation. Moreover, the third situation is based on condition that the counterparty and China have made unidirectional or bidirectional reciprocity commitments to each other through diplomatic channels. However, no commitments were made between China and the UK. In this case, it is a bit superfluous to discuss the third situation. This is not the case. First, if a foreign court has stated that there is no judicial reciprocity between the country where it is located and China, it is obviously inappropriate for the people's court to make the opposite judgment. Second, in this case, whether the British court had ever refused to recognize and enforce the judgment of a Chinese court for want of reciprocal relationship was taken into consideration not to determine a reciprocal relationship between the two countries, but to determine whether it is necessary to deny the reciprocal relationship. According to the provisions of the Minutes, a reciprocal commitment is a precondition for the former, but not required for the latter. Therefore, the reason why the recognition and enforcement of civil and commercial judgments made by Chinese courts in the Case No. [2015] EWHC 999 (Comm) were discussed in this case is not due to the application of the third situation specified in Article 44 of the Minutes. This needs to be specifically clarified. It should be noted that if there is a precedent in which the court of the other country refused to recognize and enforce the civil and commercial judgment of a Chinese court, the reason must be that there was no reciprocal relationship between the two countries. In the case No. [2015] EWHC 999 (Comm) at issue, regardless of whether it constituted a refusal of recognition and enforcement by the British court, conclusions were not drawn based on a reciprocal relationship, and would not affect the determination of a reciprocal relationship in this case.

Ⅲ. Reasons for the denied recognition and enforcement of foreign court judgments—the defense of Grand China Holding on the issue of "anti-suit injunction"

When hearing cases of applying for the recognition and enforcement of foreign court judgments and rulings, whether based on treaty or reciprocity, thecourt must also examine whether there are reasons for non-recognition and enforcement. Unless contrary to the basic principles of Chinese laws or national sovereignty, security, and social and public interests, Article 46 of the Minutes stipulates that, "(1) According to the laws of the People's Republic of China, the court of the country where the judgment was made has no jurisdiction over the case; (2) The respondent has not been legally summoned or has been legally summoned but has not been given a reasonable opportunity to make statements and debates, or the party without capacity to action has not been properly represented; (3) The judgment was obtained by fraud; and (4) The people's court has already passed a judgment on the same dispute, or has recognized and enforced the judgment or arbitration award made by a third country on the same dispute." Grand China Holding argued that there was an anti-suit injunction system under British law, under which the British courts often issued an injunction prohibiting parties from litigation in Chinese courts, and judgments obtained by litigants in China against anti-suit injunctions would not be recognized and enforced in the UK. In the process of hearing the application for recognition and enforcement of foreign court judgments, we have no intention and it is not appropriate to evaluate a specific foreign provision. Instead, we should analyze problems back to origin. In an objective sense, the anti-suit injunction in the UK is not specifically designed for a certain country. The British courts generally issue anti-suit injunctions upon the application of one party who believes that the other party has violated the jurisdiction agreement or arbitration agreement between the parties. British courts will not recognize and enforce the judgments of foreign court in violation of anti-suit injunctions, essentially believing that the foreign court has no jurisdiction over the case at issue. This is no different from Article 46 (1) of the Minutes. Therefore, what needs to be examined in this case is whether the British court has jurisdiction over the dispute involved in the judgment applied for recognition by SPAR and whether it has gained jurisdiction by prohibiting the parties from litigation in China. In this case, the letter of guarantee between the parties stipulated that it was governed and interpreted in accordance with British law. Any lawsuit filed against Grand China Holding or its properties under the letter of guarantee should be referred to the High Court of Justice in London for trial. Grand China Holding also confirmed that it participated in the proceedings in the British court without any objection to the jurisdiction of the British court, and the British court never issued an anti-suit injunction in this case. In light of these facts, it is inappropriate to regard jurisdiction as a sufficient reason for non-recognition or non-enforcement in this case.

Ⅳ. The judicial reciprocity is historical and developing

Judicial review of the recognition and enforcement of a foreign court judgment based on the principle of reciprocity is never once for all. From an evaluation point of view, we are currently unable to determine to what extent the recognition of the British court judgment in this case will have on the British courts in terms of applications for recognition and enforcement of the judgments made by Chinese courts in the future, but it will certainly be conducive to reciprocity or at least not a hindrance. Atthe same time, the recognition of the British court judgment at issue based on the principle of reciprocity does not mean that Chinese courts will inevitably cite this case as a binding conclusion when it comes to application for recognition and enforcement of British court judgments in the future. As clearly stipulated in Paragraph 2 of Article 44 of the Minutes that, "The people's court shall examine and determine on a case-by-case basis whether there is a reciprocal relationship." Therefore, the ruling in this case specifically emphasized that the judgment of the British court at issue can be recognized in this case based on the principle of reciprocity.

(Written by JIN Xiaofeng, Proofread by JIANG Yinyi)

【Case Index】

(2018) H72XWR No. 1

29. Oriental Prime Shipping CO., Limited v. Hong Glory International Shipping Company Limited over Application for Recognition and Enforcement of Foreign Arbitration Awards

—Determination on Jurisdiction of Court over the Disputes Involving Offshore Company Under *New York Convention*

【Abstract】

If the primary office of an offshore company is located in China, Chinese courts have the right to accept cases of recognition and enforcement of foreign arbitration awards in accordance with the *New York Convention*. As long as there is evidence indicating that the Respondent has a certain degree of connection with the place of court and that it is indeed conducting business or working there, such place can be identified as the primary office of an offshore company.

【Facts】

Applicant: Oriental Prime Shipping Co., Limited

Respondent: Hong Glory International Shipping Company Limited

The Applicant alleged that the parties entered into a charter party under which the Respondent would charter the vessels owned by the Applicant for the carriage of goods and any dispute between the parties would be settled via arbitration by the London Maritime Arbitrators Association (LMAA). Later, the parties had a dispute over the performance of the charterparty. The Applicant applied for arbitration to LMAA in accordance with the arbitration clause. The ad hoc arbitral tribunal composed of two arbitrators made a final award, ruling that the Respondent should pay rental rates of USD 90, 790. 28, arbitration fee of GBP 11, 400, the Applicant's expenses incurred for the arbitration plus interest on the above-mentioned expenses to the Applicant. As the Respondent failed to perform the obligations set forth in the award, the Applicant applied to the Shanghai Maritime Court for recognition and enforcement of the arbitration award at the expense of the Respondent.

During the examination, the Respondent raised objections to the jurisdiction during the submission of the defense, arguing that the Applicant had no right to apply for recognition and enforcement of the arbitration award at issue in the Chinese court due to the fact that the Respondent had its registered place at the Marshall Islands, and no primary office or any property in China, and that the Shanghai Maritime Court had no jurisdiction over the case.

【Judgment】

After examination, the Shanghai Maritime Court held that the arbitration award at issue was a foreign maritime arbitration award. According to the *Maritime Procedure Law*, the Applicant may apply to the maritime court of the place where the Respondent had its domicile or property for recognition and enforcement of the arbitration award in the case. The letter of charter confirmation signed between the Applicant and the Respondent stated that the Respondent was located at Shanghai, China. As stated in the arbitration award at issue, the Respondent was a company registered in the Marshall Islands with its business premises in Shanghai, China. According to the e-mails related to business exchanges during the voyage at issue, the Respondent confirmed that it was the same company as HONG GLORY SHIPPING CO., LIMITED, of which the office address was consistent with that of the Respondent as stated in the letter of charter confirmation. Accordingly, the Court comprehensively determined that the Respondent's primary office was located in Shanghai, China. According to Chinese laws and regulations, a legal person or other organization shall be domiciled at the location of its primary office, therefore, the Shanghai Maritime Court has jurisdiction over the case.

In summary, the Shanghai Maritime Court ruled to reject the Respondent's objection to jurisdiction. After the ruling was made, the Respondent appealed to the Shanghai High People's Court. However, the Shanghai High People's Court ruled to reject the appeal and uphold the original ruling.

【Analysis】

China is a party to the *New York Convention*. According to Article 283 of the *Civil Procedure Law*, whether the arbitration award at issue should be recognized and enforced should be reviewed in accordance with the relevant provisions of the *New York Convention*. In recent years, with the rise of offshore companies, it is not uncommon for the respondent to be registered overseas, with key personnel and business operations at home, making the court jurisdiction over recognition and enforcement of arbitration awards more common.

Ⅰ. Jurisdiction provisions and minimum contact standards

The *New York Convention* has no uniform provisions on the court jurisdiction over the recognition and enforcement of awards under the Convention, but according to Article 3 here of, the court jurisdiction over the recognition and enforcement of awards made thereunder should be determined in accordance with the procedural law of the country where the court is located. Therefore, different countries take different approaches towards the court jurisdiction over the recognition and enforcement of foreign arbitration awards. The judicial practice of the United States in this regard is of certain reference significance. U. S. state legislation stipulates that, if a defendant who is not a resident or legal person of the state has some connection with the state (such as ownership of property, conduct of business, or infringement in the state), jurisdiction over such defendant can be exercised by service of process, the so-called "long-arm jurisdiction". The U. S. courts also take the same approach to consider whether the court has jurisdiction over the respondent when exercising jurisdiction over recognition and enforcement of awards under the *New York Convention*.

The U. S. courts usually require a test of whether a case has minimum contacts with the country (state) through the due process stipulated in the *U. S. Constitution*. If no such contacts exist, the U. S. courts will not exercise jurisdiction over the case. For example, in the case of First Investment Corp (Marshall Island) v. Fujian Mawei Shipbuilding Ltd. and Fujian Shipbuilding Industry Group Corporation, the parties applied for arbitration in London in accordance with the *Arbitration Rules of the London Maritime Arbitrators Association*. The winning party, First Investment Corp (Marshall Island), applied in the United States for recognition of the arbitration award. The U. S. Court of Appeals for the Fifth Circuit declined to exercise jurisdiction over the case, citing a lack of personal contact① between the Court and the Respondent. The decision in this case emphasized that if any person has no purposeful contacts, ties or relations or has insufficient contacts with the Court which would make it foreseeable that he will be subject to the jurisdiction of the court, his liberty interests would not be subject to the Court's decisions. Regarding minimum contacts, the U. S. courts have gradually considered relatively fixed factors through a series of cases. In the case of International Shoe v. Washington, the U. S. Supreme Court held that the Defendant must have certain minimum contacts with a state to enable the state's courts to exercise jurisdiction not in violation of traditional concepts of fairness and substantive justice. In this case, although International Shoe did not have an office in Washington State, nor did it sign any contracts in the state, it had more than a dozen sales staff stationed in the state for a long time to promote its products. These activities were continuous and ordinary business, from which the Plaintiff's cause of action arose, therefore, they constituted minimum contacts. In the case of World-Wide Volkswagen Corp. v. Woodson, the Court outlined the standards for minimum contacts: (1) Whether the Defendant intended to take advantage of the favorable conditions of the state of the

① The so-called personal contact/personal jurisdiction refers to the basis or rationality for the Court to exercise jurisdiction over the Defendant.

forum; (2) Whether the Defendant's cause of action arose from the Defendant's conduct in the state of the forum; (3) Whether the exercise of jurisdiction was fair and reasonable.

During the year after joining the *New York Convention*, the Supreme Court issued the *Notice on the Implementation of the Convention of the Recognition and Enforcement of Foreign Arbitration Awards Acceded to by China*, which stipulated that the application shall be under the jurisdiction of the court at the following place: "... 2. If the party against whom the award is invoked is a legal entity, the place of its principal business office; 3. If the party against whom the award is invoked does not have any household registration, domcile or principal business office in China but has any property in the territory of China, the place where the property is located." The *Civil Procedure Law* and *Maritime Procedure Law* stipulate that the connection between the Court's jurisdiction over recognition and enforcement of foreign arbitration awards and the Respondent's domicile and the location of its property. If neither the place of the domicile nor the place of the property of the Respondent is located in China, according to the *Provisions of the Supreme People's Court on Several Issues Concerning the Trial of Judicial Review of Arbitration Cases*, where a foreign arbitration award relates to a case pending before a people's court, the people's court before which the related lawsuit is pending shall have jurisdiction over recognition of foreign arbitration cases. In comparison, the minimum contacts in the United States show considerable flexibility in determining the jurisdiction of courts over recognition and enforcement of arbitration awards.

Ⅱ. Standards for recognition and certification of the location of the primary office

Generally speaking, the winning party applies for recognition of a foreign arbitration award for the primary purpose of enforcing the arbitration award. As the civil enforcement system in China continues to improve, there are non-indirect enforcement measures such as consumption restriction orders, which have a direct or indirect impact on the de facto controllers of legal persons or other organizations. In this context, in addition to finding the connection with the Respondent's property, the party that won the arbitration award also tried to seek the jurisdiction of the Chinese courts over the recognition and enforcement of foreign arbitration awards by proving that the Respondent was domiciled in China.

According to Article 3 of the *Interpretations on Civil Procedure Law*, the domicile of a legal person or other organization refers to the location of the primary office of the legal person or other organization. If the location of the primary office of the legal person or other organization cannot be determined, the place of registration of the legal person or other organization shall be the place of domicile. Article 36 of the *Civil Code* also stipulates that, "a legal person shall be domiciled at the location of its primary office. If a legal person is required to be registered according to law, the location of the primary office shall be registered as the domicile. "It can be seen that the location of the primary office of a legal person is the core criterion for determining its domicile. In China's judicial practice, the standards for determining the location of the primary office of a legal person have not been unified, but there has been a trend of determining that the place of court is the domicile of the respondent by proving that the respondent has a close connection with the place of court. This is different in approach but equally satisfactory in result compared to the U. S. practice.

Normally, the location of the respondent's primary office can be proved by the applicant's evidence. As long as the evidence is highly probable, the location of the office can be determined. If not, domicile will be determined by legal presumption, that is, the place of registration shall be the place of domicile. Where a legal person has multiple offices, especially when the published registered address is inconsistent with the primary office, the parties can produce evidence from the following aspects on how to identify the primary office: (1) Documents from official institutions; (2) Lease contracts, rent payment vouchers and invoices, property management fees, vouchers and invoices for payment of water and electricity bills; (3) Tax payment vouchers; (4) Addresses recorded in business contracts, on business cards of personnel, and as stated on websites, e-mails or publicity materials; (5) Field investigation. In the current company operating practices, companies with multiple business premises or offices are common, and it is difficult to distinguish between "primary" and "non-primary". The "primary" place of business or primary office may not be subject to conditions, including scale, time, etc., as long as the party concerned can prove that it is indeed operating or working there.

Such is the case in this case. Given the characteristics of this type of offshore companies, in fact, the Applicant only has one realistic option to prove the Respondent's close connection with the place of court to determine that the place of court is the Respondent's domicile. The Respondent at issue was an offshore company registered overseas. In judicial practice, the standards for identifying the location of the primary office of such a company can be appropriately lowered, provided that there is evidence indicating that the respondent has a certain degree of connection with the place of court. What the courts should do to ensure a legalized business environment is appropriately lowering the standards for identifying the location of the primary offices of offshore companies to prevent offshore companies operating in China from evading legal supervision through their foreign company status and destroying the fair trading environment.

This case is of certain normative and guiding significance for market players, reminding them to abide by Chinese laws and regulations by operation with integrity, exercise of rights and performance of obligations in accordance with the law. The Court actively exercises jurisdiction over such cases by determining the location of the office, which is exactly what the legislative purpose and spirit of the *New York Convention*.

(Written by QIU Hao, Proofreadby JIANG Yinyi)

【Case Index】

(2020) H72XWR No. 1

30. Sinarmas Paper (China) Investment Co., Ltd. v. Shanghai Liwei Logistics Co., Ltd. for Dispute over Application for Setting Aside the Arbitration Award

—Review of the Scope of the Arbitration Agreement Involving Group of Companies

【Abstract】

Whether the dispute involving a subsidiary of the Group falls within the scope of dispute settlement under the arbitration agreement between the parent company and the counterpart can be determined by considering the control relationship between the parent company and its subsidiaries, the degree of substantive participation in the specific business, and the arbitration agreement between parties in dispute. Where both the parent company and the subsidiary companies are bound by the arbitration clause, if the parent company has a specific division of labor within the group for specific business such as entrustement process, financial reconciliation and settlement, the arbitral tribunal's award on the business dispute over the subsidiary companies does not fall out of the scope of the arbitration agreement between the parent company and the counterpart.

【Facts】

Claimant: Sinarmas Paper (China) Investment Co., Ltd. (hereinafter referred to as "Sinarmas")

Respondent: Shanghai Liwei Logistics Co., Ltd. (hereinafter referred to as

"Liwei")

On July 4, 2017, Sinarmas signed the Service Contract for 3PL Logistics Pilot Project in South China (hereinafter referred to as "3PL Contract") with Liwei and Eurasia International Group Co., Ltd. According to the contract, "The manufacturer is Sinarmas, and its affiliates invested by Sinarmas in China (as set out in Annex I)", with an introduction at the bottom that "the company is a large group of companies that owns more than 20 wholly-owned and holding pulp and paper enterprises, and owns 19 forestry companies..." The logistics service provider is Liwei and Eurasia International Group Co., Ltd. The manufacturer is referred to as Party A in the contract, while the logistics service provider is referred to as Party B in the contract. And in the terms of the master contract, they are also referred to as "Party A" and "Party B". Where the contract is signed, Party A shall be recorded as Sinarmas and affix its official seal; while Party B shall be recorded as Liwei and Eurasia International Group Co., Ltd., and affix their official seals respectively. Annex I to the contract listed 11 companies and 14 factories, including Sinarmas Paper (China) Investment Co., Ltd., Guangxi Jingui Pulp and Paper Co., Ltd., and Hainan Jinhai Pulp and Paper Co., Ltd., in the form of tables. These entities were collectively referred to as "Party A and Party A's affiliates". On September 11, 2017, the three parties signed a supplementary agreement to add 18 companies, including Jinguanglin Pulp and Paper Trading (Beijing) Co., Ltd., and Sinarmas Paper (Dalian) Co., Ltd., as "Party A's affiliates" in the aforementioned Annex I. It was agreed in the 3PL Contract that any dispute arising from the performance of the Contract shall be settled by both parties through negotiation in good faith. If no agreement can be reached through negotiation, both parties may apply to the Shanghai Arbitration Commission for arbitration. Both parties confirmed that the 3PL Contract was binding on the Claimant's affiliates.

Due to the dispute between Liwei and Sinarmas regarding on freight and miscellaneous charges, Sinarmas submitted an arbitration application to the Shanghai Arbitration Commission, which made (2019) Huzhong Case No. 0366 Arbitration

Award on October 23, 2019.

The Claimant Sinarmas claimed that it signed 3PL Contract on behalf of its affiliated companies in China, and that Liwei had established a contractual relationship and concluded an arbitration clause with these affiliates, as an outsider. The disputes over the arbitration award at issue were based on the business dealings between Liwei and relevant affiliates. According to the specific business content, Liwei shall file an arbitration request against the relevant affiliates as an outsider, rather than Sinarmas. Therefore, the arbitration award at issue was a contract dispute between the outsider and Liwei, not falling within the scope of the arbitration agreement between Sinarmas and Liwei. The Claimant Sinarmas requested to set aside the (2019) Huzhong Case No. 0366 Arbitration Award made by the Shanghai Arbitration Commission.

The Respondent Liwei argued that Sinarmas, as the producer, signed the 3PL Contract with Liwei, and only Sinarmas sealed the contract. Although the affiliates of Sinarmas can claim their rights according to the contract, they were not as the parties to the contract. As the party to the contract, Sinarmas shall bear the first contractual responsibility for the debts under the contract. Liwei had provided logistics services pursuant to the contract. In return, Sinarmas shall fulfill the payment obligations. Sinarmas had always arranged the reconciliation with Liwei of the total debts between both parties, and directed its affiliates to make the payment. Sinarmas had asserted the rights that should have been enjoyed by its affiliates in a number of other cases, and such claims had been supported by arbitration awards. These actions indicated that, in the opinion of Sinarmas, its affiliates had no independent contractual rights; therefore, they should not evade contractual obligations. In the arbitration process at issue, Sinarmas never objected to its status as a debtor under the 3PL Contract, and also arranged for personnel to reconcile accounts. Therefore, the application for setting aside the arbitration award was obviously a breach of good faith and inconsistent with the facts.

【Judgment】

After hearing, the Shanghai Maritime Court held that the focus of the dispute in this case was whether the dispute over freight and miscellaneous expenses fell within the scope of the arbitration agreement between Sinarmas and Liwei.

The agreement that "any dispute arising from the performance of the contract" between Sinarmas and Liwei shall be arbitrated by the Shanghai Arbitration Commission was legal and valid. As the parties to the 3PL Contract, Sinarmas and Liwei shall be bound by the arbitral jurisdiction clause. Sinarmas had *de facto* control over or influence on the business operations of its affiliates through direct or indirect holdings or shareholdings. No matter from the perspective of intention to conclude the contract or the actual performance of contract, Sinarmas and its affiliates had legal relations with Liwei as a group of companies.

In terms of the conclusion of the contract, the contract specified that "Party A" was the producer, namely Sinarmas and its affiliates, and 42 affiliates were listed in the annex and supplementary agreement. Both parties also confirmed that the 3PL Contract and its annexes were binding on Sinarmas's affiliates. Therefore, it can be concluded that "Party A" to the contract included Sinarmas and its affiliates. In terms of theperformance of the contract, according to the business model at issue, Sinarmas conducted overall management of all logistics and transportation business, for this purpose, it designated an affiliate to act on behalf of the group of companies to be responsible for regular and unified reconciliation of the business amounts between the two parties. Sinarmas and its affiliates acted together as "Party A" to perform the contract. Although freight and miscellaneous charges usually incurred based on a specific contract for the carriage of goods, Sinarmas and its affiliates entered into and performed the contract as a group of companies. The 3PL Contract provided for the settlement and payment of freight, and the freight dispute arose from the performance of the 3PL Contract. Therefore, the dispute over freight and miscellaneous charges fell within the scope of the arbitration agreement between Liwei and the affiliates of Sinarmas engaged in the business, as well as the arbitration agreement between Liwei and Sinarmas. Without repeating its claim, Liwei had the right to file an arbitration request to Sinarmas for the dispute over freight and miscellaneous charges at issue, and Sinarmas's application for setting aside the arbitration award was not justified.

In addition, after the occurrence of the relevant disputes under the 3PL Contract, Sinarmas, on behalf of the group of companies, negotiated with Liwei on the specific business of the affiliates. Sinarmas, its associated companies and Liwei filed arbitration requests against each other in accordance with the arbitration clause of the contract. Sinarmas did not raised any objections to the arbitral tribunal during the arbitration process at issue that the matters in dispute did not fall within the scope of the arbitration agreement between the parties. These acts all showed that the parties were claiming corresponding rights in accordance with the 3PL Contract and its annexes, and must also undertake corresponding contractual obligations to ensure the balance of rights and obligations of the parties.

In summary, the Shanghai Maritime Court ruled toreject the request made by Sinarmas Paper (China) Investment Co., Ltd. to set aside the (2019) Huzhong Case No. 0366 Arbitration Award made by the Shanghai Arbitration Commission. The ruling in this case has now come into effect.

【Analysis】

Ⅰ. Doctrine and development of the group of companies

The Group of Companies Doctrine was first proposed by the International Court of Arbitration of the International Chamber of Commerce (hereinafter referred to as "ICC") in 1982 in the Arbitration Award of Dow Chemical v. Isover Saint Gobain① (hereinafter referred to as "Dow Chemical") and upheld by the French courts.② Later, the Group of Companies Doctrine was developed in a number of ICC arbitral

① Dow Chemical v. Isover Saint Gobain, ICC Case No. 4131, Interim Award, Spet. 23, 1982, JDI p. 899(1983), *comment* Yves Derains.

② The ward was confirmed by the *Cour d' Appel de Paris*, Oct. 21, 1983, Rev. ARB. p. 98(1984).

awards.③ According to the Doctrine, courts and arbitral tribunals can hold the relevant members of affiliates liable without denying the legal personality of them and require them to conduct arbitration,④ so as to transcend the strict distinction of the companies' independent legal personality and extend the validity of the arbitration agreement to other companies belonging to the same group of companies as the signatory.

In theory, the non-signatory parties to the arbitration agreement cannot directly participate in the arbitration, but the development of international business makes it inappropriate to limit the validity of arbitration clauses to the signatory parties. In today's world, with the development of commercial trade, large enterprises, especially multinational large enterprises, set up branches for different businesses, mainly for the purpose of separating the assets of the branches and the parent company from each other. This separation of legal personality and responsibility is based on the principle of limited liability, and a company is endowed with independent personality by law. Therefore, there is a great challenge of how to judge the "real" parties to the arbitration agreement in commercial arbitration. The examination on the "real" parties to the arbitration agreement is often beset with difficulties for the fact that the parties who sign the arbitration agreement are different from the actual parties to the transaction. Of course, courts and tribunals can solve this problem with "Piercing the Corporate Veil Doctrine". However, in order to prevent the unreasonable extension of the validity of arbitration clauses to non-signatory parties, most legal systems apply the "Piercing the Corporate Veil" Doctrine with strict requirements that the cooperation framework of the group of companies is based on fraud or other misconducts as a whole, and causes unfair

---

③ For example, Government of Pakistan, Ministry of Religious Affairs v. Dallah Teal Estate and Tourism Holding Company (17 February 2011) (CA Paris).

④ See Chi Manjiao, *On the Definition of the Validity Scope of Arbitration Clauses in Affiliates—A Comparative Study based on the Group of Companies Doctrine and the Piercing the Corporate Veil Doctrine*, Beijing Arbitration, Series 66.

losses to the other party. On this basis, the courts or arbitral tribunals will be more inclined to lift the corporate veil and identify the third party who is not a signatory as the signatory of the arbitration agreement. The ICC's Group of Companies Doctrine which is "based on economic reality and applicable to the needs of international commerce"⑤ extends the validity of arbitration agreements to other group members who are not signatories. The key distinction between the Group of Companies Doctrine and the "Piercing the Corporate Veil" Doctrine is that the former recognizes the extension of the validity of the arbitration agreement as acquiesced by all parties.

While this theory has been accepted in France and India⑥, it has also been explicitly rejected by court decisions in some countries. For example, in the decision of Peterson Farm Inc. v. C &M Farming Ltd. ⑦, the English court clearly held that the application of the Group of Companies Doctrine by the arbitral tribunal was "seriously flawed", and that since the arbitration agreement was subjected to English law, the ICC arbitral tribunal had no jurisdiction to apply the Group of Companies Doctrine in its award. ⑧ The courts and arbitrators in Switzerland, like those in the United States, reject the Group of Companies Doctrine. ⑨ In Sarhank Group v.

---

⑤ Jarvin and Y. Derains (eds.) Collection ICC Arbitral Awards (1990), p. 151. Quoted from Chen Zhi, *The Significance of the Group of Companies Doctrine to the Construction of the Third Party System of Arbitration in China*, Arbitration Research, Series 39.

⑥ The Supreme Court of India has clearly endorsed the application of the Group of Companies Doctrine in the field of international arbitration in India in its recent judgments. In Chloro Controls India (P) Ltd. v. Severn Trent Water Purification Inc. (2013), the international development of the Group of Companies Doctrine was recognized. Later, Cheran Propertiees Limited v. Kasturi and Sons Limited, (2018) further expanded the applicable scope of this theory.

⑦ Peterson Farm Inc. v. C & M Farming Ltd. [2004] EWHC 121, [2004] 1 Lloyd's L. Rep. 603, 2004 WL 229138, 7(4) Int'l Arb. L. Rev. p. 111 (2004), Q. B. Div., 2004.

⑧ [2004] 1 Lloyd's L. Rep. 603, at 604. "Where an arbitration agreement (or the contract in which it is contained) is subject to English law... an ICC arbitral tribunal has no jurisdiction to apply the 'Group of Companies' doctrine."

⑨ William W. Park, *Non-signatories and International Contracts: An Arbitrator's Dilemma*, Multiple Party Actions in Internationa Arbitration 6, 14 – 15 (2009).

Oracle Corp.[10], the Court held that the theory underestimated consensual nature in arbitration and lacked the necessary protection for non-signatory parties to the arbitration agreement. German courts have also made it clear in relevant cases that the Group of Companies Doctrine is not applicable when judging whether an arbitration agreement has extended to non-signatory parties.[11] However, more countries, such as Singapore[12] and Russia[13], have analyzed the validity of arbitration clauses to non-signatory parties on a case-by-case basis and imposed strict restrictions, so they have taken an equivocal position.

Although it is quite controversial whether the validity of arbitration agreement can be extended to non-signatory parent (subsidiary) companies directly based on the Group of Companies Doctrine, the Group of Companies Doctrine conforms to the reality of large group of companies' development, and the methods, concepts and judgment standards formed in the review of arbitration agreements can provide useful reference and guidance for arbitral tribunals and courts in judgment of cases. In this case, the partieshad no dispute over the arbitration clauses signed by Sinarmas as the parent company bound its affiliates. The Court did not directly solve the problem as to the expansion of the validity of the arbitration clause based on the Group of Companies Doctrine, but relied on the judgment standard of the Group of Companies Doctrine to determine whether the dispute between the subsidiary company and the counterpart fell within the scope of the arbitration agreement between the parent company and the counterpart.

---

⑩ Sarhank Group v. Oracle Corp., 404 F.3d 657 (2d Cir. 2005).

⑪ Higher Regional Court Braunschweig ("OLG Braunschweig"), BeckRS 2014, 11052. On the "Group of Companies Doctine" and Interpreting the Subjective Scope of Arbitration Agreements - which law applies? https://cdn, arbitration-icca.org/s3fs-public/document/media_document/article_group_of_comapnies_doctrin_20160531.pdf.

⑫ Bernard Habtiau, Non-signatories, Groups of Companies and Group of Contracts in Selected Asia Countries: A Case Law Analysis, Journal of International Arbitration 32, No.6 (2015): 571-620.

⑬ Irina Tymczyszyn et al., *Joining Non-signatories to an arbitration*, Practical Law (Aug 6, 2014), https://content.next.westlaw.com/6-275-4952?isplcus=true&transitionType=Default&contextData=(sc.Default)&firstPage=true.

Ⅱ. Judgment criteria and applicable logic

At present, the Group of Companies Doctrine has developed three judgment criteria, including the existence of group of companies, substantive participation, and the existence of consent to arbitration. The substantive participation of non-signatory members in the same group of companies in the contract signed by other members is a prominent feature and constituent element of the Group of Companies Doctrine, but these factual acts can not be directly equated with the implied consent to non-signatory members to accept the expansion of the validity of the arbitration agreement. It is necessary to make a concrete analysis of the parties' consent to arbitration on a case-by-case basis.

1. Existence of group of companies

According to the Group of Companies Doctrine, if the applicable criteria are met, the group of companies can be recognized as an economic entity regardless of the different legal personality among the members of the group of companies, then the arbitration clauses are binding upon all substantially participating enterprises in the group of companies. The existence of the same group of companies is the precondition for application of the Group of Companies Doctrine. In the *Dow Chemical case*, a group of companies was described as a single economic reality, also known as a "tight group structure", which meant that the signing company was required to be affiliated with the same group as the non-signing company and in a close relationship with the latter. Such requirement was mainly manifested as "control", which required the parent company to control its subsidiaries to a significant degree; "Group of Companies Sharing", which required the sharing of resources or property among members of a group of companies; and "company confusion", which meant the parent company was confusingly similar to its subsidiaries so that the third party can not distinguish between them.[14] In essence,

---

⑭ See Chen Zhi, *The Significance of the Group of Companies Doctrine to the Construction of the Third Party System of Arbitration in China,* Arbitration Research, Series 39.

each of these manifestations reflects that the organizational or operational links between the non-signatory party and the signatory party go beyond those between ordinary enterprises.

In this case, the freight and miscellaneous charges at issue were based on the transportation business between Liwei and Sinarmas's affiliates. Sinarmas and its affiliates as legal persons incorporated according to law exercised their rights and performed their responsibilities independently. The validity of the arbitration agreement between the parent company and others should not automatically extend to its affiliates, however, Sinarmas had de facto control over or influence on the business operations of its affiliates through direct or indirect holdings or shareholdings. The proportion of the parent company's shareholding in a subsidiary can be taken as a measuring standard to judge the existence of a group of companies. The majority of the shares is not sufficient to identify the existence of the control, but more importantly, the parent company's specific behavior or decision has an impact on the subsidiary. In the transportation business model at issue, the affiliates of Sinarmas directly entrusted Liwei with transportation in the specific business, and after transportation, Sinarmas designated an affiliate to reconcile with Liwei on the business on a monthly basis. Subsequently, Sinarmas also signed an agreement for transfer of creditor's rights with Liwei and an outsider on behalf of several affiliates, and claimed the rights of its affiliates in other disputes. The phenomena described above indicated that Sinarmas and its affiliates invested by Sinarmas in China listed in Annex I of the contract belonged to the same group of companies.

2. Substantial participation

The precondition for applying the Group of Companies Doctrine is that the signatory and non-signatory parties belong to the same group of companies and share affiliated relationship, but in practice, it is more important that the non-signatory parties participate in all stages of the contract substantially and effectively, such as negotiation, conclusion, performance and termination, so as to prove that the non-signatory parties in fact agree to be bound by the arbitration clauses under the contract. Substantial participation isthe quantitative criterion that is not satisfied by mere participation at a certain stage of a contract, but must be examined whether these participation acts are active enough to bring non-contracting parties within the scope of the arbitration clauses. ⑮

The 3PL Contract was only signed by Sinarmas and Liwei, but it was made clear under the contract that "Party A" was the producer, i. e., Sinarmas and its affiliates, and 42 affiliates were listed in the form of an annex and a supplement agreement. From the perspective of terms of the contract and the purpose of conclusion, Liwei provided logistics services for Sinarmas and its affiliates, the contract was binding on the affiliates of Sinarmas, and had been confirmed by Sinarmas and Liwei. Sinarmas exercised the overall management of all logistics business, the affiliates of Sinarmas entrusted Liwei with carriage of cargo and were responsible for the specific delivery, acceptance of goods and other matters. After the confirmation of the business reconciliation by the affiliate designated by Sinarmas, the corresponding affiliate would pay the freight and miscellaneous charges to Liwei. During such period, Sinarmas and its affiliates acted as a common "Party A" to perform the contract. Although the affiliates of Sinarmas did not sign and confirm the contract, they substantially and effectively participated in all stages of the contract.

3. The consent to arbitration

The Group of Companies Doctrine points out that the focus on the application of the theory lies in whether all relevant parties intend to subject the non-signatory party to the arbitration clause, including not only all signatory parties, but also non-signatory parties who must be prepared to be bound by the arbitration clause. The existence of a group of companies can make it easier for the court or arbitral tribunal

---

⑮ See Stavros L. Brekoulakis, *Third Party in International Commercial Arbitration,* Oxford University Press, 2010, p. 157. Quoted from Chen Zhi, *The Significance of the Group of Companies Doctrine to the Construction of the Third Party System of Arbitration in China,* Arbitration Research, Series 39.

to find that there is confusion or sharing of resources between the signatory and non-signatory parties, and it also means that the non-signatory parties actively participate in the performance of the contract, thus proving the existence of the consent to arbitration.

To emphasize the consent to arbitration, the non-signatory parties must prove that all parties, including all signatory parties and non-signatory parties, gave consent to bind the non-signatory parties to the arbitration agreement, or that based on the principle of fairness and good faith, if the non-signatory third party took no part in the arbitration, it would be obviously unfair. When a non-signatory party requestsarbitration, the standards set by the arbitral tribunal in determining whether the arbitration agreement is extended to a non-signatory party will be lowered. ⑯ If a party takes the initiative to request arbitration, it is considered that it is in fact willing to submit the dispute to arbitration. If, on the contrary, the arbitration clause is imposed on a non-signatory party, the non-signatory party will plead that it never signed the arbitration clause and request a detailed examination of the consent to arbitration. The arbitral tribunal or court may distinguish between "signatories who consent" and "signatories who do not consent", but this does not mean that "signatories who consent" can necessarily participate in the arbitral proceedings. It only means that the degree of proof as to forcing non-signatories to join the arbitral proceedings is higher than that as to allowing non-signatories to take the initiative to participate in the arbitral proceedings. ⑰

When judging the existence of consent to corporate arbitration, we should first consider the existence of consent, and then judge the scope of consent. The consent to arbitration can be considered from two points of view, first, whether the group of

---

⑯ Except for Dow Chemical, Société V 2000 v. Société Project XJ 220 ITD et autre, Rev. ARB., 1996, p. 245, *comment* Charles Jarrosson. See William W. Park, *Non-signatories and International Contracts: An Arbitrator's Dilemma*, Multiple Party Actions In Internationa Arbitration, 2009, p. 14 – 15.

⑰ William W. Park, *Non-signatories and International Contracts: An Arbitrator's Dilemma*, Multiple Party Actions In Internationa Arbitration, 2009, p. 14 – 15.

companies makes its contract counterparty genuinely believe that a non-signatory member is a genuine party to the contract; second, whether the conduct of the group as a whole makes the contract counterparty legitimately believe that the non-signing member is a genuine party to the contract. In this case, from the points of view of the contract signing purpose and performance, Sinarmas and its affiliates entered into and performed the 3PL Contract with Liwei as a whole group of companies, and both Sinarmas and Liwei confirmed that the 3PL Contract was binding on the affiliates of Sinarmas. Therefore, it was reasonably believed that there was a consent to arbitration between Liwei and Sinarmas and its affiliates. The disputed freight arose out of the performance of the 3PL Contract, which provided for the settlement and payment of freight. Therefore, the dispute over freight and miscellaneous charges fell within the scope of the arbitration agreement between Liwei and the affiliates of Sinarmas engaged in the business, as well as the arbitration agreement between Liwei and Sinarmas.

In fact, the Group of Companies Doctrine was mainly designed to address the issue of the jurisdiction of arbitration institutions, not to clarify the rights and obligations of the main contract, nor to "lift the veil of legal person". Breaking legal principles and rules out of economic convenience must also be guarded against. The consent given by the parties is the cornerstone of international commercial arbitration. No matter what theory is used to analyze the validity expansion of arbitration agreement, the "common intention of the parties" must be analyzed concretely on a case-by-case basis. In this case, after the occurrence of the relevant disputes under the contract at issue, mutual arbitration claims were made among Sinarmas, its affiliates and Liwei in accordance with the arbitration clause of the contract. Sinarmas had not raised objections to the arbitral tribunal in the arbitration process at issue that the matters in dispute did not fall within the scope of the arbitration agreement between the parties. These acts all showed that all parties were claiming corresponding rights in accordance with the 3PL Contract and its annexes, and must also undertake corresponding contractual obligations to ensure the balance of rights and obligations of all parties.

(Written by LI Haiyue and LU Dichun, Proofread by LI Hui)

【Case Index】

(2020) H72MT No. 2